開港期朝鮮の戦略的外交

1882-1884

酒井裕美 著

大阪大学出版会

目次

第Ⅱ部　朝清宗属関係をめぐる朝鮮外交の展開

凡例

1. とくにことわらないかぎり、本文の（　）は筆者による説明、注記、もしくは原用語の提示である。
2. 引用文中の…は省略を示す。傍線・傍点は筆者による。
3. 本文の日付は、便宜のため、原則として、年度は陽暦を用い、日付は陰暦を用いた。
4. 「奎」はソウル大学校奎章閣所蔵史料であることを表し、数字はその分類番号を表す。
5. 頻出史料の省略表記は以下の通りである。

『日案』：高麗大学校亜細亜問題研究所・旧韓国外交文書編纂委員会編『旧韓国外交文書』（第一巻日案一）高麗大学校出版部、一九七二年

『清案』：同上『旧韓国外交文書』（第八巻　清案一）

『美案』：同上『旧韓国外交文書』（第十巻　美案一）

『英案』：同上『旧韓国外交文書』（第十三巻　英案一）

『徳案』：同上『旧韓国外交文書』（第十五巻　徳案一）

『統署日記』：高麗大学校亜細亜問題研究所・旧韓国外交文書編纂委員会編『旧韓国外交関係附属文書第三巻　統署日記一』高麗大学校出版部、一九七二年

『清季中日韓』：中央研究院近代史研究所編『清季中日韓関係史料』台北：中央研究院近代史研究所、一九七二年

『陰晴史』：国史編纂委員会編『従政年表・陰晴史（韓国史料叢書第六）』探求堂、一九七一年

『続陰晴史』：国史編纂委員会編『続陰晴史（韓国史料叢書第一一）』探求堂、一九七一年

『尹致昊日記』：国史編纂委員会編『尹致昊日記第一巻（韓国史料叢書第一九）』探求堂、一九七三年

『旧韓末条約彙纂』：国会図書館立法調査局『旧韓末条約彙纂』一九六四年

6. 一八八三年に締結された「朝鮮国ニ於テ日本人民貿易ノ規則」（漢文では「在朝鮮日本人民通商章程」）は、「日朝通商章程」と略記する。

序論

(1) 問題の所在

本書のテーマは、開港期朝鮮の戦略的外交である。

朝鮮史研究において、一八七六年の日朝修好条規締結から一八九四年の日清戦争までの時期は、一般的に開港期と呼ばれている。この時期の朝鮮外交は、日本の植民地支配を正当化するために朝鮮近代史を否定的に描く停滞史観による研究はもちろん、この正反対に位置する内在的発展論による研究においても、ほとんど評価されてこなかった。[1] 旧態依然として海禁を解くことに踏み切れないうちに、日朝修好条規で日本が西洋諸国から押しつけられたよりもひどい不平等条約を押しつけられ、アメリカとの条約締結は国際法に無知なるがゆえに李鴻章に交渉を依頼するも、結局不平等条約を押しつけられ、イギリス、ドイツなどとも次々に不平等条約を締結、壬午軍乱後強化された宗主国清の圧力をまともに受け、ロシアに接近するも密約が暴露されて破綻する、といった具合に、状況判断を誤った末に、やられっぱなしで場当たり的、戦略とはほど遠い姿が描かれてきたのであった。

本書はこれを、実証的にひっくり返すことを目的とする。

当時朝鮮は、五百年近く継続する李王朝の政権である。この長さは、清王朝や江戸幕府の比ではない。それだけ確固たる国家構造を持っていたと言える朝鮮が、豊臣秀吉の侵略、明清交替と清による侵略など、対外的にも数々の難局を経て海千山千の朝鮮が、開港期という一大変動期に、本当に袖手傍観していただろうか。そんなはずはないのである。だとすれば、なぜ当時の朝鮮外交は私たちの目に見えてこないのか。何が見えなくしているのか。

まずは、朝鮮外交を見えなくしている構図を見極めることから始めなければならない。

「朝鮮」は誰か?——外交主体の問題

朝鮮外交を見えなくしている第一の要因は、外交主体に対する無関心である。すなわち、「朝鮮の外交政策」というとき、その主体としての「朝鮮」が指すものが具体的に何なのかという分析は、実はあまりされていない。「朝鮮政府では…」「朝鮮側の意図は…」などという整理も往々にして行われているが、外交政策に関して「朝鮮政府」「朝鮮側」の内側の様相が、どのような構造になっていたのかは、ほとんど考慮されていないのである。顔の見えない外交では、つかみ所がないのも当然である。

朝鮮政府は、壬午軍乱、甲申政変の一時期を除いて、高宗のもと、閔(ミン)氏政権が続いていた。もともと、開港期の朝鮮史研究においては、開化政策の内容や、甲申政変など諸事件の展開過程に関心が集中する一方で、朝鮮政府の権力構造に関する研究自体が、相対的に手薄な分野であったということがある。しかし、一九九〇年代以降、閔氏政権の権力構造に関する研究が糟谷憲一によって本格的に進められ(2)、これを受けて韓国で政権分析研究が蓄積されつつある(3)。

一八八〇年代前半、継続して外交に関わっていた朝鮮政府の一機関としては、統理交渉通商事務衙門(がもん)がある(一八八二年一一月一七日新設(4)、一八九四年七月甲午改革によって廃止)。この統理交渉通商事務衙門は、「近代的な外交通商事務のみを専担する専門官署」の嚆矢ととらえられてもいるのであるが(5)、このような評価が、「近代的」でない、すなわち朝鮮従来の外交体制における業務遂行形態との比較分析に基づいて行われているわけではない。

そもそも実態として、朝鮮外交の立案から遂行まで、全てをこの衙門だけが独占的に担当していたわけではない。統理交渉通商事務衙門が朝鮮政府の機構総体の中において、どのように位置づけられていたのか明らかにする、すなわち中国外交史研究において行われているような、国内政治の構造に関する分析を基盤として外交政策を理解しようとするアプローチが必要であろう。(6)

リアクションに戦略はあるか？

ところで、朝鮮外交史の先行研究として第一にあげられるのは、戦前の研究でありながら、今なお必読参照の研究として不動の位置を維持している、田保橋潔の研究である。(7) 膨大な一次史料を駆使した緻密な論証によって、開港前後から甲申政変後の天津条約までの時期における朝鮮をめぐる国際関係が、詳細に再構成されており、その実証レベルは他の追随を許さないものがある。しかし、田保橋の研究においては、特に日本の外交政策判断過程やその意図が詳細に跡づけられている一方で、朝鮮の外交は、日本や清、西欧諸国の行動に対するリアクションとして断片的に描かれているにすぎない傾向がある。

この問題点は、韓国における研究においても、根本的には克服されていない。韓国における開港期の外交史研究においては、対日関係・対清関係ともに、一貫して、朝鮮の発展を妨害した日本と清の「侵略的性格」が強調されてきた。(8) 特に対清関係については、経済史研究において借款や商業進出といった問題が集中的にとりあげられると同時に、外交史研究においては、清の圧力に対する、朝鮮政府の自主外交を中心とした一連の対清独立政策が注目されてきたのである。(9)

これらは、朝鮮外交史研究の上で、もちろん重要な成果であるが、清の強引さを強調すればするほど、同時に朝鮮外交の限界を論じざるを得ないという構造を内包している。ここで一例を挙げてみよう。壬午軍乱が清軍によって鎮圧され、大院君が保定に連行された後である一八八二年八月、朝清商民水陸貿易章程（以下、水陸章程とする）が成立した。この章程は、前文に「朝鮮久しく藩邦に列し」「中国、属邦を優待するの意」という文句により、朝清宗属関係が規定されていたことから、従来の研究では清の朝鮮への圧力強化の象徴としてとらえられている。具仙姫は朝鮮側でこの交渉に当たった魚允中が、このような属邦規定に反対しなかった理由を以下のように論じている。

彼ら（魚允中と金允植）は対外戦略において、既往の朝鮮と清との事大関係を十分に活用するという線から、清が朝鮮を防衛してくれる国家であると想定していたのである。しかし彼らは、清が朝貢関係に仮託して、朝清関係を近代的従属関係に改編しようとしていたことに気づけなかった。従来の朝貢関係においては、貢物を捧げて儀礼的な行事をいくつか行えば、清が朝鮮を併合しようとはしなかったからである。この点がまさに、当時大多数の朝鮮人民がもっていた対清認識の限界であった。[10]

アヘン戦争で敗北した清の惨憺たる有様をつぶさに把握していた朝鮮が、この交渉の直前には朝士視察団として日本に派遣されて、明治政府の必死ぶりを詳細に視察していた魚允中が、清の変化に気づかずに既往の事大関係を素朴に信じ、清による防衛に期待をかけていただろうか。「対外戦略」というには、あまりにも牧歌的で楽天的すぎるのではないか。魚允中もまた、海千山千である。魚允中が気づけなかったのではなく、そこに込められた魚允中の意図に、我々が気づけていないだけなのではないか。

東アジア国際秩序の変容と朝鮮の外交戦略

その意味で注意しなければならないと考えるのは、「近代的従属関係」の部分である。我々は、いわゆる西欧的近代を基準にものを見ることにあまりに慣れすぎている。しかし開港期朝鮮において、西欧的近代は一つの新しい考え方ではあったが、その実現が絶対目標とされるようなものでは到底なかったし、体系をもっているのかさえ怪しかった。だとすれば、当時の朝鮮外交を、西欧的近代のみを基準にして跡づけていくことは、どだい無理な話なのではないか。虫めがねで遠くは見えないし、オペラグラスで近くを見ることはできないのである。

東アジアにおいて西欧的近代の問題を考えるということは、国際秩序の変容を議論することと重なっている。すなわち、従来からの中国を中心とする華夷的世界観を土台に維持されてきた国際秩序が、西欧国際法という別の価値観を持つ西欧諸国との接触によって、いかに変容したか（もしくはしなかったか）という問題である。

従来、この東アジア国際秩序の変容は、「ウェスタン・インパクト＝西洋の衝撃」によって説明されてきた。黒船襲来→不平等条約締結→明治維新→近代化と条約改正に成功→日清・日露戦争勝利という、『坂の上の雲』的な「明治はよかった」神話に特段の違和感を感じていない日本において、「ウェスタン・インパクト」的な見方には説得力があったのだと思われる。(11)

朝鮮近代史研究においては、姜在彦による一連の思想史研究がある。(12)これを受けて外交史研究においては原田環が、「朝鮮の開国と近代化を、朝鮮をとりまく清を中心とする東アジアの旧来の国際秩序（冊封体制）が解体し、近代国際法（万国公法）的関係に改編される過程との関連において明らかに」するため、朝鮮のウェスタン・インパクトへの対応を、鎖国攘夷派と開国派、開国派はさらに守旧派と開化派に分けて整理した。(13)原田の議論は、「東アジアの旧来の国際秩序」は解体して「近代国際法」的関係に改編される過程がすでに既定路線になっているため、朝鮮のとるべき政策も「ウェスタン・インパクトへの対応」であることが当然であった。しかし本当に、朝鮮の外交は「ウェスタン・インパクトへの対応」を軸に構想されていたと言えるのだろうか。(14)

「ウェスタン・インパクト」的な視角に潜む西欧中心主義を批判し、その影響力よりは十九世紀東アジアにおける在来の秩序構造の持続と展開を重視したのが「朝貢（貿易）システム論」である。ウォーラーステイン「世界システム論」の影響を受け、国家を中心とした考え方から脱して、超域的な権力のあり方としての「宗主権」を核に、地域秩序のダイナミズムを描き出したこの議論は、広くアジア研究に視座の転換をもたらした。[15] 同じく「世界システム論」の影響を受けて「ウェスタン・インパクト」的視角を再検討する枠組みとして、韓国では「世界観、文明圏の衝突」論が展開された。[16] これらの議論は、西欧近代を相対化する意義において評価されるべきであるが、変容の実態よりは枠組みに関心が置かれているため、朝鮮外交の展開過程をを新たに描き直すということにはならなかった。

その意味で、朝鮮外交史研究に少なからぬ影響を与えたのは、「朝貢システム論」に対して、二分法的・対比的な枠組みを脱しきれていないため、実態からみると切り捨ててしまう事象が少なくないという限界を指摘し、東アジア「在来の秩序」の核心である朝清関係を「属国自主」として概念化し、個別の外交上の事件を詳細に分析した岡本隆司の研究である。[17] 岡本は、「属国自主」の形成過程やその動態について検討した結果として、当時の国際関係の実態には、清・朝鮮・西欧諸国というそれぞれの立場からのねらいや認識のズレが混在する様相を明らかにした。このように、それぞれが自国の利益に沿って解釈できる余地、いわば「曖昧未決」に残された領域を、岡本は「中間領域」と呼んでいる。

同様に実態からの把握を重視する糟谷憲一は、朝鮮をとりまく外交体制について、一八三〇年代の欧米列強の開国通商要求への対応から、一八九四年の甲午改革とそれに続く親露派政権によって実施された朝清宗属関係の廃棄にともなう諸処置まで、朝鮮の外交政策を具体的に整理することにより、当時朝鮮においては、近代的・ヨーロッパ的な外交体制としての「新外交体制」と、伝統的な外交体制としての「旧外交体制」が並存し、二つの体制の間には対立がしばしば展開したという視角を提示した。[18] このような場から、実態に沿って位置づけられる朝鮮の外交政策は、複雑な展開過程と意図を持ったものとして現れてくる。

糟谷や岡本によって明らかにされた朝鮮をとりまく国際環境は、単純化した整理になじまない、相当に複雑なものであるが、実態に忠実であることで、「ウェスタン・インパクト」的な枠組みから自由になっている。このような場においてこそ、朝鮮外交は、リアクションの域を脱し、より鮮明な意図を持つ、生き生きとした姿で現れてくるのではないか[19]。

この「より鮮明な意図」をこそ、本書では積極的に「戦略」ととらえたい。そしてそれが展開された複雑な国際環境については、敢えて意識的に概念化を避けたいと思う。華夷的世界観に基づく従来からの東アジア国際秩序が、一つの体系をもって存在していたことを朝鮮が認識していたことは確かである。しかし、先にも触れたが、西欧国際法に基づく国際秩序については不明である。従来の秩序に比肩する体系を持っていると認識したとは限らないのである。例えばこれに「近代国際法的国際秩序」といった「名前」をつけてしまうと、その瞬間、この「秩序」が実体化し、朝鮮の認識を見誤ってしまう恐れがある。それでは見えない戦略こそを明らかにしたいのである。

(2) 本書の課題と方法

以上をふまえて、本書の論証課題は以下のように設定する。

第Ⅰ部では、朝鮮の外交主体についての分析として統理交渉通商事務衙門の基礎研究を行う。まず第一章において、朝鮮旧来の外交体制はどのようなものであり、どのように運営されたかを具体的に明らかにしたうえで、開港後にそれがどのように変遷していったのかを、統理交渉通商事務衙門設置に至るまでの、朝鮮における外交担当官庁の担当業務内容から整理する。第二章においては、統理交渉通商事務衙門の人的構成について分析を加え、朝鮮政府内における衙門の位置を明らかにする。これらの基礎的分析をふまえ、第三章においては、衙門の活動実態に迫りたい。統理交渉通商事務衙門と地方官庁との連絡状況、財政政策を検討し、衙門と伝統的な内政・財政体制の関わりを明らかにする。

第Ⅱ部では、当時朝鮮外交にとって中心的課題であった対清外交の展開を跡づけながら、その戦略を論じていく。

まず第四章においては、水陸章程の再検討を行う。水陸章程は、属邦規定が注目されるあまり、朝鮮側が朝清関係改編の試みとして交渉に臨んだ部分については、未だ分析の余地が残されている。続く第五章においては、中江貿易章程を取り上げ、その交渉過程を分析する。朝清二国間の陸路貿易を扱うが故に、朝清双方の主張が、より先鋭化して現れているこの章程の交渉過程は、後述するソウル大学校奎章閣所蔵の未刊行史料によって、詳細に知ることができる。最後に第六章においては、これらの規定をふまえて、実際に朝鮮において発生した朝清間の摩擦が、どのように処理されていったのか、清の總辦商務委員としてソウルに駐在することになった陳樹棠と、統理交渉通商事務衙門の間に往来した文書を中心に整理する。

第Ⅲ部では、朝清関係改編と時を同じくして浮上した新たな外交課題である、条約をめぐって展開された朝鮮外交の戦略を明らかにしていく。東アジア国際秩序の変容を「ウェスタン・インパクト」としてとらえる場合、朝鮮が日本や西欧列強と締結した条約は、強制された不平等条約でしかなく、朝鮮外交の戦略が吟味されることはなかった。しかし近年、東アジア近代史研究において「不平等条約」の意味を再検討する一連の研究が出され[20]、また韓国における研究においても条約に対する関心が高まっており[21]、研究状況は活性化の様相を見せていると言える。

これを受けてまず第七章においては、関税自主権の問題に注目し、朝米修好通商条約の締結過程をたどりながら、条文とその運用に込められた朝鮮外交の戦略を明らかにする。次に第八章、第九章においては、最恵国待遇の問題を取りあげる。第八章では、朝米条約の条文に最恵国待遇規程が挿入されるに至った経緯を、第九章では、朝英修好通商条約締結後に発生した日本との関税率均霑(きんてん)問題の展開過程を明らかにすることで、最恵国待遇をめぐる朝鮮外交の戦略について論じる。

本書は個別実証が中心になるので、そのための史料について、ここで概観しておこう。

まず、統理交渉通商事務衙門に関する史料についてである。『実録』『承政院日記』『日省録』などの王朝史料をのぞいた統理交渉通商事務衙門に関する最も基本的な史料は、該衙門の日誌である『統署日記』[22]である。文字通り日誌として、当日の衙門出勤者、訪問者、行事などが記載されていることはもちろん、各地方や清商務委員、日本公使らと往来した公文のダイジェストが列記されており、その内容は豊富である。ただし、現存する記録の始まりが一八八三年八月であるという難点がある。

そのほかには、該衙門関連の奎章閣所蔵史料群があり、これらは先行研究においてもあまり活用されていない。具体的には、『統署日記』よりだいぶ簡略であるが、一八八三年一月からの記録がある該衙門の日誌である『外衙門草記』（奎一九四八七）、該衙門が地方や開港場と往来した文書を抜粋した『八道四都三港口日記』（奎一八〇八三）、該衙門の業務規定である「統理交渉通商事務衙門章程」（奎一五三二三）、職員名簿である各種「先生案」（奎一八一五六、一八一五七、一八一五八、一八一五九）のほか、各外交懸案に関する文書が多々残されている。

また、対清外交を含む、統理交渉通商事務衙門が行った外交活動の実態を知るための史料としては、衙門が各国の朝鮮駐在機関と往来した文書を整理した『旧韓国外交文書』[23]がある。また、朝清関係についての基本史料として、『清季中日韓関係資料』[24]も十分活用する必要がある。この史料は、清の総理各国事務衙門に集められた朝鮮関係の文書である「朝鮮檔」を刊行したものであるが、朝清間の公式文書のみならず、主に北洋大臣・李鴻章が総理衙門に送った報告書、またそれに資料として付随していた各意見書や筆談記録、条約原案などが広範囲に含まれている、貴重な史料である。

その他の史料については、各章で適宜言及していくが、同時代史料を網羅的に、且つ詳細に検討するために、本稿ではいったん、研究対象時期の中心を統理交渉通商事務衙門の設立（一八八二年一二月）から朝鮮近代史上の一大事件である甲申政変（一八八四年一〇月）以前までとする。

なお、本書の第Ⅰ部、第Ⅱ部は、拙稿「開港期の朝鮮における外交体制の形成―統理交渉通商事務衙門とその対清外交を中心に―」（一橋大学大学院社会学研究科博士学位論文、二〇〇九年三月）を加筆、修正したものである。第Ⅲ部は、拙稿「開港期朝鮮の関税「自主」をめぐる一考察」（『東洋学報』第九一巻第四号、二〇一〇年三月）、「朝米修好通商条約（一八八二年）における最恵国待遇をめぐる一考察」（『朝鮮学報』第二二九輯、二〇一三年一〇月）、「最恵国待遇をめぐる朝鮮外交の展開過程―朝清商民水陸貿易章程成立以後を中心に―」（『大阪大学世界言語研究センター論集』第六号、二〇一一年九月）、を整理し直して、加筆、修正したものであることを付言しておく。

第Ⅰ部

開港期朝鮮の外交主体・統理交渉通商事務衙門

第一章　統理交渉通商事務衙門成立前史

第Ⅰ部の主題は、統理交渉通商事務衙門の実態分析である。

従来の研究において統理交渉通商事務衙門は、「はじめて近代的な外交通商事務のみを専担する専門官署」[1]とも、同時期に設置された統理軍国事務衙門とあわせて「韓国近代官僚制の起源」[2]とも評価されてきた。その一方で、衙門が朝鮮政府の中でどのような位置づけにあったのか、旧来の外交業務についてはどのように関わっていたのかといった問題については、ほとんど関心が払われてこなかった。

そこで第一章では、まず朝鮮旧来の制度における外交業務の具体的な様相とその担当機関について明らかにした上で、それらの業務が、統理交渉通商事務衙門成立に至るまでの変遷の中で、どのように担当、実行されていったのかを明らかにする。

一　朝鮮旧来の制度

外交を国と国との交際として広義にとらえるとき、朝鮮旧来の政治体制における外交は、清に対する「事大」と、[3]日本に対する「交隣」から成っていたといえる。[4] これらは、清を中心とした華夷的秩序に基づく国際関係を前提としており、同時にその秩序を可視化し、維持する役割を担っていた。ゆえに、その手続きは複雑に規定されており、規定通りに遂行されることがなにより重要であった。

朝鮮において、「事大」「交隣」業務を担当した機関としては、一般的に礼曹がよく知られている。しかし、礼曹の担当業務は「礼楽、祭祀、宴享、朝聘、学校、科挙の政を掌る」とあるように多様であり、礼曹の下には、稽制司、典享司、典客司がそれぞれ設けられていた。この中で、「事大」「交隣」業務を担当したのは、「使臣・倭・野人の迎接、外方の朝貢宴設、賜与等の事を掌る」とされた典客司である。[5]

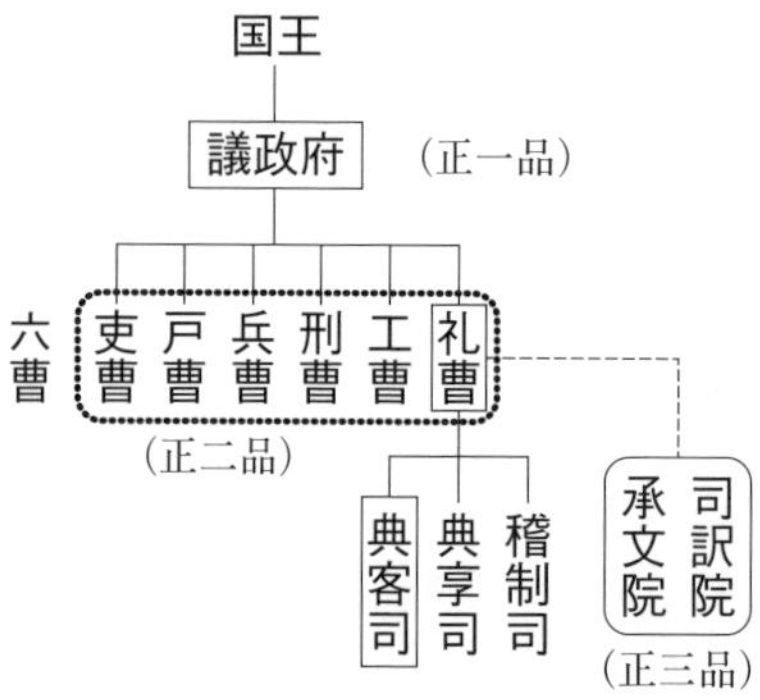

図1　朝鮮旧来の制度における外交担当部署

一方、当時朝鮮の行政構造における最高政策決定機関は、「百官を総べ、庶政を平かにし、陰陽を理し、邦国を経む」とされた議政府であった。[6] 六曹の一つである礼曹は、議政府の管下機関であったため、その業務体系は、礼曹から議政府に稟申し、議政府における審議をへて、議政府から国王に文書によって上奏（啓聞）され、裁可（允下）を得てはじめて業務が施行されるという形をとっていた。[7] ゆえに、「事大」「交隣」業務には、自然、議政府も関与することとなった。また、別途に事大交隣文書を管掌する官庁として承文院が、通訳及び翻訳を管掌する官庁として司訳院が設けられていたが(8)、これらは礼曹の管理下にあった(9)。

このように、朝鮮の「事大」「交隣」業務には、複数の機関がたずさわっていた。それではこれらの諸機関は、実際にどのような業務を担当していたのだろうか。本項ではこれを、「事大」「交隣」の具体的な内容に沿って、整理してみよう。

光化門と六曹通り

朝鮮の正宮である景福宮の南正門・光化門から南に延びる世宗路は、六曹通りと呼ばれる官衙街であった。

(1)「事大」

「事大」の具体的な内容は、大きく四つに分けられる。第一に朝鮮からの貢使派遣とそれにともなう諸儀礼執行に関するもの、第二に清からの勅使派遣とそれにともなう諸儀礼執行に関するもの、第三に両国間の境界遵守に関わるもの、第四に統制下に行われる貿易に関するものである(10)。

まず、第一の貢使派遣について見てみよう。貢使には、定期使節として、年一回の冬至使（三節兼年貢使(11)）があり、そのほかにも臨時使節があった(12)。朝鮮における使行派遣の手続きを大まかに整理すれば、①使行名の決定、②使臣の任命、③各種表・咨文の準備、④歳幣・方物の準備、⑤路資（旅費）の準備、⑥旅程の管理、となる。これを担当機関に注目してみてみよう(13)。

まず、①基本的に、使臣の称号について啓（上奏）をあげるのは承文院の役割であった。しかし、例えば、清から送られてきた同治皇帝附廟詔書に対する賀謝が必要なので、使号を「進賀兼冬至謝恩使」と定めた場合のように、使行名についての啓が議政府からあげられる場合も見られた[14]。

②使臣の任命について、定期使節の冬至使については、毎年六月にある定期の大人事異動（都政）の際に任命されることになっており、臨時使節に関しては議政府から任命（差出）を上奏して請う（啓請）こととなっている。使行の目的によって若干異なるが、正使は王族（宗班）、儀賓（王・王世子の娘婿）、正一品ないし正三品堂上官以上の官員の中から、副使は従二品または正三品の官員の中から、書状官は正四品ないし従六品の官員の中から、所属機関に関係なく選ばれたが[15]、これら三使以外に派遣される訳官、随員は司訳院の官員から任命された[16]。

③各種表・咨文作成は、礼曹から芸文館、弘文館、奎章閣に連絡され、ここで文の作成（製述）が行われた後、承文院に上裁を経て認可されて（啓下）、清書（繕写）される手順をとった。また、査対と称される点検作業が規定にしたがって何度も行われたが[17]、拝表日（後述）に行われる査対については、使行の正・副使、六曹判書、承文院提調とともに、議政府も関わった。また、これらの表・咨文作成にかかる経費は、承文院の関（同格の官庁間に往来する文書）により、戸曹が準備することとなっていた。

一方、④歳幣・方物の準備は、戸曹が中心となり、六矣廛（政府から特定商品の専売権を認められた商人によってソウルに常設された店舗）や各道から調達した[18]。とはいえ、準備する品目とその数量についての指示は礼曹、承文院から行われ[19]、ここでも検査（看品）には議政府がたずさわった。

⑤路資については、八包銀（使行員が携帯を許された量の人蔘と交換した銀）のほか、基本的に沿路各地方が現物負担したが、これらの管理は議政府が行った。

⑥旅程の管理において重要なのは使行の出発日である拝表日の択日（吉日を選ぶこと）であるが、これを担当したのは礼曹である[20]。しかし、準備の遅れなどで当初の日程が間に合わず、変更が行われることも多かったが、その場合に択日のやり直しを啓するのは議政府であった[21]。

第二に、清からの勅使を迎接する業務である。勅使は、朝鮮側の要請を受けて派遣される形を取るもの（冊封使、弔勅）と、清側の大事を伝えるために派遣されるもの（皇帝の即位、皇后の冊立、皇帝などの死去、詔書の頒布）があったが、これを迎接することは、朝鮮にとって一大行事であった。[22]担当機関をみてみると、まず迎接儀式の手順を管理したのは礼曹典客司である。しかし、儀礼の具体的な準備は、朝鮮側が勅使派遣の通知（牌文）を受領すると同時に臨時機構として設置される迎接都監が中心となって行った。[23]また、議政府も、牌文の到着後、中央から派遣される遠接使や迎慰使、迎勅時の接見説話に関連した業務を担当していた。一方、朝鮮からの使行に詔勅が伝達委任（順付）される場合についても、その儀節については、議政府からの啓請のもと、礼曹が担当していた。

第三に両国間の境界遵守に関わるものについてである。この中では具体的に、漂流清人の収用と還送、清漁船の犯禁、犯越人（国境を越えた者）取締りに関する業務が、議政府の担当として定められていた。[24]また、両国間の封禁地域については、不法流入民を排除するために、一八四七年から年二回（のちには四回）、辺牆の東側を巡視し（統巡）、そのうち鴨緑江沿岸地域の巡視には朝鮮側地方官（江界府使）を立ちあわせる（会哨）「統巡会哨制」が行われていた。[26]この統巡会哨について、夏季と秋季には北京礼部と盛京礼部から実施の事情（縁由）を知らせる咨文が、また四季ごとに盛京礼部から到着（着派）を知らせる咨文が送られることが「年例」となっていたが、これに対する回答を準備するのは承文院の担当であった。[27]

第四に貿易に関するものである。当時行われた朝清間の交易は統制貿易であり、朝貢使節に付随して行われる使行貿易と、辺境開市の二種類があった。[28]使行貿易を管轄した官庁は特に見あたらないが、北京から義州に来入した物品のうち、義州における需要分を義州に留め置く場合は、義州府尹が報告を作成し、議政府と司訳院に提出することとされているのが注目される。[29]一方で辺境開市は、中江（二月、八月の年二回）、慶源（二年に一回）、会寧（毎年）の三カ所において、統制下の交易が行われたものである。辺境開市の詳細については第Ⅱ部第五章で後述するが、特に会寧・慶源については、清の礼部から開市挙行の咨文が送られ、朝鮮国王から受諾の回答と、開市終了後、交易品目数量記載の完市咨文が北京礼部に送付されるという手続きがとられることになっていた。これらについて、咨文を地方に伝達する担当は議政府、回咨の担当は承文院が行っていた。

以上のように、「事大」業務の実際を見てみると、その手続きは複雑で多岐にわたっているが、主たるものは、表・咨文の作成と、儀礼の執行、これらに関わる国内調整であったといってよいだろう。先にもふれたように、これらの業務は、基本的には規定通りに、前例通りに遂行する性質のものであった。最も多くの業務に関わっていたのは、議政府と礼曹であったが、承文院や文任（弘文館提学および芸文館提学）が直接啓聞をあげるケースも見られるし、勅使の迎接においては臨時機関である迎接都監や、物品や路銀の準備においては戸曹の役割も重要である。また表・咨文の点検のように、これらの機関が協同して行う業務もあった。このように、朝鮮旧来の制度における「事大」業務は、議政府、礼曹、承文院、司訳院、戸曹などの諸機関が、慣例的に定められているそれぞれの役割を果たすことにより、全体として有機的に進行していくという形で展開されていたと言える。ただし、何らかの事情が生じて、規定または前例通りに業務を行うことができない場合、それを調整する役割を担っていたのは議政府であったということも、また確認できよう。

(2)「交隣」

近世の日朝関係―すなわち対等な交流である「交隣」関係―が、対馬藩を介した複雑な構造を持っていたことについては、先行研究によって明らかにされているのでここでは詳説しないが[30]、壬辰・丁酉倭乱以後再開された「交隣」関係において、日本側使節は釜山・草梁に置かれた倭館[31]から出ることはできず、朝鮮における日朝交流の一切は、この限られた空間の中で行われていたことは大きな特徴である。その上で、朝鮮側から「交隣」の内容を大まかに分類すれば[32]、第一に対馬からの使節の接待、第二に朝鮮から日本への使節としての通信使派遣[33]、第三に倭館で行われた貿易に関するもの、第四に両国間の境界に関わる漂流民の処置についてのものと整理できよう。以下この四点について、「事大」同様、それぞれの業務内容とその担当機関について見てみたい。

第一に、対馬からの使節の接待である。対馬島主から朝鮮への使節としては、定例の使節である年例送使[34]と、もともとは臨時使節であったが徐々に定例化された差倭をあげることができる。[35]

まず、送使の場合、使節が到着すると、東莱府より状況調査をして、その内容を上啓して奏聞する。これを受けて、国王から接待の指示が礼曹典客司に下される。[36]一般の送使と特送使で、接待の様式に若干の差異があるが、特送使の場合、下船茶礼、下船宴、別宴、路次宴、名日宴、進上看品茶宴、礼単入給茶礼、上船宴、別下程、例下程の順で接待の儀式が行われる。これらの儀式における朝鮮側出席者の中心的人物は、東莱府使と釜山僉使であり、東莱府使が使節の正官と対等礼（抗礼）であった。そのもとで、司訳院の訳官である倭学訓導と別差が、日本側の引率などを担当していた。[37]また、使節からは、対馬島主から礼曹参議、または礼曹佐郎に宛てた書契が奉じられたが、これに対する回答書契は、礼曹の指示により承文院で作成された。[38]

次に差倭の場合である。東莱府の状況調査と上啓奏聞、国王から礼曹典客司への接待指示という流れは同様であるが、大差倭が出来した場合は、議政府から啓請して、京接慰官が派遣された。小差倭の場合は、慶尚道観察使から、道内の守令が接慰官として派遣された。[39]接待儀式も年例送使と同様であるが、儀式の回数や回礼の品物などは、年例送使の場合よりも鄭重である。また、大差倭は礼曹参判あて、小差倭は礼曹参議宛の書契を持参したが、これに対する回答書契は、年例送使の場合と同様に、礼曹の指示により承文院で作成された。[40]

第二に通信使の派遣についてである。通信使についての先行研究は数多いが、派遣にあたっての朝鮮側における手続きについては、あまり検討されていないので、簡単に整理してみよう。[41]

徳川幕府において将軍の交替をはじめとする慶弔事があるとき、日本側から朝鮮に通信使の派遣を要請するために、先に言及した大差倭のひとつである裁判差倭が派遣される。これらの内容は、東莱府使から議政府に報告され、通信使派遣の詳細節目を制定するために講定訳官が倭館に派遣される。訳官の選定には議政府、礼曹、司訳院が関わっていた[42]。節目が中央にあげられれば、礼曹から上啓し、議政府から使行の人員数が上啓される。使行の必要物資は戸曹の管理下において、慶尚、全羅、忠清、江原四道の卜定（土産品の強制納入）によって準備され[43]、日本への礼単は、礼曹の管理のもとに各道において分担準備された。品物の点検は礼曹堂郎（礼曹の堂上官と郎官、郎官は正郎と佐郎）と戸曹堂郎の協同で行われた。また、通信使が携帯する国書の点検（査対）も、礼曹・戸曹堂郎と、使臣によって行われた[44]。また、通信使は、「朝鮮国王」から「日本国大君」に宛てた国書と、礼曹参判から日本国執政（執政は老中を指す）に宛てた書契を持参したが、これらの作成は承文院が中心になって担当していた[45]。

第三に倭館で行われた貿易に関してである。当時の貿易の形態としては、対馬からの使節が朝鮮に献上する物品（進上）と、それに対する朝鮮側からの返礼物品（回賜）のやりとりという儀礼的な物品授受と同時に、公貿易と私貿易が行われていた。公貿易は、朝鮮に産しない銅、鑞、鐵などを朝鮮政府が木綿（公作）で買い上げる方式の交易をいい、私貿易は、朝鮮側商人と対馬島人の間で開かれた、原則的には品目や数量に制限のない相対取引（開市）をいう[46]。

まず、進上・回賜についてみると、回礼物資の準備は、戸曹、工曹、礼曹、慶尚道において行われたが、中心は戸曹と礼曹であった。対馬側からもたらされた進上品は、いったん東萊府に保管されたのち、毎年六、七月に、船でソウルに運搬される。運搬された品物は、礼曹官員によって検品され、司訳院の訓導が倉庫に納品し、東萊と釜山に据え置く分も含めて、戸曹において記録・管理した[47]。

また、公貿易は戸曹において管轄されており[48]、開市についても、収税官が戸曹から派遣され、歳出入を戸曹に報告することが定められていたが、参加商人の管理をするのは東萊府であった。収税官とともに開市を監督する開市監官も、東萊府使所帯の軍官から派遣されており、公貿易には東萊府の役割も大きかったと言える[49]。

第四に漂流民の処置についてである。日本人が朝鮮海岸に漂泊した場合は、ソウルから問情官を派遣するか、該道の訳学を派遣するかして調査を行い、牛巌浦（釜山付近の島）に送る（領付）。朝鮮に滞在する間の食糧は、東萊府から慶尚観察使に報告して、指示のもとに支給した。送還に際しては承文院から書契を作成した。これらの処置に対して、対馬藩主から感謝の書契がもたらされる場合は、礼曹参議、東萊府使、釜山僉使の名のもとに回答礼が行われた。[50] 一方、朝鮮人が日本の海岸に漂流した場合は、長崎を経て対馬に送られ、対馬から漂人領来差倭のもと、朝鮮に送付されるようになっていた。差倭に対する朝鮮側の対応は、先に言及した通りである。

以上のように、「交隣」についても、その業務の実際は「事大」同様、規定通りに遂行されるものであり、議政府、礼曹、承文院、司訳院、戸曹などが、前例に従ってそれぞれの役割を果たしていた。また、日朝接触の場が倭館の中に限られていたという要因が大きく作用し、慶尚道観察使、東萊府使、釜山僉使ら、現地地方官の役割も大きかったことが指摘できよう。

ところが、徳川幕府にかわって日本の政権を把握した明治政府は、いわゆる書契問題を引き起こし、江華島事件、日朝修好条規締結、その後の日本公使ソウル常駐開始まで、朝鮮に対し、従来の「交隣」関係にはなかった外交政策を次々と展開した。これに対して朝鮮は、基本的に日本との交渉を前例に従って処理しようとしていたと見られ、日本使節迎接の儀礼や、高宗への国書奉呈の儀礼、修信使の派遣過程など、随所に「交隣」関係における前例を踏襲する場面が確認される。[51] しかし、特に日朝修好条規締結後、前例どおりに処理できない業務が多々生じるようになった。朝鮮側でこれを担当したのは、礼曹判書の委任という形で設けられた臨時職である講修官であった。[52]

制度的には、日朝修好条規第二款において、これまで草梁倭館に限って、地方官によって処理してきた朝鮮の対日外交は、今後はソウルで、礼曹判書が直接日本使節と交渉する形として規定された。実際に来朝した日本使節は、一貫して礼曹判書、または議政府大臣との交渉を要請したが、礼曹判書はこれに直接対応せず、臨時職として設けられた講修官との交渉を指示した。結果的に、講修官の設置は、日本との前例に従えない交渉分野において、有効に作用したと言えるが、あくまでも臨時職であったことには注意が必要であろう。

二　統理機務衙門が担当した外交業務

（1）統理機務衙門について

日本との交渉に続いて朝鮮が直面した外交課題は、清との宗属関係の改編と、アメリカとの条約締結問題であった。問題の詳細については第Ⅱ、Ⅲ部で論ずるが、朝鮮の外交主体を考える上では、この準備過程において新設された統理機務衙門が重要である。

統理機務衙門については、全海宗、李光麟による専論があり[53]、高宗の指示により議政府が中心となって準備を行った設立経緯、事大・交隣・軍務・辺政・通商・軍物・機械・船艦・譏沿・語学・典選・理用の十二司からなる組織の構成等が明らかにされているが[54]、実際に行った業務の分析から、衙門を外交担当官庁の変遷の中に位置づける作業は未だ行われていない。

統理機務衙門が発足した一八八〇年一二月は、武器製造技術習得のための清への留学生派遣、すなわち領選使行の派遣準備が行われていた時期にあたる。高宗の傳教によって、この準備は統理機務衙門が中心となって担当することとなり[55]、実際に衙門は、派遣節目の準備、使行の名称決定、関連咨文の作成指揮を行った[56]。その後も、一行の憑票や、名簿などに関する具体的な咨文の作成指揮[57]、学徒の選出[58]、一行に衙門から派遣する人員の選定[59]、使行費用の準備を行うほか[60]、五度にわたって変更された使行の出発日時選定についても、選定自体は礼曹が行ったが、その指示は統理機務衙門から出されていたことが確認できる[61]。

一方、一八八二年三月、天津における李鴻章とシューフェルト（Shufeldt、薛斐爾）の会談を経て草案がまとめられた朝米修好通商条約の調印が、朝鮮で行われることになった。この準備についても、中心的な役割を果たしたのは統理機務衙門であった。領選使からシューフェルトと清の使臣が船で渡来する報告を受けたとし、統理機務衙門典選司の経理事である趙準永を伴接官に任命すること、司訳院から訳官を派遣すること、使節の宿所を戸曹において準備すること、使臣の接待については戸曹と礼曹において準備すること、沿道の地方官から上京時の延接官と、帰還時の護送官を任命することは、統理機務衙門から上奏されている。[62][63]その後も統理機務衙門は、伴接郎庁の任命、[64]シューフェルト一行の利用する宿舎に関する指示、[65]全権大臣としての申櫶、副官金弘集の派遣、[66]贈給品の準備、[67]締結後における北京礼部、北洋衙門への報告咨文作成から、[68]その伝達まで、[69]条約締結に随伴する諸業務の指揮を行った。

このように統理機務衙門は、当時のいわば新しい外交課題を処理するに当たって、中心的な役割を果たしていたことがわかる。それでは、従来からの外交業務についてはどうだったのであろうか。統理機務衙門成立以後も、もちろん存続していた礼曹を初めとする従来の機関との関係は、いかなるものであったのだろうか。前項で整理した「事大」すなわち対清、「交隣」すなわち対日業務の担当機関が、統理機務衙門設立後、どのように変化したのか、整理してみよう。

（2）対清業務

まず、対清業務についてである。第一に、貢使派遣に関する業務の担当機関を見てみると、従来の体制では重要な役割を果たしていた議政府と承文院が、統理機務衙門設立後には、表に出なくなっているのが目立った特徴である。[70]議政府や承文院からあげられていた関連の啓聞は、統理機務衙門からあげられるようになっているのである。たとえば、衙門設立以前の一八八〇年一〇月、賫咨官卞元圭が帯来した清からの咨文内容に対する謝恩の意を表すため、咨文を作成し、方物を用意して、歳幣使に付すことにするという啓聞は、議政府からあげられていた。[71]しかし衙門設立後の一八八一年七月に、歳幣使について、前年一一月に陳慰兼進香使が帯来した清からの咨文内容に対する謝恩の意を表すため、方物を準備し、使行に付すことにするという啓聞は、統理機務衙門からあげられるようになっている。[72]また、一八八〇年四月の時点では、謝恩兼冬至使が帯来した咨文内容に謝意を表す先通咨文を送ることについての啓聞は、承文院からあげられていた。しかし、一八八一年五月の進賀兼冬至謝恩使、一八八二年四月の歳幣使が帯来した咨文内容に謝意を表す先通咨文については、統理機務衙門から啓聞があげられるようになっている。さらに、使行拝表の択日を中心とする業務事体を礼曹が担当することには変化が見られない一方で、[73]従来議政府が行っていた拝表日変更のアレンジについても、統理機務衙門から啓聞が挙げられるようになっている。[74]統理機務衙門からあげられる啓聞でも、清に対する咨文に関しては「該曹該院に分付」というくだりが見られることからして、実際業務は礼曹や承文院が担当する部分があったと思われるが、貢使派遣に関して、統理機務衙門の果たす役割は大きかったことが確認できる。

第二に、勅使迎接に関する業務についてである。これに関連しては、一八八一年に清の慈安皇太后（東太后）が死去した際に勅使が派遣されているので、その際の活動についてみてみよう。このときも従来どおり、勅使の迎接業務において中心的役割を果たしていたのは迎接都監であったが、[75]注目すべきは、この設置に関連する啓聞が統理機務衙門からあげられていることである。[76]その他、勅使迎接に関連して統理機務衙門が行っているのは、陳慰進香使の派遣、[77]伴送使の派遣、[78]実際の儀礼に関する手続きを担当する礼曹への指示と、[79]勅使に関連して清の礼部と往来する咨文の管理である。[80]これらは従来、議政府が担当していた業務であった。一方でその議政府は、勅使迎接に関与しなくなったのかというとそうではなく、必要物品や経費の調達を管理する一方、[81]王が勅使を接見する際に行う説話を準備するなど、[82]従来通りの業務も継続して行っていたことが確認できる。

第三に、従来、両国間の境界遵守に関連する業務を担当していたのは議政府であったが、この部分には統理機務衙門がどのように関与することになったのだろうか。まず、漂流人の収用と還送について、地方から報告を受けて方針を立てて指示を下す役割は、依然として議政府が担当していた。[83]しかし、漂流に関連して咨文を作成する必要がある場合、従来は承文院からあげられていた啓聞が、[84]統理機務衙門からあげられるようになっている。[85]漁船の侵入に関しては、統理機務衙門設置時期に問題が発生していないのでわからないが、犯越人取締りに関しては、この時期あげられた関連啓聞はすべて統理機務衙門からあげられるようになった(86)。また、統巡に関しても、従来は承文院からあげられていた啓聞が、すべて統理機務衙門からあげられるようになっている(87)。

第四に、交易に関する業務である。一八八一年は会寧交易のみが行われる年にあたっていたが、この完了を報告する咨文を作成することは、議政府から、統理機務衙門に担当させるという内容の啓聞があげられている(88)。この業務は、従来承文院が担当していたものであるが、実際に回咨は統理機務衙門において作成されていることが確認できる(89)。

以上、従来からの「事大」業務への統理機務衙門の関わりを整理してみた。事大司が設置されていたのであるから当然といえば当然であるが、「萌芽的外交部署」と評価される統理機務衙門の(90)、「事大」業務への具体的な関わりが確認された。その特徴は、従来の「事大」業務の展開方式、すなわち、関連諸機関がそれぞれの業務を担当しながら全体として有機的に進行していくという形態は変わることなく、その中で、主に議政府に取って代わる形で業務を担当していったということである。とはいえ、議政府も「事大」業務から完全に手を引いたわけではなく、関連諸機関のひとつとして活動を続けていたことは、先に見たとおりである。

ところで、統理機務衙門の設置は清に対していかに伝達されたのであろうか。一番早い情報は、一八八一年四月の時点で、駐日清国公使何如璋が総理衙門にあげた報告である。

彼国、去歳自り今に至り、政体頗る改革有り。近く中国軍機処・総理衙門の意に仿ひ、一に統理機務衙門を設く。其の各司に分かつ所を観るに、交隣の一司有り、又た軍事、辺政、通商、機械、船艦、語学の各司有り。発奮有為の意、既に略見せらるべし。果たして能く此れに従ひて自強せば、唯だ朝鮮の幸なるのみに非ず、亦た中国の福なり(91)。

朝鮮は去年から政体の改革をすすめ、清の軍機処、総理衙門にならって統理機務衙門を設置したとし、これによって自強すれば、朝鮮の幸であるばかりでなく、清にとっても福であるとして、衙門の設置を大いに評価しているのである。しかし、ここで注目すべきは、交隣司が挙げられていながら、事大司が言及されていないことである。このとき、何如璋が総理衙門宛に同送した、統理機務衙門の官制には、事大司も記載されており[92]、情報が伝わっていなかったわけではない。改革を歓迎しながらも、その改革に朝清関係が関わることについては積極的でなかった、清の立場をうかがい知ることができよう。

(3) 対日業務

日本との関係において見れば、統理機務衙門設立のタイミングは、一八八〇年一一月二六日に花房辨理公使が高宗に直接国書を奉呈し、朝鮮側が事実上日本公使のソウル駐在を承認した直後ということになる。統理機務衙門設立の報は、まず一八八一年一月二二日、東京に赴いていた李東仁が、外務省に「外国事務を統理する」機関として清の総理衙門に擬した統理機務衙門の設立を伝えている[93]。また、国書奉呈後もソウルに滞在し、講修官金弘集と仁川開港、通商章程をめぐって交渉を続けていた花房も、一八八一年三月一九日、「未ダ其ノ詳細ヲ聞カズト雖モ、古典ヲ棄スシテ新政ニ従フヲ得ヘキノ趣向タルハ明瞭ナルニ付、不取敢、其ノ維新ノ端ヲ開ケルヲ賀シ、礼曹判書ヘモ面晤シ、賀詞ヲ陳置候處」と、本国外務省に報告していた[94]。しかし、朝鮮からの公式的な通知は一八八一年八月になってからで、礼曹判書から外務卿あてに、統理機務衙門の新設と交隣司の分設が伝えられ、以後は統理機務衙門と日本政府が平行し、交隣司が日本外務省と平行することが通告されている[95]。当時、朝鮮にとって日本との外交窓口は、東京の外務省、ソウルの辨理公使、釜山・元山開港場の領事であったが[96]、これに対して朝鮮側は、外務省には統理機務衙門交隣司が、辨理公使には礼曹判書が[97]、開港場領事には各地方官が、それぞれ対応することになったわけである。

このような状況の中で、統理機務衙門は対日外交業務にどのように関わっていたのだろうか。先に「交隣」業務として整理した枠にそってみてみたい。まず第一に、日本から朝鮮への使節への対応についてである。先に触れたように、日本側は礼曹判書との協議を要求するが、実際に朝鮮側で対応したのは講修官であった[98]。当該時期にあっては、一八八〇年一一月に辦理公使に任命されてソウルにやってきた花房義質が、一八八一年六月五日に帰国するまで滞在しており、一八八二年四月、ふたたびソウルに赴任しているので、この場合の対応について検討する必要がある。

前者の滞在については、講修官兼伴接官に金弘集が任命されながら、国書奉呈については礼曹判書尹滋承が直接花房と会見して商議していた[99]。しかし、国書奉呈ののち、仁川開港についての商議を花房が礼曹判書尹滋承に対して要求したところ、礼曹判書は交渉には講修官があたることを通告した[100]。これをうけて、一八八〇年一二月三日から開始された花房との交渉は終始講修官が担当しており、一二月二〇日に統理機務衙門が発足した後も、衙門がこの交渉に直接関与している形跡はみられない[101]。

しかし、一八八二年四月に花房が朝鮮に再赴任する際は事情がだいぶ異なっている。まず、このとき通商条約締結に関する全権を付与されて赴任した花房は、朝鮮側全権の選定要請を、統理機務衙門同文司経理事である李載冕、趙寧夏宛に送付した[102]。これを受けて、朝鮮側でも全権として金輔鉉と金弘集が任命されたが、この通知は同文司経理事李載冕から花房に宛てて行われ、任命された両全権の役職は統理機務衙門通商司経理事であった[103]。また、このときも花房は国書を高宗に奉呈しようとしたが、その儀節を前年度の例にそって礼曹に準備させることは、統理機務衙門から上奏されている[104]。さらに、国書奉呈の後の下船宴は統理機務衙門において行われている[105]。国書奉呈が行われるまでは、対応業務の中心は議政府であったが、統理機務衙門に移管されたとみてよいだろう。

第二に、朝鮮から日本への使節派遣についてである。当該時期には、朝士視察団と、第三次修信使が派遣されているので[106]、まず朝士視察団から見てみよう。朝士視察団は、第二次修信使の帰国を受けて派遣された、より専門的で詳細な日本視察団であったが、辛巳斥邪運動に沸く世論の影響で、秘密裏に事が運ばれたため、派使の経緯についての史料はほとんど残されていない(107)。その中で、次に挙げる承政院日記の記事は示唆的である。

統理機務衙門啓して曰く、軍械学造の事を以て、中国に派使するは、已でに成命有り。謹んで当さに磨錬して以て入るべし。而るに日本公使も亦た、銃礮船舶等の事を以て、廟堂に文字を有すに至る。但だ其の厚意を恝し（捨て置く）難きのみに非ず、他国の軍械も亦た、見聞を広くするの道有り。本衙門の被薦人、前府使李元會をもって、参画官に差下し、該曹（吏曹）に令して口伝単付せしめ、参謀官李東仁を率いて、速きに従ひて発行せしむべし。此の意を以て書契を撰送すべし(108)。

ここでは、軍械学造のための清への派使（すなわち領選使）についてふれた後で、日本にも軍械視察の使臣を送ることについて述べられている。時期的に、この啓聞があげられた二月一〇日は、朝士視察団の派遣人士たちがそれぞれ釜山に向かっている頃であるから、李元會を統理機務衙門の参画官に差下したのち、参謀官李東仁とともに朝士視察団一行に同行させようとしていたわけである。この啓聞が統理機務衙門からあげられていることは、朝士視察団の派遣に衙門が関わっていたことを推測させるに十分である。

ところが、この参画官派遣は中止することが、直後の二月二七日に、これもまた統理機務衙門から上啓されている。理由は、第三次修信使を派遣することになったためとされている(109)。この第三次修信使派遣については、派遣の実行じたいが統理機務衙門から上啓されており、このとき、修信使には「亜卿経理堂上」の中から、従事官には「機務衙門主事」を任命することが言及されている。「亜卿」は従二品官の参判、亜尹（漢城府の左尹と右尹）を意味するが、経理事は統理機務衙門の役職である。結局、当初、修信使には統理機務衙門通商司の経理事である金弘集が、従事官には尹泰駿が任命されている(110)。修信使はその後趙秉鎬に改差され、従事官も李祖淵が任命された。趙秉鎬は任命時に前行右承旨であったが、李祖淵は高宗一八年一月一〇日に衙門副主事に任命され、二月五日に同主事に陞っている[111]。これと関係があるかはわからないが、草梁倭館時代から日朝交渉に精通している訳官で統理機務衙門参事（高宗一八年一月一八日任命）の玄昔運が、別遣として修信使に同行することが、統理機務衙門から上啓されている[112]。このほかにも、修信使派遣の節目準備[113]、修信使が持参する日本国書への答書の作成指揮を担当するなど、統理機務衙門は第三次修信使派遣において中心的な活動を行っていたと言ってよいであろう。ただし、修信使持参の回答国書の作成自体や、これに国王の御璽を押し、陪奉する手続きの準備に関しては、衙門の指示をうけて礼曹が担当していることは、また注目すべき点である[114]。

第三の貿易については、通商章程が交渉中であったこともあり、実態がよくわからないのであるが、釜山開港場における商取引に関連して問題が生じた場合は、釜山領事と東莱府使の間で交渉が行われていた[115]。また、第四の漂流民の処置に関しては、当該時期に漂流民が確認されていないため[116]、これも実態を知り得ない。

統理機務衙門は、対日開国をはじめ、対清関係の改編への動き、対西欧開国への動きといった、対外関係の新たな胎動を背景にして設置された、新設機関であった。実際に、領選使行と朝米條約締結交渉という、前例のない外交問題において、中心的な役割を果たしており、対日交渉においても、その都度臨時職として設置されていた講修官に代わって、交渉を担当するようになっていたことが確認できた。このような側面から見ると、統理機務衙門新設の意義は大きく、「制度上、相当な改革であったといわざるを得ず、外国との開国通商のための第一歩としての措置であった[117]」、「政府が開化運動を展開するという意図の基に設置した機関であった[118]」、「朝鮮王朝末期における行政近代化のための重要な制度改革の一つであり、その後の行政・軍事制度改革をはじめとする諸般開化政策を誘発する契機となった[119]」といった先行研究の評価も妥当であると思われる。しかし、その一方で注目すべきなのが、この新設衙門には「事大司」が設けられており、実際に対清「事大」業務において、多くの業務を担当していたということである。その業務遂行形態は、従来の、諸機関による有機的分担の総合という形式自体を改編するものではなく、その中で、主に従来議政府が担当していた部分の役割を、統理機務衙門が代わって担当する形で、礼曹や承文院といった従来からの機関との協力のもと、進められるものであった。外交担当官庁の変遷という脈絡から統理機務衙門を見るとき、この「事大」業務への関わり方は、衙門の重要な特徴であると言えるだろう。

三　統理交渉通商事務衙門の設置

一八八二年六月九日に発生した壬午軍乱は、それまで進められていた開化政策に対する不満の爆発であり、軍乱の結果、政権を掌握した大院君は、開化政策以前の状態への復旧をその基本政策とした。この流れにより、先述した統理機務衙門は廃止されて、三軍府が復活することになった。しかし、壬午軍乱は清軍の派兵によって鎮圧され、政権は高宗・閔氏勢力の掌握へと回帰した[120]。新政権下で外交主体に関連して注目されるのは、機務処の設置と、その後の統理交渉通商事務衙門設置である。

(1) 機務処について

高宗が再執権した新政府において、外交業務の担当がどのようになっていたのかはよくわからないのであるが、統括的な位置にあった機関は議政府であったといえる。軍乱時の日本公使館襲撃を避けて帰国した花房義質が、軍艦四隻と陸軍一個大隊とともに再び朝鮮にやってきてから、七月一七日に済物浦条約が締結されるまでの交渉は、接見大官趙寧夏、接見副官であり講修官兼伴接官であった金弘集、従事官李祖淵が中心となって行っており、調印については全権大臣に李裕元、副官に金弘集、従事官に徐相雨、接見大官に金炳始が任命された。しかし、これらの任命は議政府からあげられた啓聞によっていた(121)。日本への第四次修信使朴泳孝派遣も、議政府が中心となってすすめている(122)。また、呉長慶、丁汝昌に率いられて鎮圧のために派遣された清軍に対しても、迎接官の派遣は議政府から上啓されているし、謝恩兼陳奏使一行の派遣の建議も議政府から行われた(123)。

一方、壬午軍乱の鎮圧による斥邪勢力の衰退を受け、新政府においては開化政策が政府の基本方針であることが公然と明示されるようになった。この方針は、軍乱収集直後に、謝恩兼陳奏使として派遣された正使趙寧夏、副使金弘集が、李鴻章に示した改革案である「善後六条」においてもすでに表れていたが(124)、一八八二年八月五日に下された高宗の教書で、「立約通商」することが「万国通例」であるという認識のもと、朝鮮もこれに倣うというのが国の方針として明確になった(125)。この教書が出される直前である一八八二年七月二五日に設立されたのが機務処である。

機務処は、閤門（高宗が起居する宮殿の前門）下に置かれ、兵曹判書趙寧夏、戸曹判書金炳始、行護軍金弘集・金允植、副護軍洪英植、副司果魚允中、校理申箕善が集まって、領議政と議論して稟旨、裁決を行うものとされている(126)。

しかし、機務処のこれ以上の活動実態については、節目が残されていないことや、機務処自体からあげられた啓聞が一つもないこともあり(127)、よくわからない。さらに、主要構成員である趙寧夏、金弘集は機務処発足時すでに、それぞれ謝恩兼陳奏正使、副使として清に赴いていた状態であり、九月七日に復命するも、趙寧夏は直後の九月二九日から一一月五日の帰国まで、「商辦」のための使臣として金允植とともに再び清に派遣されていた。また、魚允中も八月一三日から九月二六日まで天津に赴いていた(128)。このような点からみると、機務処が実際に機関としてどれほどの機能を果たしていたのかは疑問が残るところではある。

しかし、『承政院日記』の記録から断片的にうかがえる機務処についての情報からは、重要な点が二点あげられる。まず第一に、日本公使や清から派遣された要人を高宗が召見するとき、ほとんど必ず「機務処諸臣」が入侍している点[129]、そして第二に、「機務処諸臣」らが全員、このあと新設される統理軍国事務衙門、統理交渉通商事務衙門の構成員として任命されている点である。趙寧夏、金炳始、金允植、洪英植は両衙門ともに、金弘集は統理交渉通商事務衙門に、魚允中と申箕善は統理軍国事務衙門に、それぞれ職位を授けられている[130]。この二点を考え合わせると、機務処は、壬午軍乱による混乱状況を収集し、新体制を整備するための準備機関として、高宗の側近を集めて急造された機関であり、外交上の重要事に参与していたのではないかと考えられる。

(2) 統理交渉通商事務衙門の担当業務

高宗の開化教書から三ヶ月後の一八八二年一一月一七日、次のような伝教が下された。

> 此の外務の伊れ始まるに当りて、句管（掌管）の処、無かるべからず。統理衙門を設置し、一切の事宜を辦理すべし。應さに行ふべき所の節目は、簡便に従ふの事に務め、政府に分付せよ[131]

「外務」を管掌する機関として、統理衙門を設立し、その節目は議政府に準備させるという内容である。同時に、督辦に趙寧夏、協辦に金弘集、参議にメレンドルフが任命され、一二月四日には、名称が統理交渉通商事務衙門と変更された[132]。本書の主役である、統理交渉通商事務衙門の誕生である。

齋洞の閔泳翊旧宅に置かれた[133]統理交渉通商事務衙門の活動は、一八八三年一月に入って活発となり、参事、主事の任命を経て、二〇日には「統理交渉通商事務衙門章程」（以下、外衙門章程）が上奏された[134]。先の伝教に見えた、議政府の作成した節目がこれにあたると思われる。本項では、次章以降ですすめる統理交渉通商事務衙門の実態に関する研究に先立ち、この章程をもとに、衙門の担当業務規定について確認しておこう。

まず、冒頭部分において、衙門設立の理念は以下のように説明されている。

統理衙門の設、専ら時務を講求し、参酌、変通するを以てす。事、中外古今の別有り。機、本末次第の宜有り。速やかなるを欲して小利を見ること無く、難（かた）きを畏（おそ）れて浮言を恤（あはれ）む無し。凡（およ）そ利国利民の政、一一謀定して後に動く。

統理交渉通商事務衙門の専務は時務を講求し、参酌、変通することである。事には中外古今の別があり、その機には本末による順番がある。急いで少しの利益に終わってはならないし、難しいことを恐れてでたらめな噂にとらわれてはならない。そもそも利国利民の政策というのは、一つ一つ謀り定めた後に行われるものなのである、というのである。本格的な改革断行宣言と言えるだろう。

続いて外衙門章程においては、掌交司、征権司、富教司、郵程司の四司分設と、北京の同文館に倣った人材教育機関である同文学の設置が定められ、衙門の官印である印信を頒發すること(135)、高宗が勅諭して、「八道大小臣工軍民人等」に対し、統理交渉通商事務衙門の活動に協力させることが述べられている。続く部分においては、これら四司の具体的な業務内容が定められている。

まず、掌交司の業務としては、

条約内の應さに准（ゆる）すべき、應さに駁（ただ）すべき、應さに辦ずべき事宜、凡そ一切の交渉と、他国に使往し、及び約章（条約）を改訂し、講信修睦するを掌（つかさど）る。

統理交渉通商事務衙門跡地

現在、憲法裁判所の敷地内になっており、この建物は裁判所の附属施設である。閔泳翊の前は朴珪寿邸であった。樹齢600年天然記念物の白松が、当時をしのばせている。

和平を宜とし、堅忍を宜とし、喜怒を形して口実を貽すこと毋かれ。

とある。条約内の一切の交渉を行い、他国への使臣派遣[136]、条約の改訂を行い、信頼と友好を培うというのであるが、ここで注目されるのは、「条約内」ということが明言されている点である。統理交渉通商事務衙門設立当時、朝鮮が結んでいた条約は、日本との間に日朝修好条規、日朝修好条規付録、済物浦条約、日朝修好条規続約までが締結されており、「日朝通商章程」および付属の海関税則は協議中にあった。西欧との間には、朝米修好通商条約が締結済み、イギリス、ドイツとの条約が調印済みの状態で[137]、ロシア、イタリアについても交渉が開かれようとしていた。掌交司の業務がこれらの国々との条約に基づいた外交関係の運営にあったということであるが、問題となるのは朝清商民水陸貿易章程（以下水陸章程と略称）が結ばれていた清との関係に、掌交司がどう関与するのかという点である。

この問題を考える上で、朝鮮旧来の制度の下や、統理機務衙門の存在した時期と同様に、統理交渉通商事務衙門設立以後についても、「事大」業務の担当機関を整理してみることは意味があるだろう。まず第一に、貢使派遣に関する業務についてである。壬午軍乱後、甲申政変以前の時期に清に派遣された貢使は、（ア）先出の一八八二年七月出発の謝恩兼陳奏使（正使趙寧夏）、（イ）一八八二年一一月出発の進賀謝恩兼陳奏歳幣使（正使沈履沢）、（ウ）一八八三年一一月出発の冬至兼謝恩使（正使閔種默）である。（ア）については、先述したように派遣の中心は議政府であり、（イ）についても、議政府と礼曹から関連啓聞があげられていることが確認できる[138]。統理交渉通商事務衙門発足以後にあたる（ウ）についてもこの構図はかわらず、関連啓聞をあげているのは議政府と礼曹であり[139]、統理交渉通商事務衙門からの啓聞は確認できない。

第二に検討した勅使の迎接については、当該時期に送られてきていないので何とも言えないが、第三の、両国境界遵守に関連しての、漂流・犯越・統巡に関する咨文については、統理機務衙門の担当となっていたものが、再び議政府、承文院から啓聞があげられるようになっており、ここにも統理交渉通商事務衙門の啓は見られない[140]。ところが第四の交易については、水陸章程によって交易の形態が大きく変わったことによるが、一八八二年一〇月に会寧・慶源開市への官員派遣を停止するという清の咨文に対する回咨を送るという内容の啓聞が承文院からあげられているのを最後に[141]、以後、統理交渉通商事務衙門が専門的に担当することになった。その詳細については、第五章で詳説する。

このように、形態が大きく変質した交易業務を除き、統理交渉通商事務衙門は、「事大」業務遂行の有機的分担構造からは外されていた。統理交渉通商事務衙門は、自らが担当する外務の内容を、「条約内」として規定することで、従来の「事大」業務から切り離しているのである。これは、先の統理機務衙門が、議政府に代わる形で、従来の業務遂行形態に組み込まれていたのとは、大きな差異がある。

さて、外衙門章程において、次に規定されているのは、征権司である。業務内容には、

海関、辺関を掌り、軽重を権量し、定則征収す。並びに出入及び各口岸燈誌（灯台と標識）の類を綜核し、端しく商賈を招徠（来）するを以て務と為し、其の通商口岸の地基は、応さに官由り買ひて市廛を画定し、転租に便と為す。

とあり、海関・辺関における徴税業務と、それにともなう輸出入の管理があげられているほか、開港場における商業活動の促進、土地貸しなど、開港場関連の業務が入れられていることがわかる。税関の創設は、政府が取り組まねばならない急務として切に認識されていた。開港場の管理に関しても、仁川、元山の本格的な開港を受けて、各国租界地の設定が議論になるのは必須である状況において、これまで、基本的に地方官に委ねられていた業務を統理交渉通商事務衙門に担当させることにしているわけである。次章で見るように、実際に、衙門の業務全体に対し

て開港場関連業務の占める割合は高く、このような体制の整備もまた、大きな変化であった。

ところで、外衙門章程に規定されている統理交渉通商事務衙門の業務は「外務」に直接該当する内容ばかりではなかった。次に挙げられている富教司の業務は、利源を開拓するために、「鋳幣・開鉱・製造・官銀号・招商社・蚕桑畜牧」を管理することとされた。続いて郵程司の業務について、「電報、駅伝、鉄路、及び水陸通衢の諸事」を管理することが挙げられ、また、同文学について、「人才を培植する」ために、基本的には「宜しく聡俊なる子弟の満十五歳自りの者」を選抜して、「外国語」「政治」「理財」について学習させることが規定されている。

その他にも、外衙門章程には、朝鮮政府内における統理交渉通商事務衙門の位置を考える上でも興味深い規定が含まれている。

> 本衙門事有りて応さに面奏を入るべきことを除くの外、一切、照例の朝参以及常行の酬應は、概そ豁免を予す。

という条項である。朝参とは、毎月四回王が正殿に親臨して百官に謁を賜い啓事を聴くものであり、酬應も同様に、その他の既存機関が日常的に行っていた儀礼であった。統理交渉通商事務衙門はこれらを免除されていたわけであり、他機関との差異性が表れている。また、章程には続いて、

> 有事無事を論ずる無く、毎日巳初（九時）進署し、申初（三時）出署し、藉端他往して機宜を致誤するを得ず。査するに唐時、本もと五日一休沐の説有り。今、外国、七日一休沐す。此の例を援行して、寛大を用示し、以て文武張弛の道に合するは可否。

とある。有事であっても無事であっても、毎日朝九時に出勤し、午後三時に退勤し、衙門を留守にしていて機宜を

失するようなことがあってはならない。そもそも唐代には五日に一日休んでいたというが、現在、外国では七日に一日を休むので、これにならって、寛大を示し、文武の発展を図る、というのである。実際、統理交渉通商事務衙門構成員の出勤状況を見てみると、日曜日には、主事は出勤していても、堂上官の出勤は少ない場合も確認できる。(142)しかし、『承政院日記』を見る限り、既存機関にそのような傾向は見あたらない。すなわち、統理交渉通商事務衙門は、日曜日が原則的に休務日とされていたのであり、運営実態においても、既存機関とは異なる様相を見せていたことがうかがえる。

四　小括

朝鮮旧来の制度において、「事大」「交隣」からなる外交を執り行う主体は、議政府、礼曹を中心としてはいたが、様々な機関が関わりつつ、全体として有機的に進行していくという形式であった。これは外交の内容自体が、複雑に規定された手続きを、規定通りに実行していくというものであったことと適合していたともいえる。

しかし、日本との条約締結以後、外交の内容自体が変化するとともに、外交主体も変化を余儀なくされた。そこで設置されたのが統理機務衙門である。実際に統理機務衙門は、新しい外交課題であった領選使行の派遣や、朝米条約調印に関する業務を担当したが、注目すべきは、それと同時に「事大」業務にも関わっていたことであった。そしてその関わり方は、従来の多機関が有機的に進めていく形式の中で、主に議政府の位置に代わる形であったことが明らかになった。

これに対して、壬午軍乱後、開化政策推進方針が明確化した朝鮮政府において設置された統理交渉通商事務衙門は、担当業務の規定に「条約内」ということが明言され、「事大」業務から切り離されていた。開港場に関する業務を担当する部署が設置されていることも注目される。さらに、一般の政府機関に義務づけられていた儀礼が免除されている、日曜日が休務であるといった新しい特徴からは、衙門が従来の機関とは一線を画すものとして位置づけられていることがうかがわれる。

冒頭で触れたように、従来の研究において統理交渉通商事務衙門は、このような従来の機関とは一線を画す部分に注目が集められてきた。本書の主役とも言える統理交渉通商事務衙門は、果たしてそのような性格の機関として理解できるものなのであろうか。次章以降、その実態から検討していく。

第二章　統理交渉通商事務衙門の構成員

　序章で言及したように、開港期の朝鮮史研究においては、開化政策の内容や、甲申政変など諸事件の展開過程に関心が集中する一方で、朝鮮政府の権力構造に関する研究自体が、相対的に手薄な分野であった。近年では研究が活発になりつつあるものの[1]、統理交渉通商事務衙門の構成員について詳細に検討したものは少ない[2]。そこで本章では、統理交渉通商事務衙門の基礎的研究の一環として、衙門の構成員について分析を加えたいと思う。

　分析に当たって、基本的に用いた史料は『統署日記』である。これは文字通り、統理交渉通商事務衙門において作成されていた日誌なのであるが、衙門に往来した文書の内容、衙門においてなされた業務などが日ごとに記されているのみならず、各日の衙門出勤者が記録されている。しかし残念ながら、日記のはじまりが一八八三年八月である。故に、本書においても、特に勤務実態の分析に関連しては、対象期間が一八八三年八月から甲申政変までに限られている場合があることを言及しておく。

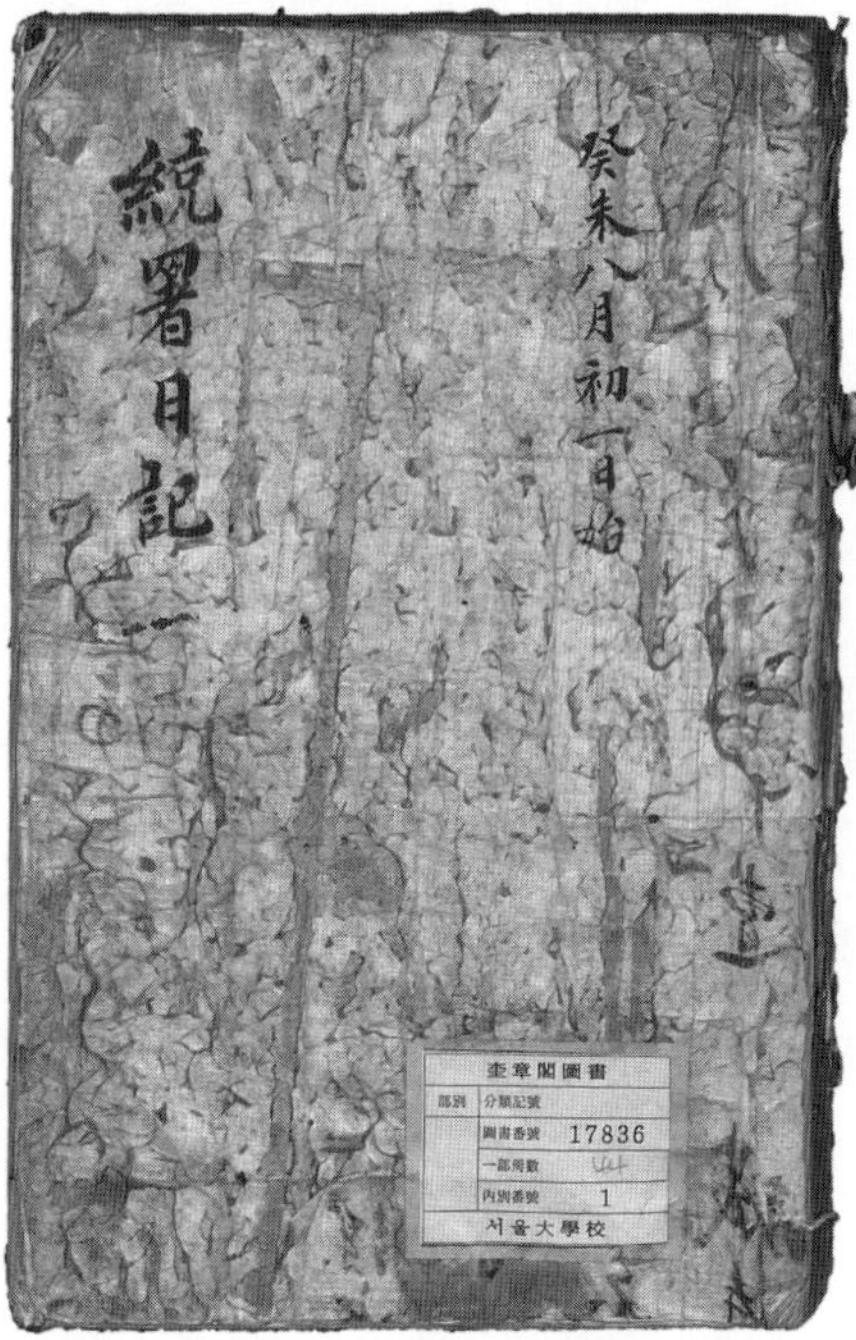

『統署日記』表紙

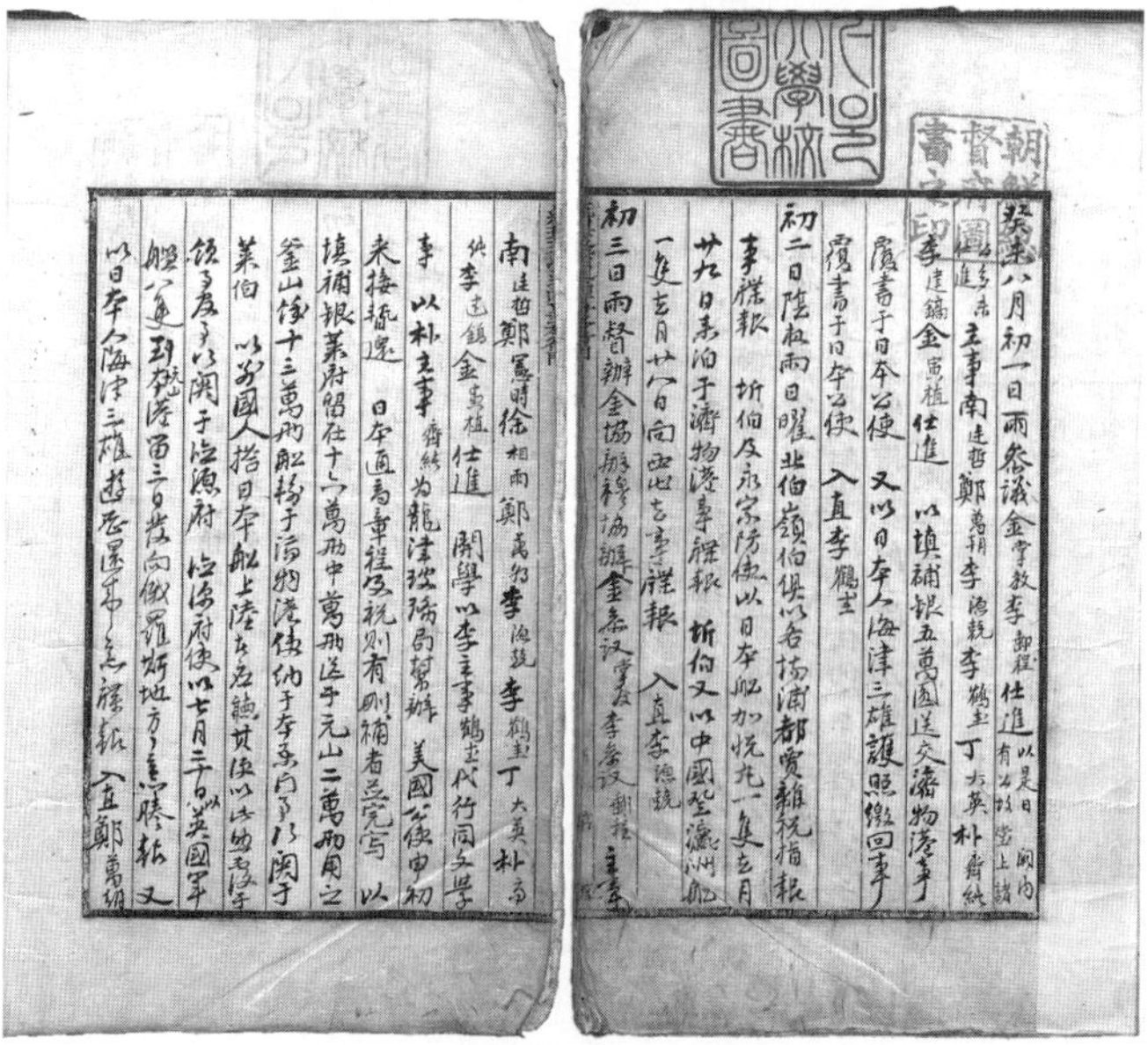

『統署日記』本文

癸未八月初一日から始まっている。

【表１】統理交渉通商事務衙門出勤者の職種別統計（1883.8-1884.10，単位：人）

	83.8	9	10	11	12	84.1	2	3	4	5	*5	6	7	8	9	10
督辦	1	1	1	1	1	1	1	1	1	1	1	(1)	(1)	(1)	1	1
会辦	0	0	0	0	0	0	0	0	0	0	0	0	0	0	0	0
協辦	3	4	4	5	5	5	5	5	7	8	8	5	5	5	5	4
参議	4	2	1	2	1	2	1	1	1	0	1	1	0	0	0	0
主事	12	10	11	12	10	12	12	11	10	9	8	12	11	10	10	10

（典拠）『統署日記』
（注）督辦の（　）は署理督辦を表す。「*5」は閏５月を指す。以下の表においても同じ。

一　役職構成と外国人官員の位置

一八八三年一月二〇日に上奏された「統理交渉通商事務衙門章程」（以下、外衙門章程）に、掌交司、征権司、富教司、郵程司と同文学の四司一学が設けられることが定められたことについては第一章で見たが、この外衙門章程には、この四司一学を統括する地位に督辦（一名）を、この督辦の参謀格にあたる地位に会辦（一名）を、各司の長として協辦（四名）を、その補佐としてさらに参議（四名）を置き、その下に主事を分属させることも定められていた(3)。

これらの役職について、統理交渉通商事務衙門出勤者の職種別統計をとってみると【表１】のようである。

外衙門章程の規定と比較してみると、参議の数が定数より少なかったことがわかる。ゆえに、衙門の運営は協辦が中心になっていたと思われるが、主事の人数もだいたい一〇人前後であり、衙門全体をあわせてもその数は二〇人に満たない場合が多かった(4)。これは業務上、秘密厳守が重視されていたという側面とも関連しているのかもしれない(5)。

ところで、会辦の出勤が一度も確認できないことについては、もう少し言及する必要がある。会辦の役職については、外衙門章程に以下のように規定されている。

> 惟だ其の中（督辦の任務）の規画（はかりごと）、倶に外洋通例有り。海関、諳習の人を聘用す。税項出入の鉤稽（考査、計算）に及びては、洵に外国文字、律例に通暁する者に非ざれば辦ぜず。則ち督辦以外、宜しく会辦一員を別設し、襄籌妥理、事権を共一す。其の学校及び考試の事に及びては、尤も会辦の専責と為す。

督辦の任務の中には、「外洋通例」に関わるものがある。海関にこれらに精通した人物を聘用する以上、関税の出入については、外国文字や律例にさらに精通している人物でなければこれを監督できない。そこで、督辦の他に会辦を一人別に設けて、事の処理を助けさせるようにし、職権も対等に担うこととする。学校および考試についても会辦の担当とする、というのである。ここで言及されている海関で雇用する人物については、つづいて章程に言及があり、

> 各関、別に関長一員を設け、本関征税の事を専主す。其の進出各款、月に計有り、歳に会有り。須らく時に及びて本署（統理交渉通商事務衙門）に詳報すべし。含混脱漏するを得ず。該管（征権司）協辦由り、毎年親ら各関に覆して平心査考し、以て官を粛む。方さに該関長の本岸交渉の事宜を暫行幇理するを准すべし。

として、各海関に関長を設け、関税の出入を管轄させるが、その報告は月ごと、年ごとに、統理交渉通商事務衙門にあげ、征権司協辦の監督を受けることとなっている。しかし、先にみたように、専門性の問題から、実質的に海関長を監督するのは会辦という位置づけである。この会辦に就任したのは清人の馬建常、征権司協辦に就任したのはドイツ人のメレンドルフ（P. G. von Moellendorff, 穆麟徳）であった。馬建常は、李鴻章の幕僚として、朝鮮の対

欧米条約締結交渉や壬午軍乱の処理などに深い関わりを持った人物である馬建忠の実兄であり、メレンドルフは、一八六九年から一八七四年まで上海の海関に勤務したあと、一八七四年から一八八二年まで北京、広東、天津などの駐清ドイツ領事館に勤務した経歴の持ち主である。(6) 外国人をその構成員に含んでいるのは、統理交渉通商事務衙門の大きな特徴の一つであるので、ここでこの二人について、もうすこし検討してみよう。

外国人の招聘は、一八七九年時点から、北洋大臣李鴻章が領中枢府事であった李裕元にあてた書翰において言及されている。その後、一八八二年に領選使として天津に赴いた金允植も、周馥をはじめとする李鴻章の幕僚らと、西洋人の招聘について議論を交わしているが、(7) 朝鮮から正式に言及されたのは、壬午軍乱後の一八八二年八月に天津に赴いた陳奏使趙寧夏が、今後の改革案として李鴻章に呈した「善後六条」によってである。この第六条は「商務を拡めること」として、商業の振興と税関の設置を述べているのであるが、この税関業務を統括させるために、業務に通じた人材を招聘することが提案されていた。(8) これをうけて、李鴻章と趙寧夏・金弘集の会談では、朝鮮国王が咨文で招聘を要請することで合意が成立し、(9) 趙寧夏は一時帰国ののち、次のような咨文を持って、一〇月初二日、天津へ再び赴いた。

> 竊かに小邦、向きより外務を諳んぜず、各国換約の前に在り、一切交渉商辦の事件、茫然として手を下すを知らず。煩請（お願いすること）すらくは、貴大臣、小邦の應さに行ふべきの事宜を酌量し、代はりて賢明練達の士を聘し、茲に東来して、随事指導するに迨り、藉手（力添えをする）し迷ひを牖くを得んことを。(10)

朝鮮は昔から外務に暗く、今、各国と条約を結ぶことになっても、一切の交渉や協議についてはどうしていいかわからないので、李鴻章が代わって朝鮮のこれからの事宜を酌量して、賢明練達の士を招聘し、朝鮮に行かせて、随時指導してほしい、というのである。趙寧夏の一時帰国時、朝鮮側でどのように協議が詰められたのかはよくわからないが、「善後六条」では関税業務に関わって想定されていた人材が、ここでは一切の交渉や協議を指導する役割に拡大されていることが確認できる。とにかく、これをうけて、李鴻章が推薦したのが、ドイツ人のメレンドルフと、清人の馬建常であった[11]。一〇月初八日、趙寧夏は、周馥と馬建忠の斡旋によってメレンドルフと雇用契約を結んだのち[12]、メレンドルフ、馬建常ほか、唐廷枢、陳樹棠をともなって一〇月二八日に天津を出発、一一月初五日に高宗へ復命した[13]。メレンドルフと馬建常の高宗への謁見は一一月一七日に行われている[14]。ここでは、彼らが衙門で行った活動について、具体的に整理してみよう。

まず、メレンドルフについてである。先に挙げたメレンドルフの雇用契約は、雇用期間が定められておらず、メレンドルフが定められた職務を遂行しない場合には、朝鮮側が解雇できる権限が与えられており、朝鮮側の統制権がかなり確保された内容になっていた[15]。また、彼の朝鮮政府内における地位は具体的に規定されなかったが、その職責は外交交渉と海関運営に置かれていたほか、朝鮮政府の改革案検討のために、諸外国の情報を調査することにあった[16]。これを受けて、朝鮮に到着したメレンドルフは、高宗に謁見した同日である一八八二年一一月一七日に発足した統理衙門の参事に就任し、同年一二月四日に統理衙門が統理交渉通商事務衙門に改称されるにともない、一二月五日、協辦統理交渉通商事務に昇格任命されたあと、翌一八八四年閏五月一六日に同職を罷免されるまで、統理交渉通商事務衙門に藉を置いていた[17]。また、メレンドルフの分担は、征権司にあてられていたことも付記しておく[18]。

メレンドルフは、協辦就任直後の一八八二年一二月一四日から一八八三年三月四日まで、海関創設のための人員確保などの準備と、借款交渉のために、同じく協辦統理交渉通商事務であった閔泳翊とともに上海へ赴いており[19]、同年三月末から日本租界設定問題に関連して日本使節とともに仁川に赴いた[20]。一八八三年四月にアメリカ公使フート（Lucius H. Foote、福徳）の着任とともに行われた朝米条約の批准交換式の準備にたずさわり[21]、また、一八八三年六月一五日から統理交渉通商事務衙門において展開された、日本との通商章程締結交渉に参与した[22]。さらに一八八三年七月ころには、鉱山開発のために、京畿道・江原道・全羅道・忠清道をめぐるコース、黄海道・平安道・咸鏡道をめぐるコースの二次にわたって調査旅行を実施している。[23]

一八八三年八月以後の時期について、メレンドルフの統理交渉通商事務衙門への出勤状況は、後出の【表5】に整理したが、一八八三年九月二日から九月一一日まで三港口調査のため釜山・仁川に赴いていたこと、[24] 同年一一月一九日から一二月一〇日まで釜山の清商租界設定のために陳樹棠と釜山一帯に赴いていたこと、[25] 翌一八八四年三月一八日から四月一日まで上海に赴いていたことを考慮すると、[26] かなり高い頻度で衙門に出勤していたことがわかる。特に、朝英・朝独条約の再締結交渉が統理交渉通商事務衙門において行われた一八八三年一〇月四日から一〇月三〇日までの期間については、衙門に出勤しなかったのは五日間のみであり、メレンドルフが交渉において重要な位置をしめていたであろうことがうかがわれる。[27]

それではもう一人の外国人である馬建常についてはどうだったのであろうか。まず、馬建常は、先に見たようにメレンドルフとともに朝鮮に到来し、一八八二年一一月一七日に同時に高宗に謁見したが、即日参議統理衙門事務に任命されたメレンドルフと異なり、統理交渉通商事務衙門への名称変更が行われたさらに二〇日後の一八八二年一二月二五日、会辦交渉通商事務に任命された。また、馬建常はこのとき同時に議政府賛議にも任命されたのであるが、[28] これが後に論議を呼ぶこととなる。馬建常の官職任命についての報告咨文が清に届くや、「天朝の職官」である馬建常が「属邦の官号」を兼帯することはできないとする判断が清総理衙門によって下され、[29] 一八八三年四月四日、馬建常は議政府賛議を解任されたのである。[30]

この時李鴻章から高宗に送られた咨文には次のようにあった。

…是を以て該中書（馬建常）を奏派して前往せしめ、事に随ひて籌議妥辦せしむ。貴国王、只だ賓礼を以て接待し、事に遇ひて諮訪籌商す可き（べ）のみ。該員、必ず能く（よ）盡心協助し、毫も欺隠すること無からん。任ずるに官号を以てするは未便なり。体制に於て轉よ窒礙多し。…交渉通商事宜に会辦せしむるが若きは、稍や掣肘（干渉して自由を妨げること）勿く、呼応（気脈が通じる）通じ易く、亦た干渉の嫌無し。(31)

馬建常は、朝鮮国王が事ごとに諮問し、相議する役割として派遣したのであるが、これが朝鮮の官となっては、体制に合わない。しかし、交渉通商の事宜について会辦させるのは問題ないし、疎通がよくなるうえに、清が朝鮮に干渉をしているという誤解を招かないというのである。議政府賛議は朝鮮の官であり、会辦交渉通商事務は朝鮮の官でないことになり、整合的な論理とは言い難いが、これは、李鴻章が、体制を守りつつも、統理交渉通商事務衙門における馬建常の地位を保全しようとしていた意図のあらわれと見てよいだろう。メレンドルフのみが協辦として衙門の官職に残ることにも問題があったのかもしれない。そもそも、実務を担当する西洋人を清人が監督するという構想は、朝鮮への外国人顧問派遣が清において論議されていた段階からのものであった(32)。

実際に馬建常が会辦を解任された記事は史料的に見あたらない。しかし先に【表1】で見たように、統理交渉通商事務衙門に出勤している記録も全く見られない。もともと、国王の諮問に応える役割であれば、衙門に毎日出勤することを要する性質のものではないし、国王が諮問をしない限り、実際の仕事が発生しないことはありうる。そのためか、一八八四年三月末に母の病気を理由に朝鮮から完全帰国するまでの間(33)、馬建常が、統理交渉通商事務衙門の会辦として、実際にどのような活動をしていたのかはよくわからない。ずっと朝鮮に滞在していたのか自体、定かではないのである(34)。断片的な史料から、統理交渉通商事務衙門の内部に来駐していたこと、趙寧夏が督辦であったとき（一八八二・一一・一七－一八八三・一・一二）は毎事について相議を行っていたこと、清兵をして統理交渉通商事務衙門の門を警備させていたことが日本との間で問題になったこと、当時統理交渉通商事務衙門が進めていた、日本との「釜山口設海底電線條款」の締結などに関わっていたこと（條款の調印は一八八三年一月二三日）(35)、議政府賛議を罷免された直後の一八八三年四月一七日、一四条から成る改革案を高宗に進言していることなどを知ることができるのみである。[36]メレンドルフと異なり、馬建常には、朝鮮に駐在するということ自体の他に、具体的な任務があったわけではなかったのであろう。

二　任用条件の特徴

それでは、次に朝鮮人官員について、具体的な分析に入ろう。【表2】は、統理交渉通商事務衙門官職就任者の基本事項を整理したものである。統理交渉通商事務衙門の人事については、高宗が伝教で行う場合と、統理交渉通商事務衙門の啓を高宗が允下する場合があったが、堂上官の場合は伝教、主事以下は允下の形式をとる場合がほとんどであった。新設衙門である統理交渉通商事務衙門の官職は兼任であったため、いったん本職として五衛の一つである龍驤衛の官職である上護軍、大護軍、護軍、副護軍、司果・副司果に任命して、統理交渉通商事務衙門の職を兼任させるケースが多くみられるが、その際、従一品の者は上護軍、正二品の者は大護軍、従二品の者は護軍、正三品通政大夫の者は副護軍、参上官の者は司果・副司果に任命された。これは朝鮮王朝の官職任命の慣習であった。

この表の検討から推測される、衙門の官職任用条件は大きく分けて三つである。

第一に、外交使節および外国視察の経験である。[37]特に堂上官の場合、一四人のうち、一二人が経験者となっている。外交使節および外国視察の経験があるということは、かなり高次における外交交渉経験があるということであるから、統理交渉通商事務衙門にはそのような人物が集中されていたと言えよう。このうち、六人は清、三人は日本、三人は日清両国への派遣経験があった。清への派遣経験者が多くなっているが、これは清に対しては朝貢使節派遣があったことを考えれば当然である。むしろここで注目されるのは、日清両国への渡航経験がある人物が三人

●主事（1883.1-1884.10）

名前	本貫	科挙	生没	任期	分担	本職	就任前の外交使節および外国視察経験
金思轍	延安	1878	1847-	主事 83.1.20-83.6.25	?	司成	
南廷哲	宜寧	82.11	1840-1916	主事 83.1.20-83.10.22	同、征	副司果	（駐津大員 83.3.19-83.7.6）
鄭憲時	草渓	1882	1847-	主事 83.1.20-84.11.4	征権	副司果	
徐相雨	大邱	82.12	1831-1903	主事 83.1.20-84(5)29	?	校理	（冬至使書状官 83.11.2-84.4.12）
尹起晋	坡平	82.12	1854-	主事 83.1.20-84.7.1	掌交	仮注書	
金嘉鎮	安東	1877	1846-1822	主事 83.1.20-83.4	?	長興主簿	
高永喆	済州		1853-	主事 83.1.20-84.11.4	征、同	司果	領選使学徒 81.9.26-82.11.4 （報聘使随行員 83.8.2-83.12.21）
兪吉濬	杞渓		1856-1914	主事 83.1.20-83.3.10	?	幼学	朝士視察団 80.12.12- →慶應義塾留学 81.4.10-83.1
鄭萬朝	東萊	1889	1858-1936	主事 83.1.20-84(5)29	郵征	幼学	
池運永	忠州		1852-1935	主事 83.1.20-83.4.29	?	幼学	
李源競	全州	1891	1849-	主事 83.3.10-84(5)29	掌交	進士	
尹致昊	海平		1865-1945	主事 83.1.9-85.1.16	掌交	幼学	朝士視察団 80.12.12- →同志社留学-83.3
李鶴圭	洪州	?	1852-	主事 83.4.29-85.7.9	掌交	検書官	修信使随行員③ 81.8.7-81.11.29
丁大英	羅州	?	1837-	主事 84.4.29-	富教	長興主簿	
朴斉純	潘南	1883	1858-1916	主事 83.4.29-84.10.7	富教	幼学	駐津従事官 84.3.19-
李建鎬	全義		1855-	主事 83.7.15-	?	訓錬判官	
金寅植	清風		1856-	主事 83.7.15-83.10.28	?	副司果	
呂圭亨	咸陽	1882	1848-1922	主事 83.10.28-	同文	副司果	
李種元	徳水		1849-	主事 83.10.28-	掌交	幼学	
尹顯求	坡平		1841-	主事 84.6.1-85.2.15	?	幼学	
趙秉承	豊壌		1851-	主事 84.6.1-	?	幼学	
辺樹（燧）	原州		1861-1891	主事 84.6.1-84.7.2	?	幼学	報聘使随行員 83.8.2-84.5.9 日本（京都の実業系学校留学）82.3-82.6、83.3? 修信使随行員④ 82.8.9-82.11.28
丁学教	羅州		1832-1914	主事 84.7.10-	?	副司果	
秦尚彦	豊基		1857-	主事 84.7.10-	?	副司果	領選使学徒 81.9.26-（途中帰国）
	星州		1859-	主事 84.10.9-	?	副司果	

（典拠）「統理交渉通商事務衙門督辦先生案」（奎 18158）、「協辦先生案」（奎 18157）、「参議先生案」（奎 18159）、「主事先生案」（奎 18156）、『統署日記』『外衙門草記』『承政院日記』、『陰晴史』、『尹致昊日記』、『修信使記録』、『漢城旬報』第七号、金源模『韓美修交史―朝鮮報聘使의 美国使行篇』（哲学과 現実社、1999）、権錫奉『清末対朝鮮政策史研究』（一潮閣、1986）、河宇鳳「開港期修信使の日本認識」（宮嶋博史・金容徳編『近代交流史と相互認識Ⅰ』慶応大学出版会、2001）、李瑄根「庚辰修信使金弘集과 黄遵憲著『朝鮮策略』에 関한 再検討」（『東亜論叢』1, 1963）、『訳科榜目』（民昌文化社影印本、1990 年）

（注）主事の任命は 1883.1.20 が最初である。

【表2】統理交渉通商事務衙門官職就任者一覧

●堂上官（1882.11-1884.10）

名前	本貫	科挙	生没	任期	分担	本職	主な前職	就任前の外交使節および外国視察経験
趙寧夏	豊壌（外）	1863	1845-1884	督辦 82.11.17-83.1.1		兵曹判書	兵曹判書	冬至兼謝恩副使 69.10.22-70.4.2 陳奏正使 82.7.22-82.9.9 清　82.10.1-82.10.30
閔泳穆	驪興（外）	1871	1826-1884	督辦 83.1.13-84.3.13		上護軍	吏曹判書	冬至兼謝恩使書状官 72.11.10-73.4.9
金炳始	安東（外）	1855	1832-1898	督辦 84.3.13-84.9.5		上護軍	戸曹判書	
金弘集	慶州（外）	1867	1842-1896	協辦 82.11.17- 署理督辦 84(5)25- 督辦 84.9.5-84.10.20	掌交	京畿監司護軍	奎章閣直提学	修信使② 80.5.28-80.8.28 陳奏副使 82.7.22-82.9.9
閔泳翊	驪興（外）	1877	1847-	協辦 82.11.29- 検知協辦 82.12.5-84.6.30	富教	前参判	奎章閣直提学	日本 82.8.9-？ 清 82.12
洪英植	南陽	1873	1855-1884	参議 82.12.5-83.1 協辦 83.1.12-84.3 郵征總辦 84.3.27	郵征	副護軍	奎章閣直提学	朝士視察団 81.4.10-81(7)2
李祖淵	延安	1882	1843-1884	参議 83.1.17-83.9.3 協辦 83.9.3-84.3.13	掌交	副護軍	修撰	修信使書記② 80.5.28-80.8.28 修信使従事官③ 81.8.7-81.11.29 問議官 82.2.17-82.4.26 陳奏従事官 82.7.22-82.9.9
金晩植	清風（外）	1869	1834-1900	参議 83.3.17-83.9.3 協辦 83.9.3-84.10.12	同文	副護軍	承旨	修信副使④ 82.8.9-82.11.28
金玉均	安東	1872	1851-1894	参議 83.1.17-83.9.3? 協辦 83.9.3?-84.10.1	富教	副護軍	承旨	日本　81.12？82.1-82.6 82.8.9-83.1?
卞元圭	密陽	1855訳科	1837-	参議 83.1.17-84.3.29 協辦 84.3.29-84.12.6	征権	長湍府使	（訳官）	別齎咨官 80.7-80.11 領選使訳官 81.9.26-82？ 齎咨官 82.8- 駐津従事官 83.11-
金允植	清風（外）	1874	1835-1922	協辦 84.3.13-84.12.7	掌交	江華留守	奎章閣直提学	領選使 81.9.26-82.7.7 82.9.29-82.11.4
尹泰駿	坡平	1882	1841-1884	協辦 84.3.13-84.9.17	掌交	東府承旨	承旨	領選使従事官 81.9.26-82.5
趙秉弼	豊壌	1871	1833-1908	参議 83.1.17-83.6	？	副護軍	承旨	
李教栄	慶州	1876	1838-	参議 83.7.10-84.6.30	郵征	副護軍	承旨	冬至使書状官 77.12.1-78.5.6

（凡例）・「本貫」欄の（外）は外戚の流れであることを示す。
・「科挙」欄の年代は文科及第年。
・「本職」は、衙門就任時のもの。
・外遊活動欄について
陳奏使、問議官、齎咨官、別齎咨官、冬至使、領選使、駐津大員の行き先は清。修信使の行き先は日本で、②は金弘集正使の第二次通信使、③は趙秉鎬正使の第三次通信使（なお、第三次通信使には当初、正使として金弘集、従事官として尹泰駿が任命されていたが、改差された。）④は朴泳孝正使の第四次修信使を表す。

含まれているという点である。当時、外交に関わる人物の絶対数が少ない中、このようなことももちろんあり得たのであろう。

第二に、高宗に直接入侍する機会のある官職就任の経歴である。堂上官について「主な前歴」を見てみると、督辦就任者と李祖淵、卞元圭を除いては、全員が奎章閣直提学か承旨の経験者であることがわかる。奎章閣は歴代国王の著作物や肖像画を管理する官庁であり、承旨は国王の秘書機関として王命を出納し上疏を伝達・検閲する承政院の堂上官である(38)。毎日の政事の際、高宗に直接侍する承旨はもちろん、奎章閣直提学も、高宗が儀礼を行う度ごとに入侍の機会が多かった。衙門にはそのような経歴を持つ人物が特に任命されていたということがわかる。

第三に、出自の問題である。衙門の官職就任者には、基本的に外戚の流れをくむ家系や、先祖に高官を輩出している名門家系の出身者が大部分であるが、すでに先行研究で指摘されているように、庶子である李祖淵、中人身分の訳官である卞元圭が名を連ねていることが注目に値する(39)。これについては、先出の外衙門章程に次のような記載がある。

> 本署の所司、皆な新政に属し、恐らく一時に其の人を得難し。応さに派定（指定）に由るべし。督会辦官、悉心して平正通達の士を訪聘し、奏請し到署行走（他に本官を有するものを統理交渉通商事務衙門に出勤させ、その事務を処理させること）せしむべし。但だ、人地の相宜しきを求むるのみにして、品級を以て相拘（こだわ）らざるなり。

衙門の業務はみな「新政」に関するものであるから、人材の確保が難しいとして、品階（官職の等級）にこだわらず、実力本位で人材を集中させることが言われているのである。李祖淵、卞元圭はともに外交使節およびその随員の経験が豊富であったが、王朝旧来の昇進システムにおける経歴はほとんどなく、その「抜擢」は、実力本位人事の一例であると言えよう。

しかし、このような旧例にない人事に対しては、政府内でも反対が起こっていた。一八八四年五月七日、高宗は、すでに参議から昇格して協辦統理交渉通商事務となっていた卞元圭の品階を、従二品にあたる「嘉善大夫」に昇進させることを伝教し、同知敦寧府事に任命した[40]。これに対し、右議政金炳徳が反対の袖劄（王に謁して密かに呈する上疏）を提出したのに続き[41]、五月一三日には議政府が、「諉ぬるに象訳（訳官）の微末を以てし、典式の堕壊を恤ふる罔かるべからず」として反対の啓聞をあげた。反対意見をあげなかった承旨と銓官（ここでは吏曹の官員）まで処罰することを要求する議政府に対し、高宗もその場ではこの人事を取り消すことを認めたが[42]、翌日、高宗は、今度は卞元圭を同知敦寧府事より一段階上位の官職である知敦寧府事（正二品相当）に任命することを伝教した[43]。この事件は、それだけ卞元圭のケースが破格だったということを示しているが、当時の統理交渉通商事務衙門、議政府、高宗三者の関係をうかがわせる興味深い事例である。この問題について、次項でもう少し掘り下げてみよう。

三　他官庁との兼職状況

第一章でみたように、一八八二年一一月に統理衙門、一二月に統理交渉通商事務衙門が設立されたあとも、当然、議政府や六曹をはじめとする従来からの政府機関は存続していた。その一方で、「外務」を担当する新設衙門の設置と同時に、「内務」を担当する衙門として、一八八二年一一月に統理内務衙門が新たに新設され、一二月に統理軍国事務衙門と改称されている。統理交渉通商事務衙門は、これらの機関とどのような関係にあったのだろうか。このような問題意識から、本項では、統理交渉通商事務衙門の構成員の兼職状況について分析する。

ところで、先行研究においては、当時の朝鮮政界について、高宗の意向によって権限が強化された統理軍国事務

【表3】統理交渉通商事務衙門堂上官の議政府堂上就任状況

	82.7	8	9	10	11	12	83.1	2	3	4	5	6	7	8	9	10	11	12	84.1	2	3	4	5	*5	6	7	8	9	10
趙寧夏	○	○	○	○	◎	◎	◎	○	○	○	○	○	○	○	○	○	○	○	○	○	○	○	○	○	○	○	○	○	○
閔泳穆	○	○	○	○	○	○		◎	◎	◎	◎	◎	◎	◎	◎	◎	◎	●	◎	◎	◎	○	○	○	○	○	○	○	○
金炳始	○	○	○	○	○	○	○	○	○	○	○	○	○	○	○	○	○	○	○	○	◎	●	●	◎	◎	●	●	●	○
金弘集	○	○	○	○																									◎
閔泳翊																										○	○	○	○
洪英植																			●	●		○	○	○	○	○	○	○	○
李祖淵																◎	●	●	●	●	●	○	○	○	○	○	○	○	○
金晩植																			●	●	◎	●	●	●	●	●	●	●	○
金允植		○	○	○	○	○	○	○	○	○	○	○	○	○	○	○	○	○	○	○	◎	◎	◎	◎	◎	◎	◎	◎	
尹泰駿															○	○	○	○	○	○	◎	◎	◎	◎	◎	◎	◎	●	○
小計①	4	5	5	5	4	4	3	4	4	4	4	4	4	4	5	6	6	6	8	8	7	8	8	8	8	9	9	9	9
小計②	0	0	0	0	1	1	1	1	1	1	1	1	1	1	1	2	2	2	4	4	6	4	4	4	4	4	4	4	1
堂上の総数	56	55	57	58	57	56	43	53	52	51	49	49	50	51	54	56	53	57	59	60	57	60	61	59	59	59	58	56	56

（典拠）議政府謄録の朔坐目

（凡例）在職時○、統理交渉通商事務衙門在職時の兼職で他官職の名義は◎、兼職かつ統理交渉通商事務衙門名義は●、「小計①」は衙門堂上官全体の小計であり（記号全て）、「小計②」は在職時の兼職の小計（◎と●）である。「総数」は議政府堂上官の総数である（時原任大臣らのぞく）。

衙門に対する議政府の反発(44)、または葛藤を生じながらも維持される統理軍国事務衙門と議政府の相互補完関係が指摘されている(45)。しかし、統理交渉通商事務衙門と議政府の関係についての分析は見られない。また一方で、統理軍国事務衙門と統理交渉通商事務衙門の関係については、先行研究に、高宗の志向する反清自主路線の中心的機構となっていく統理軍国事務衙門と、「親清」化する統理交渉通商事務衙門との葛藤を指摘する論調が見られることを念頭に置いておこう(46)。

まず、【表3】は、統理交渉通商事務衙門堂上官の議政府堂上就任状況をまとめたものである。これをみると、衙門の堂上官一四人（【表2】）中一〇人が、議政府堂上に名を連ねていることがわかる。ここから、衙門の堂上官は、朝鮮政府の最高行政機関である議政府の上級官員である議政府堂上としても、一定の発言力を持つ層であったことが再確認されるとともに、新設衙門である統理交渉通商事務衙門の堂上官と、従来からの機関の代表格である議政府の堂上官は、政治勢力として重なっている部分があったことがわかる。とはいえ、議政府堂上全体に占める衙門堂上官就任者の数を見ると、その割合は決して高くない。議政府堂上の中では、統理交渉通商事務衙門関係者以外の者が多数であった。ゆえに、先に見た卞元圭の人事に対する反発も起こりえたのであろう。しかし、一八八三年九月に尹泰駿、一〇月に李祖淵が議政府堂上に任命されたことを始め、衙門堂上官の占める割合は増加傾向であったということも、また見て取れよう。

もう少し広く、統理交渉通商事務衙門の構成員が、議政府のほかにも、どのような機関の官職に就任していたのかを整理してみたのが【表４】である。これから指摘できるのは、次の三点である。

まず第一に、統理交渉通商事務衙門の構成員は、議政府以外にも、朝鮮従来の機関の官職に多数任命されているということである。つまり彼らは、新設衙門である統理交渉通商事務衙門において業務を遂行しつつ、同時に従来の機関において、従来の業務を遂行する立場にあったわけである。統理交渉通商事務衙門が、新設衙門として朝鮮政府の中で突出して存在していたのではなく、その一部として位置づけられた機関であったことがうかがえよう。

第二に、一方で統理交渉通商事務衙門の構成員は、統理軍国事務衙門の官職や、その傘下に設けられた機関の官職に就任しているケースがかなりあるということである。堂上官についてみると、統理交渉通商事務衙門の官員数は絶対的に少ないにもかかわらず、一四人中九人がこれに該当している。

第一章で見たように、統理交渉通商事務衙門には富強司が設けられており、その具体的な管轄範囲は、外衙門章程によると鋳幣・開鉱・製造・官銀号・招商社・蚕桑畜牧とされていた。一方、統理軍国事務衙門には理用司・軍務司・監工司・典選司・農商司・掌内司の六司が置かれており、統理交渉通商事務衙門の鋳幣・官銀号は統理軍国事務衙門の理用司と、開鉱・製造は監工司と、招商社・蚕桑畜牧は農商司の業務とそれぞれ重なっている(47)。実際に両衙門の活動実態を見てみると、軍国事務衙門の書吏が「総理大臣」すなわち軍国事務衙門督辦の「教意」を交渉通商事務衙門へ伝えてきたり(48)、蚕桑公司の諭旨が、交渉通商事務衙門へは軍国事務衙門から伝えられていることが

洪英植	副大臣（報聘使）83.6.5	検校直閣-82.8?／刑曹参議 82.6.12-82.7.4／奎章閣直提学 82.10.7-84.8.20／統理軍国事務衙門参議 82.11.19-12.16／吏曹参議 82.12.29-82.12.30／輔徳 82.12.30-83.1.11／同春秋 83.2.17-／刑曹参判 83.1.13-83.2.19／同経筵 83.3.15-83.5.23／兵曹参判 83.12.9-83.12.20、84.3.27-84.5.11／同義禁 83.12.22-84.1.14／北兵使兼咸鏡道按撫使 84.1.6-84.3.16／統理軍国事務衙門協辦 84.3.28-84.8.20／検校直提学 84.8.20-84.10.20／弘文館特進官 84.9.30
李祖淵	講修官従事官 82.7.3／陳奏使従事官 82.7.16／	営務處監督 82.10.3-／修撰 82.11.8-／承旨 83.4.19-83.5.6、83.7.24-83.7.27、83.7.29-83.8.1、83.10.27-83.11.5、83.11.26-83.12.16、84.4.7-84.4.8／機器局總辦 83.5.23-／吏曹参議 83.8.1-83.8.6／恵商公局總辦 83.8.3-／禮曹参判 83.9.19-83.10.27、84.3.29-84.4.7、84.4.8-84*5.5／親軍左営監督 83.9.18-84.8.26／軍務司事務 83.9.30-／親軍右営兼察 84.1.17-／按撫使兼北兵使 84.3.16-84.3.21／兼鏡城府使 84.3.17-／統理軍国事務衙門協辦 84.3.28-84.10.18／典圜局總辦 84.3.29-／同経筵 84.7-84.7.12／同知中枢府事 84.8.8-／親軍左営使 84.8.26-／弘文館特進官 84.9.30／同成均 84.9.26-84.10.16／同義禁 84.10.16-84.10.18
金晩植	修信副使 82.7.25／問候官 83.5.4／全権大臣（対英徳）83.9.26／冬至正使 84.9.7 任（84.11.2-85.4.4 行）	承旨 82.12.26-82.12.27、83.3.4-83.3.14／兼輔徳 83.9.2-83.9.4／右尹 83.9.11-83.10.30／同義禁 83.10.14-83.10.29／礼曹参判 83.10.30-83.12.14／同春秋 83.11.15-84.2.1／大司成 83.12.14-83.12.29／同経筵 84.1.12-／吏曹参判 84.9.1-84.9.6／知春秋 84.9.6-／知義禁 84.9.19-84.10.28／工曹判書 84.9.23-84.10.21／弘文館特進官 84.9.30／知経筵 84.10.2-
金玉均		校理 82.7.20-／應教 82.9.14-／承旨 82.9.22-82.9.23、83.2.16、83.2.24-83.2.26、83.4.13-83.4.15、84(5)5-84(5)22／東南諸島開拓使兼管捕鯨事 83.3.17-／吏曹参議 83.4.5-83.4.13／戸曹参判 83.10.7-83.10.22／右尹 83.4.10-83*5.5／同経筵 84.4.15-84.5.16／同春秋 84.8.2-84.10.6／弘文館特進官 84.9.30
卞元圭	賫咨官 82.8 駐津参議官 83.10.23-／	竹山府使 82.8.23-／長湍府使 83.?-83.11.9／平山府使 83.12.16-／機器局幇辦 84.1.23-／機器局協辦 84.3.28-84.5.2／同敦寧 84.5.7-84.5.20／知敦寧 84.5.14-
金允植	領選使 （陳奏使と共に再赴津）／	江華留守 82.7.26-84.8.27／弘文館副提学 82.9.23-82.9.25／統理軍国事務衙門協辦 **82.11.19-84.3.13**／機器局總辦 83.5.23-／奎章閣直提学 82.10.7-83.8.29 以前／弘文館特進官 82.11.21／芸文館提学 84.8.28-84.9.23／工曹判書 84.8.27-84.9.23／知経筵 84.9.5-84.9.23／知春秋 84.9.7-84.9.23／知義禁 84.9.16-84.9.17
尹泰駿		金溝縣令 82.6.19-／営務處監督 82.10.3-／副校理 82.11.3-82.11.21／文学 82.12.10-82.12.27／直閣 82.12.25-83.1.11／兼弼善 82.12.27-83.1.11／応教 82.12.27-／検校直閣 83.1.11-83.11.25／原任直閣 83.1.11、83.11.25-／統理軍国事務衙門参議 83.1.12-83.8.1／刑曹参議 83.1.13-83.1.17、83.4.19-83.5.9／承旨 83.1.29-83.2.1、83.2.6-83.2.11、83.7.28-83.7.29、84.1.22-84.2.9、84.2.20-84.2.26、84.5.19-84.5.26／輔徳 83.5.9-83.7.28／機器局總辦 83.5.23-／吏曹参議 83.7.29-83.8.1／統理軍国事務衙門協辦 83.8.1-84.3.13／同敦寧 83.8.11-83.8.22／恵商公局總辦 83.8.3-／刑曹参判 83.8.22-83.8.27、84.3.10-84.5.19、84.5.26-84.8.18／有司堂上 83.11.15-84.10.18／弘文館副提学 84.9.15-84.9.17／親軍右営監督 83.9.18-84.8.26／同義禁 83.9.19-83.10.14／同春秋 83.10.14-83.11.12／礼曹参判 83.12.21-84.1.22／同経筵 83.12.29-／親軍前営兼察 84.1.28-／軍務司堂上兼官 84.3.13-／直提学 84.8.21／親軍右営使 84.8.26-／統理軍国事務衙門協辦 84.9.16-84.10.18／弘文館特進官 84.9.30

【表 4】統理交渉通商事務衙門官職就任者の他官職就任状況（1）（1882.6-1884.10）

名前	臨時職	その他官職
趙寧夏	接見大官（対清）82.6.29 陳奏正使 82.7.16 大王大妃殿玉冊文製述官 82.11.21 終献官 83.9.3	右賓客 81.11.15-82.9.7／兵曹判書 81.8.2-83.2.9／訓練都監提調 82.6.19-82.10.5／御営庁提調 82.6.19-／済用監提調-82.8.6／司圃署提調 83.8.6-83.1.2／校書館提調 82.8.19-／奎章閣提学 82.8.19-／判敦寧 82.9.14-／左賓客 82.9.7-82.12.3／尚衣院提調-82.12.30／済用監提調 82.12.30-／統理軍国事務衙門督辦 83.1.13-84.10.1／弘文館提学 83.3.17-83.3.19／知中枢府事 83.8.1-／工曹判書 83.8.22-8.27
閔泳穆	全権大臣（英徳条約）83.10	薬院提調 82.7.26-82.8.22／上護軍 82.8.8-、82.9.29-、82.11.7-／知中枢府事 82.8.23-／判義禁 82.8.22-82.9.3／礼曹判書 82.9.14-82.9.23／刑曹判書 82.9.22-82.9.29／漢城府判尹 82.10.14-82.11.6／左副賓客 82.10.20-82.11.19、83.6.5-84.1.21、84.5.1-84.8.19／芸文館提学 82.8.23-82.10.20／司饔院提調 82.11.13-／平安監司 82.11.19-82.11.24／兼平安道兵馬水軍節度使管餉使 82.11.20-／慶尚監司 82.11.24-83.1.11／弘文館提学 83.1.11-／典設司提調 83.1.11-83.2.21／吏曹判書 83.2.4-83.9.27／尚衣院提調 83.2.21-／奎章閣提学 83.3.28-／校書館提調 83.3.29-／左参賛 83.9.29-83.12.9／判敦寧 83.12.9-84.5.4、84.5.28-84.10.18／兵曹判書 84.5.4-84.5.27／軍器寺提調 84.5.4-／禁衛営提調 84.5.4-／御営庁提調 84.5.4-／兼察右辺捕盗大将 84.5.12 ※／兼江華留守 84.8.28-／右賓客 82.10.20、84.8.19-84.10.18／總管畿沿海防事務 83.12.5-84.10.18
金炳始	接見大官（対日）82.7.14 全権大臣（露条約）84*5 楽章文製述官 82.11.21 陳奏使（任命のみ？）83.1.7	奎章閣提学-82.9?／左副賓客 82.1.13-82.9.7／軍器寺提調 82.6.19-／知三軍府事 82.7.3 ※／戸曹判書 82.7.16-82.10.1／司圃署提調-82.8.6／済用監提調 82.8.6-82.8.11／礼賓寺提調 82.8.8-／司訳院提調 82.8.10-／右賓客 82.9.7-82.12.3／知訓錬 82.9.14-／糧餉堂上 82.10.8-／奎章閣提学 82.11.3-／校書監提調 82.11.3-／統理軍国事務衙門督辦 82.11.19-84.3.13／左賓客 82.12.3-83.6.5、84.1.21-84.10.8／貢司堂上-83.1.19／宣恵庁堂上 83.2.14-83.9.6／禮曹判書 83.4.18-83.5.3、83.6.11-83.6.25／左辺捕盗大将-83.6.8／知中枢府事 83.1.7、83.6.11-83.6.20、83.8.11-、83.9.19-84.10.21／判敦寧 83.6.20-83.8.11／親軍営提調 83.6.25／判義禁 83.10.14-83.10.29／吏曹判書 83.11.30-84.1.8／薬院提調 83.9.1-83.9.28、84.3.17-84.3.28／典設司提調 84.9.11-
金弘集	接見副官（対清）82.6.29／講修官 82.7.3／伴接官 82.7.9／接見副官（対日）82.7.14／陳奏副使 82.7.16／	恵民署提調 82.6.19-／工曹参判 82.7.9-／刑曹参判 82.9.23-82.9.29／同春秋 82.10.20-／京畿監司 82.10.24-／奎章閣直提学 82.10.7-、83.8.1-／知春秋 84.9.3-／知義禁 84.9.5-84.9.16／礼曹判書 84.9.14-84.10／知経筵 84.9.23-
閔泳翊	全権大臣（報聘使）83.6.5-84.5.9	恵商公局總辦 83.8.3-／吏曹参判 84.5.2-84*5.1／同義禁 84.5.4-84*5.5／検校直提学 84.5.8-／同知中枢府事 84.6.14-／同経筵 84.6.30-／禁衛大将 84.7.2-／知訓練院事 84.7.13-／親軍右営使 84.8.26-／統理軍国事務衙門協辦 84.8.28-84.10.18／機器局總辦 84.10.2-

李鶴圭	賷奏官 84.6.21	（薦人）→検書官 83.1.19-83.6.20／副司勇 83.1.21-／文案（親軍左営）-1883.5.1／
丁大英		長興庫主簿 83.4.20-／五衛將 83.12.29-
朴斉純	駐津従事官 83.10.23 任（84.3.19-行）	畿沿海防衙門軍司馬 84.1.5-84(5)19
李建鎬	拿處宣伝官 82.11.18-	訓練院判官 83.6.25-
金寅植		校理 82.6.25-／副司直 82.6.30-／東学教授 82.8.8-82.11.13／献納 82.8.19-／修撰 82.8.26-、82.10.7-／司果 82.10.20-／副校理 83.12.30／副司果 82.11.3-／掌令 83.6.19-／文臣兼宣伝官 84.5.18-84(5)5
呂圭亨		仮注書 82.6.21-82.7.4、82.7.26-、82.8.5-82.8.10、82.12.9-82.12.10／（軍職）副司正 82.6.22-、82.8.8-、82.8.23-／減省庁会員 83.1.14（郎庁 83.2.6）／戸曹員外郎 83.1.14-／修撰 83.1.26-83.4.5、84.4.15-／副司果 83.4.5-／中学教授 83.6.11-83.8.11／文臣兼宣伝官 83.7.7-83.8.1／献納 84.5.26-
李種元		（秋到記の講の成績で授賞 83.9.27）（式年文科応試許可 84.9.5）
尹顕求		（九日製の賦の成績で授賞 82.9.27）
趙秉承		（別試文科初試應試許可 82.3.7）
辺樹		統理軍国衙門主事（掌内司）1884.7.2-
丁学教		副司果 83.1.27-
秦尚彦		司訳院訳官 83.8.30

（典拠）『承政院日記』、『日省録』「統理交渉通商事務衙門先生案」、田美蘭前掲論文、韓哲昊前掲論文、糟谷憲一『閔氏政権期重要官職就任者一覧』（稿）1994 年

（凡例）①官職は就任日の順に列挙してある。
②四角で囲ってある官職は、統理交渉通商事務衙門在職と時期が重なるものである。
③波線は統理軍国事務衙門の官職を表す。
④「同○○」は○○の同知事、同様に「知○○」は知事、「判○○」は判事を表す。
⑤「原任」は省略した。

※は就任日が不明であるが、その時点で在職が確認されるもの（のうち一番早いもの）

【表４】統理交渉通商事務衙門官職就任者の他官職就任状況（2）（1882.6-1884.10）

名前	臨時職	その他官職
趙秉弼		承旨 82.8.21-82.8.26／大司成 83.3.25-83.5.22／東莱府使 83.5.24-
李教栄		敦寧都正 83.4.5-83.4.7／承旨 83.6.7-83.7.5、83.11.18-83.12.8、83.12.30-84.1.18／大司成 83.12.29-／永興府使 84.6.30-
金思轍		副護軍 82.7.4-／掌令 82.8.19-／司果 82.8.23-、10.20-／応教 82.9.16-／持平 82.11.29-／副校理 82.12.27-／司成 83.1.11-83.3.25／文臣兼宣伝官 83.3.17-83.3.25／中学教授 83.5.3-83.6.11／龍岡縣令 83.6.25-
南廷哲	駐津参賛官 83.10.23 任 駐津大員 84.3.19-84.7.6 冬至副使 84.7.15 任 （84.11.2-85.4.4 行）	左翊衛 82.9.13／典籍 82.10.29-／校理 82.11.2-／副司直 82.11.22-／副修撰 82.12.12-／副司果？ 83.1.13／南学教授 83.2.17-83.3.25／掌令 83.4.5-／相禮 83.5.9-、83.9.4-／問事郎庁 83.6.7-83.6.7／副校理 83.9.2-／禁衛営軍色従事官 -83.9.10／礼曹参議 83.10.22／承旨 83.11.6-／戸曹参議 83.11.29-／護軍 84.3.24-、84.7.10-、84.7.23-／同知敦寧府事 84.7.8-／吏曹参判 84.7.19-／同知経筵事 84.7.19-／同知成均館事 84.7.23-／刑曹参判 84.8.18-／戸曹参判 84.9.5／弘文館特進官 84.9.30／同知春秋館事 84.10.6-／同知義禁府事 84.10.10-
鄭憲時		修撰 82.12.19-82.12.27／副司果 82.12.27-／文臣兼宣伝官 83.3.5-83.3.17／東学教授 83.3.25-83.4.5／兵曹正郎 83.7.29-83.11.3／副修撰 83.11.25-83.12.29／副応教 84(5)27-84(5)29／執義 84.8.10-
徐相雨	接見従事官（日本公使） 82.7.14 書状官 83.9.4	典籍 82.12.12-／副校理 83.1.10-83.2.24／兵曹正郎 83.2.23-83.4.13／西学教授 83.4.5-83.6.2／文臣兼宣伝官 83.6.2-83.6.25／司僕正 83.6.25-83.11.16／兼掌令 83.10.14-84.4.12／校理 84.4.17-84.4.27／副校理 84.6.6-84.6.30／応教 84.7.6-84.8.18／副司直 84.8.19-
尹起晋		仮注書 82.12.12-82.12.21、83.11.13-83.11.17／承文院副正字 83.2.27-／注書（推薦）84.3.13／典籍 84.7.17-84.10.2
金嘉鎮		兼検書官-82.8.8（入直不正に連座して罷免）／長興主簿？
高永喆		（各陣差備官）→副司果 82.11.12-
兪吉濬		なし
鄭萬朝		畿沿海防衙門軍司馬 84.1.5-
池運永		統理軍国事務衙門主事（典選司）84.3.29-
李源兢		畿沿海防衙門軍司馬 84.1.5-
尹致昊		なし

確認でき[49]、両衙門のあいだに一定の連絡関係があったことがわかる。さらに例えば、鋳幣に関わる活動において、統理交渉通商事務衙門は、開港場や外国公館から不用銭を集めて、統理軍国事務衙門傘下の典圜局に送付すると同時に[50]、典圜局の対応の遅れを糾す移文を送付しているなど[51]、両衙門が協力して活動を展開していることが確認できる。

先に若干触れたように、統理軍国事務衙門と統理交渉通商事務衙門はともに統理機務衙門の後身としてセットでとらえられることが多い。その一方で、衙門の格が明示されていない統理交渉通商事務衙門と異なり[52]、統理軍国事務衙門はその節目に正一品衙門であることが明示されていること[53]、また設置に当たっての高宗、議政府大臣等の認識が「内務は外務よりも重要」というものであったことから[54]、軍国事務衙門の交渉通商事務衙門に対する優越を指摘する先行研究も見られる[55]。このような評価の背景には、先述したように、当時の朝鮮政界を、統理軍国事務衙門を中心とする勢力の反清自主路線と、統理交渉通商事務衙門を中心とする勢力の親清路線との対立という枠組みから把握しようとする視角があるといえる。「親清」問題については後述するが、構成員と業務内容がこのように重複する両衙門の評価として妥当であるかは疑問である。

第三に、彼らが共通してよく任命されている官職に傾向があるという点である。それは、承旨（李祖淵、金晩植、金玉均、尹泰駿、趙秉弼、李教栄）、世子侍講院の官職（趙寧夏、閔泳穆、金炳始、洪英植、金晩植、尹泰駿）、奎章閣の官職（趙寧夏、閔泳穆、金炳始、金弘集、閔泳翊、洪英植、金允植、尹泰駿）、弘文館・芸文館の官職（趙寧夏、閔泳穆、洪英植、李祖淵、金晩植、金玉均、金允植、尹泰駿）経筵庁の官職（金弘集、閔泳翊、洪英植、李祖淵、金晩植、金玉均、金允植、尹泰駿）、義禁府の官職（閔泳穆、金炳始、金弘集、閔泳翊、洪英植、李祖淵、金晩植、金允植）などである。承旨と奎章閣については先に触れたが、その他、世子侍講院は王世子の教育を担当する東宮官であり、これらの官職は国王への入侍機会が頻繁にあった[56]。一方、経筵とはほんらい経藉の講論を担当する場であったが、高宗の時代には規定通りに日に三回の講義（法講）は行われず、日に一〜二回に略式された（これを講筵と称した）上に、しだいに開催されることも少なくなっていた。しかし、経筵の官は引き続き任命され、講筵における講義担当者のうちで重要な位置を占めていた。講筵は本来の経筵と同じく、儒教経典や史書を講ずる場であるのみならず、政治や社会に関連する政策や懸案について、高宗と臣下が意見を交換する場となったので、経筵官は側近官僚としての地位を確保していた(57)。義禁府も、推鞫（特別の王命による重要罪人の取調）を担当する一種の司法機関であったが、朝鮮建国以来、常に王権に密着した位置にあり、その勢力の大小が王権の強弱に直結しうる機関であった(58)。先に任用条件のところで、衙門の官職就任者たちが高宗に近い人物たちであったことは確認したが、その傾向は兼職状況においても確認できるということである。

四　勤務実態

金弘集（1842-1896）

これまで、統理交渉通商事務衙門の官職に就任した人物についての考察を行ってきたが、それぞれの衙門業務への関わり方はどうだったのであろうか。その実態を知るために、【表5】に、構成員の衙門への出勤状況を集計してみた。

まず堂上官についてこれを見ると、一部を除いては、在任期間、まずまずの出席率を見せている。朝鮮政府の他の機関について、出勤状況を正確に把握する術がないので、比較していうことはできないが、統理交渉通商事務衙門については、このような記録によって出勤状況が確認できるということ

【表 5-1】統理交渉通商事務衙門堂上官の衙門出勤日数（1883.8-1884.10, 単位：日）

	83.8	9	10	11	12	84.1	2	3	4	5	*5	6	7	8	9	10
閔泳穆	20	24	28	25	23	14	11	11	／	／	／	／	／	／	／	／
金炳始	／	／	／	／	／	／	／	2	12	11	15	0	0	0	／	／
金弘集	15	23	29	21	17	20	19	22	23	25	25	25	27	23	22	15
閔泳翊	※	※	※	※	※	※	※	※	※	15	28	22	／	／	／	／
穆麟徳	9	14	21	4	3	7	13	5	12	11	12	／	／	／	／	／
洪英植	2	0	0	4	17	16	21	3	／	／	／	／	／	／	／	／
李祖淵	9	10	28	7	7	10	16	8	／	／	／	／	／	／	／	／
金晩植	13	11	22	12	10	7	14	13	20	21	20	14	13	12	10	7
金玉均	※	※	※	※	※	※	※	※	5	17	13	11	12	10	9	7
卞元圭	1	2	0	1	0	2	0	0	6	8	10	0	3	4	9	6
金允植	／	／	／	／	／	／	／	12	17	13	28	25	27	24	24	11
尹泰駿	／	／	／	／	／	／	／	6	15	19	20	6	13	4	2	／
李教栄	20	15	21	13	11	6	10	8	2	0	5	6	1	／	／	／

（典拠）『統署日記』
（注）斜線は任期でない期間を表す。
　※印は在外を表す。（閔泳翊＝報聘使、金玉均＝日本）

と自体、その活動が効率的に展開されていたことを示しているとも言えよう。特に、当該時期、最もコンスタントに衙門に出勤していた人物としては金弘集をあげることができ、統理交渉通商事務衙門の中心人物であったといってよいだろう。つづいては金晩植の出勤率が注目されるが、彼の主担当は付属の教育機関である同文学であった。これは、同文学がよく活動していたということであろう。また、破格の扱いであった卞元圭であるが、実際の衙門出勤日数は少なかった。

また、主事の出勤状況を見てみると、尹致昊、金寅植、呂圭亨、辺樹等の一部を除いては、任期中は大抵衙門に出ていることが確認できる。統理交渉通商事務衙門の業務処理方式において、恒常的な懸案事項については、担当各司が文書の起草を行い、その施行は督辦・会辦の批准を経て行われることになっている一方、初行の懸案事項については、協辦と参議で、その利害と妥当性を議論するとされていたが、主事はこの議論に参加することができた(59)。堂上官の勤務状態に顕著な差異があり、出勤日数の少

【表 5-2】統理交渉通商事務衙門主事の衙門出勤日数（1883.8-1884.10，単位：日）

	8	9	10	11	12	1	2	3	4	5	*5	6	7	8	9	10
南廷哲	21	22	19	／	／	／	／	／	／	／	／	／	／	／	／	／
鄭憲時	17	24	28	25	27	22	16	20	18	25	26	24	23	12	23	12
徐相雨	18	18	6	※	※	※	※	※	※	0	0	／	／	／	／	／
尹起晋	16	12	0	16	21	23	22	18	16	24	13	14	／	／	／	／
高永喆	※	※	※	3	0	24	21	20	20	13	22	4	20	15	6	0
鄭萬朝	21	23	26	26	24	20	16	21	5	0	0	／	／	／	／	／
李源競	20	23	26	22	25	22	15	20	10	0	0	／	／	／	／	／
尹致昊	2	0	1	1	1	1	1	0	2	6	5	3	0	0	0	0
李鶴圭	21	18	3	24	15	1	25	25	19	21	18	21	4	2	3	4
丁大英	21	26	14	12	26	8	19	24	27	26	25	21	17	23	20	3
朴斉純	15	24	26	22	20	21	17	5	※	1	0	0	0	0	0	
李建鎬	17	26	26	21	21	20	17	19	24	23	19	25	24	26	16	14
金寅植	8	0	／	／	／	／	／	／	／	／	／	／	／	／	／	／
呂圭亨	／	／	2	6	8	6	4	1	0	0	0	1	0	0	0	0
李種元	／	／	／	13	0	16	25	26	28	2	26	26	28	26	7	3
尹顯求	／	／	／	／	／	／	／	／	／	／	／	22	20	18	24	12
趙秉承	／	／	／	／	／	／	／	／	／	／	／	23	24	15	22	14
辺樹(燧)	／	／	／	／	／	／	／	／	／	／	／	5	1	／	／	／
丁学教	／	／	／	／	／	／	／	／	／	／	／	／	14	24	27	15
秦尚彦	／	／	／	／	／	／	／	／	／	／	／	／	17	6	13	16
李[illegible]	／	／	／	／	／	／	／	／	／	／	／	／	／	／	／	6

（典拠）『統署日記』
（注）斜線は任期でない期間を表す。
※印は在外を表す。（徐相雨＝冬至使行、高永喆＝報聘使行、朴斉純＝駐清大員行）

ない堂上もいる中、日常的に長期間勤務するケースが多かった主事の存在は、衙門の運営において、実務の面で重要な役割を果たしたと思われる。しかし、中でも出席率が高い、鄭憲時、丁大英、李建鎬らはいずれも外交使節や外国視察の経験があったり、新学問を積んだ経歴がある人物ではなかった。【表４】に戻ってみると、主事就任者については、むしろ四学の教授をはじめ、伝統的学問の素養があることを感じさせる経歴が目につく。また、本貫を見ると、家系としてもまずまずの有力な家門出身者が大部分であることがわかる。統理交渉通商事務衙門の実務を担当していたのは、このような人物たちであったのである。(60)

五　「親清」をめぐって

統理交渉通商事務衙門と統理軍国事務衙門を、「親清」をめぐる対立構造から性格づける視角についての疑問は先に述べた。これに関連して、統理交渉通商事務衙門の「親清」的性格について、検討しておきたい。

【表5】にも表れているが、統理交渉通商事務衙門は一八八四年三月一三日にまとまった人事異動があった。督辦が閔泳穆から金炳始に交代し、洪英植、李祖淵が統理軍国事務衙門に移ったかわりに、金允植と尹泰駿が統理軍国事務衙門から移ってきたのである。この移動については、尹致昊が、洪英植から聞いた話として、尹泰駿と金允植が、衙門の楊花津入港問題（第六章で後述）への対応の不適切をもって、清の論罪があるだろうと王后を脅したためになされたと記しているところがあり、(61)先行研究においても、衙門の「親清化」の指標とされてきた。(62)

そもそも、誰が「親清」なのか。「親清」という概念の定義は容易でないだけに、先行研究においてもその範囲は一定でない。【表6】は、主な先行研究における「親清」の言及状況をまとめたものである。

論者ごとにばらつきがあるのは、【表7】に見られるように根拠としている史料において、その範囲が一定でないことが影響していると思われるが、史料における分類自体も、当該者の言ではなく、周りからのいわば「レッテル貼り」の傾向があり、その発言者や場を考慮すれば、恣意的である恐れが十分にある。ある個人が「親清」か否かという問題は、そのような概念にすぎないのである。

【表7】からわかるように、一八八四年三月の人事異動で統理交渉通商事務衙門に配置された金允植と尹泰駿は、

【表6】先行研究における「親清」の言及状況

出典	指称	人物
林明徳	事大党	金炳始、閔台鎬、洪淳穆、金炳国、金允植、魚允中、閔泳翊、趙寧夏、尹泰駿
原田環	親清派（清党）	金允植、金弘集、魚允中
殷丁泰	親清的な人士、親清派	金炳始、金允植、尹泰駿、閔泳翊
李美愛	清と緊密な関係を維持していた人物	趙寧夏、魚允中、金允植、金弘集、尹泰駿
延甲洙	親清勢力、親清派	金炳始、金允植、魚允中、（趙寧夏、金弘集）

（出典）林明徳『袁世凱與朝鮮』（中央研究院近代史研究所、1970年）146頁、原田環『朝鮮の開国と近代化』（渓水社、1997年）303頁、殷丁泰前掲論文50頁、李美愛前掲論文70頁、延甲洙(63)前掲論文335頁。

【表7】主な史料における「親清」言及状況

評価者	指称	人物
朴泳孝（→島村久）	支那党	（第一支那党）閔台鎬、趙寧夏、閔泳翊、金允植、尹泰駿 （第二支那党）閔泳穆、韓圭稷、李祖淵、閔應植
徐光範（→島村久）	支那党	閔台鎬、閔泳翊、閔泳穆、李祖淵、韓圭稷、尹泰駿
袁世凱（→李鴻章）	「不受制中国」と「稍岐」	金允植、尹泰駿、閔泳翊
井上角五郎	清に追従する人物	閔台鎬、閔泳翊ら閔氏、趙寧夏、金允植、魚允中、金弘集
尹致昊	胡奴、胡官	尹泰駿、李祖淵、閔泳穆、金允植

（出典）上から、「朴泳孝邸に於て洪英植・金玉均・徐光範等と島村久談話筆記要略」『朝鮮交渉史料上』（明治百年史叢書、秘書類纂21、原書房、1970年）269頁、「徐光範と島村久との談話提要」（同上）283頁、『清季中日韓』893付件1、井上角五郎『漢城之残夢』、『尹致昊日記』58頁

先に先行研究や史料における「親清」の範囲を整理したときにもほとんど漏れることのなかった、「親清」の代表格とされている人物である。(64)二人は就任直後から頻繁に衙門に出席していることが確認され、彼らの衙門加入は清に対するアピールがあったのかもしれない。しかし、更迭された閔泳穆と李祖淵も「親清」人物として挙げられている。さらに人事異動の直後、一八八四年四月、五月、閔泳翊に先だって金玉均も帰国し、衙門に出勤し始めている状況はどう説明したらよいのだろうか。

一方で、先述した外国人官員の存在も、往々にして「親

清」と結びつけられる。メレンドルフと馬建常の招聘は、朝鮮の依頼を受けた形で清によって行われたものであるから、先行研究には、二人の着任を以て朝鮮に対する清の圧力増加の指標とみなし、より限定的に言えば、統理交渉通商事務衙門が帯びることになった「親清」的な性格を強調する論調が見られる(65)。しかし実態をみると、馬建常は実質的な活動を行っていたとは考えにくいし、メレンドルフの活動の中心は、条約締結と租界地設定に関する交渉であった(66)。これらについては、第Ⅱ部で後述するが、その内容を「親清」的と評価できるのかは、また別問題である。

このような実態を見るとき、朝鮮政界に「開化」「反開化」、「親清」「反清」の対立構造を描いた上で、一部の人物の官職就任を以て、統理交渉通商事務衙門の性格を「親清」的であると規定するのは、あまり意味がないと思われる。当時の朝鮮政界は、そのように単純なものではなかった。極端に言えば、統理交渉通商事務衙門の構成員が、衙門において西欧国際法に則った外交手続きに関連する政策遂行に従事しながら、それへの反対者を含む議政府に籍を置いて旧例に従った従来の業務を遂行し、高宗に入侍しながら、反清自主路線の中心機関とされる統理軍国事務衙門傘下の機関での業務にたずさわりつつも、袁世凱に好意的に評価されるということがあり得るのが、当時の状況だったのである。

六　小括

以上、統理交渉通商事務衙門の構成員について分析を加えた。本貫や外遊経験といった従来の研究でも指摘されていた部分の再整理に加えて、議政府、統理軍国事務衙門、その他の政府機関との兼職状況、実際の衙門への出勤状況を示すことができた。

統理交渉通商事務衙門は、新設衙門として、外国人官員を招聘し、外交使節および外国視察の経験がある人物を集め、実力本位の人事を実施しながら、新しい状況に対応できる人的構成を備えていた。堂上の出勤のもと、主事が日常的に長期間勤務している体制も、実際の運営において効率的であっただろう。

その一方で、衙門の構成員の大部分は名門家系の出身であり、また、議政府をはじめとする朝鮮政府の従来機関の要職にも多数就任していることは、統理交渉通商事務衙門が、従来の政治体制の基盤の上に立った朝鮮政府の一機関であったことを示している。統理軍国事務衙門との重複が多い、高宗の側近といった特徴も、あくまで、この政治体制に組み込まれた形の上での特徴なのである。

統理交渉通商事務衙門はこれまで、近代的、「親清」的な側面から注目されてきた。しかしその構成員の実態は、そのような単純化した整理によってはとらえきれない、複雑な性格をもつものであることが明らかになった。このような複雑さを前提にしてこそ、衙門の活動をより実態に即して跡づけることが可能であるだろう。

第三章　統理交渉通商事務衙門の活動実態
——地方官庁との関係から

統理交渉通商事務衙門章程に規定されている衙門の業務内容については、第一章で整理したが、その設立の意図にもあるように、衙門の中心業務は「外務」にあったといえる。それだけに、統理交渉通商事務衙門が朝鮮国内に対して行った活動（以下「対内活動」とする）はこれまでほとんど注目されてこなかった。

しかし、統理交渉通商事務衙門が、対外交渉を経てある政策を実行することになれば、それに関する具体的な指令は国内に向けて出される。逆に、国内において外国と関連した問題が生じれば、現場から統理交渉通商事務衙門にあげられて、それが対外交渉に持ちこまれるわけである。すなわち、統理交渉通商事務衙門の対内活動には、対外懸案事項の発生した背景や、その具体的な展開過程にあたる内容が含まれている。これらをふまえてこそ、統理交渉通商事務衙門の活動実態を明らかにすることができるのである。

また、第二章で構成員の検討から明らかにしたように、統理交渉通商事務衙門は、新設衙門であると同時に、従来の政治体制における基盤をも合わせ持っていた。とすれば、衙門の運営方式が、朝鮮政府従来の行政機関における伝統的な運営方式と、どのような関係にあったのかに注目することは、統理交渉通商事務衙門の性格を分析する上で、また一つの重要な検討材料となろう。

そこで本章では、衙門が主に国内地方官庁と授受した文書を分析することにより、外交政策の国内展開の様相、衙門運営の基盤となる財政政策について検討していく。

一　往来文書の概要

（1）対駐在機関

統理交渉通商事務衙門が、主にソウル駐在の各国公使・総領事と往来した文書がまとめられていて便利なのは『旧韓国外交文書』である。[1]

当時ソウルに置かれていた各国の駐在機関について整理しておくと、日本については、先に見たように、花房辦理公使の高宗への国書奉呈により、公使のソウル駐在が既成事実化されていた。西大門外清水館（旧京畿中営）が公使館とされ、[2]一八八二年一二月には、花房に代わって、竹添進一郎辦理公使が赴任した。清については、第四章で後述するように、一八八二年八月に定められた朝清商民水陸貿易章程の規定にもとづいて、一八八三年九月に、總辦朝鮮商務として陳樹棠が赴任した。[3]「中国商務公館」（清商署）は、ソウル南部の会賢坊駱洞に置かれた。[4]また、アメリカについては、一八八二年四月に調印された朝米修好条約をうけて、一八八三年四月には、特命全権公使としてフート（福徳、Lucius H. Foote）が赴任した。アメリカ公使館は、ソウルの貞洞に準備された。[5]一方、イギリスとドイツについては、後述するように条約の再締結交渉を経て、一八八四年二月に、イギリス駐清公使パークス（Harry S. Parkes、巴夏禮）が兼任で朝鮮の特命全権公使に任命され、総領事としてアストン（W. G. Aston、阿須頓）がソウルに赴任し、三月にドイツのブドラー副領事（H. Budler、卜徳楽）が赴任するに至った。それぞれの駐在機関の位置関係は図1に示した。

【表1】統理交渉通商事務衙門と各国駐在機関との往来文書
（1882.12–1884.10＊1，数字は件数）

	清	日本	アメリカ	イギリス	ドイツ	
商業	111	11	7	15	0	144
事件	70	38＊2	6	5	0	119
租界	33	19	11	20	10	103
護照発給	38	32	9	17	0	96
各公館関係事務	16	23	23	22	9	93
条約締結関連	2	18	9	23	17	69
第三国についての連絡	5	17	14	4	0	40
漂流・犯越	16	15	0	0	0	31
朝鮮側事務連絡	4	19	9	6	3	31
各国における懸案	9	4	6	0	0	19
関税関連事務	11	6	1	0	0	18
その他	15	35＊3	8	19＊4	5	82
合計	330	237	103	131	44	845

（典拠）『旧韓国外交文書』清案、日案、美案、英案、徳案による。
＊1　それぞれ文書往来の開始は、日本1882年12月6日、清1883年9月、アメリカ1883年4月、イギリス1883年2月、ドイツ1883年3月であり、期間が一定ではない（1882年12月の統理交渉通商事務衙門設置以後、それぞれの開始時期までは文書往来が空白ということである）。
＊2　兵営放箭14、鬱陵島木材伐採9、私鋳銭8を含む。
＊3　釜山海底電線関連15、補填金（本文で後述）関連9を含む。
＊4　鉱山開発関連6を含む。

これらの機関と(6)、統理交渉通商事務衙門の間で往来した文書の概要を整理すると、【表1】のようである。

まず、国別の合計を見ると、当該時期に統理交渉通商事務衙門の交渉対象として最も大きな位置を占めていたのは清であることがわかる。＊1に注記したように、清については検討期間が短いことを考慮すれば、日本と比較しても格段に多くの文書が往来されていたといえよう。中でも特に目を引くのは、商業と事件に関連する文書件数の多さであるが、これについては、第六章で詳しく論ずることにする。

次に、内容別の合計を見ると、清との往来文書数が圧倒的である商業、事件に次いで、租

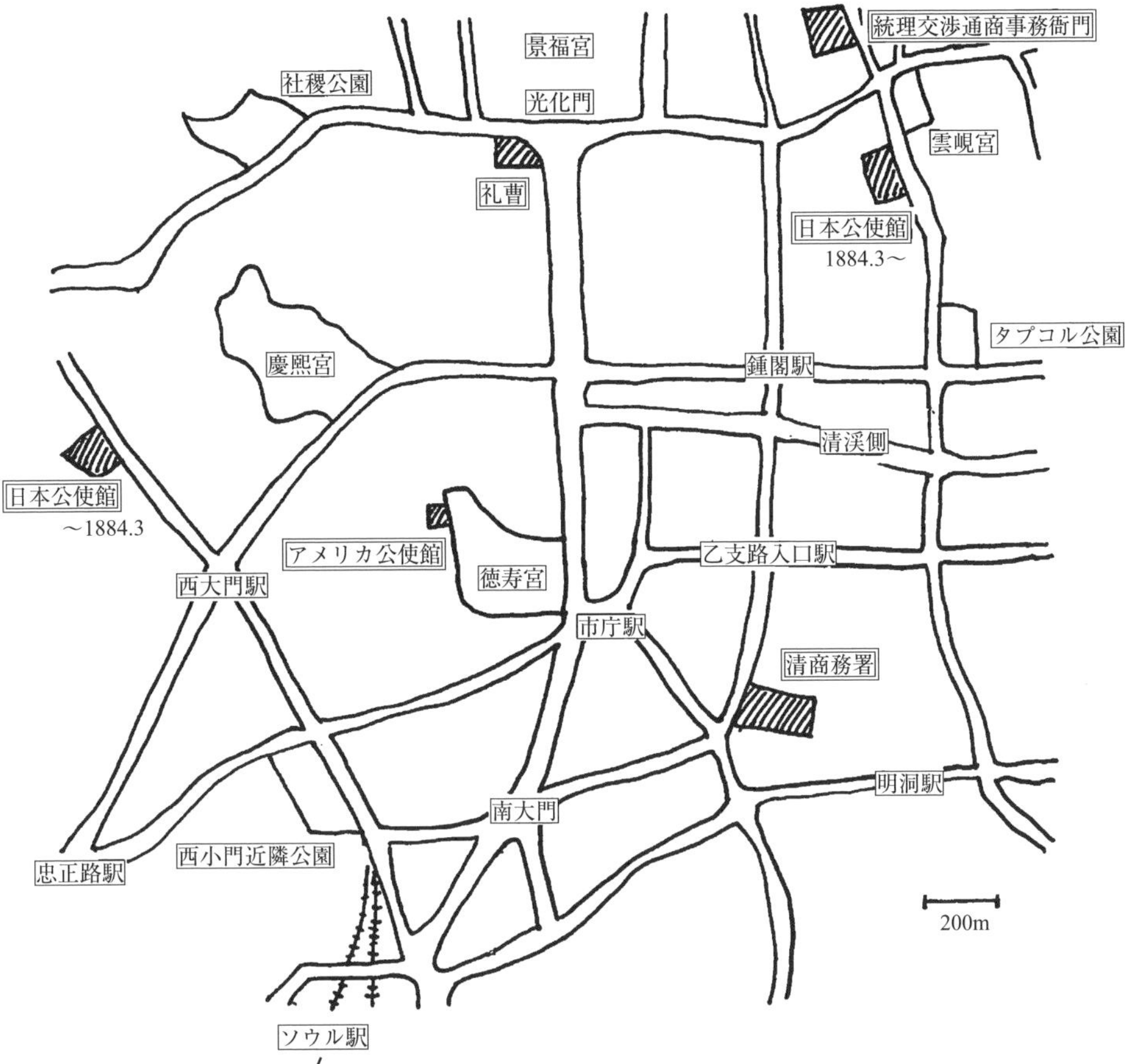

図1　各機関の位置関係

現在のソウル概略図に、当時の各機関の位置（一部推定）を書き込んだ。

□ は現在のもの。 □ は当時のもの。

界問題について、各国にわたって多くの文書が往来していたことがわかる。第一章で検討した統理交渉通商事務衙門章程においては、征権司の業務として、開港場の管理が挙げられていた。特に、各国との通商の草創期にあたり、開港場における一番の懸案事項は、租界の設定から運営の枠組みづくりまでの諸問題であったといえよう。

　租界問題に次いで多くの文書が往来していたのは、護照発給に関連するものである。ここでの護照とは、外国人が朝鮮国内で移動するとき、その身分を証明する文書であるが、この発給に関する業務を、統理交渉通商事務衙門が担当していた。外国人が朝鮮内地に入ること自体、従来はなかったことであるので、護照発給は、各国との条約締結以後生じた新しい業務であった[7]。

清水館趾を示す石碑

清水館趾

現在、独立門路に面したソウル金花初等学校となっている。

(2) 対地方機関

統理交渉通商事務衙門と地方との連絡状況を知りうる史料としてはまず、第一章、第二章でも活用した、統理交渉通商事務衙門の日記である『統署日記』が挙げられる。日記のはじまりが一八八三年八月であるため、それ以前の状況についてはわからないのが難点であるが、衙門にどこからどのような報告があげられ、衙門からどこにどのような指示が送られたのかが一々記載されており、最も網羅的な記録であると言えよう[8]。この他、統理交渉通商事務衙門が発信した文書としては、部分的であるが、衙門自身が編纂した『八道四都三港口日記』[9]が残されており、『統署日記』で触れられていない指令や、指令文の具体的な内容を知ることができる。ゆえに本章では、これらの史料を中心に、統理交渉通商事務衙門と連絡をとっていた地方官庁と、その連絡内容について、基礎的な整理を試みることとする。

①地方官庁からの報告

まず、地方官庁から統理交渉通商事務衙門への報告についてみてみよう。統理交渉通商事務衙門への報告体系がどのようであったかを、まとまった形で示す史料は見つからない。しかし、個々の報告を見てみると、当該時期について確認できる一〇〇六件の報告は、主に「謄報」（六二三件）と「牒報」（三五一件）から成っている[10]。

朝鮮時代、地方官庁から中央官庁への報告体系としては、まず、守令（各邑に派遣される地方官）が、道の長官である観察使に報告をあげることになっていた。一般に、下級官庁から上級官庁への伝達は「牒呈」と称したので、この報告も「牒呈」と規定されている。これをうけて、従二品官である観察使は、直接国王に啓を奏上することが認められていたが[11]、この際、謄本が作成され、備辺司、議政府に送られることになっていた（「謄報」）[12]。

これを前提に、統理交渉通商事務衙門のケースを考えてみると、まず「牒報」は「牒呈」同様、下級官庁から上級官庁への報告であり、ここでは地方官庁から直接、統理交渉通商事務衙門（正二品衙門相当なので[13]、観察使よりも上級になる）あてに報告された文書である。一方「謄報」は、状啓の謄本が、外務に関する内容については、議政府とともに統理交渉通商事務衙門にも送られたものと考えられる[14]。以下、両者をあわせて、その主体と内容について検討してみたい[15]。

【表2】は、統理交渉通商事務衙門に報告を送った主体を、地域別に整理したものである。これを見ると、観察

【表2】統理交渉通商事務衙門に報告をあげている主体（1883.8-1884.10，数字は件数）

地域	内訳
京畿 172	京畿観察使 136、漢城府尹 1、江華府留守 2、水原府留守 5、広州府判官 6、開城府留守 1、開城府経歴 5、驪州牧使 2、坡州牧使 2、利川府使 1、通津府使 2、長湍府使 3、高陽郡守 1、永平郡守 1、龍津監官 2、抱川県監 1、平澤県監 1
忠清道 45	忠清道観察使 30、清州牧使 2、洪州牧使 5、牙山県監 2、恩津兼任石城県監 1、忠清水使 5
慶尚 59	慶尚道観察使 52、晋州牧使 1、安東府使 2、居昌府使 1、金山郡守 1、南海県令 1、聞慶県監 1
全羅 25	全羅道観察使 14、済州牧使 5、潭陽府使 1、玉果県監 2、全羅兵使 2、済州島民 1
黄海 29	黄海道観察使 10、海州判官 1、黄州牧使 2、鳳山郡守 1、金川郡守 1、黄海兵使 5、黄海水使 7、白翎鎮僉使 2
江原 11	江原道観察使 9、金城県令 1、金化県監 1
咸鏡 44	咸鏡道観察使 31、咸鏡道仮都事 6、咸興府判官 1、咸鏡北兵使 4、咸鏡南兵使 1、咸鏡南虞候 1
平安 306	平安道観察使 160、義州府尹 126、平壌府庶尹 1、宣川府使 1、三和府使 2、平安兵使 16
仁川 63	仁川監理 35、仁川署理監理 2 、仁川府使 2、仁川警察官 1、花島別將 8、永宗防使 13、永宗僉使 2
釜山 184	東莱府使 102、釜山監理 14、慶尚左水営 66、釜山僉使 2
元山 67	徳源府使 35、元山監理 32＊1
その他 1	統制使 1
	計 1006 件

＊1　元山監理は徳源府使の兼任であったので、実際には両者は同一人物であるが、宛先が使い分けられているので、そのまま集計した。（表 3～5 も同様）

使はもちろん、守令クラスまで、全国にわたって統理交渉通商事務衙門との連絡ルートが形成されていたことがわかる。しかし、そのなかでも目を引くのは、平安道からの報告の多さである。平安道観察使の報告は、義州府尹の報告をうけて行われているものが多く、内容は義州府尹の報告とほぼ同一である場合も多いが、その数は一六〇件にのぼっている。さらには、釜山・仁川・元山の開港場からの報告や、京畿観察使の報告の多さも際だっている。

【表3】は、報告を今度は内容別に分類したものである。まず、外国船の動向に関する報告が二八六件と最も多くなっているが、そのうち京畿観察使からあげられたものが九四件、東莱府使からが五三件と、その大半をしめている。開港場である仁川、釜山周辺の

【表 3】統理交渉通商事務衙門にあげられている報告の内容（1883.8-1884.10，数字は件数）

分類	詳細
外国船動向 286	日本 104、イギリス 64、清 30、アメリカ 28、国籍不明 14、ドイツ 5、ロシア 1、集計 40＊1
伝統的対清関係＊2 206	咨文 136、巡検出来 51、統巡 13、使節 6
国内外国人遊歴 80	日本 29、アメリカ 22、ドイツ 13、イギリス 5、清 3、指令受領 4、経費精算 4
対清懸案 72	西部辺境 26＊3、中江開市改編 14、清商トラブル 9、憑票 7、登州船問題 6、東部辺境 5＊4、白翎島事件 4、大同江通商 1
要人出入国 68	朝鮮 19、日本 11、清 10、イギリス 7、メレンドルフ 6、ドイツ 5、アメリカ 3、ロシア 3、イタリア 2、不明 2
財政 56	関税 17、褓負商収税 9、不良銭回収 8、都賈雑税 7、雑収入 5、雑支出 3、賜牌地 4、捐補銭 2、上納銭 1
開港場関連 58	租界設定・運営 20、運営関連 16、海関事務 13、事件 9
漂流 56	清 29＊5、朝鮮 17、日本 8、不明 2
指令内容実行 44	未通商港調査 17、英約配布 11＊6、船隻章程 11＊7、電線罰則 5＊8
対日懸案 44	間行里程 18、填補銀 10、漁業 6、電線 4、鬱陵島木材伐採 2、私鋳事件 2、穀物輸出 1、日本人殺人事件 1
内政その他 30	鉱山開発 13、漢城旬報 11、大同商会 6
その他 19	
	計 1019 件＊9

＊1　「集計」の詳細は以下の通り。仁川港（済物浦）：各国船出入港数について 83 年 9 月分～84 年 8 月分まで。釜山港：各国商船について 83 年 7、9、10、12 月、84 年 2、3、閏 5、6、8 月分。日本商船について 84 年 5、9 月、イギリス商船について 84 年 9 月。元山港：日本船の出入について 83 年 8、9 月、84 年 2、3、4、閏 5、7、9 月、不明月報 2 件。

＊2　「事大」の旧例に則って、定められた形式の下に、主に国境地域で行われていた通例を分類した。

＊3　鴨緑江沿岸地域で起こった事件の報告等

＊4　豆満江沿岸地域で起こった事件の報告等

＊5　犯越 4 件を含む

＊6　統理交渉通商事務衙門から送付された朝英修好通商条約冊子を管轄諸地域内の邑や鎮に配布したことを報告するものなど

＊7　1884 年 1 月頃制定されたと思われる「保護本国及各国遭風遇険船隻章程」を各地に伝達するもの

＊8　1884 年 5 月に制定された「釜山海底電線保護刑律」に関するもの

＊9　「外国船動向」「要人の出入国」に関しては、一つの報告で複数の内容が報告されることがある。故に表 2 では細分しなかった件数を、表 3 では細分している場合があるので、合計数が異なっている。

海域には、当然、外国船の往来が多かったのであろう。[16] これら報告の内容は、出来の日付や時刻、船隻の国名や名称、種類（兵船か商船か、汽船か帆船かなど）、行き先などの情報を簡潔に伝えるものがほとんどである。[17] その他、国内における外国人の遊歴状況報告八〇件、要人の出入国報告六八件をあわせて、朝鮮の対外関係における状況把握に関する報告が計四三四件に達し、全体の四二・六％を占めており、これらの情報が該衙門によく集められていたことが確認できる。

次に目立っているのは、二〇六件にのぼる伝統的対清関係についての内容である。これらはすべて平安道からあげられた（平安道観察使一〇一件、義州府尹九八件、平安兵使七件）。内訳では、咨文に関するものが一三六件となっているが、具体的には義州と清の鳳凰城の間における咨文往来状況が報告されるのが一般的である。朝鮮政府において、咨文に関する業務を管轄していたのは伝統的に礼曹であり、先にもふれたように、該衙門にあげられている報告はあくまでも写しである謄報なので一概には言えないが、第一章の外衙門章程を検討する過程で見たように、「事大」業務から切り離されていた統理交渉通商事務衙門が、一方で厳然と継続されている伝統的対清関係の進行過程について、よく把握していたということは注目される。

報告にはさらに、対清懸案事項や対日懸案事項に関連するもの、開港場関連のもの、財政や内政に関するものが確認されるが、これらについては次項で考察する。

②統理交渉通商事務衙門からの指令

次に、統理交渉通商事務衙門から地方へ送られた指令について検討してみよう。当該時期の指令は、二四二件確認できる。そのほとんどは、上級官庁から下級官庁への伝達である「関」の形式をとっていた。[18]

【表4】は、統理交渉通商事務衙門から出された指令の対象を整理したものである。報告の場合と同様、指令も観察使以下、守令クラスまで、全国的に指令が送られているが、「八道四都」や「沿路」、内容に関係する「各地」

【表4】統理交渉通商事務衙門から出された指令の対象（数字は件数）

分類	内訳
八道四都 13	
沿路・各地 16	
京畿 19	京畿観察使 2、漢城府判尹 1、広州府判官 3、広州府 2、長湍府使 2、楊根郡守 1、抱川県監 1、楊根監官 3、龍津監官 3
忠清 21	忠清観察使 10、清州牧使 1、洪州牧使 3、忠州牧使 1、恩津県監 3、懐仁県監 2、連山県監 1
慶尚 10	慶尚道観察使 5、安東府使 2、仁同府使 1、金山郡守 1
全羅 4	全羅道観察使 1、済州牧使 2、金堤郡守 1
黄海 10	黄海道観察使 2、海州牧使 1、黄州牧使 1、鳳山郡守 1、載寧郡守 1、殷栗県監 2、長淵県監 1、黄海水使 1
江原 6	江原道観察使 2、金城県令 2、金化県監 1、狼川県監 1
咸鏡 7	咸鏡道観察使 3、按撫使 1、慶興府使 1、洪原県監 2
平安 9	平安道観察使 5、義州府尹 3、安州兵営 1
仁川 64	仁川監理 45、仁川署理監理 2、仁川府使 7、仁川警察官 1、花島別将 5、仁川海関税務司 1、仁川港店 1、仁川港 1、仁川掌簿官 1
釜山 27	東莱府使 24、釜山監理 2、釜山署理監理 1
元山 20	徳源府使 11、元山監理 9
三港監理 12	
その他 4	
	計 242 件

に一斉に出されている指令もある。

この全国的な連絡ルートについて、ここで具体的に一例を示してみよう（図2）。一八八四年六月四日、同年四月にすでに批准交換が完了していた朝英修好通商条約を各地に配布せよという指令が、衙門から出された。これについて、六月五日に京畿観察使、一二日に忠清道観察使、一五日に開城府・水原府留守、一七日に江原道観察使、二四日に黄海道観察使、二七日に平安道観察使、七月二日に咸鏡道仮都事（観察使空席の場合臨時に置かれ、観察使の職務を代理する）から、条約冊子を受け取り、各地に配布したという報告が到着していることが確認できる。つまり、片道で考えれば、だいたい、京畿道は当日、忠清道は四日、開城・水原両留守府で五〜六日、江原道で六～七日、黄海道で一〇日、平安道で一二～一三日、咸鏡道で一四日程度の時間内に連絡が行われていたということになる。(19)

統理交渉通商事務衙門から最も多く指令が出されているのは開港場を管理する官庁であり、仁川・釜山・元山の三港監理をあわせれば、全指令の半数を超える。そのなかでも特に多いのは仁川であり、衙門の関心が仁川に集中

図２　統理交渉通商事務衙門と地方官庁の連絡

【表5】統理交渉通商事務衙門から出されている指令の内容

分類	内訳
開港場関連 81	運営 40、海関 19、租界 19、その他 3
対清懸案 42	清商トラブル 25、登州船問題 7、憑票 6、白翎島事件 2、その他 1
対日懸案 34	填補銀 16、間行里程 5、漁業 4、穀物輸出 3、電線 2、私鋳 1、その他 3
内政その他 26	鉱山 7、義信商会 7、大同商会 6、漢城旬報 3、その他 3
財政 24	賜牌地 14、不良銭回収 3、都賈雑税 1、褓負商税金 1、その他 6
遊歴 19	連絡・注意 12、経費精算 3、越境指示 2、通詞作弊の禁断 2
対外活動関連その他 12	漂流 4、外国船 3、英約配布 1、船隻章程 2、未通商港調査 1、その他 1
その他 4	
	計 242 件

していたことを表している。一方で、報告を最も多くあげていた平安道に対する指令の比率は少ない。平安道からの報告は、ほとんどが伝統的対清関係についてのものであったが、指令の内容について分類した【表5】を参照すると、指令に関しては伝統的対清関係についてのものがまったく見られない。これは伝統的対清関係についての業務は前例通り行うことが重要であり、特に指令が必要ないといった性質も関係していると思われるが、前項で指摘したように、該衙門の伝統的対清関係へのかかわり方が片面的であったことを示す、重要な特徴であるといえよう。

さらに【表5】を検討すると、指令対象に開港場関連官庁が多いのに従って、当然、開港場関連の指令が八一件と最も多くなっている。これ以外では、対外政策に関連したもの（対清懸案事項、対日懸案事項、対外活動関連その他）が八八件、内政に関連したもの（財政、内政その他）が五〇件となっている。以上で合計二一九件であり、全体の九〇・一%を占めているが、これらの内容については先にみたように、報告もまとまった件数があげられていた。ここであわせて考察してみよう。

まず、開港場関連の文書往来の多さは、統理交渉通商事務衙門の活動において、開港場運営の占める比重がかなり大きかったということを示している。統理交渉通商事務衙門が繰り出す政策は、このような現地との連絡体制を背景にしたものであったことが前提となる。

次に、外交業務関連の文書往来についてである。衙門の主業務が外交であるだけに、国内においても外交業務に関連する文書数は多い。その実態について事項で明らかにする。また、対日懸案事項に関するものより、対清懸案事項に関するものの方が数的に多いということも、対清関係の比重の大きさを示すもので重要である。その内容もかなり具体的であり、これについては第Ⅱ部でさらに検討する。

さらに内政や財政運営に関する文書の往来の多さからは、これらの対内活動にも統理交渉通商事務衙門が積極的に関わっていたということがうかがえる。冒頭でふれたように、これらの活動は、該衙門の伝統的な性格を考察する上で注目される部分である。ゆえに、これについても次々項で検討を加えることとする。

二　外交政策の国内展開

本項では、先に整理した文書をもとに、実際に外交政策の国内展開がいかになされたのか、跡づけてみたい。具体的には、展開過程がよくわかる、未通商港をめぐる問題、間行里程をめぐる問題、補填銀支払い問題をとりあげる。

(1) 未通商港をめぐって

開港当初、朝鮮の対外通商港は、周知のように釜山・仁川・元山の三つに限られていた。これ以外の港はすなわち未通商港であり、外国船の入港が禁止されていたので、これに違反して密貿易をした場合には、貨物を没収し罰金を徴収することになっていた[20]。しかし、一八八三年九月、開港場でない大同江に清人が朝鮮船に乗ってやって来て、通商を要求する事件が発生した[21]。その後一八八四年二月、今度は漢城の西端に位置する漢江北岸の港である楊花津への清船入港問題が懸案化した。朝鮮側は、上記の三港以外は全て未通商港であるため、当然、楊花津も未通商港であるとの立場から、清船入港禁止の当為性を主張したが、これに対し清側は、楊花津が「通商口岸」に含まれると主張したのである。結局は同年四月、清船の入港が全面許可される結果になったが[22]、これらの交渉を担当した統理交渉通商事務衙門は、未通商港をめぐる問題が、今後も懸案化する可能性を認識せざるを得なかった。

このような状況の中、同年七月、統理交渉通商事務衙門は全国の未通商港調査に乗り出した。八道監営にあてて、次のような指令が発せられたのである。

> 本道（監営所在の道）所在未通商海口の船貨湊集の処、地名を後録して発関す。到らば即ち該地方官に飛飭（急ぎの指令）し、該処の情形、詳細勘験し、火速馳報（急ぎの報告）せしめよ。後録の海口の外（ほか）、有名浦港処は、這這（すぐに）指名し、勘験報來是矣（下線は吏読（りとう）＝「するが」の意）、此れ商政の要務に係る。萬々に（かならず）遅延すべからず。関が到りし日子（日付）、先（ま）づ即ち報来し、勘験の情形、八月晦前を限りて馳報するが宜當なり[23]。

各道の未通商港のうち、統理交渉通商事務衙門が指定した港と、その他の港について、現地地方官に調査・報告させよというのである。指令が到った日付をまず報告し、調査報告も八月中に報告する方式で進めることが言われており、「商政の要務に係る」として、報告が遅延しないように念が押されている。

調査項目は、①港の引き潮時の水深、②江浦のうち、蒸気船が入れるところがあるか、海洋からの距離はどれくらいか、③近海の水深と岩礁の様子、④江浦のある村名、となっており[24]、蒸気船の入港が念頭に置かれた実質的な調査が意図されていたと言えよう。また、調査対象として指定されているのは、

「慶尚道、昌原馬山浦、金海鳴旨島、密陽三浪。全羅道、沃溝郡山、靈光法聖、扶安格浦、珍島碧波亭、臨陂西浦、咸悦熊浦。忠清道、恩津江鏡、牙山屯浦。黄海道、金川助伊浦、海州西艾浦、黄州鉄島。平安道、博川津頭、平壤大同江。京畿道、水原甕浦、豊徳領井浦。咸鏡道、安辺鶴浦、文川松田。江原道、八松亭・注文津並江陵(25)」

以上の二三港である。下線を施した港は、朝鮮半島の西側海岸に位置するものであるが、一五を占めていることからして、調査対象としては、清船の侵入可能性が高い西側海岸に比重が置かれていたと見られる。

関文の発送は七月二〇日であったが(26)、これをうけて、各観察使からは、統理交渉通商事務衙門の指示通り、指令の受領と現地地方官への伝達を報告する牒報が寄せられた。七月二三日の京畿道観察使からの報告到着を筆頭に、忠清道（八月三日）、江原道（八月四日）、平安道・黄海道・全羅道（八月九日）、慶尚道（八月一二日）とつづき、最後に八月一七日、咸鏡道からの報告が届いている(27)。

その後、実際の調査報告も寄せられた。統理交渉通商事務衙門の指令通り八月中に届いたのは、平澤縣監（八月一八日）、牙山縣監（八月二三日）、京畿観察使（八月二六日）の三件のみであったが、黄海観察使（九月一日）、忠清観察使（九月六日）、江原観察使（九月二七日）、洪州牧使（一〇月八日）、平安観察使（一〇月一一日）から報告が衙門に届いていることが確認できる(28)。

現地地方官が直接報告する場合と、観察使がまとめて報告する場合があり、その形式は定まっておらず、その後の展開もよくわからないが、ここで注目すべきなのは、統理交渉通商事務衙門が主導して、外交懸案事項と関連した全国的調査が実施されたということ自体であろう。統理交渉通商事務衙門は、外交活動上の必要に鑑みて、このような対内活動を、併せて展開していたのである。

一方で、折しも未通商港調査の指令が出された直後の同年八月九日、清との間に再び未通商港をめぐる事件が発生した。未通商港である忠清道恩津県江鏡浦（現在の江景）に、清の山東省登州から来航した船（登州船）二隻があらわれ、貿易を希望したのである。江鏡浦は、先の未通商港調査対象に挙げられており、統理交渉通商事務衙門の読みに沿った事態の発生であったとも言えよう。

この時、現地地方官は、いったん卸貨（貨物の陸揚げ）を許可してしまった。これに対して統理交渉通商事務衙門は、朝清商民水陸貿易章程（以下水陸章程）第三条に規定されている未通商港における貿易の禁止をあげながら、次のような関を忠清観察使に送付した。

該浦、是れ未通商口岸に係る。則ち照章査辦して、断じて已むべからず。到らば即ち本営（忠清監営）属員を飛派し、前往して該県監と会同せしめ、情形を査験し、章程を按照し、貨を将って入官（官のものとすること）せしむべし。而るに該地方官、漠として聞かざるが若く、其の卸貨に任ぬるは、此れ烏んぞ其の章程を頒示するの意在らんや。該県公兄（邑吏の主だった者）、別に付過（過失を記すこと）し、挙行形止を馳報する事。(29)

江鏡は未通商港であるから、水陸章程の規定の通り、至急、監営から属員を派遣して、現地地方官と一緒に状況を調査させ、貨物を入官するべきところ、現地地方官が水陸章程の内容をよくわかっておらず、卸貨を勝手にさせてしまったとは、章程を頒布させた意味がどこにあるというのかという叱責である。統理交渉通商事務衙門が、水陸章程の規定にそって実際の交渉が履行されることを当為とする認識を持っていたことがうかがわれる。

統理交渉通商事務衙門の指示を受けて、現地では登州船貨物の入官が迅速に行われ、その物品名、数量、取引人の役職・姓名などの報告が、忠清観察使から該衙門にあげられた。(30)ところが、これに対して統理交渉通商事務衙門は、前関の内容を翻し、今回は罪に問わないで貨物を没収して（収貨）放船にするという指令を送っているのである。(31)この背景には、江鏡が未通商港であることを清側に確認させた上で、該衙門が清に対して譲歩するポーズをみせるという意図があったのではないかと思われるが[32]、このような外交交渉上のいわばパフォーマンスは、現地の迅速な指令遂行があってこそ可能であった。

これに対して、清の朝鮮商務委員であった陳樹棠は、収貨放船に満足せず、朝鮮商民聞肖雲が四川省に入り、甘粛省に赴いて人蔘を密貿易しようとした際に、清の「綏柔の意」により入官を免れた例を持ち出して、登州船にも貨物返還（還貨）を実施するよう要求してきた[33]。統理交渉通商事務衙門も結局は「内外一家、情法両盡の意を示す」ため還貨を認め[34]、忠清観察使に入官貨物返還の指令を発した[35]。ところが、登州船がすでに出港していたため、貨物は陸路でソウルに送られることとなった。八月二九日に現地から発送された貨物は、九月一〇日にはソウルに到着した。メレンドルフを通して関税を支払った後、陳樹棠から統理交渉通商事務衙門に対して輸送費の精算が行われ、これを受けて衙門が現地に送金し、この件は終結した[36]。

（2）間行里程をめぐって

次に、当時日本との間で協議が進められていた間行里程拡張問題について見てみよう。間行里程とは、「行歩を得べき道路の里程」であり[37]、外国人が朝鮮政府の許可なく自由に行遊して、土産もしくは持ちこんだ商品を売買しうる範囲のことである。日本との間においては、一八七六年七月の日朝修好条規附録により、釜山港波戸場から東西南北直径一〇里（朝鮮里法なので四㎞）及び東莱府と定められていたが、一八八二年一〇月の日朝修好条規続約により、元山・釜山・仁川について各四方五〇里とし、さらに二年後には百里に拡大することが定められた[38]。これによって、一八八三年六月、朝鮮間行里程約條が調印され、三港を基準に新たな範囲が定められ、一八八四年一〇月を前に、再拡張の境界を定めて附録となすことが条文化された[39]。

一八八四年に入って、新たな境界設定検討の必要性は朝鮮側でも認識されていたが[40]、一八八四年四月一一日、日本署理公使島村久は統理交渉通商事務衙門にあてて、仁川における間行里程調査のため、仁川領事小林端一を各地

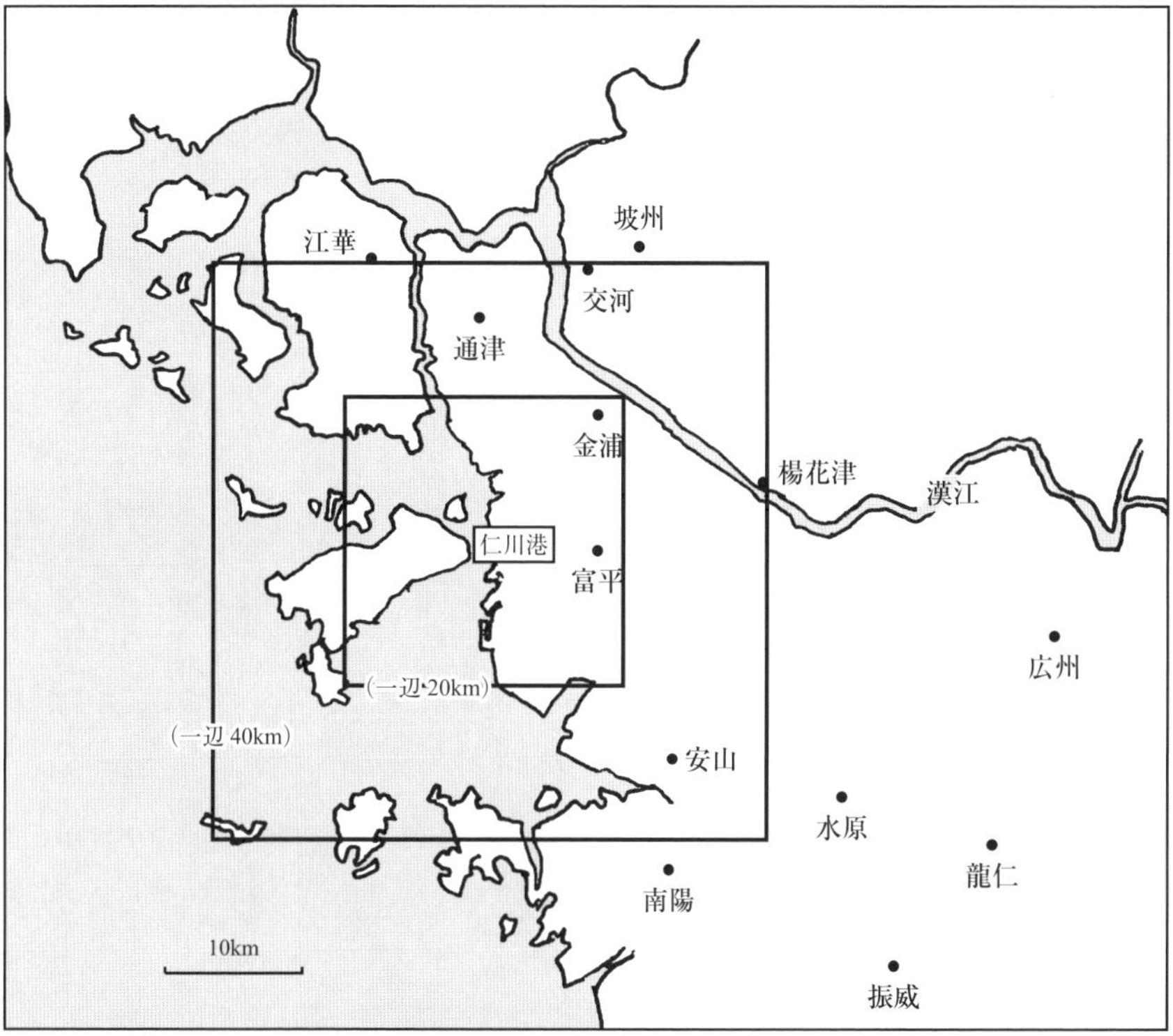

図３　仁川港をめぐる間行里程

（富平、金浦、通津、江華、交河、坡州、広州、龍仁、水原、南陽、振威、安山）に派遣するとして、協力を要請した[41]。これを受けて、統理交渉通商事務衙門は挙げられた各地に次のような指令を下した。

> 日本租界間行里程の今年再拡するは、是れ条約の所載に係る。現今、駐仁川港領事館、踏勘の為に本邑に前往す。茲に発関を以ってす。到らば即ち往接し、会同して踏勘せよ。必ず百里を以って限と為し、或いは違越すること無かるべし。如し或いは邑、百里以外の処に距つれば、須らく駅站場市等を以って、百里の地に準じて界と為すべし。如し該領事、至当の請（当然の要請）有るに遇はば、曲（つぶ）さに照料（世話）を示し、以って妥便を為すが宜当なり[42]。

日本人領事と現地調査を会同して行うことを指示し、もし邑（厳密には邑の中心地である官庁の所在地）が百里を越えている場合には、百里以内にある駅站や市場などを境界とせよという具体的な方策を示して、範囲が条約で定められている百里を越えることのないように念を押しているのである。

　百里についてのこのような統理交渉通商事務衙門の指示は、仁川の場合のみならず、元山、釜山についても共通していた(43)。ところが、現地から衙門に寄せられた報告をみると、実際に日本側が百里を越えて境界を定めようとしていたことがわかる。以下は仁川のケースについて、坡州牧使の牒報であるが、

> 今初三日、駐仁川港日本領事官小林端一一行、本邑に来到し留宿す。翌日問ひて「仁川自り貴邑に至るは百餘里の遠為るも、其の内、都て意に合ふの処無し。貴邑、百里の外なると雖も、定めて界と為すを准さざるべからず」と云ふ。故に答ふるに、「百里の外を界と為すは、大いに条約に違へば、則ち政府処分の前、擅恣するを敢へてせず」を以って言を為す。彼、唯唯とし更に提起すること無し(44)。

とある。調査に訪れた仁川領事小林端一が、百里外である坡州を境界内としうる発言をするや、坡州牧使が、それは条約に大いに違うので政府の指示なくむやみに判断できないと答えたところ、小林もそれ以上提議をしなかった、というのである。地方官である坡州牧使に条約の内容がよく徹底されていたことを示している。また、元山のケースについても元山監理の牒報によると、

> 日本領事官副田節、間行里程再拡を以って三次往還す。此れ皆な直線一百里なりと云ふ。「今番、則ち我が政府に報じ、貴政府と議定するを計と為す。地方官と定界を相議するを須ひず」と。《北、永興一百七十里に至る。南、淮陽一百五十里、通川一百五十里、歙谷一百二十里に至る。西、陽徳一百八十里に至る(45)》。

とある。実際の距離が百里をはるかに超えるそれぞれの邑を、日本側が直線距離で百里であると主張している様子を報告しているのであるが、副田が「地方官と議論する問題ではない」と言っていることからして、元山監理が衙門の指令通り、百里を越えるべきでないことを主張して日本側の不条理を追究したものと思われる。

これらは、実際の外交懸案が地方で展開されるにあたり、衙門が指示を出し、現地がそれを忠実に実行しようとしていた状況を示す事例として注目される[46]。ところが、実際に一八八四年一〇月一二日に調印された「朝鮮国間行里程約書附録」をみると、先に問題になっていた地点のうち、仁川に関する坡州、元山に関する永興、淮陽、通川はすべて境界に採用されているのである[47]。最終的に、督辦統理交渉通商事務である金弘集と、日本辦理公使竹添進一郎の交渉があったことがわかる以外[48]、約書締結交渉の詳細は不明であるため、その経過はわからないが、現地における指示の遵守にもかかわらず、朝鮮側の意図は内容に反映されなかったということになる。

(3) 塡補銀支払をめぐって

壬午軍乱後に締結された済物浦条約では、清軍とともに朝鮮に派遣されていた馬建忠の指示を受けて交渉にあたった金弘集の反対にもかかわらず、結果的に銀五〇万円というかなり高額な塡補銀を朝鮮側が支払うことが定められた[49]。その後、済物浦条約の規定に従って派遣された修信使朴泳孝一行は、東京で井上馨外務卿と会見し、塡補銀の支払いの具体的な方法について協議した。その際定められたのが「済物浦条約補塡金償完関係約定[50]」であるが、これによると

補塡銀五十万円、定めて十個年を以て償完の期と為す。朝鮮、慶尚道歳収諸税の中を将て、換へて純金銀と為し、日本銀貨幣或いは金貨幣の量目に照らし、毎年、五万円を支辦し、両次（朝鮮暦五月・十一月）に分けて、在留朝鮮元山港日本領事館に輸送し、眼同分析し、（或いは日本大坂府（ママ）造幣局に輸送し、眼同分析するも、亦

た時宜に任す）以て其の質を験べ、純駁軽重の差謬を毋らしむ。

とある。慶尚道からの税収の一部を、[51]日本の量目を基準として金・銀貨に換え、毎年五万円ずつを二回に分けて元山の日本領事館に運び、そこで品質検査をすることが定められているのである。

これを受けて、一八八三年は七月末に一度に五万円が、[52]一八八四年の一回目は五月に二五、〇〇〇円が[53]それぞれ支払われた。この指揮を行ったのが統理交渉通商事務衙門である。日本公使館との交渉で、先の約定とは若干変更して支払にメキシコ銀を用いることや、元山でなく仁川領事館へ輸送することを定めたりしているが、[54]注目されるのは支払金の調達過程の統括である。当該時期、東莱府から仁川の花島鎮へ、二度にわたってまとまった金額の「填補代銭」が輸送されているのであるが、これを便宜的に第一回輸送、第二回輸送として、その過程を整理してみよう。

まず第一回輸送についてである。一八八三年分の支払を済ませた直後である一八八三年八月三日、統理交渉通商事務衙門は東莱府使にあてて次のような指令を送った。

補填銀（ママ）の莱府留在十六万両の中、万両は元山に送り、二万両は之れを釜山にて用ふ。餘の十三万両、済物港に船輸し、本衙門に納めしめよ[55]

この一六万両というのは葉銭であり、円に換算すればほぼ填補銀の一回支払分である二五、〇〇〇円に相当したと思われる。[56]この史料は、填補銀として確保されている資金の中から、元山や釜山という開港場の所用金をまかなおうとしている事例としても興味深いが、その主旨は一三万両を仁川に送付せよという指令である。ところが、これに対して東莱府はすぐに反応を示していない。統理交渉通商事務衙門は八月二〇日、九月一三日の二度にわたり、東萊府に対し一三万両の送付を督促した。ようやく東萊府から一三万両を上送した報告が届いたのは一〇月二三日である。報告が届くやいなや即日、統理交渉通商事務衙門は花島別將へ一三万両の受け取りを指示した。その後、花島別將から「補塡代錢」の受取報告が届いたのは一一月二五日であるが、一三万両には二五、六一〇両が不足していた。これに対し統理交渉通商事務衙門は、不足分は衙門から捧上するという題飭を送っている(57)。さらに翌年三月になって、東萊府からこの時の輸送経費の請求が統理交渉通商事務衙門にあげられているが、これに対し衙門は「浮冗」（余計）な名目が多いとして見積のやり直しを命じている(58)。

第二回輸送は、第一回輸送の一三万両が東萊から出送した報告が統理交渉通商事務衙門に入った直後から動き出した。一八八三年一一月一九日、「補塡銀代錢零條（残り）」一〇二、五〇〇両を、同日租界場調査のために陳樹棠とともに釜山に向かったメレンドルフが帰京する際の船便で送付せよという指令が出されている。同様の指令が一二月三日にも再び出されているが、結局メレンドルフの帰京に際しての送付は実現されず、うち五万両のみの出送が東萊府からなされたのは翌年三月一四日であった。これについては第一回輸送同様、統理交渉通商事務衙門は翌日花島別將に五万両の受け取りを指示し、三月二五日には花島別將から受け取り報告が統理交渉通商事務衙門にあげられている。同日、統理交渉通商事務衙門は東萊府に対して残りの五二、五〇〇両の送付を督促したが、東萊府からさらにそのうちの二五、〇〇〇両が出送されたのは七月二日になってからであった(59)。東萊府使によれば、その事情は次のようである。

本衙門上納の補塡錢の未収伍万弐千五百両の内、其の間督捧（租税の納付を強制すること）するも、只だ弐万五千両為るのみ。將吏（地方官庁の軍務に従事する將校と吏）を定めて火輪船に搭載し、先づ上納を為さしむ。零錢の段、另に各邑に督し、其の収捧を待ちて、鱗次（連続して）准数（数の通り）して上納す填補銀支払のための資金集めは、東萊府においても各邑からの納入によっていた。ところが、督捧をしても目標額にはとても足りず、とりあえず集まった分だけ上送して、残りの分についてはさらに督促を実行するというのである。後に、この二五、〇〇〇両分についても、同様に花島別將への受取指示と、受取報告が見られ、輸送費の精算も行われているが(60)、結局、統理交渉通商事務衙門は、填補銀の資金作りについて、徴収強化以外の対案を示すことはなかった。

以上、未通商港、間行里程、填補銀支払いをめぐって行われた、統理交渉通商事務衙門と地方官庁の往来文書について、具体的に検討してみた。外交政策に関わる国内展開は、より現実的な問題への対応を迫られるものであったことがわかる。

三　財政政策

本項では、衙門の運営方式の特徴を明らかにするため、財政政策を取りあげて分析する。

甲午改革以前の朝鮮政府における財政構造は、①戸曹という中央財政機関がありながらも、その他に宣恵庁（大同税を管掌）、粮餉庁（訓錬都監の財政を担当）、均役庁（均役法実施で新設された税による財政を担当）、賑恤庁・常平庁（賑恤関連の財政を担当）といった独自の財政機関が乱立していた点、②国家財政全体の深刻な窮乏状態を背景に、訓錬都監など中央の軍門・衙門および地方の営（観察使営・兵馬節度使営・水軍節度使営など）・鎮（兵馬僉節制使・水軍僉節制使以下の地方部隊）といった各官庁が独自の収入源を個別的に確保していた点の二点において、「封建的矛盾の集中的な表出(61)」、「前近代(62)」的と評価されている。いいかえれば、伝統的な方式が当時も通用していた分野であるといえよう。

統理交渉通商事務衙門の財政政策に関しては、甲申政変以後、主に一八八五年以後について、衙門が続々と新設した商業税の徴収と、海関税の運用を中心に、その実態が明らかにされているが、当該時期に関してはほとんど言及がない[63]。確かに史料不足であることは否めず、規模の面からいって最も注目すべき海関税に関する問題については、当該時期に関する跡づけがかなり困難であるし、財政規模自体についてもよくわからない[64]。しかしその一方で、地方と往来された文書からは、該衙門の財政政策を断片的にうかがい知ることができる。ここでは、残されている史料からの再構成が可能な範囲で、該衙門のその他さまざまな財源、「無名雑税」をめぐる政策について、その実態を検討してみようと思う。

(1) 財源の諸形態

朝鮮において、各官庁が独自の財源を確保していたことは先にふれたが、一七世紀以降とくに拡大したものに屯田経営がある[65]。屯田は、基本的に国王による賜給（折受）を通して設定され、各官庁はその土地経営により収入を得た[66]。

この屯田経営を、統理交渉通商事務衙門も行っていたことが確認できる。一八八三年八月二〇日、元訓錬都監の屯土であった京畿楊根郡龍津の旧鎮舎七二間、付属の水田三石九斗落、田賭二二石一〇斗、追買の水田三石一斗落と、柴山四標が、統理交渉通商事務衙門に「勅賜」されたのである[67]。この「賜牌地」（勅賜地）は、水田や広さや小作料の額（田賭）としてはそう大きくはないが[68]、その眼目は柴山にあった。「四標」というのは四方の境界という意味であり、その実際の広さは総周囲一九四里（約七七・六キロ）にも及んだのである[69]。元来、柴山は農地と異なり、燃料や飼料・木材を調達し、凶年には救荒物を得ることができる共同利用地として、私占は禁止されていたが、壬辰倭乱後、王室財政が窮乏するなか、折受の対象とされるようになったという[70]。

統理交渉通商事務衙門は、勅賜されてすぐに、この柴山経営に乗り出した。前例にそって柴山を免税にすることについて典牲署から確認をとる一方、[71] 密伐採者の逮捕・取締を地方官に厳命し、とくに、公文を偽造して密伐採を行う輩の調査を指示している。[72] さらに衙門は、現地において「解事吏」を別に定めて、衙門から派遣する「監官」とともに実地調査をして詳細を報告するよう指示するとともに、境界に「将吏」を設置して、密侵入者の防止にあたらせることにしている。[73] 統理交渉通商事務衙門は、賜牌地の経営にかなり積極的であったと言えるだろう。[74]

とはいえ、いくら柴山が広大であったといっても、この賜牌地からの収入だけで統理交渉通商事務衙門の経費がまかなえたはずはない。衙門はこの他にも、雑多な収入源を持っていたようである。そのうちの一つに捐補銭がある。捐補銭の実態にはよくわからない部分が多いが、基本的には守令の給料から控除することによって集められた金銭のことである。大体、中央官庁から一定の金額が観察使に通達されると、観察使はどの守令からいくらずつ控除するかという具体的な実施計画をたてて徴収するという仕組みであったと推測される。[75] 当該時期、この捐補銭に関する報告が、統理交渉通商事務衙門にあげられている事例が確認できる。[76] さらに、親軍営に上納されるはずだったと思われる京畿の捐補銭六千両が統理交渉通商事務衙門によって一時流用（挪用）されていることもわかる。[77]

この他にも、統理交渉通商事務衙門傘下の博文局から発行され、毎号地方の各官衙に配布されていた『漢城旬報』（以下『旬報』の略称を用いる）の代金は、衙門に上納されていた。『旬報』第一号の発刊は一八八三年一〇月一日付であるが、統理交渉通商事務衙門から『旬報』を配布せよとの指令が全国に下されたのは一一月二三日である。すでに第六号（一一月二一日付）が発刊された後であるので、まとめて送付されたのではないかと思われるが、[78] これをうけた平安道観察使の報告には次のようにある。

旬報一千一百二十二件、道内営邑駅鎮に頒送す。価本（代金）、各処の来納を待ちて、上送計料す。[79]

おそらく第一号~第六号あわせて一一二二件であったと思われるので、一号分は一八七件になるが、平安道内の邑は四四、鎮は二六、駅は三二である。[80] 各配布先に何部ずつ送られたかはわからないが、『旬報』の代金は、そのそれぞれから、清北（清川江以北）地域については平安兵営（安州）へ、清南地域については平安監営（平壌）へ、納入されることになっていた。[81]

しかし、『旬報』代金の上納は円滑に行われていなかったと見られる。翌一八八四年七月、平安観察使は次のような報告を統理交渉通商事務衙門に送っている。

旬報、一号自り二十一号に至り、合はせて六千七百八十三号為り。而れども、本営の未充条、毎朔四件の価三両六銭を逐朔減数せられんことを。[82]

平安監営の受取分のうち、[83] 毎月三号×四部の代金である、三両六銭が負担であるから、数を減らしてほしいと訴えているのである。平安道からの代金上納はとくに滞りがちであったらしく、同年八月には、統理交渉通商事務衙門から、八月分の代金を九月中には納めるようにとの指令が前もって送られているほどである。[84] ところがこれに対しても、現地では、九月二二日の時点で

博文局旬報の債の八朔條、即ち来納を為せの意、清北二十二邑と各鎮駅に申飭す。[85]

という状況であった。

そのうえ、上納ルートにも問題があった。地方官庁から漢城に送られた上納金は、京邸吏（ソウルにおいて地方官庁の事務を担当する職）を通じて衙門に収められていたが、[86] この過程において中間収奪が発生していたのである。

　即ち本営（平安兵営）吏處の京邸吏に抵す所の私書記録を見るに、則ち閏月（閏五月）旬報出給（配布）の時自り、長房例送（定例により送り納めること）の銭十両、亜房例送の銭六両、邸吏に責納（責任をもって納めること）す。些少なると曰ふと雖も、勢ひ将さに所納（納めるべき）各邑鎮駅に加排（さらに割り当てること）せんとす。(87)

平安兵営の吏が京邸吏に送った記録を見ると、今年の閏五月から、『旬報』を出給するとき、兵営から、長房からの例送分として銭一〇両、亜房からの例送分として銭六両を京邸吏に納めているので、今後はこの分も、各邑鎮駅に追加割り当てして負担させることにしたいという訴えである。(88) すなわち、『旬報』代金の支払いを利用して、京邸吏が地方から手数料を得ていたことがわかるのである。

　この報告を受けた統理交渉通商事務衙門は、

　即ち来牒に接するに、内に称す「博文局、所謂長房亜房例送銭あり」等情。甚だ駭歎なり。該局の此等弊習、方さに厳究を行ふべし。十六緡銭、即ち還推（返還）を為す。邸吏處より出給し、原票もて尾連（末）に粘りて下送為去乎（下線は吏読＝「するものであれば」）、此れを以て知悉せし後、若し此等の弊習有らば、則ち摘発報来するが宜当なり。(89)

とし、そのような状況は驚くべきであり、厳しく取り締まる必要があると述べている。京邸吏が得た一六両銭は、兵営に返還するので、今後もこのような弊習が生じれば、摘発報告するように、としている。衙門は取締りに積極的ではあるが、実態としては、『旬報』についても、京邸吏による中間収奪が行われていたわけである。このように、新知識の普及という意図から行われた『旬報』の地方配布が、伝統的な割当配布、代価徴収の体制に立脚していたことは興味深い。

以上、統理交渉通商事務衙門の雑多な財源形態について整理した。前述したように、該衙門の財政規模を知り得ないうえ、これらの財源がその後どのような推移をみせたのかも史料的にわからないので、それぞれの位置づけが難しく、断片的であることは否めない。しかし、該衙門においても、従来の財政運営方式どおり、独自の財源開発・確保のための方策が具体的に展開されていたことは確認できたといえよう。すなわち、衙門の財政運営には、伝統的な性格があらわれていたのである。

(2)「無名雑税」をめぐって

「無名雑税」とは、一八三〇年代から現れはじめ、開港以後は継続して問題となり続けた、中央政府による正式の許可無く賦課される税金のことである。主に宮房（王族の宮）や官庁によって、商品貨幣経済の拡大を背景に、流通税にあたる形で賦課された[90]。

これに対して政府は、大院君政権期に軍事費への転用が試みられたことを除けば、一貫して禁止の姿勢をとっており[91]、当該時期、この「無名雑税」の禁止を担当したのが、他ならぬ統理交渉通商事務衙門であった。衙門は一八八三年六月、以下のような啓を行っている。

統理交渉通商事務衙門啓して曰く、海関税則、今方さに施行せんとす。裕国の政、勧商に如くは莫し。勧商の道、護商に如くは莫し。是こを以て、都賈及び無名雑税革罷の事、前後飭教、啻だ截厳なるのみならず。貨物権畮せば、則ち商路壅閼し、場浦私征せば、則ち税額耗蠹す。弊源杜がずんば、害、将さに焉くに帰せんとするや。今自り更に申明を加え、如し瞀かにして法を畏れず、復た謬習を踵ぬる者有らば、京外各宮房各衙門の所管を論ずる毋く、本衙門自り一々摘発啓稟し、厳禁するは如何[92]。

これまで都賈（買占め）や無名雑税の禁止がたびたび命ぜられてきたのは、裕国のための勧商、勧商のための護商を考えてのことである。貨物を専売すれば商路は閉塞し、場浦で勝手に徴税すれば本来の税収入が少なくなる。弊害の源を杜絶しなければならないので、違反者は京外各官房各官庁の所管に関係なく、統理交渉通商事務衙門において摘発、厳禁するというのである。高宗は、この啓を允許し、格別に禁断することを命じた。

これをうけて統理交渉通商事務衙門は、全国の地方官衙に向けて、各場浦で都賈が行われていたり、無名雑税がかけられている事例がないか調査し、あればそれを禁止することを指示した。咸鏡道観察使（八月二日）、全羅道観察使（八月二日）、開城府経歴（八月八日）、安東府使（八月二七日）、南海県監（一〇月四日）聞慶県監（一〇月四日）、黄海道観察使（一〇月二四日）から管轄区域内に都賈や無名雑税が行われている事例はないことが報告され、開城府経歴（八月二二日）からは禁止を実施した報告があげられている(93)。

このように、当初、統理交渉通商事務衙門は、他の宮房や官庁と異なり、無名雑税の禁止を推進する立場であった。ところが先に述べたように、一八八五年以後、統理交渉通商事務衙門は、自身が新たな商業税、つまり「無名雑税」を続々と新設して、財源の確保をはかっていくことになる。これはなぜなのか。

この問題を考えるうえで注目されるのは、衙門が無名雑税の禁止とあわせて、褓負商を詐称して不法に収金する輩を特に厳禁することを指令しているという点である。その内容は以下のようである。

> 行商の前差接長を藉称し、嘱して徴斂を図るの弊、各別厳禁し、収税銭の段、到底査櫛して成冊を修し、本衙門に直報せよ(94)

前任の接長（各道・各邑に置かれた褓負商組織である任所の長）を藉称してお金を徴収している者は、特に厳禁して、収税銭については徹底的に調べて、文書で報告せよ、というのである。

褓負商とは周知の通り、場市と場市の間を巡歴する一種の行商人である。(95)褓負商は本来豊かな階層ではなかったが、早くから組織を形成して、徐々に新たな実力組織としての存在感を増していた。これを利用しようとする政府側と、経済的特権を確保しようとする褓負商側の意図が一致し、当時両者の間には密接な連携関係が形成されていた。政府は行商許可証である商票を発行する代わりに、褓負商から代銭を徴収し、財政収入を得た。一方で、褓負商には専売権が認められたり、壬午軍乱以後は、褓負商が小商人に対する商業税の徴収を担当するケースがあったという。(96)

この褓負商との特別な関係を、実は統理交渉通商事務衙門も有していた。海州牧（一八八三年八月四日）、玉果県（八月二六日、一〇月二〇日）、淳昌郡（八月二九日）、居昌郡（八月）安東府（一〇月二二日）、鳳山郡（一〇月二八日）から、商票(97)の「収税銭」が統理交渉通商事務衙門に送られていることが確認できるのである。(98)これ以外の地域にも衙門から、褓負商の税銭に関連する指令が送られているし、(99)商票の頒給についての指示が統理交渉通商事務衙門にあおがれている例もある。(100)先にみたような、統理交渉通商事務衙門が、褓負商の利益を損なう不法行為をとくに注意して取り締まっている背景には、褓負商とのこのような関係があったと思われる。(101)

また、もう一つ「無名雑税」との関連で注目されるのは、統理交渉通商事務衙門と大同商会の関係である。大同商会とは、一八八三年初め頃、平安道義州の商人たちが出資して設立した商会社である。開港後から甲午改革までの時期、このように民間商人が合資会社のような形態で設立した事業体としては、三〇弱の例が知られているが、大同商会はそのなかでも設立の時期が最も早く、規模が大きいものであった。(102)統理交渉通商事務衙門は、この大同商会に認可証である憑票を発行し、(103)その商業活動を保護した。(104)例えば一八八三年八月には、全国に向けて、大同商会の商業活動に「雑税」をかけることを禁止する指令を出している。(105)さらに大同商会の商業活動に関連して、地方官に直接具体的な指示を下している記録や、大同商会の訴えをうけて客主（商人間の売買を仲介し、また商人の宿泊などを行う宿、その主人）を取り締まるよう地方官に指示している記録も見られ、(106)統理交渉通商事務衙門の大同商会に対する保護の厚さがうかがえる。

褓負商や大同商会といった特定団体に保護を加えるという統理交渉通商事務衙門の財政政策には、商品流通構造の整備と把握、国内商業主体の育成というねらいがあったであろう。しかし、前項でみたように、衙門の財政運営が、雑多な財源の寄せ集め方式で行われていたことを考え合わせるとき、保護の見返りとしての収入が持つ意味も少なくなかったと思われる。それだけに、その収入額が「雑税」額に及ばないとの判断が働いた場合、「雑税」の禁止から設定への方向転換が安易に行われたのではないだろうか。

四　小括

以上、統理交渉通商事務衙門と地方官庁との間に往来した文書を整理した上で、衙門の外交政策の国内展開過程と、財政政策の具体像を検討してみた。本章で明らかにできたことをまとめると、以下の三点である。

第一に、統理交渉通商事務衙門に往来した文書についての基礎的整理を行うことができた。この作業によって、統理交渉通商事務衙門が、各国の駐在機関のみならず、各地方官庁と緊密な連絡関係を築いていたことが確認できた。当該時期に関しては、他の中央官庁に関してでも、地方官庁との往来文書の実態を整理した研究は管見の限り見あたらない。当時の中央官庁と地方官庁の関係の一側面を知ることができたという点でも、整理の意味があったのではないかと思う。

第二に、部分的ではあるが、統理交渉通商事務衙門の対外政策に付随する対内政策の展開を、具体的に明らかにすることができた点である。衙門は、清、日本との間で懸案化している問題について、調査を行ったり、指示を下したり、情報を集めたりしており、衙門と地方官庁との間では、かなり細かい対応が可能であった。これらを視野に入れてこそ、衙門の外交政策を、立体的に把握することが可能であろう。

第三に、これも断片的ではあるが、統理交渉通商事務衙門の財政運営方式を明らかにできたことである。新設衙門である該衙門の財源には、屯田経営や捐補銭など、従来からの方式が含まれていた。『旬報』の代金徴収や、特定商業団体の保障の見返りとしての収入などは、社会状況の変化にともなって生じたものではあるが、雑多な財源を寄せ集めるという運営方式自体が、伝統的なものであった。このような財政運営方式により成り立っている衙門の性格は、当然といえば当然に、従来的なものと新しいもの、すなわち伝統的な側面と「近代的」側面が絡みあっているものであった。

第二章でも明らかになった、衙門の性格の複雑さは、まさに当時の時代状況だったのであり、この時代状況をそのままに把握してこそ、朝鮮における「近代」とは何かという漠然とした問いにも、実態に即した整理の道筋が見えてくるのではないだろうか。

第Ⅱ部

朝清宗属関係をめぐる朝鮮外交の展開

第四章　朝清商民水陸貿易章程と関連諸章程の成立

甲申政変以前の時期に展開された朝鮮の外交において、最も大きな比重を占めていたのが、従来から引き続き清であったことは、この時期の外交の中心にあった統理交渉通商事務衙門の往来文書に、清関連のものが圧倒的に多いことから推測される。そしてこの時期の朝清関係において決定的に重要であったのは、一八八二年一〇月に成立した朝清商民水陸貿易章程（以下「水陸章程」と称す）である。

壬午軍乱が清軍によって鎮圧され、大院君が清の保定に連行された状況下に成立したこの章程は、体裁として近代国際法に基づく条約にそった条文形式をとりながら、その前文において「朝鮮久しく藩邦に列し」「中国、属邦を優待するの意」という文句により、朝清宗属関係が規定されていた。(1)

先行研究において水陸章程は、清の朝鮮への圧力強化の象徴としてとらえられるのが一般的であった。(2)この視角にそって、政治史においては、朝鮮政府の対清自主外交を中心とした一連の対清独立政策の動きと、それを封じようとする清の圧力という構図に基づいた研究が蓄積され、(3)経済史においても、借款、商業といった分野における清の侵略的性格が明らかにされてきた。(4)これら先行研究の成果は、朝鮮近代史研究において必ず参照されるべき重要なものである。

しかし、宗属関係の撤廃が現実的ではなかった当該時期において、水陸章程の内容が宗属関係という上下関係を前提とするものであることは、朝鮮にとっても織り込み済みであった。本章では、その上に展開された朝鮮の水陸章程をめぐる外交戦略について明らかにしていく。

一　朝清商民水陸貿易章程の再検討

（1）水陸章程成立過程と朝鮮の外交戦略

水陸章程をめぐる朝鮮の外交戦略を考える上で示唆的なのは、水陸章程にあらわれた朝鮮独自の主体的意図を明らかにしようとする一連の研究である。(5) これらも含めた先行研究において、水陸章程の成立過程は、概ね以下のように整理されている。

①一八七五年以後、李鴻章と李裕元の書簡往来によって、清が朝鮮に対日、対欧米条約締結を勧誘した。これが朝清関係改編の背景となった。

②一八八〇年八月に帰国復命した金弘集が、駐日清国公使何如璋の書記官である黄遵憲著『朝鮮策略』（以下『策略』とする）を将来した。ここで朝鮮の採るべき方針として示された「親中国、結日本、聯美国」について、政府内での検討を経て、具体的な内容を問議するために「請示節略」が作成された。一八八一年一月、これをもって清を訪ねた李容粛に対し、李鴻章が朝清間の海上貿易について言及したことが、朝鮮側が章程制定に向けて動き出すきっかけとなった。

③一八八一年一〇月、朝士視察団として日本に滞在していた魚允中が長崎経由で李鴻章を訪ね、辺境開市の廃止、開海禁を求め、李鴻章が内諾を与えた。

④一八八二年二月、使臣の駐京と海上自由貿易を要請する咨文をもった魚允中が、問議官として清に派遣される。この咨文には、章程の制定、辺境開市の廃止、臨時朝貢使節と勅使派遣の廃止、使臣の経費自弁を内容とする「另録」が付されていた。魚允中は李鴻章の仲介を要請したが、服喪中であったこともあり、同年四月礼部に奏聞した結果、使臣の駐京は却下された。

⑤一八八二年六月、天津で壬午軍乱の報を受けた魚允中はいったん帰国し、章程締結交渉は中断する。

⑥壬午軍乱後の一八八二年八月六日、陳奏使としてやってきた趙寧夏が、李鴻章に朝鮮政府の改革案である「善後六条」を提示して意見を求めた際、章程締結を要請した。これを受けて、李鴻章は馬建忠と周馥に草案作成を指示した。

⑦一八八二年八月一七日、問議官魚允中が天津に到着し、馬建忠、周馥、李鴻章に面会した際、章程草案を提示される。これに対して魚允中は「意見書」を作成し、朝鮮商務委員の裁判管轄権、朝鮮近海の清漁船操業、清商人の漢城開桟・内地採辦、紅蔘の税率の四項目について意見を付した。これに対して馬建忠と周馥は連名で「反論書」を作成し、紅蔘の税率引き下げ以外については、魚允中の意見を拒絶した上、属邦条款の添入を提案した。[6]結果的に、八月二三日に調印された水陸章程は、「反論書」が反映されたものとなった。

以上のような流れの中で、朝鮮独自の意図を明らかにしようとする先行研究において特に注目されているのは、④の「另録」と⑦の「意見書」である。「另録」の内容は、「朝貢関係を否定するともとれる相当大胆な提案」と評価され[7]、それを自覚していた朝鮮側が、礼部に咨文を提出する以外の方法を模索していたにも関わらず、実現できなかった経緯が明らかになっている。[8]また、「意見書」については、従来は、「反論書」によって魚允中の意見がほとんど却下されながら、ここではじめて属邦条款の挿入が提案された経緯が注目されてきたことに対し[9]、意見が付されていない部分も含めて、章程の最終案に魚允中の意図が反映されている点を重視している。[10]

しかしその一方で、「另録」、「意見書」が朝鮮の対清外交戦略の全体の中でどのような位置を占めているのかという問題については、未だ検討の余地が残されているように思われる。すなわち、朝鮮の対清関係改編構想が、水陸章程として決着を見るに至る全過程を一つの外交政策としてとらえてこそ、朝鮮独自の意図はより明確にあらわれてくるのではないか。以下、このような視点から注目される部分を中心に、水陸章程成立過程を描き直してみる。

①朝清関係改編の必要性認識

まず、朝鮮側がいかにして朝清関係改編の必要性を認識し、いかにしてそれを清に提議するに至ったか、という問題がある。目的は動機に規定されることを考えれば、水陸章程をめぐる朝鮮側の政策を理解する上で、この問題を深めることは必須課題であるが、従来の研究においては、李裕元－李鴻章間の書簡往来（以下「往来書簡」とする）が背景として触れられるにとどまっていた。

しかし往来書簡の内容は、先行研究で明らかにされているように、李鴻章の対日、対欧米開国政策勧誘に対して、李裕元が鎖国攘夷を基本とする立場からこれに否定的な見解を示し続けるものである[11]。李裕元は、従来通りの朝清関係を堅持することを主張し、李鴻章もそのことは前提に議論を展開している。朝鮮側がいかにして朝清関係改編の必要性を認識し、いかにしてそれを清に提議するに至ったか、という問いには答えられていない。もちろん、日本の台湾出兵、琉球処分を受けて危機感をもった清側が、朝鮮の開国を従来の朝清関係を改編する構想の上に位置づけていたことが、李鴻章の書簡の背景にあった点は指摘されている。しかしそれはあくまでも清側の内情であり、李鴻章の書簡に明言されているわけではないことには注意が必要である。

周知のように、朝鮮は清の朝貢国の中でも、最も重い負担を課せられており、徐々に減少したとは言っても哲宗代（一八四九～一八六三）で年平均二・一回、高宗代（一八六四～一八九四）で年平均一・五回の朝貢使節を派遣していた[12]。しかしそれだけに、内憂外患に苦しむ清の状況について、相当量の情報を得ることができていた。すなわち、清が二度のアヘン戦争で敗北したこと、特に第二次アヘン戦争中には咸豊帝が熱河蒙塵を余儀なくされ、北京が英仏連合軍の占領、破壊を蒙ったこと、英仏連合軍の武力に屈した清朝が北京協定を押しつけられ、アヘンとキリスト教が公認されたこと、また国内的にも太平天国や捻軍といった内乱をかかえていたことを、朝鮮は正確に把握していたのである。それでも当面は清への朝貢を継続することにした朝鮮であったが、それは清朝支配体制の安定度に関心を払いながらの決定であった[13]。朝鮮にとって、形式はともかく実体として、清がこれまでの清ではなくなった以上、従来の朝清関係についての絶対性が揺らぐのは当然のことであったと思われる。

　これに加えて朝鮮にとって問題だったのは、一八七一年に日清が対等に締結した日清修好条規であった。「大日本」「皇」「勅」などの用語使用を理由に日本側の書契を受理しないという、書契問題のまっただ中にあった朝鮮にとって、同様の日本国書を清の皇帝が親受するというのは、矛盾に他ならなかった。実際一八七三年六月、副島種臣全権大使は洋船で天津から北京入りし、洋服を着用して跪礼を行わずに穆宗に進見し、国書を奉呈した[14]。このときちょうど回還進賀正使李根弼一行が、従来どおり北京四夷会同館に滞在中であった。一行の帰国後、副使の韓敬源は高宗にその顛末を報告しながら、日本について「洋夷と異なるところが無い」と論評している[15]。朝鮮と対等である日本が、朝鮮が朝貢する清と対等であり、しかも洋夷と同様であるということはあり得ない。朝鮮が日本と対等であることを維持するためには、形式はともかく、朝鮮が従来通りに清に対していくわけにはいかないことは自明であった。

　しかし、一八七六年に「自主之邦」として日本と対等の日朝修好条規を結んだ朝鮮は、日本に対して清を「上国」と表現し、擡頭法を使い続けた[16]。先にアヘン戦争の敗北、日清修好条規の朝清関係について述べながら、「形式はともかく」と断りを入れていた理由がここにある。無条件に大国である清の保護を信じて期待していたというのであれば別だが、そうではない以上、これは朝鮮外交の戦略とみるのが妥当であろう。

　朝鮮にとって、朝清関係改編の必要性は認識していても、従来の朝清関係が絶対的な上下関係である以上、何をどこまで改編できるのか、どのように清側に提議すれば実現可能性があるのかという見極めは、非常に難しい問題であった。従来の形式をとり続けたことには、清に余計な警戒心を抱かせずに、機会を慎重にうかがうという意味があったと思われる。そして訪れた機会として注目されるのが『朝鮮策略』である。

②『朝鮮策略』の利用

周知のように『策略』は、第二次修信使として日本を訪問していた金弘集に、駐日清国公使何如璋が勧めた朝鮮の外交方針を、書記官黄遵憲が文章化したものである。ロシアの脅威に備えることを最重要課題ととらえ、そのために「親中国・結日本・聯美国」が必要であると述べるこの論の将来を、朝鮮が開化政策に舵を切ったきっかけと見ることは、定説であると言ってよい(17)。その重要性から、これまでも少なからぬ研究が為されてきたが、関心は、一枚岩ではなかった清側の朝清関係改編構想を背景とした『策略』の清側意図に集中している観がある(18)。しかしむしろここで重要なのは、先の李裕元宛て李鴻章の書簡同様、清側の意図は書面に明確に表れてはいないということである。『策略』を朝鮮がどう受け止めたかは、別問題であった。

この問題についいては、「親中国」部分に注目して、朝鮮の山林勢力と高宗が、それぞれどのように「親」「中国」を解釈したのかを分析した姜東局の研究がある(19)。ここでは、高宗が「親」の内容を既存の関係の「深化」として把握しながら、反対勢力に対して「中国的世界秩序」を変更する正当性を主張する根拠として、政治的に利用したことが指摘されている。この指摘は示唆的である。なぜなら筆者は、『策略』が国内の反対勢力に対してはもちろん、当の清に対しても利用されたと考えているからである(20)。

『策略』は、先述したように、朝鮮が朝清関係改編をいかに具体化していくべきか、難しい見極めを迫られている最中に、清側から提示された朝清関係改編案であった。『策略』は黄遵憲の「私擬」であったが、皇帝が直接任命した欽差大臣である公使の命を受けて書かれ、朝鮮政府の公式使臣に渡されているため、朝鮮にとっては清朝廷の公式意見とも見なしうる(21)。すなわち、これに則った改編である限り、その正当性は清から保証されていることになるのである。「朝鮮のこの訴えは、清が示した内容なのだ」というロジックは、朝貢国である朝鮮が宗主国である清に対して自己主張する根拠として、説得力をもって展開しうる数少ない一つであったと思われる。朝鮮としては、この機会を逃すわけにはいかなかった。

このような視角をもって、朝鮮が『策略』の朝清関係改編案―すなわち「親中国」―をどうとらえたのか再検討してみよう。黄遵憲は冒頭で、「虎狼の秦」にも匹敵する侵略国ロシアがいかに朝鮮にとって危険かを論じ、その防備のためには

防俄の策、これ如何。親中国、結日本、聯美国を曰ひて以て自強を図るのみ。

として、「親中国・結日本・聯美国」をもって自強を図ることが必要であるとする。これが『策略』において「親中国」が初めて言及される文脈である。

『策略』では続けて、「親中国・結日本・聯美国」それぞれについて、そうすべき理由が述べられている。「親中国」の理由として強調されているのは、「已に千年を歴す」中国と朝鮮の朝貢冊封関係である。この部分には特に目新しい言及はないが、重要なのはこの理由についての議論が終わったあと、「親中国・結日本・聯美国」それぞれの具体的な方策が挙げられている部分である。

群疑既でに釈け、国是一定せば、中国に親しむに於いては則ち旧章を稍や変じ、日本に結ぶに於いては則ち亟に条規を修め、美国に聯するに於いては急ぎて善約を締す。而、奏請して、即ち陪臣の北京に常奏し、又た遣使して東京に居らしめ、或いは遣使して華盛頓に往かしめ、以て信息を通ず。而、奏請して、即ち鳳凰庁貿易を推廣し、華商をして乗船して釜山・元山津、仁川港に来らしめ、各口通商し、以て日本商人の壟断を防ぎ、

【表1】『朝鮮策略』における「親中国・結日本・聯美国」

	親中国	結日本	聯美国
規定	「稍変旧章」	日朝修好条規改正	修好通商条約締結
外交使節	陪臣を北京に常駐させる	東京に駐在使節を派遣	ワシントンに使節を派遣
貿易	「鳳凰庁貿易」拡大 釜山、元山、仁川における通商	長崎、横浜における通商	
軍事	朝鮮の陸海軍で全国的に中国龍旗を使用		釜山等に学校を開設し、西洋人による教習を行う
留学生	北京同文館、直隷の淮軍、上海江南製造総局、福州船政局に留学生派遣	船廠、砲局、軍営に留学生派遣	天文、算法、科学、鉱学、地学について留学生派遣

又た国民をして長崎・横浜に来たらしめ、懋遷〔交易〕を習はしむ。而、即ち奏請して海陸諸軍、中国龍旗を襲用し、全国徽幟を為す。又た学生を遣りて京師同文学に往かしめ、西語を習い、直隷淮軍に往かしめ習兵し、上海制造局に往かしめ造器を学び、福州船改局に往かしめ造船を学ぶ。凡そ日本の船廠、炮局、軍営、皆な往学すべし。凡そ西人の天文、算法、科学、鉱学、地学、皆な往学すべし。或いは釜山等の處を以て学校を開き、西人の教習を近くし、以て廣く武備を修む。誠に是の如くするが、朝鮮自強の基、此れなり。(22)

中国、日本、アメリカの順番に、それぞれのジャンルにおける具体策が述べられるという形式になっている。これを表に整理してみると、【表1】のようである。

「親中国」について最初に述べられているのは「稍変旧章」ということである。注意すべきであるのは、これが日本との条約改正、アメリカとの条約締結と並んで言及されている点である。これまでに、朝清関係を規定する条約形式の「旧章」があったわけではないが、ここではそれを「稍変」によってではあれ、設けることが述べられている。これは、水陸章程につながる規定を設定することについての、最初の提案であると見てよいのではないだろうか。(23)

続いてそのような規定を設けるとき、内容となるべき具体的事項が言及されていく。①陪臣を北京に常駐させること、②「鳳凰庁貿易」を拡大し、清商人に対して釜山、元山、仁川を開港して海上自由貿易を行うこと、③陸海軍に中国の龍旗を使用すること、④清の各所に留学生を派遣することである。このうち特に注目されるのは①②である。

伝統的な朝清関係の具体相については第一章で確認したが、朝鮮が清に使臣を派遣する形式は貢使行であり、海禁下における朝清間の貿易は、貢使行に付随する貿易と、国境において統制下に行われる辺境開市が全てであった。ゆえにこの①②は、朝鮮の自強のために必要であると位置づけられているとはいえ、事大の内容としての典礼の変更にも関わる内容であったといえる。これ以前に清側から提案されたことはなく、黄遵憲がこれらの内容を挙げた詳細な経緯はよくわからないが、『策略』の力点は、西洋国際法に則った条約締結の必要性を論ずるところにあるので、条約締結で朝鮮が問題視している公使の首都駐在、海上自由貿易について、清との間でも具体例を挙げようとしたのかもしれない。

朝鮮にとって、清側からこのような形で、朝清関係改編の具体像が提示されたことの意味は大きかった。これを利用しない手はなかったのであるが、唐突な提案に、半信半疑な部分があったようである。『策略』は、第二次修信使金弘集の帰国復命時に将来されたとされているが、この時の高宗と金弘集の問答には、朝清関係改編に関連する部分が見あたらない(24)。その九日後、次対入侍（議政以下の高官が月に六回国王に謁見して重要な政務について上奏すること）で『策略』が取りあげられたときも、領議政李最應は、ロシアの脅威とアメリカとの条約について言及するのみで、朝清関係改編については論じていない(25)。しかし、これに先立ち高宗は、李最應のほか、左議政金炳国、領中枢府事李裕元、領敦寧府事洪淳穆、判中枢府事韓啓源の五大官に『策略』の検討を命じていた。その結果としての献議には中国に親しむは、二百年来我国事大の誠、未だ嘗て一分も或いは懈らず、上国も亦た之を待するに内服を以てするに、尚ほ今、曲さに庇覆を加ふるは、更に何の別般親しむを勧むる者有らんや。此れ未だ解すべからざるなり(26)

とあり、朝鮮側でも清側から提示された朝清関係改編案をどう受け止めるべきなのか、とまどいが生じていたことがわかる。『策略』における「親中国」の提示内容を受けて、朝鮮自身が朝清関係改編をどう構想し、清に提案していくかという問題は、「請示節略」の提示につながっていく。

③「請示節略」と李鴻章の答弁

『策略』将来後、初めての清への使節派遣となった進賀兼冬至謝恩使行（正使：任應準）は、一八八〇年一二月八日に辞陛したが、これに同行した李容粛は翌一八八一年一月二〇日、天津の李鴻章を訪問、八項目からなる「請示節略」（以下「節略」とする）を示して意見を求めた。「節略」と『策略』の関連性については、すでに先行研究の指摘があるが(27)、朝鮮はこの「節略」を通して、朝清関係改編に対する清側の認識を確認し、改編案を具体化する準備としたのである。「節略」の第一項目は以下のようである。

小邦、今、日本と開港通商す。然れども小邦素より商規に昧く、欺壓（威圧）を被ることを恐る。上下胥に願はくば、倘し邀へて上国商人、開港諸処に来会し、互相交易して情志既に孚はば、依頼するところ必ず大なるべし、と云ふ。而るに又た黄参賛策略、即ち奏請して鳳凰庁貿易を推廣し、華商をして乗船して開港各口に来らしめて通商し、以て日人の壟断を防ぐべしの句有り。此の論、恐らく未だ如何なるやを知らず。伏して亮教を俟つ(28)。

朝鮮が第一に問い質したことは、『策略』において言及されている、日本を牽制するための「鳳凰庁貿易」拡大と、清に対する開港通商すなわち海上自由貿易の開始とは、何を指すのかという点であった。ここで注意すべきは、その前提として、日朝間の海上自由貿易解禁が述べられていることである。すなわちこの質問は、朝鮮の立場から言い換えれば、海上自由貿易を開始することになれば、清はすでに海上自由貿易を行っている日本と同列に扱われることになるがそれでよいのか、さらにこれと、朝清間の典礼に関わる「鳳凰庁貿易」の拡大とは、どのような位置づけになるのか、確認する意味を持っていたといえる。そもそも「鳳凰庁貿易」が何を指しているのかも、朝鮮側にとっては不明確であった。第一章で見たように、典礼として定められた朝清間の辺境開市には、中江、慶源、会寧の三カ所があったが、鳳凰庁は中江に近い清側の地名であった。文字通り辺境開市のうちの中江開市のみを指しているのか、辺境開市全体を指しているのかがはっきりしなかったのである(29)。

「節略」第一項目に対する李鴻章の答は以下のようであった。

> 朝鮮向きに海道貿易之例無くも、現、既に擬して外国と通商せば、則ち華商、前往して貿易するも亦た禁じざる所なり。黄参賛の策略、日人の壟断を防ぐとあるに至る。将来、如し華商の前往して貿易するを願はば、應さに国王由り寔在情形咨請を将て、核奏辦理すべし(30)。

李鴻章は、「鳳凰庁貿易」については全く言及せずに、清商人が朝鮮に行って貿易することを、外国との通商と同列に論じており、『策略』における日本人の言及もその意味であると説明している。すなわち、朝鮮側が確認したいポイントにそって言えば、海上自由貿易において清を日本（さらには外国）と同列に扱うことは認めた上で、そのことと「鳳凰庁貿易」との関わりについては、明言を避けている。李鴻章は、朝清間の典礼に関わる辺境開市の改編と、一般的な海上自由貿易との関係について、判断を示さなかったのである。後述するように、ここに朝鮮外交の戦略が展開される場が生じたという意味で、この答弁は朝鮮側にとって重要であった。

一方、「節略」第八項目は、日本との問題を挙げながら、以下のように質問している。

> 卑職（李容粛）、未だ鴨緑を渡らざるに、日本使花房義質、其の国書を賚して来たるを聞く。敝朝、以て「條約中、曾て我が礼曹と伊の外務省、書契往来する有るのみ。国書往来の規無し。今何ぞ遽に條約を変ずるや。此を以て之を難くす」と為す。彼云はく、「辦理公使に陞るを見るに、外務書契を持すべからず。且つ各国皆な国書有り。然る後に益々親睦を加ふべし」と。力めて懇ろにして已まず。国王、特に隣誼を念ひ、便殿に親臨し、彼使を召接して之を受く。書辞、敬白等の句あり、頗る恭みて慢るに非ざるも、皇帝の字、朕の字の若きに至りては、極めて眼を礙ぐるに渉る。上下倶に安らかならざるなり。且つ書中、駐紮を請う所、最も應従し難し。彼、仁川開港を言ふも亦た、軽々しく許すべからず。廷議、仁川開港、強ひて許すも、遷就すること幾年を以てし、駐紮は則ち仁川の事の弥縫たるを欲す。然れども彼の之に従ふや、姑らく之を知るべからず。(31)

条約の規定外であるが、高宗が「隣誼」により、花房辦理公使からの国書を受け取ったこと、その国書には「皇帝」「朕」などの字句があり、朝鮮はこれを問題視していること、仁川開港は許してしまったが引き延ばし中であり、弥縫策として公使のソウル駐在は拒否するつもりであることを述べている。先に言及したように朝鮮は、日清修好条規以後、清が北京に日本公使を駐在させて、天皇からの国書を皇帝が受け取っていることを知っていた。ここではその上で、公使駐京について、李鴻章の意見を確認しようとしているわけである。もちろん、『策略』で、朝鮮「陪臣」の北京駐在が言及されていたことの本意を探る意図からのことであったと考えられる。

これに対して李鴻章は、以下のように答えた。

使臣の駐京、西洋各国皆同じ。蓋し既に通商せば、必ず交渉事件有り。公使の京に駐し、猶之、領事の口岸に駐するは、此に非ざれば遇事互酌する能はず、以て両国の誼を聯ね、以て両国の争を平ぐに、實に有益にして無損なり。時に東西の風気、相ひ殊なり、猝かに駐京を議するに、意存顧慮せざるは鮮し。中国、従前、初めて西國と通商開口の時、情形亦た然り。事勢を揣度するに、既に立約通商を経れば、断じて始終拒絶し難し。其れ勉めて後日に従ふより、目前に慨允するに如かざるが似し。

自由貿易と使臣の駐京はセットであること、中国もいまや公使の駐京を認めていることが言われている。このような説明は、朝鮮側に「陪臣」の北京駐在について、実現可能性があると判断させるに十分であった。

整理すると、「節略」とそれに対する李鴻章の答えをもって、朝鮮側は朝清関係改編の具体的な内容について、海上自由貿易の開始と、「陪臣」の北京駐在の二点は、清側に正式に要請しても支障なしと判断したと思われる。このあと朝鮮側の戦略は、この二点をいかに展開するか、また同時に李鴻章が明言を避けた「鳳凰庁貿易」拡大をどのように位置づけていくかという問題をめぐって、練られることとなった。

④正式な「咨文」と非公式な「另録」

李鴻章の答弁をもって李容粛が帰国復命したのは、一八八一年三月二〇日であったが、このとき釜山には、朝士視察団一行が日本への渡航のために待機中であった。一行が朝鮮を去ったのは四月八日であるが、その中に魚允中がいた。魚允中こそ、このあと水陸章程交渉において、朝鮮側の中心的な役割を担うことになる人物である。魚允中は日本で大蔵省を中心に視察を行ったが、一行とは帰国を共にせず、九月一日に神戸で高宗が派遣した密使趙秉鎬と李祖淵に接触した後、長崎から上海を経由して天津に赴き、一〇月一〇日、李鴻章と面会した。

この魚允中と李鴻章の会談は、「節略」についての問答の後であり、かつ朝鮮側から正式に清に関係改編を要請する咨文が提出される前であるというタイミングを考えると、極めて重要な意味を持っていたと思われるが、詳細を知り得る史料が残されていない。断片的に会談の内容をうかがうことはできるのであるが、これについては後にふれる。

李鴻章との面談を終えた魚允中は、一八八一年一一月一〇日に釜山に到着し、一二月一四日に復命した。この後、一八八二年二月三日、問議官に任命され、二月一七日に辞陛、三月二八日に天津に到着した(32)。このとき魚允中が持参したのが、果たして朝清関係改編を具体的に清に要請する咨文であった。朝鮮が公式に要請した朝清関係改編は、どのような内容にまとめられていたのか。

咨文は二月五日の作成となっており、北京礼部宛てと、北洋衙門宛ての二通があった(33)。北洋衙門に宛てたものは、以下のようになっている。

> 朝鮮国王、通商・駐使等の務、質議の事を為す。窃念するに、小邦、偏に聖宇字小の恩を荷し、疆土を保守すること、茲に三百年に殆し。現、宇内、多故にして、時局日々変わり、洋艦、辺陲を迭伺し、日人、商埠を剏開す。且つ北俄毘境、常に陰憂を為す。国小さく力単なるを奈んせん。自振を克くせざるを恐る。当職（朝鮮国王）と挙国臣庶、蚤夜惕慮す。思ふらくは、奮発修挙を以てする所とし、上国の東顧の憂を小弛せんことを。是を用ふるに、旧章に拘らず、冒昧煩陳す。顧みるに、今外人、独り商利を擅にし、船舶、洋面を駛行す。惟だ上国と本邦のみ、互いに海禁を守るは、殊に視同内服の義に非ず。亟に宜しく上国及び小邦の人民に令し、已開の口岸に於いて、互相貿遷せしむべし。亦た派使の京師に入駐するを許し、藉りて情款に通じ、以て声勢に資せしむ。庶はくは、外侮、禦ぐべく、民志、恃む有らんことを。

まずは、清の字小の恩を前面に出しながら、日本、ロシアと対峙する状況を述べている。その上で、清の心配を少しでも減らすため、「冒昧」であると断った上で具体的に要請しているのは、海禁を解いて開港場における朝清間の自由貿易を行うこと、北京に使臣を駐在させることの二点である。礼部宛のものは、文言が若干異なっているが、具体的な要請がこの二点であることは同様である。すなわち朝鮮は、先述した「節略」と李鴻章の答弁によって手応えを確認していた、海上自由貿易の開始と、「陪臣」の北京駐在の二点についてのみ、咨文で要請を行ったのであった。それでは「鳳凰庁貿易」拡大はどうなったのか。

この問題が言及されているのは、魚允中が天津に到着した翌日である三月二九日、周馥を通じて、わざわざ喪中の李鴻章に伝達した「另録」である。「通商駐使等の事、已に咨本を具するも、此外另に稟商する者有り」として、「通商駐使等の事、已に咨本を具するも、此外另に稟商する者有り」として、わざわざ喪中の李鴻章に伝達した「另録」である。公式的な咨文とは異なる形式の、いわば非公式な朝清関係改編の具体的要請が、この「另録」であったと言ってよいだろう。「另録」の内容は後に見るが、要点は咸鏡道辺境開市の廃止と、臨時朝貢使節と勅使の派遣廃止である。先行研究でも「相当大胆」と評価される内容を、「另録」という形で特に李鴻章に持ちかけることは、朝鮮側の戦略であった。魚允中が朝鮮を出発するにあたっての辞陛において、高宗は次のように言っている。

事大の節、益々当さに親恪すべし。而れども、其の文具に拘り、弊を民国に貽すは、旧例に安じて止むを以てすべからず。使价（使臣）及び北道（咸鏡道）互市の事、一々総理各国事務衙門及び通商大臣（李鴻章）に就議し、便宜に帰するに務めよ。(34)

朝鮮側は、実際に清側に改編を要請する段に至って、「使价及び北道互市の事」には特に慎重だったのである。咨文に記す内容と、另録での協議を分けた理由としては、国内事情の影響も考えられる。魚允中が咨文を持って鳳凰城を過ぎ、営口に向かっている際中の一八八二年三月八日、朝廷では議政府時原任大臣連名の剳が高宗に提出されている。その内容は、朝清関係改編を要請することは「決して本邦の擅に煩はすべき所に非ず」(35)であるとして、咨文の発送を警戒する内容であった。先に見た咨文の内容でこの程度なのであるから、另録の内容が咨文に盛り込まれていたとすれば、反発がより大きかったであろうことは容易に想像できる。

さて、「另録」の詳細は次のようである。

一、既でに通商・駐使を行はば、則ち章程を妥議すべし。惟だ上国の裁定を仰ぐのみ。
一、朝鮮咸鏡道、烏喇・寧古塔の民人来市の事、曾て稟過する有り。而して、今に到り、俄境毘連し、陸路通商の患を防がんと欲さば、則ち此市を廃し、以て其の漸を杜ぐべし。且つ宜しく商民に供饋するの規を革むべし。通商章程を新定する時に、一款を另議し、奏明せらるべし。
一、既でに駐使を行はば、則ち賀・謝・陳奏等の事、必ずしも別派せざるべし。如し勅命有らば、亦た順付すべし。
一、使臣、資粮を自備すべし。従前、上国頒賜及び沿路留館の時の廩給も、亦た永革すべし。(36)

まず三項目、四項目には、臨時朝貢使節と勅使の派遣廃止と、それに伴う費用についての慣例廃止が挙げられている。使臣の駐京が朝貢使節と勅使の派遣につなげられたのは、この另録がはじめてである。朝鮮側は、咨文で要請した使臣の駐京は清から許されるであろうと踏み、そこに乗じて一気に朝貢使節と勅使の派遣廃止まで踏み込んだ提案を行ったものと思われる。

⑤辺境開市の自由貿易化をめぐる戦略

しかしこれにも増して筆者が注目するのは、一項目、二項目で言及されている内容である。これこそ朝鮮側が、先に李鴻章が言及を避けた「鳳凰庁貿易」拡大を独自に展開させた戦略であったと考えるからである。

二項目から見よう。ここでは辺境開市三市のうち咸鏡道の市のみ言及されている。ロシアへの警戒を理由にこの市を廃止して「商民に供饋するの規を革むる」とされている。なぜ朝鮮側は咸鏡道のみを挙げたのか。また、「商民に供饋するの規を革むる」とは具体的に何を意味するのか。

この部分を理解するために、断片的に知ることができる一八八一年一〇月の魚允中―李鴻章会談の内容を確認したい。先にふれたように議論の詳細はわからないのであるが、この会談を受けて後日、李鴻章が呉大澂に宛てた書簡に、

朝鮮陪臣前に、派員前往を停し、互市の累を省くを求む。但し民間の自ら相ひ貿易するを准すは、其国王の咨懇を俟ちて、乃ち入告すべし。礼部、拘泥すること過甚なるべし。(37)

とある。このことから、朝鮮側が咨文を作成する以前の時点で、すでに魚允中が、辺境開市の廃止について李鴻章に要請していたことがわかる。しかもここでは、特に咸鏡道の市とは限定されておらず、「民間の自ら相ひ貿易する」すなわち自由貿易が言及されていたと思われる。さらに、この問題が朝鮮国王から咨文で要請されれば、礼部が問題視するであろうことも、魚允中と李鴻章との間で議論されていた可能性が高い。(38)

辺境開市は実質的には朝鮮から清への歳幣の意味を持ち、朝鮮にとって大きな経済的負担を強いるものであった。(39)しかし、辺境開市廃止を要請する理由が単に経済的なものであったなら、より負担が大きかった中江の廃止を求めるべきである。(40)そもそも先に見たように、「鳳凰庁貿易」は文字通りとらえれば中江開市であったことを考えれば、なおさらである。

ではなぜ咸鏡道にしぼったか。それは礼部の反発が容易に想定される中で、実現可能性を計算した結果であったと思われる。経済的に清側により大きな旨味があり、しかも地理的に朝貢使節の派遣に関連する中江より、ロシア

の脅威を強調しながら咸鏡道について要請するほうが、清の許可を得やすいであろうとの判断である。朝鮮にとっては、辺境開市の自由貿易化を一カ所でも清に認めさせることに特別な意味があった。ゆえに、無駄に清側のハードルを高くして、結局全部認められない、といった事態に陥ることは避けなければならなかったのである。「商民に供饋するの規を革むる」ということも、結局は自由貿易化を示していると考えられるが、なるべく刺激の少ない表現を選択したのであろう。

この特別な意味が込められているのが、另録第二項目の後段部分である。「通商章程」を新たに定める際に、咸鏡道辺境開市の自由貿易化を、条文に盛り込むことを提案している。この「通商章程」は、另録第一項の内容から判断して、海上自由貿易に関する通商章程を指すと思われる。この提案は、言い換えれば、海上自由貿易を規定する規則の中に辺境開市の改編を規定するということで、すなわち諸外国と関わりある海上自由貿易と、朝清二国間の問題である国境における陸路自由貿易を、同じ次元で扱うということを成文化するものであった。この問題こそ、先に「節略」で朝鮮側が李鴻章に問い質し、李鴻章が言及を避けたポイントであった。朝鮮は、自らの朝清関係改編構想に、このポイントをしっかり組み込んでいたのである。

清が朝鮮に対して権利を主張する論理は、朝清関係が唯一無二の宗属関係であること、すなわち朝清関係の特殊性であった。この特殊性を朝鮮と諸外国との一般的な関係につないでおくことで、清の主張を希釈化する道筋を準備しておくこと、これが朝鮮側の戦略の一つの核であったと筆者は考えている。

另録が清側に伝えられた結果、派使駐京は「実に典礼に関わる有り」として礼部によって却下され、それ以外については「南北洋大臣および彊臣中の洋務に通知する者」に議論させること、服喪中の李鴻章がこれを管することとなった。これらの経緯については、先行研究に詳しいのでここでは省略するが[41]、結果的に朝鮮の戦略は功を奏したと言えよう。派使駐京の却下に巻き込まれることなく、咸鏡道開市の廃止と自由貿易化は実現できる見込が示されたのであった。

ところで、朝清関係の特殊性を、諸外国との一般的な関係と同列に規定することで希釈するという論理は、逆のベクトルで作用すれば、諸外国との一般的な関係までも、朝清関係の特殊性に影響を受け得るという論理になる。この点について、魚允中は特に注意を払っていた。礼部に咨文を提出する以前の四月二日と三日、周馥と会談した魚允中は、朝鮮が要求している北京への公使派遣の逆バージョンである清使臣のソウル駐在について、朝米条約に規定されているアメリカの駐京公使に対する「待最優之國無異」という部分との関連で、問題が生じることを懸念していた。これに対し周馥は、

通商章程、各国と異なる有るを慮ひ、他国の藉口（かこつける）を恐るに至る。前日所談の「待最優の国の官員を待するに異なること無し」の一節、紅蔘洋薬両事の如きあり。凡そ條約所載の「待最優之国官員」の一語、換約の国の、向きに往来無き者を指して言ふに係り、中国と貴国に於いて論ずる所に非ざるなり。然るに将来、中国派員、貴国に到りて辦理商務せば、必ず貴国をして接応に便せしめ、大いに碍難有るに致らず。(42)

とし、朝清間の通商章程が各国と異なっているとして魚允中が憂慮している点について、他国がこれを口実に権利を要求してくることを心配する必要はないとして、具体的に駐京公使について、清の公使への接待が朝鮮に障害となることはないと述べている。

魚允中は、ひとまずこの説明を受け入れ、

美約中の最優の国一款、本国の上国に於ける官員に縁りては、当さに各国と異有るべし。各国、口実を以て為すを恐れての故、云ふのみ。大教、是の如からば、以て料理〔はかり決める〕すべし。若し後、別国と定約せば、則ち此の一節、之を合刪するのみ。

と答えている。清が問題を起こさないという言質をとりながらも、今後の条約締結においてはこの条款を削除するべきであるとの考えを示している。

⑥壬午軍乱後の交渉

魚允中が天津で壬午軍乱の報を知ったのは、六月一九日である。これに先立つ六月一二日、魚允中は馬建忠に面会している。このときの魚允中の記録によれば、馬建忠が「我邦通商事」をもって安徽省に服喪中の李鴻章を訪ねることを知ったと記してある[43]。馬建忠は実際に六月一五日に安徽省に出発しているが、この馬建忠の安徽省行きが朝鮮との「妥議章程」にあったことは、張樹声が総理衙門に宛てた書信によって知ることができる[44]。また、六月三〇日付の李鴻章が張樹声へ宛てた書信には、「眉叔寄閲所擬中東通商章程、大致甚妥」とあることから[45]、実際に馬建忠が李鴻章に面会して水陸章程の草案を見せ、李鴻章はこれに満足したことがうかがわれる。

崔蘭英は、以上の経過をもって、これまで壬午軍乱後とされてきた、馬建忠と周馥による水陸章程草案の作成、それに対する魚允中の「意見書」（冒頭の⑦）を、六月一二日以前のやりとりであるとしている[46]。この論は、水陸章程が壬午軍乱後、清の圧力によってほとんど議論もされず超短期間のうちに成立したとする従来の研究を否定するものであり[47]、水陸章程の性格にも関わる問題提起である。しかし、壬午軍乱以前に水陸章程の草案がまとめられていたことは確かで、それ自体も重要な新しい指摘ではあるが、これが魚允中の「意見書」のもとになった草案であると断定することはできないのではないか。

壬午軍乱後の八月一日、謝恩兼陳奏使として清に派遣された趙寧夏は、李鴻章との会談において、朝清間の「水陸通商」に関する條款を定議することを提案した[48]。一旦朝鮮に帰国していた魚允中が天津に戻ったのは八月一七日で、水陸章程に魚允中が趙寧夏、金弘集（陳奏副使）とともに署名したのは八月二三日である。魚允中はこの間連日、周馥、馬建忠、李鴻章と面会している[49]。そして、この間の経緯を李鴻章が総理衙門に報告した文書に、魚允中の「意見書」の内容（紅蔘減税問題）が言及されていることを考えると、(50)「意見書」はやはりこのタイミングだったのではないかと思われる。

先に言及したように、「意見書」の内容は、朝鮮商務委員の裁判管轄権、朝鮮近海の清漁船操業、清商人の漢城開桟・内地採辦、紅蔘の税率の四項目についてであったが、魚允中はこれらを意見する理由を冒頭で以下のように説明している。

> （水陸章程の）内中、略ぼ各国と同じからざる処有り。体制、然らざるを得ずと曰ふと雖も、此れ（水陸章程）事大典礼と自から是れ殊観あり。竊かに各国、援きて以て例と為すを念ふ。

水陸章程内の文言には、各国との関係においてとは異なる部分がある。朝清の関係においてはそうせざるを得ない部分もあるが、水陸章程は従来の事大典礼とは趣が異なっているため、各国が援用を要求してくることが懸念されるというのである。

ここでも魚允中は、水陸章程を、各国との関係においてとは異なる部分、すなわち朝清関係の特殊性による内容を含みつつ、また同時に従来の事大典礼とは趣が異なっている、すなわち朝清二国間の問題に限らない一般性に通じる性質を持つものであるととらえていることがわかる。この二つの性質をつなぐしかけこそが、朝清陸路貿易の通商章程における規定であり、これを通して朝鮮は特殊性を一般性によって希釈することを戦略として講じていたのであったが、逆ベクトルの危惧があったことは先に説明した。「意見書」も、この危惧に対する予防策であった以上、馬建忠・周馥が、各国の援用を予防するために、属邦規定を挿入することを提案したとき、これに魚允中が特に反論しなかったのも当然である。

もともと宗属関係は前提であったから、その成文化も朝鮮にとっては大きな意味をなさない。むしろ朝鮮にとって重要だったのは、水陸章程に戦略的に組み込んだしかけをいかに運用していくかという問題であった。運用如何によっては、実質的には朝鮮にとって清が諸外国の中の一国として存在感を薄めていく可能性はあったのである。そうなれば、属邦規定は朝鮮にとって形式にすぎないものとなる。

(2) 水陸章程の内容ともう一つの戦略

かくして成立した水陸章程は前文と全八条から成っている。それぞれの内容については、すでに先行研究で検討されているが、清の圧力による章程の不平等性を重視する研究においては、宗属関係の言及（前文）、清側に厚い領事裁判権（第二款）、朝鮮平安・黄海道沿海における清船の漁業操業許可（第三款）、ソウルでの店舗開設許可と開港場以外の地域における商業活動の申請式許可（第四款）、清の軍艦の朝鮮沿海航海・碇泊の自由（第七款）が、清の特権として注目されている。一方で、朝鮮側の意図を重視する研究においては、天津への官員駐在とその清地方官との平行礼（第一款）、辺境開市の廃止（第五款）、紅蔘の輸出税十五％（第六款）が、朝鮮側の提案が実現したものであると評価されている。

最終的に、朝鮮が要請した朝清関係改編のポイントは、①派使駐京、②海上自由貿易の開始、③臨時朝貢使節と勅使の派遣廃止、④咸鏡道における辺境開市の廃止であった。その実現度を確認してみると、①については北京ではなく天津に駐在することとなり（第一款）、②は認められ（前文、第三款）、③は却下されている。しかし注目されるのは、④についてである。

辺境開市について、朝鮮側が咨文に言及せず、另録で、しかも咸鏡道においてのみ清側に要請したことは先に見た。朝鮮側はかなり慎重だったようで、③が礼部に却下された後、魚允中が周馥に、「会寧・義州、旧く互市に係わるの地、必ずしも論説すべからず」として、「中国と通商の約条」に陸路通商を盛り込むことに躊躇する側面もあったほどである[51]。しかし結果的に、水陸章程には朝鮮が提案した咸鏡道に限らず、全ての辺境開市を廃止し、柵門と義州、琿春と会寧において自由貿易を開始することが定められた（前文、第五款）。この間の経緯がわからないのは残念であるが、魚允中は高宗に水陸章程を報告する中で、「一二の参差する処有ると雖も、西北開市の変通、痛に向日の痼弊を革め、西北人の為に万国の利を開くものなり」(52)として、成果の第一に柵門と義州の自由貿易化を挙げている。

このように朝鮮側に満足な結果となった辺境開市の自由貿易化であるが、外交戦略としては、海上自由貿易と同列に論ずることが重要であったことは先に見た。この点は、章程にどのように表れたのであろうか。まず前文には、以下のようにある。

朝鮮久しく藩封に列し、典礼の関する所、一切均しく定制有るは、庸て更議するなし。惟だ現在各国既に水路に由りて通商す。自から宜しく亟かに海禁を開き、両国商民をして一体として互相貿易し、共に利益を霑はしむべし。其の辺界互市の例も亦た、時に因りて量りて変通を為すべし。

諸外国の一般的状況としての海上自由貿易を受けて、朝清間の海上自由貿易を開始することと、「辺境互市」の「変通」が、同列に規定されている。朝鮮外交の戦略は、水陸章程に反映されたといえるだろう。ところで、この海上自由貿易と、辺境開市の自由貿易化を規定する条文を見てみると、交渉過程の分析にはあらわれてこなかった、水陸章程の一つの特徴が浮かび上がってくる。

（第三条）

両国商船、其の彼此通商口岸に駛入し交易するを聴す。所有卸載貨物、一切の海関納税則例と與もに、悉く両国已定の章程に照らして辦理す。

【表2】水陸章程の内容と別規定の有無

	内容	関連する別規定
前	属邦規定	
1	相互に官員を派遣、駐在させる	派員辦理朝鮮商務章程
2	派遣官員の裁判権	
3	海上自由貿易の開始、清の朝鮮沿海一部操漁許可	朝鮮通商章程
4	開港場における居住許可、漢城開桟、許可による内地採辦	清商租界章程
5	陸路自由貿易	中江貿易章程、吉林貿易章程
6	アヘン、軍器の売買禁止	
7	朝清間定期航路の新設、清軍艦の朝鮮碇泊許可	朝清輪船往来合約章程
8	朝鮮国王と北洋大臣の協議による随時修正	

（第五条）

向来、両国の辺界、義州・会寧・慶源等の如き処、例として互市有り。統（すべ）て官員に由りて主待するも、毎に窒礙多し。茲に定めて、鴨緑江対岸の柵門と義州の二処、又た図們江対岸の琿春と会寧の二処に於いて、辺民の随時往来交易するを聴す。…其の一切詳細の章程、應さに北洋大臣と朝鮮国王との派員、該処に至り、踏看会商するを俟ちて、稟請して奏定すべし。

海上貿易を許可するが、その交易品と関税についての具体的な取り決めは全て「両国已定の章程」による、柵門と義州、琿春と会寧の間の自由貿易を認めるが、貿易の詳細は別に章程を設ける、という。[53] 実は、この詳細は別に規定を定めるというパターンは、他の条文についてもみられる。

【表2】のように、全八款中五款において、実際の運用に当たっては別規定が制定されていることがわかる。これはすなわち、水陸章程がそれだけ大枠の規定であったということを意味している。

朝鮮にとって朝清関係の改編は、極めて微妙な問題であった。それだけに、先に論じた朝清二国間の特殊性を、諸外国との一般的な関係によって希釈するという朝鮮外交の戦略も、その運用如何にかかっている部分が大きかった。このような状況においては、清の体面にかかわる水陸章程自体の規定はなるべく大枠にしておいて、実際の問題を処理するレベルで、細則を有利に設定していくという、もう一つの朝鮮外交の戦略があり得たのではないだろうか。

これらの別規定―以下、関連諸章程とする―が実際にどのように定められていったのか、次項で具体的に見ていくことにする。なお、中江貿易章程については別に第五章で検討する。

二　関連諸章程の検討

(1) 派員辦理朝鮮商務章程

水陸章程第一条は派遣官員の駐在についてであったが、条文は以下のようである。

嗣後、北洋大臣由り商務委員を札派し、朝鮮已開の口岸に前往駐箚せしむ。専ら本国商民を照料するを為す。該員、朝鮮官員との往来、均しく平行に属し、優待すること礼の如し。…朝鮮国王も亦た大員を遣派し、天津に駐箚せしめ、並(なら)びに他員を分派し、中国已開の口岸に至り、商務委員を充当せしむ。該員、道府州県等地方官の往来も、亦た平行相待を以てす。

すなわち、清から朝鮮へ派遣される「商務委員」は、北洋大臣が派遣するものであり、朝鮮の開港場に駐在して、清商人を管轄する。朝鮮官員とは平行の礼を用いる。朝鮮から清へ派遣される「大員」は、朝鮮国王が派遣するものであり、天津に駐在する。清の開港場には別に「商務委員」を派遣し、これは清地方官と平行の礼を用いる、という内容である。

これを受けて清側で定められたのが「派員辦理朝鮮商務章程」(54)（以下、派員章程）である。この章程は、一八八三年六月二四日、李鴻章が、津海関道・周馥と候選道・馬建忠に命じて準備させたものであったが、その方針には

査するに朝鮮、中国の藩服為り。委員の前往駐紮するは、外洋各国に出使するの体制とは稍や別あり。而れども情事は略ぼ同じ。自ずから應さに出使成案を参酌し、量りて変通を為すべし。(55)

とあり、「藩服」である朝鮮に派遣する委員は、西洋各国に派遣する場合と異なるところがあることを前提とした上で、清側の公使派遣規定をアレンジして作られたものであることがわかる。

章程は全一二条から成り、まず第一条には

北洋大臣由り總辦朝鮮各口商務委員一員を札派し、漢城に駐紮せしめ、仁川口の商務を兼管せしむ

とあり、總辦商務委員を漢城に派遣し、仁川の商務を兼管させることが定められている。水陸章程第二条に「商務委員」の派遣は言われていたが、それを統括する位置としての「總辦商務委員」はここで初めて言及されるものである。また、水陸章程には「漢城」の指定がなかった。つまり、總辦朝鮮商務の漢城への派遣は、水陸章程の規定とは別に、清側で一方的に設けた規定により、定められたと言える。同時に元山・釜山には、分辦商務委員が一人ずつ派遣されることになったが、実際の駐紮はそれぞれの地における商務がもう少し発展した後に行うとされた。

続いて、總辦委員は随時北洋大臣の指示を請うこと（第二条）、總辦委員と分辦委員の連絡公文の名称（第四条）、委員等の月給規定（第八条）、總辦商務委員の三年任期（第九条）、経費の算出方法（第十条、第十一条）、商務委

員の海上貿易専管（第十二条）[56]など、具体的な規定が定められているが、特に注目されるのは、總辦委員の地位に関する規定である。水陸章程第一条において、清の商務委員と朝鮮の官員との対等が言われていることは先に見たが、これに関連して、派員章程の第五条には次のようにある。

總辦・分辦委員と朝鮮官員の公文往来、其の政府・統理衙門自り以下、均しく平行照会を用ふ。

「自り以下」が曖昧ではあるが、総辦・分辦委員と平行である対象として、政府すなわち議政府と、統理衙門すなわち統理軍国事務衙門もしくは統理交渉通商事務衙門が挙げられている。議政府と統理軍国事務衙門は当時存在した朝鮮の官庁中、最高位である正一品衙門であり、統理交渉通商事務衙門は正二品衙門に相当する。水陸章程第二条では、「朝鮮官員」とのみ規定されていた朝鮮側の主体が、ここではこのような形で、狭義に規定されているのである。

さらに続く第六条には、

朝鮮の各国公使を公会するに遇はば、向ふるに、頭二三等の職分及び到任の先後を以て坐次を為す。朝鮮、中国の属邦為り。中国總辦委員、賓中の主為り。応さに朝鮮官主位（議政）の上に坐すべし。

という規定もあり、朝鮮が各国公使を招集する際、公使らの席次は職分の位や到任時期の順によって決めるが、朝鮮がその属邦である清の商務委員は、特別に朝鮮官の主位である議政よりも上位に座することが言われている。各国公使の面前におけるこのような席次は、清の商務委員が朝鮮官員と平行とは言えないどころのものではない。これは水陸章程の規定とは明らかに温度差がある内容であり、前項で述べたように、まさに魚允中が憂慮していた部分であった。

また、前後するが、派員章程の第三条には、

朝鮮の民房、卑狭にして租購すべき無し。漢城、元山、釜山の三處、各々委員公館一所を建て、以て体制を崇ぶことを擬る。

ともある。朝鮮の民間家屋は、卑しく狭く、適当でないので、ソウル、元山、釜山のそれぞれに商務委員の公館を建設し、体制を崇ぶ、というのである。当時、すでにソウルにはアメリカ公使フートが赴任していたが、彼の公館は、貞洞の朝鮮式家屋を購入したものだった[57]。また当時の日本公使館は、西大門外の清水館であり、これは旧京畿中営であったが、一八八四年三月には、慶雲洞の旧朴泳孝邸に移された[58]。このような状況において、清商務委員の公館としては朝鮮式家屋を拒否し、新たな公館を建設しようとしたのは、これを通して、視覚的に宗主国の優位を占めす意図があったと思われる[59]。

その他にも、水陸章程第二条に言及されていた、商務委員の領事裁判権について、派員章程第七条においては、一歩ふみこんで、重大事件の被告が清人の場合、清に送還して、清の地方官によって裁きを行うという内容が盛込まれている。

総じて、派員章程は、水陸章程の規定を、清側の利益を拡大する方向で、より詳細に定めたものといえる。水陸章程の規定が大枠であるということは、このように清にとっても利用される余地はあった。制定に朝鮮側の意向は一切反映される機会すらないまま、以上の内容が、総理衙門における審議を経て、裁可されたのは一八八三年七月である[60]。朝鮮への伝達は、陳樹棠の赴任時であり、陳樹棠から統理交渉通商事務衙門に伝達され、遵照辦理することが求められた[61]。

(2) 朝鮮通商章程

水陸章程第三条は、ついに朝清間の海上自由貿易を認める内容であったが、その実際は、「両国已定の章程」によって処理することとなっていた。この「両国已定の章程」とは何を指すのか。筆者は、朝鮮が新たに制定した「朝鮮通商章程」こそ、この規定を具体化するために準備したものであったと考えている。「朝鮮通商章程」が史料的に確認できるのは、一八八三年一二月二日、朝鮮国王から清の総理衙門に届いた咨文によってである。

朝鮮国王文称す。竊かに照らすに、敝邦新定の海関章程及び税則、現に経でに本年十月初二日自り頒発施行す。所有章程税則一本をば繕呈す。乞ふらくは、即ち各関に飭下し、商民に暁諭し、遵照施行を為さしむれば、幸甚なり(62)

つまり、朝鮮が、一八八三年一〇月二日から、新たに定めた海関章程および税則を施行したことを清側に告げ、清商人等に遵守させるよう計らってほしいと要請しているのである。このとき付属文書として「朝鮮通商章程」(63)と「朝鮮国海関税則」(64)なるものが同送されている。これらは朝鮮側から北洋大臣李鴻章にも送られていたようであり(65)、翌一八八四年二月には、総理衙門から南洋大臣、盛京将軍、黒竜江将軍、吉林将軍にも送付され、「一体査照辦理」することが求められた(66)。

管見の限り、「朝鮮通商章程」について触れている先行研究はなく、史料も断片的で限られているため、その全貌には不明な点も多い。しかし、水陸章程第三条に海上貿易に関する具体的な規定がない状況の中で、朝鮮側が清に通商章程と海関税則を提示した意味は小さくないと思われる。実際、次章で後述する楊花津入港問題においても、「朝鮮通商章程」が言及される場面がでてくる。さらにこの「朝鮮通商章程」は、第七章で後述するように、朝米修好通商条約においても参照すべき規定とされ、アメリカに通知された。

ところで、これも第七章で後述するが、一八八三年六月、朝鮮は七年越しで日本との貿易における無関税の不利から脱し、「日朝通商章程」および海関税則を制定した。その直後と言ってもいい時期に制定された「朝鮮通商章程」は、実はこの「日朝通商章程」と条文がほとんど同じであり[67]、これを参考に作成したものであることはほぼ間違いない。しかし、いくつかの部分で重要な差異がある。そこで、ここではその差異を中心に、「朝鮮通商章程」の内容について確認してみたい。

「朝鮮通商章程」は、海上貿易に関する諸規則をまとめたものである。その具体的な内容はそれぞれ、商船の海関官吏による取締（第一款）、入港手続き（第二款、第三款）、積み荷の上げ下ろし（第四款～第七款）、関税の納入手続き（第八款、第九款）、積み荷の検査（第十款、第十一款）、脱税罰則（第十三款）、破損貨物、個人荷物、官用物、危険物の取扱（第十二款、第十四款～第十六款）、内地通行税の免除（第十七款）、荷物の移動・積み戻し（第十八款～第二十一款）、上屋・借庫（第二十二款、第二十三款）、船舶修理（第二十四款）、出港手続き（第二十五款～第二十七款）、郵船・漁船・兵艦・官船の取扱（第二十八款、第二十九款、第三十一款）、港湾施設整備（第三十款）、密貿易罰則（第三十二款）、各国商船の雇用（第三十三款）、罰銀の手続き（第三十四款、第三十八款）、アヘン売買禁止（第三十五款）、有事における米の輸出入（第三十六款）、軍器売買禁止（第三十七款）、使用通貨（第三十九款）に関する規定である。

「朝鮮通商章程」は全三十九款から成っており、「日朝通商章程」が全四十二款から成るのに比較すると、三款分少ない。「朝鮮通商章程」に抜けているのは、①各港において荷物を運搬したり、船客を送迎するときに、朝鮮の舟車人夫を雇い入れることができる規定（日－第八款）、②相互に漁業操業区域を認めた規定（日－第四十一款）、③最恵国規定と章程の有効期限五年に関する規定（日－第四十二款）であるが、①②は水陸章程に規定がある部分なので（第三条、第四条）[68]、重要なのは③の欠落である。先に見たように、清は、水陸章程について西洋諸国が均霑を要求することを憂慮する朝鮮に対し、朝清関係の特殊性を強調することで、朝鮮側の主張を斥けた。この清側の論理からすると、他国との条約を均霑する最恵国規定も、朝清関係にはなじまないことになる。もちろん、それが実際に通用するかは別問題であり、実際、清は朝英条約を水陸章程に均霑したが[69]、朝鮮が自国に不利になり得る条項はわざと外していることは注目すべきである。

さらに、該当する条款はあるが、内容に若干の差異がある部分としては、日本を対象とするかしないかといった単純な差異を除いて、重要なものが三ヶ所ある[70]。第一に、「日朝通商章程」においては「但諸届書及ヒ其他ノ書類共、何レモ日本国文ヲ用ヒ、訳文ヲ副ルコトナシ」（第二款）として、日本文のみの使用が定められていたが、「朝鮮通商章程」には、入港届書等の書類の記入文字として朝鮮・漢・英・日本の四国文字が指定されている（第二款）点である。漢文と並列して指定されている「朝鮮文字」というのがハングルを指しているのかは定かでないが、朝鮮が自国の文字を使用する権利を確保していることは注目される。第二に、「朝鮮通商章程」には、「日朝通商章程」に定められている漁船の港税免除規定がない（朝－第三十款、日－第三十一款）。先述したように、水陸章程第三条において、魚税を制定することが定められつつも、二年後に先延ばしされ、その具体的な交渉すら始まっていなかった状況で、この規定を落としていることは、朝鮮政府が漁船に対する徴税に関心を持っていた証であると見られる。第三に、相手国の米穀輸出税に関する規定に差異がある。「日朝通商章程」においては、朝鮮に災害がある場合、米穀の輸入税を免税する規定と共に、「日本国ニ災荒アリテ出口ヲ要スル時ハ、知照ヲ経テ進出税ヲ免ス可シ」として、日本の災害時、米穀の輸出税を免除する規定が入っているのであるが（第三十七款）、「朝鮮通商章程」には、朝鮮災害時の輸入税免除を言うのみで、相手国が災害時の輸出税免税規定がない（第三十六款）。災害時とはいえ輸出税を免除するという規定は、国内の米流出につながる危険を孕むものである。自国に不利になりうる規定は言及を避けている様子がみてとれる。

一方で、附属の関税率表である「朝鮮国海関税則」は、「日朝通商章程」の関税率表と題目自体も同じであるが、輸入税率一般八％である点を含め、物品の指定もほとんど同一である。しかしここにも重大な差異がある。日本に対しては、輸出品として紅蔘に朝鮮人商人の場合関税率十五％が定められているのに対し、この「朝鮮国海関税則」においては、輸出の「禁制物項」に紅蔘が挙げられているのである。先に見たように、水陸章程第六款にも、紅蔘の輸出税が十五％と決められていた。紅蔘は朝鮮の主要な輸出品であったが、対日開国以来急激に取引量が増加するとともに[71]、密貿易の問題も深刻であった[72]。朝鮮は、日本との交渉においても、アメリカとの交渉においても、紅蔘の輸出禁止を条文に盛り込むことを主張していた[73]。

このように、朝鮮側から清に提示された「朝鮮通商章程」は、「日朝通商章程」を土台に、朝鮮の権限を拡大する方向で改編を加えたものであったと見ることができる。実際、朝鮮の海関でこの章程が適用されていたのかはよくわからない部分もあるが[74]、朝鮮国王から総理衙門への咨文によって提示されたことは確かである。先に見た派員章程とは逆に、水陸章程の不完全さを朝鮮の側から、自国に有利な形で埋めようとしている試みとして注目される。

(3) 仁川清商租界章程

水陸章程第四条の「両国商民、彼此已開の口岸に前往して貿易し、如し分を安んじ法を守らば、其の租地・賃房・建屋を准す。」との規定により、まずは仁川に清国商人が居住しはじめた[75]。仁川は日本との間で一八八一年二月一日に二〇ヶ月後の開港が定められ、一八八二年九月からは、近藤眞鋤が仁川領事として駐在を開始しており、一八八三年八月三〇日に、仁川口租界約条が締結されていた[76]。

これをうけて、清商租界の設定が問題化した。釜山においても一八八三年一〇月に徳興号事件が起こったことをきっかけに（第六章参照）、租界章程制定の動きが始まるが、章程の成立に至らなかったこともあり、ここでは仁川に限って展開を跡づけることとする。

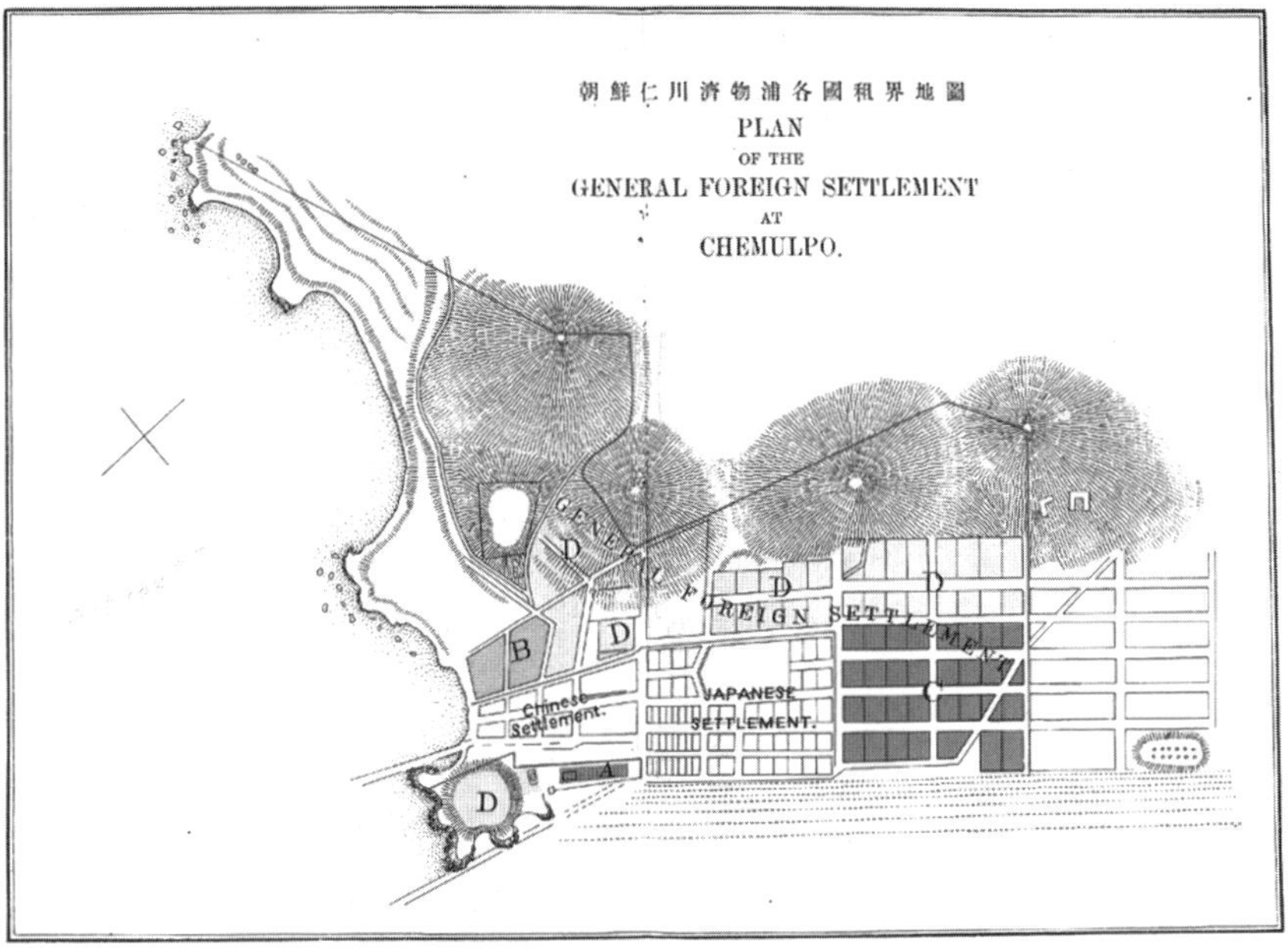

仁川済物浦各国居留地約書（1884.11 調印）附属の地図

（出典：朝鮮総督府『在朝鮮居留地関係取極書』）

一八八三年一一月、清商務委員陳樹棠は、統理交渉通商事務衙門協辦のメレンドルフと実地調査を行い、清商租界の地基を定めた。この時点ですでに清側は、仁川に分辦商務委員として李乃栄を派遣していたが[77]、これが海関税務司ハース（Haas, 夏士）と協同で、先の地基を図面化したものに署名・捺印している。この経緯をふまえて、一二月一八日、陳樹棠は統理交渉通商事務衙門に対し、清商租界の敷地内に現存している朝鮮人・日本人の茅葺き小屋を撤去するよう要求しながら、陳樹棠と衙門督辦の間で協議して、租界章程を定め、北洋大臣の承認を受けることを提案した。この租界章程について、陳樹棠は「須らく各国と別あるは、方さに體例に合ふが似し」として、朝清関係の特殊性を確認しようとしているが[78]、これに対して衙門は、

査するに、上年天津所訂の水陸通商章程第四条、両国商民、彼此已開の口岸に前往す

るに、其の租地・賃房・建屋を准す。又た悉く海関通行章程を照らすに、此次の仁川口の華商租地の納賦、宜しく異同無かるべし。貴總辦、本督辦と会同して商酌し、華商租界を擬議せんことを要む。請ふらくは、貴總辦の訂期を煩はし、再行見覆施行せんことを。(79)

と照覆し、清商租界設定の根拠として水陸章程を挙げると同時に、清商租界章程において定めるべき清商の地代納賦について、「海関通行章程」に照らして異同がないようにすることを言っている。この「海関通行章程」は、先述した「朝鮮通商章程」を指すと思われる。これは清が朝清関係の特殊性を主張する姿勢を、水陸章程と「朝鮮通商章程」によって牽制していると見てよいだろう。

具体的な経緯はよくわからないが、この後、陳樹棠は清商人らと、日本の仁川口租界約條を参考にした議論を行い、その結果に基づいて草案を作成し、一八八四年二月七日、統理交渉通商事務衙門に送付した。(80) この草案は全一一條と附條の二條から成っており、租界内の公共物の朝鮮政府による造成（第二条）、「存備金」の財源（第四条）、競売方法や手続きの規定（第五条）、宅地税の設定（第七条）など、先に言及した日本との約条と共通する部分も多いが、注目すべき差異があるので、この部分を中心に内容を検討してみよう。

まず第一に、以下のような前文が付されている。

中国と朝鮮、視ること一家に同じ。通商の事例、各国と同じからず。華商の貿易、朝鮮宜しく善地を択りて、界址を画分し、章程を妥立して、永遠居住に資せしめるは、事例亦た各国に較べて優為りて、各国の援きて以て例と為すを得ず。華商の貿易、亦た彼此公平、利益に均沾するを要とし、朝鮮をして稍も虧賠有らしめず、以て敦睦の誼を盡す…

朝鮮と清は「一家」であるとし、通商の事例も各国とは差異があるので、朝鮮は「善地」を選び、各国より優越して、清商の永住に提供するべし、というのである。朝清関係の特殊性を前面に出すことで、清の利益を優先的に確保しようとする、先にも見えた論法である。

第二に、日本との条約にはない内容がいくつかふくまれている。具体的には、朝清双方の租界造成工事監督員の必要経費を公金から支給すること（第三条）、「駐理仁川商務官公署」と「華商公挙管理内事務公司紳董会館」の建設と宅地税の免除（第十条）、清商共同墓地の造成・管理と宅地税の免除（第十一条）である。

仁川チャイナタウン

現在は仁川駅前の道路向かいがチャイナタウンの入り口になっている。一大観光地化され、週末ともなると大混雑である。

第三に、「存備金」管理は、清の駐理商務官と朝鮮監理官から、清商に管理を委任することになっている。清商から選ばれる「公司紳董」が会議設法して、保管も担当し、「存備金」を使用する場合には、清商務官から商董に議論させたうえで、朝鮮商務官に通知する方式である。（第六条）

第四に、地契の発給業務が、「中国總辦朝鮮商務」と「朝鮮督辦通商事務」の共同によることになっている（第八条）。

これを受けた統理交渉通商事務衙門は、二月二〇日、修正した草案を陳樹棠に送付したが[81]、その修正内容は、先に挙げた、日本条約との差異がある部分に、特に集中していた。

まず第一に、朝鮮側の修正草案においては、朝清関係の特殊性を強調していた前文は削除されている。

第二に、朝清双方の租界造成工事監督員の必要経費は公金から支給しないこととされている（第三条）。それから、建

清日租界地境界階段

右側の灯籠は日本風、左側は清国風である。
写真提供：朴俊炯（仁荷大学校）

設と宅地税免除が言及されていた「駐理仁川商務官公署」と「華商公挙管理内事務公司紳董会館」について、商務官公署は建設するが、その宅地税については天津の朝鮮商務公署章程によって辦理するとされ、紳董会館については建設の言及自体が削除された（第九条）。また、清商共同墓地については「朝鮮と他国との義地章程に照らして辦理する」という文句が追加された（第十条）。

第三に、清商人に委任されることになっていた「存備金」管理について、その保管は朝鮮監理が行い、その使用は朝鮮監理と中国駐理商務官の会議設法によることとされ、清商人は外されている（第六条）。

第四に、「中国總辦朝鮮商務」と「朝鮮督辦通商事務」の共同発行になっていた地契の発行は、現地官である朝鮮監理によって行われることになり、清側の関与なしに、朝鮮側が独自に地契を発行できることになっている。

このように、朝鮮側の修正草案は、清が朝清間の特殊性をもって、より清に有利になるように設定していた条項を、ことごとく修正するものであった。これに対して清側は翌二一日、再反論を加えたが[82]、「存備金」について、その管理方法は「将来の英・美・徳各国存備金存儲の最も妥善なる者に照らして公議存儲し、以て穏妥を期す」こと、その使用は、清商の代表である「管理租界事務紳董」が会議の上、朝清双方の商務官から許可を受けて行うことという再修正が加えられた以外は、朝鮮側の修正がそのまま受け入れられている[83]。この後、清商租界章程は、北洋大臣の批准を経て施行することが確認された上、[84] 一八八四年三月七日に調印された。[85]
清に対する仁川清商租界章程の制定交渉においては、清が朝清関係の特殊性を前面に押し出して独自の権限を確保しようとするのに対し、統理交渉通商事務衙門はこれをよく防ぎ、清商租界についても朝鮮側の監督権を確保するのに成功したといえる。

(4) 朝清輪船往来合約章程

次に、水陸章程第七条には輪船往来に関連して以下のように定められていた。

> 現在海禁已でに開き、自ら應さに便に就きて、海道往来するを聴すべし。惟だ朝鮮、現に兵商輪船無し。朝鮮国王由り北洋大臣に、商局の輪船を暫派するを商請すべし。毎月期を定めて一次を往返す。朝鮮政府由り船費の若干を協貼〔不足をたす〕すべし。

これを受けて、一八八三年一〇月に朝清輪船往来合約章程（以下、輪船章程とする）が取り決められた。この章程は、清の招商局代理として陳樹棠が、統理交渉通商事務衙門及び、清の斡旋で朝鮮總税務司として朝鮮にやってきて協辦統理交渉通商事務の地位にあったメレンドルフと商議して、作成したものである。[86]
輪船章程は全七条から成るが、[87] まず注目されるのはその第一条である。

> 招商局、毎月上半個月内を按じて、便に随ひて輪船一隻を放し、朝鮮国に来らしむ。専ら朝鮮国と中国の往来公文書信を承代帯寄するを為す。

とある。水陸章程第七条に言及されていたとおり、招商局から毎月一回、朝鮮に蒸気船が派遣されることが定められているが、その用務として朝清間の公文書往来が挙げられている。従来、朝清間の文書が義州—鳳凰城経由の陸路で往来されていたのに比べると、かなりの時間が短縮されることになる。これは朝清間の連絡をより強化する試みであったと言えよう。

続く第二条は、輪船往来の経費算出方法に関する規定である。毎次の往復の完了時に、航海に要した日数をもって、石炭、公開中の食事、賃金など、各項の費用が一日につきいくらになるかを計算し、それと船体の元利および保険料、朝鮮で納めるべき噸税（船鈔）および関費（海関に納める手数料とみられる）、乗客の運賃（客脚）、貨物運賃（貨脚）を乗船・積荷証明書（艙単）にもとづいて一紙に記載する。船の運賃（水脚）を免除すべき貨物があれば、乗客の手荷物と同様に免除する。招商局代理人及び問屋（客桟）、仲買人（経手）、運送業者（攬載人）は運賃を五分引きとする。これを「実帳」にきれいに記入し、表の内にも記入して、次回の来船時、この「実帳」を、朝鮮国税務司に交付し、「管上」、「管理船頭事者」と、該船の船長が合同で察閲し、確認署名した上で確定する、とされている。これを受けて、第三条においてはその経費の精算が規定されているのであるが、水陸章程第七条では、朝鮮政府が「船費の若干を協貼」することが定められていたことは先に見た。これについてここでは、

此の合約の辦理を按ずるに、朝鮮国、招商局の周一年、資本を虧缺するに致らざるを保つを願ふ。此の合約開辦し初次来船の日由り起計して、十二個月の後に至り、即ち右列の第二条章程を按じて、該船聴ふる所の水脚及び所費、各々使用の帳を将て清算總結（総決算）す。若し招商局、果たして資本の若干を虧缺する有らば、則ち朝鮮国、自ら願ひ照数して仁川口海関由り填賠す。

とある。すなわち、一年後、招商局の資本を損なっていなければ、朝鮮が第二条の規定に基づいて作成された帳簿

によって、輪船往来の費用を総額精算する。もし招商局の資本を損なった場合は、損失部分を朝鮮の願い出により、仁川海関から補填するというのである。上海－朝鮮航路への就航は、清側の事業であるにもかかわらず、損失が出た場合には、朝鮮側が自ら願い出て、その損失を補填するとしているのは、朝鮮側のために恩恵的に営んでいるのだから、負担も分担せよという、清側の姿勢を示すものである。

この輪船章程には、その他、毎月一回の定期便以外にも輪船の往来がある場合はその経費を上述の第二条に従って計上すること（第五条）、章程の期限を一年とすること（第六条）等が盛り込まれている。この内容は、統理交渉通商事務衙門に通知され、督辦閔泳穆の署名捺印を経て、李鴻章と上海輪船招商総局（招商局）の承認を受けた。[88]

この輪船章程については、あわせて運用実態を検討しておこう。

第一便として、一一月一三日に上海から招商局輪船の富有号が出航し、烟台を経由して一一月一八日、仁川に到着した。[89] この輪船は二〇日、釜山に向かっているのであるが、[90] このとき、この輪船には陳樹棠とメレンドルフが搭乗していた。ここで二人が協議して、輪船章程の続約が定められている。その内容は次のようである。

今、前立の輪船往来合約章程に因るに、「毎月一次」は、尚ほ未だ善を盡さず。茲に続訂す。招商局専派の輪船一隻、常川（つねに）上海朝鮮を往来し、或いは煙台・仁川・釜山・長崎・上海を繞走し、或いは長崎・釜山・元山・煙台・上海を繞走し、惟だ貨客水脚多く有るの埠を視、繞走するのみにして、週（めぐ）りて復た始む。一年にて限と為し、次数を論ぜず。期、満つれば、前立の合約章程を照らして辦理す。[91]

輪船の往来を、輪船章程に定めた毎月一回ではなく、常時とし、その航路も、仁川から釜山、長崎、元山をめぐるものとして設定しているのである。陳樹棠はその理由として、仁川・釜山の商業発展、関税収入の増加を挙げているが、期間がいったん一年と限られているとはいえ、運航経費の増大を考えると、朝鮮側にとって利益になるとは考えにくい続約であった。陳樹棠は一二月一四日、これを統理交渉通商事務衙門に通知し、衙門は翌一五日、これを承認した[92]。

第二次の輪船（富有号）は、一二月一日に上海を出航し、長崎を経由して一二月六日に釜山に到着、仁川、烟台を経由して上海に寄港するルートをとった[93]。また明けて一八八四年一月には、第三次輪船（これも富有号）が、湘勇（湘軍。曾国藩が湖南省で編成した義勇兵に起源する部隊）を台湾に輸送した後に、朝鮮に到来した[94]。ところが、二月に第四次輪船を派遣するに先立ち、経費精算の帳簿をめぐる問題が発生した。先に輪船章程に見たように、経費の帳簿は、次行の輪船が朝鮮にやってきた際に確定することになっていたが、第一次の帳簿を確定しなければならない第二次輪船派遣においては、仁川税務司ストリプリング（A. B. Stripling、薛必林）と朝鮮政府が、記載に疑わしいところが多いと異議を唱えたために、また、第二次の帳簿を確定しなければならない第三次輪船派遣においては、台湾への兵士輸送によって朝鮮到着が遅れて時間がなくなったために、帳簿が確定されないままになっていた。これを受けて、招商局が第四次輪船に第一次から第三次までの帳簿を付して朝鮮に派遣し、これを確定させようとしたのを受けて、二月二六日に陳樹棠が朝鮮側に照会したところ[95]、朝鮮側が難色を示したのである。その理由はこの三回の輪船往来が、大幅な赤字であったためであると思われる[96]。朝鮮側は、五月三日に陳樹棠に照会して、輪船章程の規定に従って、帳簿の確定には朝鮮税務司が、清側の招商局の代理人（先の章程原文では「招商局経理之人」）か当該船の船長と共同察閲する必要を主張し、清側の人員がいない以上、帳簿を確定することはできないとした[97]。これに対して招商局は、輪船章程の規定自体が状況を把握した上で準備されていなかったとして、朝鮮側の主張に反駁した（閏五月七日の陳樹棠の照会[98]）。

結局、帳簿の確定はうやむやになったまま、閏五月二二日に、朝鮮側が費用を負担しきれないことを理由に輪船往来の中止を申し入れることになった[99]。これに対して清側は、輪船往来の中止を受け入れつつ、朝鮮側が輪船章程を照らして費用を完納するよう要求し続けた（七月五日の陳樹棠の照会[100]）。

三　小括

以上、水陸章程と関連諸章程について、その成立過程と内容について分析した。

水陸章程は、対清関係改編の必要性を認識していた朝鮮が、慎重に内容と方法を吟味して繰り出した、戦略的外交の帰結であった。清側の提案である『策略』に則って具体化した朝鮮側からの改編提案は、実現可能性が高いと踏んでいた派使駐京と海上自由貿易の開始については咨文による公式的な要請、より微妙な対応が必要であると判断していた朝貢使節と勅使の派遣廃止と咸鏡道辺境開市の自由貿易化については另録による非公式な要請という形で行われた。咸鏡道辺境開市の自由貿易化を提案した背景には、それを諸外国との海上自由貿易を規定する章程に言及することによって、朝清二国間の特殊性を、一般諸外国との関係につなげておくという戦略も込められていた。

結果として、朝貢使節と勅使の廃止は実現できなかったが、辺境開市については、咸鏡道のみならず、全てが廃止され自由貿易化されることになった。水陸章程にそのことが盛り込まれ、特殊性と一般性をめぐる朝鮮外交の戦略は一旦成功した。これは、規定が大枠であるという、水陸章程のもう一つの特徴と相俟って、いかに運用していくかという問題に、朝鮮の主張が反映されるか否かが大きく左右されるという状況を生みだしたといえる。

水陸章程の運用の第一段階が、諸章程の制定であったとすれば、その内容は、派員辦理朝鮮章程のように、水陸章程の特徴が清側に利用されて、権利を押しつけられてしまう場合もあり、「朝鮮通商章程」のように朝鮮の戦略が形になる場合もあった。そしてこれらの結果は、実際の懸案事項を処理していく朝清間の外交交渉において、水陸章程と諸章程がどのように言及されていくのかという、第二段階の運用問題にかかっていくのであった。

第五章　朝清陸路貿易の改編と中江貿易章程

第四章で述べたように、朝清関係改編をめぐる朝鮮外交の戦略は、水陸章程に辺境開市の自由貿易化すなわち朝清陸路貿易の改編をいかに位置づけるかという問題をめぐって練られていた。あわせて、水陸章程の規定自体は大枠であり、より具体的な別規定を必要とすることが特徴であったことも指摘した。この二点から、特に重要な意味を持ってくるのが、水陸章程をうけて朝清陸路貿易の規則として定められた、中江貿易章程（以下「中江章程」と称す。一八八三年四月）、吉林貿易章程（同年六月）である。

幸い中江章程の交渉過程については、史料がまとまって残されており、その詳細を知ることができる。本章ではこれらを活用して、交渉過程を再現することにより、対清外交をめぐる朝鮮の戦略について、さらに具体的な検討を試みる。

一　朝清陸路貿易改編に至る経緯

朝清陸路貿易は二国間の問題であるという点において、水陸章程をめぐる朝鮮外交の戦略上、重要な意味を持っていたことは第四章で述べた。水陸章程第五款で自由貿易化が決まり、いざ詳細を決めることになった陸路章程であったが、その交渉が開始される前に、水陸章程の影響が思わぬ形であらわれてきた。後の交渉にも影響をあたえる二点について、ここで整理しておこう。

（1）中江税務監督の新税設立

まず問題として浮上したのは、課税問題である。従来、清側からは中江税務監督が派遣され、柵門後市と中江開市において収税活動を行い、朝鮮側からは柵門後市に一八五四年以降は監税官が派遣され、収税活動を行っていた。(1)また、水陸章程においても、自由貿易の開始にともない、新たに関卡を設置することが定められていたことについてはすでに見た。ところが、水陸章程制定直後の一八八二年九月一四日、中江税務監督から、次のような暁諭（布告）が行われたのである。

査するに朝鮮、現に、外洋と通商し、所有洋布等の物、皆な通商各口由り接買す。今春舗商出買の貨物、減色（少なくなる）し、税は額、敷からず。若し速急に設法して酌核辦理せざれば、秋冬税課、額を足たすを期し難し。茲に査するに、朝鮮薬材小土（乾蔘）の営口・上海各口に販運するは、皆な税課有り。…近年朝鮮貢役協同商人、専ら薬材小土を販す。惟ふに、到辺せば応さに納税有るべきの物、多く販行せず。並びに土土售売の価銀を将て、設意携回し、通商各口に赴きて接買（仲買）し、従中に取利して税を免かるるを希図し、実に辺門正款の額課（規定の課税額）を撤く。本監督、再四酌核す。税課、尤も緊要に関る。本年秋季、朝鮮の所有の販来薬材小土、自ら宜しく洋鉄片（ブリキ板）・洋布（金巾）の成案を査照し、本年時価に照依し、納税を定擬し、以て各項税款を抵すべし。(2)

朝鮮の海上貿易開始により、今春は柵門における交易量が減少したので、このままでは秋冬の税収が足りなくなることが予想される。近年、朝鮮商人は柵門で課税される交易品の持ち込みを避けがちで、交易品は乾蔘が主であるが、これは営口、上海などにおいては課税品である。これを利用して、柵門からの乾蔘を開港場に持ちこんで仲買し、免税の利益を得ようとする動きもあり、実に柵門の利益を損ねている。中江税務監督として再三検討してきたが、課税問題は緊要であるので、今年の秋から、朝鮮からの乾蔘についてはその年の時価によって額を決めて納税させることにする、というのである。海上貿易開始により、陸路貿易の変質が起こっていたことがわかるが、それを理由に柵門における新たな税の設置を宣言しているのである。

ここで参照するとしている「洋鉄片」「洋布」の例とは、それぞれ同治年間（一八六一～一八七四年）、道光年間（一八二一～一八五一年）に、課税対象であった「倭元銅」「斗文布」に代わって、規定のない「洋鉄片」「洋布」の交易量が増えたのを受け、中江税務監督がこれらにも課税を実施した事例をさしている。これらの事例において特に注目されるのは、「査するに此の二項、倶に未だ大部（盛京戸部）に詳報せず。均しく該監督由り自ら酌設抵補（補填）を行ひ、辦理すること斯くの如し(3)」と、盛京に報告せず、独自に課税徴収が行われていたことがうかがえる点である。これらの慣習を根拠に、中江税務監督は、この乾蔘に対する課税の実施も、盛京への報告なく行なおうとしたのである。

さらに、乾蔘への課税に続き、中江税務監督の暁諭は次のように続く。

…再び春季、朝鮮貨物、運辺售売せば、現銀（銀塊、銀貨）を携ふるを欲するは、当さに経でに厳諭（きびしく命令する）して案に在り。若し任まに私行携回せば、本処の貨を買わず、実に辺門の正款額課（規定の税額）を撤く。惟だ査するに此の季朝鮮、仍ち現銀を再携し、折買（品物を金にかえる）を作為せんと欲さば、本処貨物の価銀、応さに舗戸（商店）由り銀両数目を将て起票（切符を作成する）し、照依（そのとおり）、貨物を出買し、例価納税し、以て額課に帰せしむべし。倘し起票せず、私かに現銀を付さば、察出（しらべだす）を経るを被り、定めて該舗商等を将て一律究辦（取り調べて処置する）すべし。(4)

春に朝鮮側が貨物を交易して銀を持っていこうとしたことは、その私行を許せば、柵門の財政に損失であるので、厳諭すべきである。ただ、今季、朝鮮側がふたたび銀を得るために貨物を銀と交換したいと欲するなら、商店から価格の銀計算を起票し、それによって貨物を銀と交換し、その価格に応じて納税させて、柵門の財政収入とすればよい。もし起票を行わずに銀と交換した場合は、徹底的に調べだしてその商店を処罰する、というのである。

朝鮮側にとっては、乾蔘への課税もさることながら、銀への課税と官に届けない銀交換の禁止はかなりの痛手であった。朝鮮から清への貢使行の資金である、公用銀の調達に大きく影響したからである。(5) 実際、中江税務監督の暁諭後、時憲書賷咨官として柵門に至った李應浚は、当時の状況を次のように述べている。

小邦、進京に遇ふ毎に、時憲書を請ひて領け、並びに年貢を進む。応需の盤費、均しく、小邦商人、鳳凰辺門に在りて舗戸に向かひて借貸（官物を借りる、貸す）するに小邦所産の薬材小土（乾蔘）等の貨を以てし、鳳辺に帯至し、銀に易へて抵運するに係る。二百餘年、毫も異議無し。今秋、時憲書を請ひて領け、辺門に至りて商人に応需盤費の湊齋（あつまりととのう）の是否を詢悉するに、商人等、声称するに「辺門税務監督現定の新章に因るに、銀一両毎に、貨価を照らし、銀四分を征る。並びに舗戸に厳禁して、私に発給を行ふを准さ

ず。如し違はば、重懲あり。因りて舗商、均しく借すを欲せざるの意有り」と。(6)

使行の資金調達は、朝鮮商人が柵門の商店において、乾蔘を銀と交換することによって得ており、その方式は二百餘年間続けられてきた。ところが今秋、柵門で商人たちに資金調達の如何をたずねてみたところ、商人等は、中江税務監督による新たな規則により、銀への課税が実施され、私的な銀交換が禁止されたため、清側商店が銀を提供してくれないと説明したというのである。

この問題については、李應浚の礼部への抗議以外にも、天津に来ていた趙寧夏・金允植が義州府尹の訴えを受けて李鴻章に抗議を行っており、(7)礼部の上奏をへて、上諭がくだされ、新税の設定は撤回される形で一旦おさまった。(8)しかし、この問題は、中江貿易における詳細な徴税規定を速やかに設定する必要を、とくに朝鮮側に強く認識させたと思われる。

(2) 盛京将軍崇綺の上奏

次に、中江貿易章程に影響をあたえたのは、水陸章程成立後の一一月一四日付で、章程への反論としてあげられた、盛京将軍崇綺の三つの上奏である。この内容については、先行研究でもふれられているが、(9)ここでは特に中江貿易との関連に注目して整理しておこう。

まず、崇綺が第一の上奏（奉天府府尹松林との連名）で反対したのは、水陸章程第一条に定められていた、官員の平行礼についてである。崇綺は、皇帝の臣下である清の官員と、属国陪臣である朝鮮の官員が平行の礼をとるのはおかしいとしながら、(10)次のように述べている。

況んや奉省の官員、該国陪臣と公に因りて相見す。接待、向きに優ならざるに非ず。該陪臣も絶えて敢へて平等に自居せず。二百餘年の成規具在す。現に、委員を議設し、商務を経理せしむと雖も、仍りて陪臣一切の体制に係るに非ざる無し。亦た仍ち応さに照旧遵行すべし。自ら辺民交易の酌予変通に因りて、遂に体統を大傷するを致すを得ず。(11)

国境地域における朝清官員の公式的な接触は、陸路貿易のほか、咨文の往来に付随するものなど、頻繁なものがあったが、その際、朝鮮側が清側を厚く接待し、平等の地位にないことは、二百年以上続けられてきたことである。今回、商務を経理する委員を設置すると言っても、それは陪臣の体制に関わるものであるので、旧例を守るべきであるというのである。すなわち崇綺は、国境地域においては、朝清官員の分明なる上下関係が、旧例通り守られねばならないと主張しているのである。結局、官員の地位についてはこの後、旧例を参照した場合平行礼が妥当であるという李鴻章の再反論(12)が聞き入れられ、朝鮮商務委員は督撫両司以上に対して属礼、道府以下に対しては平礼を用いることとなったが(13)、上下関係があるべきであるという崇綺の主張は、後に見るように中江章程交渉中、清側の姿勢に継続して表れてくることになる。

崇綺の第二の上奏には

現に、朝鮮と通商するは、海禁既に開き、則ち辺禁、尤も宜しく意を加ふるべし…査するに此次の互市旧章を変通するは、実に、関卡を設立し、匪類を稽察するを以て、最要の関鍵と為す(14)。

として、海上貿易が開始された今、より一層、陸路貿易においては辺禁を強化するべきことが強調されている。崇綺の考える陸路貿易再編の関鍵は、取締りを行う関卡の設置であったわけで、朝鮮側の意図する自由往来貿易という方向とは全く異なるものであった。この点も、後述する実際の交渉過程において、重要な論点となってくる。

このほか、具体的には、柵門ではなく義州対岸の中江地方を互市の場所とすること、交易や土貨採辦も、鳳凰城辺門から出入し、貢道を経由して帰還するのを許すだけで、勝手に遊行できないこと、鴨緑江での民間採魚を禁止すること、統巡・会哨は旧例通り続行すること、があげられている[16]。これらの意見は、後日そのまま清側作成の中江貿易章程草稿案に反映されることになった[15]。

また、崇綺の第三の上奏は、管轄権の問題である。水陸章程に自らの意見を反映させることができなかった崇綺としては、陸路貿易改編においては、発言権を確保する必要があった。今後、奉省に関連する事項に関しては、北洋大臣と朝鮮国王の会商内容を、盛京将軍と奉天府府尹に知らせ、合同で協議することを主張し[17]、許可された[18]。

総じて、崇綺の上奏は、水陸章程に、従来の朝清関係と異なる形で定められた部分に対する反論であった。より具体的に言えば、水陸章程における陸路貿易改編規定が、実際に制定されるべき陸路貿易章程に及ぼす影響を、限定的にしようとするものであったと言えよう。それでは、実際の章程制定交渉がどのように展開したのか、中江章程についてみてみよう。

二　中江貿易章程締結交渉の展開過程

(1) 交渉の概要

西北経略使に任命された魚允中は、一八八三年一月二八日に辞陛し、二月一〇日に義州へ到着した。ここに中江貿易章程の制定をめぐる朝清の交渉が展開されることになるのであるが、この交渉過程は、そのたたき台となった草案によって、大きく三つの時期に区分できる。第一期は二月一三日から二六日まで、朝鮮側の草案を、魚允中と通化知県張錫鑾、東辺兵備道陳本植とが筆談を通じて検討したもの、第二期は二月二七日から三月九日まで、清側

【表1】中江貿易章程制定交渉史料

<table>
<tr><th></th><th>日付</th><th>清側発</th><th>朝鮮側発</th></tr>
<tr><td rowspan="4">第一期</td><td rowspan="2">2.13</td><td>①中国委員議稿</td><td></td></tr>
<tr><td colspan="2">②経略使與中国委員晤談草</td></tr>
<tr><td>2.25</td><td colspan="2">③経略使往中江與東辺兵備道陳本植晤談</td></tr>
<tr><td>2.26</td><td colspan="2">④経略使與陳本植晤談草</td></tr>
<tr><td rowspan="11">第二期</td><td>2.27</td><td>⑤中国派員陳道本植議定章程</td><td></td></tr>
<tr><td>2.28</td><td></td><td>⑥経略使覆議初稿</td></tr>
<tr><td>2.29</td><td>⑦中国派員陳道本職章程擬議草</td><td></td></tr>
<tr><td>3.1</td><td></td><td>⑧覆議再稿（另款3）</td></tr>
<tr><td>3.2</td><td>⑨今将議覆及另款諸条復加酌覈 添議3</td><td>⑩覆議三稿</td></tr>
<tr><td>3.4</td><td>⑪今将第三次覆議各條仍申前條列於左</td><td>⑫覆議四稿</td></tr>
<tr><td>?</td><td>⑬中国派員陳本植五議</td><td></td></tr>
<tr><td>3.6</td><td></td><td>⑭覆議五稿</td></tr>
<tr><td>3.7</td><td>⑮中国派員議定章程六稿</td><td>⑯覆議六稿　⑰另片</td></tr>
<tr><td>3.8</td><td>⑱中国派員陳道本植議定章程七稿</td><td></td></tr>
<tr><td>3.9</td><td>⑲另片</td><td>⑳覆議七稿　㉑另片　㉒另片再覆</td></tr>
<tr><td rowspan="2">第三期</td><td>?</td><td></td><td>㉓與中国派員会商詳細章程</td></tr>
<tr><td>4.15</td><td>㉔柵門互市改移中江與朝鮮義州辺民随時貿易章程</td><td></td></tr>
</table>

（典拠）①～㉔は史料の時系列順序を表す。それぞれの出典は以下の通り。
①奎 23404
②～④魚允中全集
⑤⑦⑨⑪⑬⑮⑱⑲「経略使與中国委員晤談草」奎 26171
⑥⑧⑩⑫⑭⑯⑰⑳㉑㉒「経略使互市条約覆議総稿後修」奎 26184
㉓奎 23403、㉔奎 26109、26110

の草案を、魚允中と陳本植が文書往来を通して検討したもの、第三期は三月九日以後、朝鮮側の完成案を清側が修正、通告したものである。それぞれの交渉についての史料を整理すると【表1】のようになる。

第一期の交渉時の朝鮮側作成による草案は、二月一三日に魚允中が鴨緑江をわたって清側へ赴き、通化知県張錫鑾らと面会した際に伝達されたとみられ、その内容は、これに張錫鑾が逐一反論を加えた議稿（【表1】①—以下丸数字は同様）に引用されている箇所を通して、部分的に知ることができる。[19] 草案は一五条からなっていたとみられ、張錫鑾はうち一箇条について反論を加えた。内容は語句の変更要請が主であったが、張錫鑾は、交渉の責任者として奉天から派遣される東辺兵備道陳本植の出来を待って再検討する必要性をあわせて訴えているので、第一期の交渉はいわば予備的検討の性格を帯びていたといえよう。魚允中は、張錫鑾の反論に再反論を加えながら、二月二六日に陳本植に面会した際、朝鮮側の草案が陳本植に通っているのか確認した。この時は抄録が終わっていないとして、草案についての具体的な言及を避けた陳本植であったが（④）、その後もついに朝鮮側の草案に見解を付すことはなかった。二月二七日に、全十七条から成る清側の草案が提出されたからである（⑤）。

第二期交渉時の清側草案は、先に述べたように、崇綺の上奏をうけて作成されたと思われるが、当初の朝鮮側草案と具体的にどのように異なるのかを正確につかむことは、朝鮮側草案が部分的にしか明らかでない以上むずかしい。しかし、清側草案第一条は、「陸路交易、原より天朝の属国を優待するに係る」という属国規定になっており、これは朝鮮側草案にはなかったものと考えられる重要な差異である[20]。これをふまえて、次項では本格的な論議が展開された第二期交渉を中心に、その具体相についてみてみよう。

(2) 交渉の論点

交渉中、双方の意見が対立して決着が難航した条項を検討してみると、その根底にある朝清間の論点は、大きく分けて三つあげられる。それは、第一に「官員」の問題、第二に海上貿易との関係、第三に「典礼」に関わる問題である。ここではこの三点にそって、交渉過程を整理してみたい。

① 「官員」

これについては先にふれたように、水陸章程第五条で、「統由官員主持、毎多窒碍」を理由として、随時往来交易の開始が定められていることが前提となる[21]。

第一期交渉時、当初の朝鮮側草案においては、これを一歩進めて、第一条に「辺界互市、現不由官員主持」という文句が明言されていた。しかし、清側は同じく水陸章程第一条に「商務委員」の派遣が言われていることをもって、「売買人、自売自買、不由官員限制」との表現にとどめることを主張した（①）。また、朝鮮側草案は、水陸章程第二条にも、貿易所には別に「官」を置かないことが了解されていることをもって、裁判権について、「銭財罪犯」の事件は地方官、すなわち清側の安東知県、朝鮮側の義州府尹が会商して処理することが盛り込まれていた。ところがこれに対しても清側は、地方官ではなく「中国商務委員」[22]と「朝鮮官員」の処理によるべきであるとして、朝鮮側草案の条文を退けようとした[23]。

すなわち、第一期交渉時、朝鮮側が「官員」の貿易への不介入を章程に明言し、関連する権限を地方官に付そうとしていたのに対し、清側は「商務委員」を派遣して陸路貿易を管理しようとしていたのである。しかし、魚允中があくまでも「商務委員」の設置に反対したため、張錫鑾は、「商務委員」を「税官」にかえてでも、陸路貿易を専門管理する官を派遣することを提案した（②）。

「官員」不介入の明記に朝鮮側がこだわったことについて、想起されるのは先述の中江税務監督の新税設立件であるが、この第一期交渉中にも、示唆的な事件が起こっている。交渉が行われていた時期は二月で、ちょうど通例における中江開市の開催期間にあたっていた。二月一九日、清側から、中江税務監督を筆頭とする従来通りの交易団が中江にやってきたのである。従来の「交易」が朝鮮側に利益がなかったことについては先行研究で指摘されているが[24]、実際、朝鮮側は無償で貨物を清側に渡すのみならず、手数料まで支払う状況になっていたようである[25]。水陸章程の成立によって、陸路貿易の改編が決定されたにもかかわらず、今回も、清側が交換する貨物を何も用意せず現れたことを知った経略使魚允中は、「今、新たに遵ふべき章程を見るに、官員の主持に由らず、辺民をして往来交易せしむ。今自り盡く前習を棄て、公平交易すべし[26]」と、清側に通達した。これをみると、「公平交易」、つまり商民による貨物の相互交易の前提として、官員の主持によらないことが位置づけられているといえる。しかし、これに対して清側は、水陸章程については知っていたけれども、奉天と鳳凰城から示諭がなかったため、従来通り出てきたとして、出てきた以上手ぶらで帰るわけにはいかないので、今回だけは従来通り貨物を給与してほしいと言ってきたのである[27]。魚允中は、結局従来通りの貨物を清側に給与することとしたが、朝鮮側の一方的な負担でない、文字通りの「交易」を行うためには、このような従来の交易のスタイルを変えることが必要であり、そのためには、貿易は官員の主持によらないことを、章程に明言する必要があると感じていたと思われる。

このような経緯を経て、第二期の交渉においては、まず「官員主持」について、清側の草案に、

辺界互市、官員の主持に由らざるは、商民の自便を准し、官、強ひて主持を為さざるを謂ふ。官員を併きて設けずと謂ふに非ざるなり。且つ中江と義州、倶に陸路に在り、匪類容易に潜踪し、奸商毎に隠匿多し。故に原議章程（水陸章程）第五條、「彼此開市の処、関卡を設立し、匪類を稽察し、税課を徴収す」の文有るは、此と正さに相符合するなり（⑤）。

とある。すなわち、「官員」の主持によらないといっても、「官員」を設けないと言っているわけではないとし、関卡において匪類を取締り、税を徴収するものとして「官員」を設定しようとしているのである。これに対して魚允中は、従前の官員による交易監視の規を廃止する以上、「不由官員主持」の明文があるべきであると反論したが（⑥）、清側は「官員」が交易に逼勒するものではないとして主張を曲げなかった。

この「官員」が必要な理由について、清側の草案第五条にはさらに次のようにある。

税課を徴収し、験単（貨物検査証）を塡発（必要事項を書き込んで交付すること）するは、在在（どこでも）需員（官員）経理すべし。況んや向例、中江、原より監督一員有り、税務を専ら司しむるをや。収むる所の税銀は、按年、奉省の兵餉に解充し、著して定額有り。断じて監収税員無き能はず（⑤）。

もともと徴税や貨物の管理を担当する中江税務監督は設置されていたところであるし、貿易の税収は奉天の軍事費に充てられているため、必ず「監収税員」を設ける必要があるというのである。しかし、その「監収税員」については

> 将来、関卡を設立するの後、応さに稟して奉天督撫憲由り、総理各国事務衙門並びに禮部、北洋大臣に咨商して会議し、請旨定奪（上奏して決裁を受けること）すべし。未だ便(すなは)ち擅ままに地方官を以て兼辦せしめず（⑤）。

として、地方官に兼任させず、奉天督撫（盛京将軍）から総理各国事務衙門、礼部、北洋大臣に会議し、皇帝の許可を得る役職としての規定がされている。これは、名称こそ「税官」であるが、手続きからしてその地位はただの税官とは異なる。清側が貿易に加えうる圧力は、当然強化されよう。これに対し、魚允中は、徴税員の設置には反対できず、「監収税員」の設置を受け入れたが、皇帝の決裁までを必要とする、その任命手続きについて不要を主張した（⑥）。しかし、清側はこれを受け入れなかった（⑦）。

また、清側の草案第六条においては、貿易交渉関連の問題について「監収税員」に審断権を、その他、私逃・銭財罪犯関連の問題については「地方官」に裁判権をあたえているが、同時に辦理は水陸章程第二条、第五条を照らして行うことが言われている。この水陸章程第二条は、朝清商務委員の存在を前提としたものであり、朝鮮における訴訟については清の商務委員に、清における訴訟については清の地方官と朝鮮の商務委員に裁判権をあたえており、朝鮮側地方官には一切権限が認められていない内容であった[28]。すなわち、草案の条文には矛盾があったのである。当初から「地方官」へ権限を多く付与しようとしていた朝鮮側は、水陸章程第二条を参照するという部分を削除するよう要求した。清側も基本的にはこれを受け入れたが、朝鮮人民が中国で罪を犯した事件が重大事件で「地方官」の手に余る場合は、東辺道へ咨報（対等官庁間の往来公文である咨文による報告）し、東辺道から奉天督撫

へ転詳（上級官庁へ取り次いで報告する公文を出すこと）してその批示（指令）を受けることが別に盛りこまれた(⑦)。

このように、「官員」をめぐる交渉においては、清側が、水陸章程時点では従来の陸路貿易の弊害として認めていた公権力の介入について、実際の交渉段階では、これを廃するどころか、逆に強化しようとしていたことがわかる。朝鮮側は、当初地方官に権限を付与することで、この問題に妥協を図ろうとしたが、従来から設置されている収税員については反対しきれず、結局は清側から「監収税員」として、任命に皇帝の許可を必要とする「官員」が派遣されることとなった。この「監収税員」には、税金の徴収の他にも、治安の維持や、裁判権などの権限が与えられ、実際の中江貿易には清の「監収税員」が大きく関わることとなったのである。ちなみに、後日この「監収税員」には、交渉の当事者であった陳本植本人が就任することとなった[29]。

②海上貿易との関係

第四章で論じたように、朝清陸路貿易を水陸章程―すなわち海上自由貿易についての規定―に位置づけることは、朝鮮外交の戦略であった。まさにこの点が、中江章程交渉では具体的に以下の三点について問題化した。

第一に、中江・義州という開市場と、海上貿易における各開港場との間の陸路通行を中江章程にどう規定するかという問題である。交渉過程において、両者の通行禁止を主張する清側と、通行許可を主張する朝鮮側の主張は鋭く対立した。

朝鮮側は、開港場の相互貿易を認め、かつ内地採辦（開港場外における商品買い入れ）を許可しているうえに、開港場である営口は中江と四百里あまりの近距離にあることを考えれば[30]、陸路通行を認めないのは、商路に支障がある。もともと中江章程の制定は、商業に便あれとの主旨であるとして、当初から通行を禁止する必要はないと主張した(⑩)。

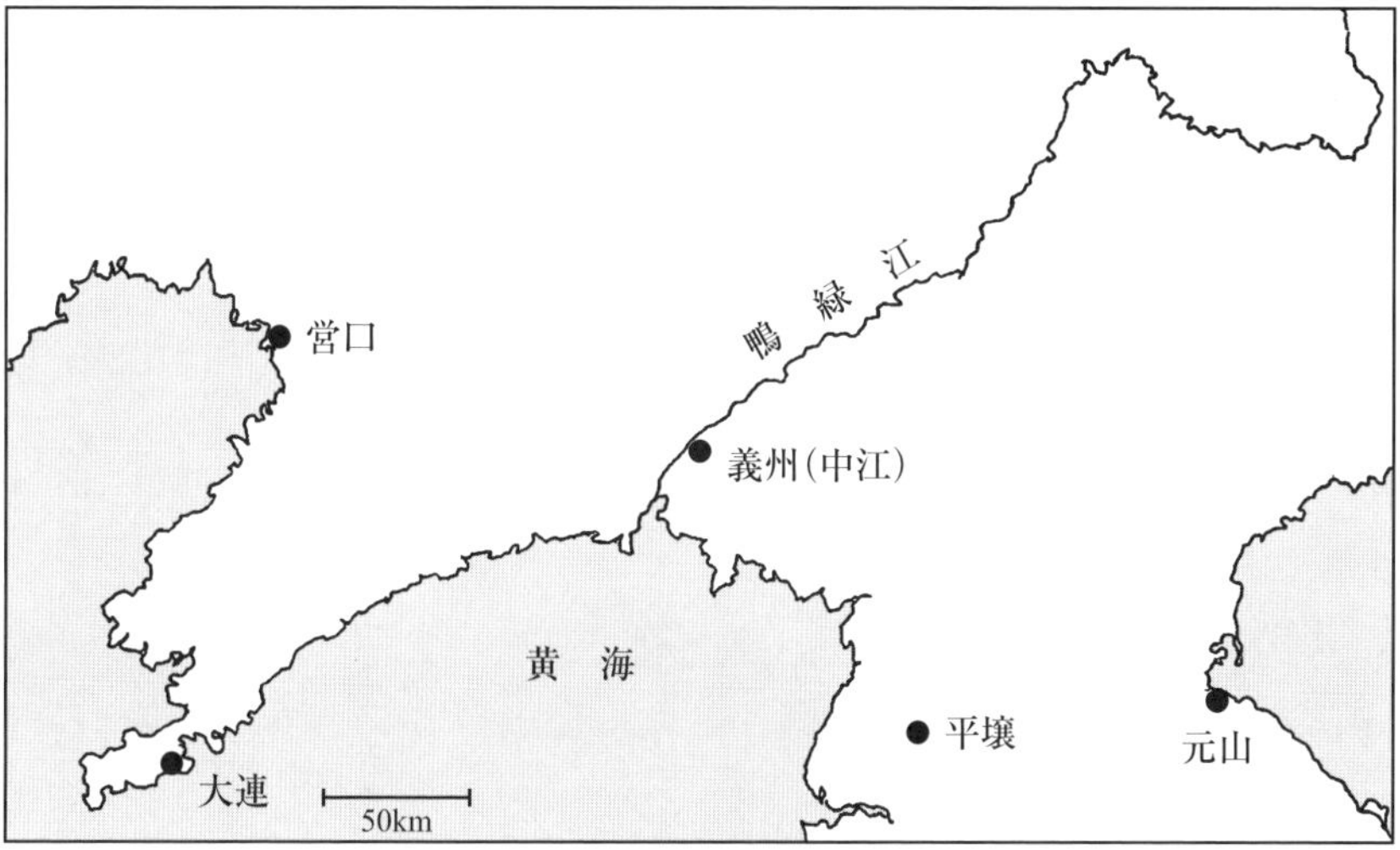

図1　開市場と開港場の位置

これに対して清側は、陸路通商は海上貿易と全く性質の異なるものであることをここでも確認したうえで、礼部の上奏を根拠に、内地採辦も貢道（朝鮮からの朝貢使節が経由する道路）によってのみ通行しなければならず、進入できる場所についても、執照発給の際に審査が行われることを挙げ、どちらにしろ、昔から「陪都重地、陵寝（天子のみささぎ）の所在」として禁入の地であった奉天省は全域が審査の不許可対象であると、朝鮮側の主張を否定した（⑪⑬）。結局、原案の条文においても、朝鮮商民の往来は貢道にのみよることとされ、内地採辦にも上述の制限が加えられることが言明され、実質、海上貿易と陸路貿易の陸路による連絡は不可能となった（第十四条）。

第二に、正税・子税に関する問題である。正税とは関税のことで、子税とは子口半税とも言い、正税の半額を内地通過税として一括徴収する税金のことである。これらはすなわち、外国からの輸入商品を国内で移動させるとき、問題となってくる。中江貿易における正税・子税について、清側は一括徴収を主張し、朝鮮側は分割徴収を主張した。朝鮮側が分割徴収を主張する根拠はこうである。もし、朝鮮商人が営口において、第三国の商品を購入したとすると、営口で正税を支払う必要がある。そののち、この商人が購入した商品を中江に持ちこむとする。一括支払であれば、商人は中江でも正税を支払う必要が生じ、正税を二重に支払うことになる。分割徴収であれば、商人は営口ですでに正税を支払ったとして、中江では子税のみを支払えばよい(31)。

朝鮮側は、清が西欧諸国と結んだ条約においては陸路通商における正税・子税の分割徴収がすでに行われていることを挙げて分割を訴えたが(32)、清側は、中江・義州の陸路通商は従来の定期的な辺境開市を改編するものであり、「天朝」と朝鮮の間に限ったものであるから、他国との条約を参照できるところではないと、朝鮮側の主張を退けた(⑨)。

これに対し朝鮮側は、

正税、子税の一節、別国条約を倣(なら)ひ照すを得ずの云々あり。敵国と属国、体制同じからず。典礼の関する所、則ち当さに挙議すべからず。利益に至りては、彼許し、此れ許さざれば、則ち属邦を優待するの盛意に非ざるを恐る。合せて体念有らば、豈に稽察の直捷（すばやい）に因りて、共霑の利を許さざるべけんや（⑩）。

と、清が他国と結んだ条約を参照できないことは、対等である西欧諸国と、属国である朝鮮の体制が同じでない以上、典礼に関わることで論議できないが(33)、利益に関しては、西欧諸国に許して朝鮮に許さないのは、属邦を優待する盛意にもとるとした。朝鮮側は属国の優待に実質がともなうことを求めて、清の姿勢を追及しようとしたが、清側は取り合わなかった。

そこで、朝鮮側は、今度は水陸章程第四条に子税規定があることを根拠として主張したが（⑫）、これに対して清側は、魚允中が、わざと海上貿易と陸路通商を混同しようとしていると批判しながら、海上貿易に関する条文を「辺民交易」である中江章程に参照することはできないとの主張をここでもくりかえし、「何ぞ尚ほ海口通商の条を強引し、藉けて影射（他の名義などを藉りて眩惑させること）を図らんや」⑬「査するに此條、原より辺民随時交易に属し、各海口通商と相提並論すべからず」⑰と、これを一蹴した。結局、原案の条文には、中江貿易と海上貿易の無関係が言明され、正税・子税を分けないことが定められた（第十条）。

第三に、度量衡の問題がある。朝鮮側が、章程において度量衡を清海関で使用する長さ、重さにあわせて定議することを提案したのに対し⑧、清側は、辺界と海関は無関係なので度量衡を揃える必要がないとして、辺界地方官が会同して、双方の長短軽重をはかって定めればよいとしたのである⑪。朝鮮側が、中江貿易に海上貿易との関連性を開こうとしていたのに対し、清側は、あくまでも海上貿易と朝清間の陸路交易を区分しようとしていたことは、この問題にもよく表れているといえよう。

これら三つの問題の経緯を見ると、水陸章程に見られた朝鮮外交の戦略は、中江章程交渉においてより具体的に展開されたが、それだけに清側から問題視され、章程に反映することができなかったことがわかる。

③「典礼」

最後に、「典礼」との関わりで論点になった問題について整理してみよう[34]。まず注目されるのは、朝貢使節の迎送についてである。これは、朝鮮側草案にも、清側草案にも言及がなかったところを、交渉の途中に朝鮮側から提議した問題である。従来、朝鮮の使臣が北京に赴く場合、まず鳳凰城城守尉から馳報し、盛京将軍から各部衙門と北京礼部に知照すると同時に、城守尉が辺門に赴いて監視し、沿路には清側から差官・通官を派員して迎送することになっていた。しかし、朝鮮側がこの差官・通官の迎送を取りやめ、執照（通行許可証）の発給をもってかえることを提案したのである⑧。清側は、朝貢の典礼に関わるところは一切定制によるとして、応じようとしなかった⑨。しかし、これに対して朝鮮側は、送迎の停止は典礼に関わらないとして、連絡体系と監視を定制に遵って行えば、特に問題がないと主張した⑩。これをうけて清側は、迎送のための派員は習慣であり、鳳凰城城守尉の管轄であるから、入貢の際に、朝鮮側が城守尉衙門と協議決定することを提案し（⑪）、朝鮮側がこれに同意したため（⑫）、そのまま原案第十九条に盛り込まれた[35]。

いわゆる「典礼」が最も敏感に関わってくる朝貢使節の問題において、それが鳳凰城城守尉の管轄下に関わるものであるとしても、朝鮮側から変更を提議し、その可能性が条文として残されたことの意味は大きい。しかし後述するように、この条文はそのまま章程に反映されることはなかった。

ところで、章程の交渉過程において、魚允中の言葉使いに対して、その不適当を陳本植が指摘する場面が何度か見られる。例えば、朝貢使節の免税問題に関わり、魚允中が免税の範囲が「未だ曖昧であることを免れず（未免含糊）」という表現を使ったことに対し、陳本植は、

来議、「未免含糊」の語有り。措詞、実に過当（妥当でない）為り。査するに「未免含糊」の四字、申斥（譴責）の語気に属すに係る。

として、その不適当を指摘している。さらに、その他の語句としては、魚允中が清と朝鮮という意味で「中東」という語を使ったことについても「殊に體制を失するなり」として、清側が不快感をあらわにしている場面があった（⑦）。

このようなやりとりを背景に、第二期交渉においては、文書体制の問題についても論議された。交渉中、清側が、朝鮮の来文は清を「天朝」もしくは「上国」とし、安東知県が義州府尹に行文するときは朝鮮を「貴国」もしくは「朝鮮国」と表すことを条文に入れるよう通告してきたのである（⑨）。朝鮮側は、旧例として、事大典礼に関しては「天朝」「上国」を使ってきたが、尋常の往復は「中国」を用いてきたので、ここで新款を別立するべきではないとしてこれに反対した（⑩）。ところが清側は、体制に関わる問題は、そのような旧例にこだわらず、章程に規

定を設けるべきであるとして、尋常の往復にも「成憲を遵循」すべきであることを主張して譲らなかった⑪。朝鮮側も、文書体制は旧例に遵うべきであることを繰り返しつつ、朝鮮の官員が、両司に属礼を、道府以下に平礼を用いることはすでに水陸章程で定められていると主張した⑫。これを受けた清側は、朝鮮側が官員の相見と文書体制を混同しているとして、水陸章程の官員平行礼について以下のように反論した。

> 況や（水陸章程の規定は）原より朝鮮と日本及び泰西各国の換約、皆な敵礼を用ふるに、各国領事の在所開各海口の如きは関道と平行にして、朝鮮委員独り卑しく、即ち各国領事と朝鮮官平行ならば、中国委員獨り尊なるは、遇事殊に未便多きに因り、特に優容を加え、道府以下、相見平行を酌議するをや。今、執事（魚允中）、頓（にわか）に破格の施を忘れ、転じて侵凌の漸（きざし）を啓（ひら）くは、果たして何を取るや。嗣後の文書、仍りて応さに定制を遵守し、中国の字様を概用するを得ずを要と為すべし⑬。

水陸章程の規定は、もともと朝鮮が日本や西欧と条約を結んだとき、みな平行礼を用いることにしたのに、各国領事と清の海関道が平行であれば朝鮮の商務委員は一人卑しくなり、各国領事と朝鮮商務委員が平行であれば清の官員が一人尊くなってしまうことは不便が多いために、特別な優容を加えて朝鮮の委員と道府以下の地方官との「相見平行」を定めたものである。今、魚允中がにわかに破格の施しを忘れ、かえって中国を侮り侵す兆候を見せているのはどういうことか。今後の文書は定制を遵守し、「中国」の語を使うことができないようにするべきである、というのである。朝清間に上下があるべきであるという認識は、先に崇綺の上奏と共通している。清にとっては、日本や西欧各国との関係が生じる海上貿易における朝清関係と、純粋な二国間関係として設定しうる陸路貿易における朝清関係ははっきりと区別されており、朝鮮が本来守るべき朝清関係は、あくまでも後者とされていたのである。

朝鮮側はこれに対して何の反応もすることはできず、原案の条文には、「中江新設開市及び地方官の交渉事件に遇有するの来往文書」においては、朝鮮が清を「天朝」「上国」と表すべきこと、「尋常の文移」についても「中東」などの語句を率書（かるがるしく書く）しないことが言明されることとなった。結局、清側の主張が貫徹されたわけであるが、このような清の強引さは、章程の交渉過程のみにとどまらなかったのである。

（3）原案とその修正

三月九日、議論がまとまったことをうけ、魚允中は章程の主稿を作成することを申し出た(22)。三月一五日、魚允中は中江に陳本植を訪ね、最終調整を行い、全二十四条からなる中江章程原案の完成をみた。魚允中は章程の謄書と交渉の議草を統理交渉通商事務衙門に送り、そのまま会寧開市改編の章程を議定するため、義州を後にした(36)。

ところが、四月一八日になって、陳本植から義州府尹へ次のような一通の照会が届いた。

以為(おもへ)らく、会議せるところの辺民交易章程二十四條、奉省督撫憲の査覈を稟請せり。茲に盛京将軍崇の批示を蒙れり。『原議、尚ほ未だ甚だ明晰ならざるの處有るを以て、均しく已でに款を按じて改定し、行知遵照せしむべし』等の因あり。備文して貴国魚使臣に照会す。即ち貴府由り派委して更打章程の請摺の抄録を遞送せらるべし(37)。

中江章程の原案について、陳本植から盛京将軍崇綺に査覈（取調、審査）を求めたところ、崇綺は「原案には明晰でない所があるので改定した、これを通告して遵照（遵い守る）させよ」と指令してきた、よって魚允中に照会するので、改定した章程の裁可を請うた上奏分の写しを、義州府尹から魚允中のところへ取り次ぎ送られたい、という内容である。すなわち、朝清双方の協議によって完成した原案を、清側から一方的に改定したことの通知であった。

この改定では、第十条と第十六条をのぞく二十二か条に手が加えられているが、ここでは特に注目される部分について整理してみたい(38)。

まず語句の改定としては、原案では、朝鮮を指して「属邦」とされていた表現が、「属国」に改められている。当時、「属邦」と「属国」がどれくらい厳密に使い分けられていたのかは曖昧なところがあるが(39)、朝米条約に際して、朝清宗属関係を明記して朝鮮国王からアメリカ大統領宛に送られた照会においても、水陸章程の朝清宗属関係規定も、用語としては「属邦」が使用されていた。それを、ここでわざわざ「属国」と改めているからには、清側にも何らかの意図があったと見るのが自然であろう(40)。

また、原案では「中国」とされていた部分が、すべて「奉省」に改定されている。これは交渉中、清の呼称をどうするかという問題が紛糾したことを受けて、「中国」という用語の使用を避ける意味があったかもしれない。しかし、先に見たように、清側には、奉天地域の特殊性を強調し、中江貿易を海上貿易と断絶された限定的なものとして設定しようという意向があった。この改定もその方向にそったものと考えられる。

さらに、交渉過程で論点となり、数度の文書往来を経てようやく妥結を見た問題についても、あっさり改定が加えられている。朝貢使節に対する送迎廃止について、原案においては、朝鮮側が入貢する際、鳳凰城守尉と協議して決めることになった経緯については先に見た。ところが、これが、

差官・通官の迎送等の事、均しく朝貢典礼の関する所に係る。仍りて応さに定制を遵照し、以て天津原議に符すべし。自ら当さに兵役を厳束し、藉端して需索（賄賂をとる）するを得ざらしむべし。

として、典礼の関するところである朝貢については、定制を守ることが水陸章程にかなうことが言われ、迎送とい

【表2】中江貿易章程の内容と交渉過程

	①	②	③	④	⑤	⑥	⑦	⑧	⑨	⑩	⑪	⑫	⑬	⑭	⑮	⑯	⑰	⑱	⑲	⑳	㉑	㉒	㉓	㉔
1					○	○																	●	●
2					○	○																	●	●
3	○	○			○	○																	●	●
4				○	○	○																	●	●
5					○	○	○	○	○														●	●
6	○	○			○	○	○	○	○														●	●
7	○	○	○		○	○	○	○	○														●	●
8					○	○	○	○	○	○	○	○	○	○	○	○		○		○			●	●
9	○	○			○	○	○	○	○	○	○												●	●
10					○	○	○	○	○	○	○	○	○	○	○	○	○	○		○				
11					○	○	○	○	○														●	●
12	○	○			○	○																	●	●
13	○	○			○	○	○	○	○														●	●
14	○	○																					●	●
15	○	○			○	○	○	○	○	○	○	○	○	○	○	○	○	○					●	●
16	○	○			○	○		○	○															
17	○	○			○	○	○	○	○														●	●
18	○	○			○	○																	●	●
19								○	○	○	○	○											●	●
20								○	○	○	○	○											●	●
21									○	○													●	●
22				○					○	○													●	●
23									○	○	○	○	○										●	●
24														○	○	○		○		○			●	●

（凡例）丸数字は【表1】の史料番号を表す。
アラビア数字は中江貿易章程の条文番号を表す。
関連論議が確認される場合○、改定が行われた場合●を表示した。

（中江貿易章程の内容）

1）陸路貿易は属国優待から出るもので、各国の均霑は不可　2）開市場以外の遊歴禁止　3）鴨緑江における捕魚禁止　4）日帰り交易と、商店・倉庫などの建設禁止　5）「督理税務員」の設置　6）地方官の裁判権　7）関卡の設立　8）朝貢使節の貨物免税　9）関税率（紅蔘15、牛馬5%）　10）正税・子税の不分　11）従来の定期開市停止、開市場往来への貢道使用　12）貢道以外の往来厳禁　13）内地行商の管理（執照の発給）　14）内地行商への貢道使用　15）開港場貨物の陸路輸送禁止　16）貨物の査検と禁制品　17）金銀等の免税　18）一般品目の関税率5%　19）朝貢使臣の護送・迎送　20）中江・義州使用の度量衡が基準　21）夜間交易禁止　22）官設仲買人の廃止　23）往来文書書式　24）章程未記載問題についての地方官随時設法弁理いながら、兵士による監視を実施することを定めているのである。交渉過程と朝鮮側の意向を完全に無視した、一方的な改定であった。

ところで、魚允中がこの改定通達に接したのは、同年五月六日、吉林貿易章程交渉中の慶源においてであった[41]。魚允中は章程の改定版について、何の反応も見せておらず、結局、中江章程はこのままの内容で、同年八月、裁可された[42]。一部重複するが、条約内容については、交渉過程とあわせて、【表2】に整理しておく。

三　小括

以上、中江章程の交渉過程について整理した。交渉に当たった魚允中は、現地の事情や、清側の事情をよく把握した上で、粘り強く朝鮮側の主張を展開した。特に「官員」、海上貿易との関係、「典礼」をめぐる論点については、協議が難航したが、朝清双方の主張の対立の根本には、宗属関係に基づく朝清間の上下関係を維持・強化することで自国の利益を確保・拡大しようとする清側の意図と、それを抑えることによって実際の利益を少しずつ確保していこうとする朝鮮側の意図との対立があったとみることができよう。

宗属関係の枠内において、清に対して自己主張を展開するのは容易なことではないなか、魚允中が根拠として用いたのは、水陸章程の規定や、旧例であった。なかでも筆者が特に注目するのは、海上貿易との関連を持たせることで、中江貿易の朝清二国間貿易であることによる特殊性（それはすなわち朝鮮の不利益）を希薄化しようとした論理がみられることである。これは、先章の水陸章程成立過程においても触れたように、朝鮮外交の核心的戦略の一つであった。中江章程の交渉過程においては、この戦略がより具体的に展開され、またそれだけにまともに清の反発を受けたと言える。

水陸章程を皮切りに、「章程」という形式で朝清関係を規定していくにあたり、朝鮮は自国の利益を確保するため、巧みな交渉を展開した。しかしその交渉は、清側が「上国」としての圧力をもって正面から否定にかかれば、朝鮮側はそれに抗しえないという、絶対的な限界をかかえるものであったことも、また現実であった。中江章程の最終段階における清側の改定通告はそのよい例であろう。魚允中の心中は、察するに余りある。

しかし、朝鮮外交が展開される舞台は、章程の締結交渉のみではなかった。これらをいかに運用するか、朝鮮外交の戦略は、次の舞台に移行していくことになる。

第六章　対清懸案事項の処理過程にみる諸章程の運用実態

これまで、朝清商民水陸貿易章程と、それに関連して定められた諸章程について、その成立経緯と内容について検討してきた。これをふまえて本章では、統理交渉通商事務衙門が実際に処理した対清懸案事項をとりあげ、その展開過程において水陸章程、また関連諸章程がどのような影響を与えているのか、すなわちその運用実態がどのようであったのかを検討してみたい。

『旧韓国外交文書』清案に収録されている当該時期の統理交渉通商事務衙門と清商署との往来文書について、全三三〇件中、「商業」が一一一件、「事件」が七〇件と、多くを占めていたことは第三章において紹介した。ここでその内訳について見てみると、まず「商業」については、清商人に対する欠銭（後述）関連が四一件と最も多く、次いで清商店の盗難事件関連が三七件、招商局輪船関係が一四件、清人による朝鮮家屋買収関連が六件、商業関連の訴訟が四件、その他が八件となっている。また、「事件」については、楊花津入港問題が一九件、白翎島事件(1)が一五件、李範晋事件が一一件、徳興号事件(2)が九件、李順喜事件(3)が八件、漢城旬報事件(4)が五件、牛皮強奪事件(5)が三件となっている(6)。

ゆえにここでは、このうち、特に件数が多いものから、これまでに言及したものを除き、「事件」に関連して、楊花津入港問題、李範晋事件を、「商業」に関連して欠銭、盗難をめぐる交渉をとりあげて分析することとする。なお、本章の参照史料は『清案』が多数を占めるので、典拠については〔　〕で『清案』の資料番号のみを示すこととする。

一　楊花津入港問題

（1）問題の発端――「朝鮮通商章程」をめぐって

まず、水陸章程第三条、第四条に関連した運用実態をよくうかがうことのできる懸案事項に、楊花津入港問題がある。楊花津は、ソウルの西端に位置する漢江北岸の港であり、鎮台も置かれていた、古くからの交通の要所である。

一八八四年二月一五日、山東商人の李明進という人物が、新順泰号という帆船に貨物を載せて二月八日に仁川に入港して、関税支払い後、楊花津に入港しようとした。ところがこれが許されず、仁川に拘留された。李明進はこの状況を説明し、朝鮮側の措置は水陸章程第四条の違反であるとして、新順泰号の楊花津への往来を許可するよう求めてほしいと、清總辦朝鮮商務・陳樹棠に訴えた〔67〕。これが楊花津入港問題の発端である。

陳樹棠からの照会を受けた統理交渉通商事務衙門は、即日反論し、

> 査するに、中国朝鮮貿易章程第四条内に開く、「中国商民、朝鮮楊花津・漢城に入りて開設行桟するを准す」等の語あり。而れども中国商民、漢江に駛入するの明文無し〔67〕

として、水陸章程は確かに楊花津・漢城における開桟を認めているが、それは漢江における清商船の通行を認めるものではないとし、清の要求を斥けようとした。さらに統理交渉通商事務衙門は、

現今、仁川海関、該船の前往を准さざるは、即ち通商章程を照らして辦理するなり。第四条内に開く、「悉く彼此海関通行章程を照らす」等の語あるに、因れば、則ち中国商船も亦た応さに通商章程を遵照すべきこと、実に公便為り〔68〕

楊花津跡地

楊花津跡地は現在小さな広場になっている。

現在の漢江

楊花津跡地から 300 メートルほど歩くと現在の漢江にたどり着く。楊花大橋と江辺北路が交差する。

と、仁川海関は「通商章程」に準じた処置を行ったまでである。水陸章程第四条は「彼此海関通行章程」に則ることを規定しているから、清側もこれに従うべきであると迫っている。ここでの「通商章程」は水陸章程は、第四章で論じたように、一八八三年一二月に清側に通知した「朝鮮通商章程」を指していると見て差し支えあるまい。朝鮮側は、この「朝鮮通商章程」を清側が守らなければならない根拠として、水陸章程を示しているのである。

翌一六日、清側は、そもそも開桟を許すことはイコール開桟地までの船舶往来を許すものであると反論しながら、「彼此海関通行章程」については、

章程第四条内に開く、「悉く彼此海関通行章程を照らし」の一語に至りては、専ら進出貨物の応さに貨税船鈔を納むべきことを指して言ふに係る。文理、本より極めて明白なり〔68〕

として、その適用範囲を関税部分に限定する解釈を展開している。

これに対して統理交渉通商事務衙門は、一七日、「朝鮮通商章程」を根拠に反論した。

各情を細繹するに、本督辦の意、頗る貴總辦の意と未だ合わず。通商章程を査するに、中国商船も亦た応に按照辦理すべし。其れ未だ海関を設けざるの処、商船自ら往くを准すは未便なり。実に商人を苛待するに非ず、別に規制を立つるなり。…其の未だ即ち此事を将て貴總辦に照会せざる所以は、実に通商章程を査照するに、「凡そ各国商船の進口、必ず先に本国官員に報明すべし」とあるを以てなり。該商等も亦た既に章程に違背せり〔69〕

ここで言及されている「通商章程」もまた、「凡そ各国商船の進口、必ず先に本国官員に報明すべし」という内容

からして「朝鮮通商章程」である。これは清商船も遵うべきである。海関のないところ（つまり楊花津）に商船が勝手に赴かれては困る。これは商人をいじめているのではなく、別に立てた規制（つまり「朝鮮通商章程」）にそって処理しているのである。朝鮮側から陳樹棠にこの問題を照会しなかったのは、「朝鮮通商章程」によれば、各国商船が入港する場合、まず本国官員に報告せねばならないとされており、(7) 清商人から報告が当然行っていると思ったからで、それがなかったとするならば、清商人たちはその部分でも「朝鮮通商章程」に違反していることになる、というのである。関税部分に範囲を限ることなく「朝鮮通商章程」を守ることを清側に要求し、新順泰号の章程違反を指摘している。

これに対して、一九日、清側は、統理交渉通商事務衙門が主張の根拠とする「朝鮮通商章程」に関して次のような解釈を示して反論した。

貴覆文内に開く、「査するに通商章程、中国商船も亦た応さに按照辦理すべし」等の語あり。何様の章程を指して言ふに係るやを知らず。査するに貴処の交渉通商章程、四様なり。一は海関、一は日本、一は英徳国、一は中国なり。如し中国八条を指さば、則ち此案、該商已でに絲毫按照し、並びに違悞無し。海関章程に至りては、華商の応さに遵ふべきは載せて八條内に在りて、亦た已でに遵照す。若し貴処と各国との章程を指さば、則ち中国の事に非ず、即ち本道の事に非ず、亦た貴督辦の執意して華商に強ひて按照せしむるを得る所の者に非ず〔72〕

そもそも、朝鮮側が清に守るべきだという「通商章程」が何を指しているのかわからない。知るところでは、朝鮮の「交渉通商章程」は四つある。海関、日本、英徳国、中国の四つである。「通商章程」が「中国八条」（つまり水陸章程）を指すのであれば、清商はこれを遵守しており問題はない。「海関章程」を指すのであれば、清商の守るべき部分は水陸章程に載っているので、すでにこれは遵守しているためこちらも問題ではない。「各国との章程」を指すのであれば、それは清の関するところではなく、朝鮮が清商に遵守を強いることができるものでもない、というのである。統理交渉通商事務衙門の照会が引いている「通商章程」は、その内容に本国官員への報告の必要を含んでいることは先にみたとおりで、その言及がない水陸章程を指すはずがないことは、清側にも明らかにわかるはずである。日本、イギリス、ドイツとの章程を適用しようとするのも突然すぎる。残るは「海関章程」であるが、清側としても、これは「朝鮮通商章程」を想定して言っているということは、日本との通商章程を別に数えていることから考えても、ほとんど間違いないだろう。つまり清側は、朝鮮が繰り返し「朝鮮通商章程」の遵守を要求してきていることを承知しながら、はぐらかしているのである。そしてその要求を拒絶する決定的論理は、清商は水陸章程さえ守っていればよいのだ、というものであった。これは、それまでの交渉で交わされた議論からみても、説得力のない論理である。しかし、これを受けた朝鮮側は、それ以上「朝鮮通商章程」をもって清側に反論しようとしなかった。反論の根拠を、水陸章程第三条の解釈に転換するのである。

(2) 問題の展開──「専條」をめぐって

清側は、一九日の照会で、水陸章程第三条について次のように主張した。

章程第三条内に開く、「両国商船、其の彼此通商口岸に駛入するを聴す」等の一語あるは、自ずから是れ、華船の漢江・楊花津・麻浦・京江口等の処に入るの明文なり〔72〕

清側は、商船の入港が許されている「彼此通商口岸」をとりあげて、ここに漢江・楊花津・麻浦・京江口も含まれているとの見解を示した。これに対し、統理交渉通商事務衙門は二一日、水陸章程における「通商口岸」の解釈について、次のように反駁した。

査するに中国朝鮮商民水陸貿易章程八条の内に、朝鮮通商の各口地名、未だ嘗て枚数開明せざるは、良とに已開の口岸、原より只だ三口のみなるを以てなり。中国商民と外国商民、応さに一定通行の例有るべし。故に未だ關卡を設けざるの処、即ち内地為り。自から応さに直指して口岸と曰ふべからず。而して商船駛入せば則ち弊生じ、稽察するに由無し。中国商船と雖も、未だ宜しく径先駛入して以て各国藉援の端を啓くべからざるなり。第三条内載の、「両国商船其の彼此通商口岸に駛入するを聴す」は、三口を専指する所以は、更に繹くを待たずして、其の義昭昭たり〔74〕

水陸章程において、朝鮮の港口の具体的名称を出していないのは、それがすでに開港している釜山・元山・仁川の三港を指すことが明確だからであり、中国商船だからといって、他外国に口実を与えるようなことはするべきではない。水陸章程第三条の「彼此通商口岸」がその三港を指すのは明らかである、というのである。「彼此通商口岸」についての清側の解釈を否定し、朝鮮側の解釈を主張しているのであるが、ここで注目されるのは、その文脈で、朝鮮側が「中国商民」と「外国商民」双方に対して「一定通行の例」を求めていることである。その内容としては、税関を設けていない未開の地は港とも言えないということが挙げられているのであるが、この慣例については清、西洋ともに従うべきであるという。つまり朝鮮は、水陸章程に基づく海上貿易において、清側が、西洋諸国と同様の方式に則るべきであることを主張しているのである。水陸章程締結交渉において朝鮮側が、海上自由貿易においてて清と諸外国を同列に扱うことに意識的だったことを想起すると、このような主張は多分に戦略的であるといえる。

それだけに、これに対する清側の反論は、そのような朝鮮側の姿勢を批判し、朝清関係の特殊性を強調するものであった。二三日付けの照会には次のようにある。

貴来文の意を細繹するに、必しも要しも中国を将て各国と一体に平行とし、此の漢城楊花津の貿易の専條を廃さんとせば、此れ、本道の事に非ず。倘しも或いは第三條章程の通商口岸の四字の上、「已開」及び「各国」の字様有らば、則ち華船、自から漢江に到る能はず。今此字様無くんば、則ち華商専條の貿易の地にして、自ら是れ両国通商の口岸なるは明文にして、言を煩して悉くすべからず。〔75〕

朝鮮側が、清と西洋に「一体平行」を求めているのは、漢城・楊花津における貿易が朝清間の「専條」であることを否定するものである。水陸章程第三条の「通商口岸」の前に「已開」や「各国」の字がない以上、これは「専條」によって清商が貿易を認められている地を指すのであり、当然、朝清間で通商を行う港のことを指す、というのである。朝清関係の特殊性が、ここでは水陸章程を「専條」とすることで強調されるのであるが、清側が「専條」の名の下に、水陸章程を自国に都合よく定義しようとしている様子がみてとれる。清側は、続けて「専條」に関連して次のように主張する。

本道、欧米各国を査するに、多く平行両国互訂の専條有り。各国、藉言せざるは、美国と夏威仁国（ハワイ）との、互いに貨税を免ずる如く、各国、并びに未だ均霑を藉要するを得ざるは甚だ多し。今、各国、北京及び図們江・鴨緑江に到りて通商する能はず。又た何ぞ漢江に入るを要むるを藉端（事端にかこつける）するを得んや。此れ過慮すべき者無し〔75〕

アメリカとハワイの「専條」が相互無関税貿易を定めていても、他国に均霑されていない例を挙げて、朝鮮側が他国の援用の恐れを主張するのに反論している。朝鮮が清と西洋に対して同様に対応しようとすることを批判し、朝清関係の特殊性を主張しながら、その根拠として西洋の例を挙げ[8]、「平行両国」の「専條」を引いていることがわかる。これは明らかに整合性のある論理とは言えず、その意味で、朝清関係において清側の立てる論理が、形骸化している様子が表れていると言えよう。清側は、統理交渉通商事務衙門の照会の「中国商民と外国商民、応さに一定通行の例有るべし」という部分を問題視し、

　是れ特だに漢城・楊花津の貿易専條を廃さんと欲するのみならず、並びて内地に入るの執照を廃さんと欲し、直に此の貿易章程を盡く廃し、悉く中外通行の例に照らして後ち已まんと欲するなり。

として、朝鮮側の姿勢は、「専條」貿易である楊花津・漢城開桟をやめようとしているだけでなく、清の内地採辦権も否定しようとするものであり、つまりは水陸章程を撤廃し、「中外通行の例」(ここでは万国公法体制を指すか)に列しようとするものである、とほとんど恐喝している[9]。

さて、この問題に関する審議が、具体的にどこでどのように進められたのかは明らかではないが、メレンドルフが清の商人に対し、経過を説明しているところを見ると、朝鮮政府と署理直隷総督であった張樹声の間に交渉があったがうまくいかず、交渉は陳樹棠に引き継がれ、その結果をうけて税務司が処理することになっていたようである〔82〕。交渉中にも、新たに山東半島から楊花津に入ろうとする清商船が仁川に到着しており〔80〕、清側は迅速に楊花津入港を許可するよう、朝鮮側に働きかけ続けた。

結局、この問題は朝鮮側が一旦折れる形で折り合いをつけようとした。

　案査するに、山東帆船の一事、貿易章程第三章の旨意を遵照するに、未だ宜しく漢江に駛入すべからざるは、

已でに説明を経たり。但だ該船を体卹するに因り、権(か)りに此れ暫く放行を許す。現に限期を定め、今より一箇月の後、再び漢江に駛入するを准さず。〔85〕

水陸章程第三条では清商船の楊花津入港がみとめられていないという解釈はそのままに、今回は清商船を「体恤」して例外的に一ヶ月間のみ入港を許可するとの決定である。しかし、清側はこれを容易に受け入れなかった。朝鮮側が、清側の水陸章程解釈に従わないことを、認めるわけにいかなかったのである。

貿易章程八条を査するに、首めに「各與国一体均霑の列に在らず」と言ふは、自から是れ中国朝鮮訂立の専條なり。全く各国と並びに干渉する無し。…第三条の彼此通商口岸に至りては、已開各口の字様無く、自から是れ漢城・楊花津等の処を言ひ、三口を専指するに非ず。此れ、中国朝鮮の専條に係る。各国、例として過問（異議を唱える）せざるは、前に迭次照会を経て、明白に案に在り。今姑く原定章程の如何を論ずる勿かれ。〔86〕

水陸章程は「専條」であり、各国の干渉するところではない。したがって第三条の「彼此通商口岸」も、朝清間の通商地として指定された漢城・楊花津を指すのであって、仁川・釜山・元山の三港のみを指しているのではないとして、朝清の「専條」に、各国の例を持ち出して論議するべきでないことを確認した上で、以後、水陸章程の解釈をどうこう言うことのないように釘を刺しているのである。ここでも清側の主張の根拠は、水陸章程が「専條」だということである。清側は、「専條」の強調により、水陸章程について、朝鮮側が朝鮮なりの解釈を行うことができる範囲を消滅させようとした。

この後陳樹棠は、三月一一日付けで李鴻章と周馥に、一二日付で再び李鴻章に、一三日付で周馥に、事件をめぐる朝鮮政府の意図、朝鮮政界と政治勢力の動向、大院君に対する民衆の信望などについて書き送っており、それが李鴻章の勧告の材料となったという。(10) 四月一四日、この勧告が陳樹棠を通じて統理交渉通商事務衙門に伝えられ〔117〕、ついに衙門も同日、「嗣後、本衙門再三籌商し、以へらく、商船の楊花津に停泊するは、妨碍無くして、通商局面に於いて均しく利益有るが似し」〔120〕と、全面的に楊花津への清船入港を認める照会を清側に送付した。

しかし、統理交渉通商事務衙門も、ただでは入港を認めず、入港船の噸数を二〇〇噸以下に制限し、荷物下ろしに際する朝鮮海関員の立ち会いを規定した。(11) 朝鮮側は臨機応変に、せめて楊花津に入港する清船を朝鮮側の管理下に置くための措置を講じたものと思われる。これに対しても清側は制限を撤廃するように抗議するが〔121〕、統理交渉通商事務衙門は応じなかった。〔122〕

二　李範晋事件

一八八四年五月二八日、朝官（前正言(12)）である李範晋が、清の商董である熊廷漢(13)らによって、暴力的に清の商署に連行され、審判を受けるという事件が発生した。これを便宜的に李範晋事件とする。この事件は、水陸章程第二条の裁判管轄権規定をめぐって、朝清間の論争を引き起こしたので、この経過について整理してみよう。

事の起こりは、清商等が「中華会館」を設置するために、ソウル南部会賢坊駱洞の李範祖・範大兄弟の邸宅を購入したことに始まる。もともとこの邸宅は四区から成っており、李範祖・範大の邸宅は南北院にあたり、その中間に李範晋の邸宅（中院）があった。清商はもともとこれを全て購入しようとしていたが、李範晋が反対したため、南北院のみを購入することになった経緯がある。しかし、南北院の往来には、中院の内庭を通る小道を通行する必要があった。中院の主人である李範晋は、小道の門戸を鉄釘と長板で打ち付けて塞ぎ、南北院の通行を遮断した。これを受けて、熊廷漢が清商数十人を率いてやってきて、李範晋の衣冠を裂き、殴打するなどの暴行を加え、緊縛

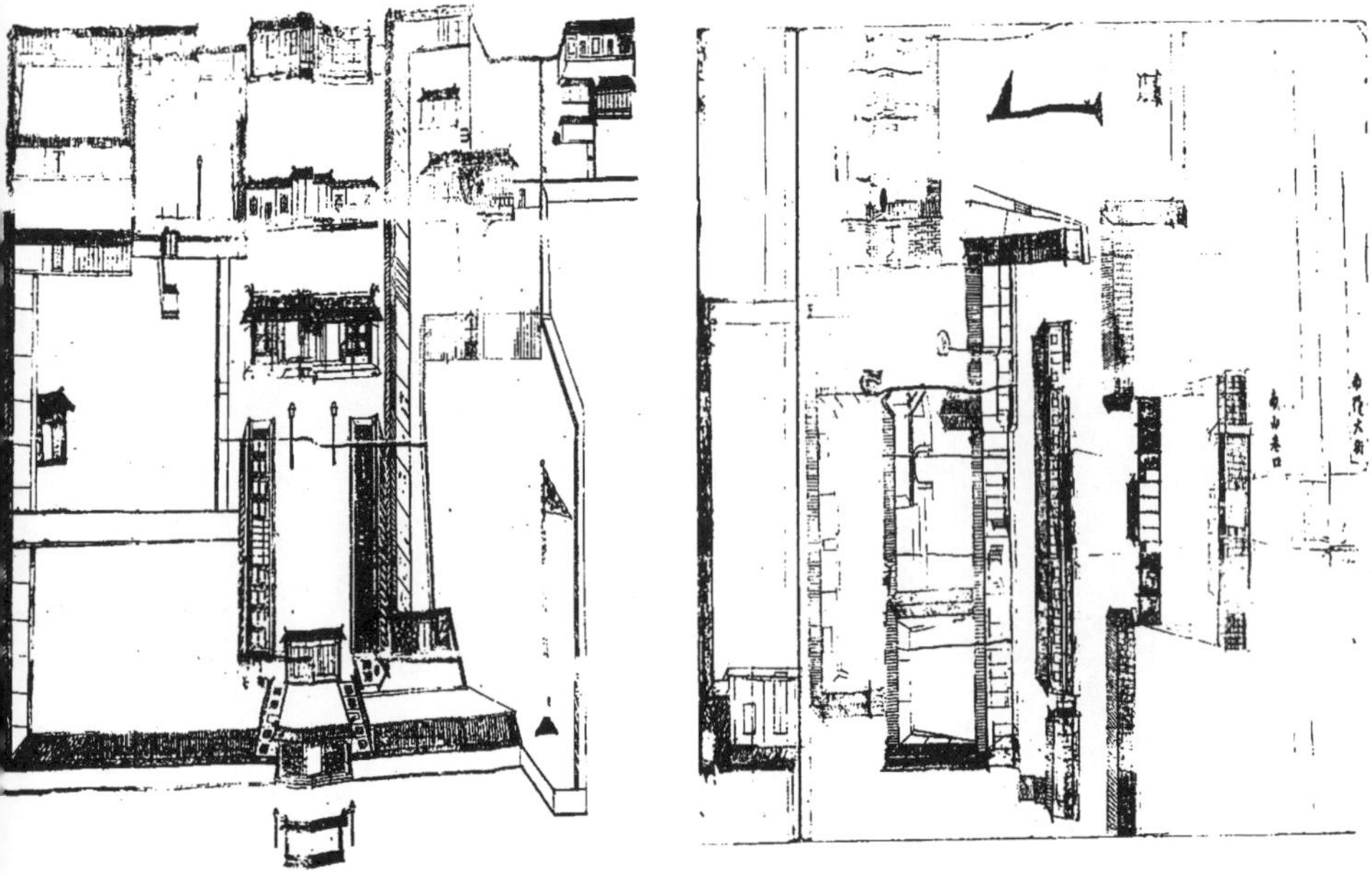

図１　陳樹棠が設立した漢城商務公署図

（譚永盛「朝鮮末期의 清国商人에 関한 研究―1882 年부터 1885 年까지」
檀国大学校大学院 史学科韓国史専攻、碩士論文、1976 年、44 頁）

して清商署（總辦商務陳樹棠の役所）に連行したのである〔170、171〕。

清商署において、陳樹棠は、飭派理事官の劉家驄と、後述する公盛和号の盗難事件のために居合わせた朝鮮官員である刑曹正郎申学休、左捕従（左捕盗庁従事官）韓用喆、右捕従（右捕盗庁従事官）張禹植に、合同審判を行わせた。その結果は、李範晋の非を認めるものであり、李範晋は、今後中院の小道の通行を妨害しないという甘結（始末書）を作成するに至った。陳樹棠もこの審判に異議なしとし、経過を報告し、李範晋へ注意を与えることを求める照会を、統理交渉通商事務衙門に送付した〔170〕。

一方、統理交渉通商事務衙門には、同件について、始末書は強制であり、朝籍に名を参ずる身でありながら、耐え難い屈辱を受けたとする、李範晋からの訴えも届いていた〔171〕。統理交渉通商事務衙門も、朝官である李範晋に対する清商等の狼藉を重大問題としてとらえ、陳樹棠に対して次のような厳重抗議を行った。

李範晋、是れ朝官に係る。本国の制、朝官罪有らば、法司、擅まに追捕を行ひ得ず、必ず論勘を啓聞す。朝体を重んじる所以なり。今、此該商董、李範晋を扯同し、貴公署に逕ちに到りて審辦せしは、殊に詫異（奇異に思う）なるべし。本国刑員等の事理を識らず、妄りに会訊（立会訊問）を行ふに至るは、尤とに駭然たるに属す。敝邦の国体を毀損するも、亦た貴總辦の深く惜しむ所なり。小民に係ると雖も該商民に由りて自ら追究を行ふ能はず。況んや名、朝藉に在りて、小民の比に非ざるをや。此の遭罹有りて、未だ辦法の如何を識らず。全く事面を公平にすべし〔172〕。

朝鮮の制度においては、朝官に罪がある場合でも、司法が勝手に捕らえることはできず、必ず国王の許可を得なければならない。今、清商等が朝官である李範晋を清商署に連行し、審判を行ったとは、あってはならないことで、朝鮮の刑員らが事情もわからないまま、むやみに審判に参与したことも、実に驚くべきことである。我国の国体を毀損したことに、陳樹棠も責任がある。一般人であっても、清人が勝手に追究することはできないのに、朝官に対してそのような行為を犯すとは、如何に処置するべきか、というのである。ここで言及されている、朝鮮側の審判参与者である中学休、韓用喆、張禹植は、この照会の翌日、官職を罷免され、義禁府で調査されることになった[14]。

これに対して、陳樹棠は、閏五月一日の照会において、李範晋が官員であることは、自分も清商も知らなかったとしたうえで、官職にある者であっても、商署に訴えて来られた以上、審判をしないわけにはいかないと主張し〔173〕、次のような論理を展開した。

凡そ両国の交渉、各々本国の体制有り。彼を強ひて此に同じからしむる能はず、事に遇はば惟だ情理章程を論ずるのみ。本国内治体制を以て與国に施すは未便なり。況んや與国の比ぶるべきに非ざるをや。此の案、該商の李範晋を扯同し、前来求訊するは、事、因有るに出づ。故に扭控（拘引して告訴する）し、審理を聴候す（待つ）。中国の体例及び定章に在りて、原より違悞無し。既でに已でに扭控候審（候審は審理を待つこと）するは、便ち華商の自行追究に非ず、更に擅まに追捕を行ふに非ず〔174〕。

そもそも朝清間の交渉には、それぞれ本国の体制があって、これは相手に強要できるものではなく、事件が起これば、情理章程によって処理するのみである。ゆえに、朝鮮の内治体制を清に適応することはできない。だいたい清は朝鮮の比較ではないのである。今回の清商らの行動は、理由あってのことで、清の体例や定章においては、外れるところがない。審判も清商のみで勝手に行ったものではない、というのである。清側が「章程」をいったん朝清間個々の体制を越えるものとしてとらえていることがうかがえるが、それはあくまでも、朝鮮の内治体制を清に強要できないとしながら、清の体例に外れないことで清商らの行動を正当化していることに見られるような、朝清間の絶対的な上下関係を前提にしたものであるといえよう。その上で陳樹棠は、朝鮮側が審判に参与した三人を処分したことについて、

此の案を会訊するに至り、適ま貴衙門派来の刑員、別案に会審せり。此の便に在りて、本道由り定章を按照し、該員と劉倅（劉家驄）の会審を面請す。乃ち両国交渉の定章に遵照して辦理し、本道由り会審を面請す。責は本道に在り。該刑員と渉り無し。今、刑員の事理を識らず、妄りに会訊を行ふと謂ふは、言、過激なるが似し。応さに貴督辦の通商第二条章程を詳繹して、自から該刑員の毫も錯悞無きを悉るを請ふべし。此の事、本道由り定章を遵照し辦理す。昨日、已でに貴衙門協辦尹（尹泰駿）と面詰明白す。応さに貴督辦の該員を涵量（寛大に取り扱う）し、乃ち事体を成さんことを請ふ。若し此の案の会審を以て、該刑員を罪譴せば、便ち是れ、

定章に違背す〔174〕。

と述べ、三人に対しては、陳樹棠自身が、章程を照らして合同審判を依頼したものであるとし、督辦統理交渉通商事務に対して、水陸章程第二条を熟察することを説いている。さらには、協辦尹泰駿とも協議済みとした上で、三人を処分すればそれは章程に背くことになると論じているのである。

これに対して、閏五月二日、統理交渉通商事務衙門も、水陸章程第二条の規定を援いて真っ向から反論を展開した。

水陸通商章程第二款に拠るに、如し財産罪犯等の案、中国人民原告為りて、朝鮮人民被告為らば、則ち応さに朝鮮官員由り被告の罪犯を将て交出（引き渡す）し、中国商務委員と会同して按律審断すべし。未だ中国官員或いは商民、径ち（ただ）に査拏を行ふの文有らず。若し朝鮮人民被告にして、中国人民由り輒ち（すなは）行扭（拘引）して貴署に到りて審断せば、則ち朝鮮官員、更に治民の権無く、章程の所言、便ち虚文に属す〔175〕。

水陸章程第二条には、財産に関する犯罪について、清人が原告で、朝鮮人が被告であれば、朝鮮官員が被告を引き渡して、清商務委員と合同で審判することになっているのであって、清の官員や商民が勝手に裁いてよいという規定はない。もし朝鮮人が被告であるのに、清人が拘引して清商署において審断してしまえば、朝鮮官員には治民の権利がないことになり、章程の文言は虚文になってしまうというのが、その主張である。この上で、審判に参与した中学休以下は命令を受けて参与したのではないし、事情をわかっていたわけでもないので、ここでいう朝鮮官員には当たらないとし、清側が水陸章程に則った方法をとらなかったことを非難した。さらに閏五月三日の照会においては、閏五月一日の照会において「本国の内治体制を以て與国に施すは未便なり。況んや與国の比ぶるべきに非ざるや」と述べたことに抗議して、水陸章程について次のように主張している。

水陸通商章程、是れ奏呈に係る。両国官民をして奉ぜしむること金石の若し。毎ねに本国の人の条約に明るからず、違誤を致し易きを患ふも、貴公署に経ねに赴きて扭控候審すの一款に至りては、初めより定章の内に在らず(176)。

水陸章程は皇帝が認めたもので、朝清両国官民が金石のように奉じなければならないものであるとして、その権威を確認している。その上で、清の公署にいつも赴いて審判を受けるという規定は、はじめから章程の中にはないと主張している。

このように朝鮮側は、水陸章程第二条を根拠に、堂々と自己主張を展開したが、一方で陳樹棠の要求を入れて、閏五月七日、申学休等を保釈した。そもそも、申学休ら三人が審判に参与するに至った状況については、三人が朝命もなく、李範晋が朝官であることをもって参与を拒絶したところ、劉家驄が「天子法庭」を書示したため、どうすることもできなかったという(15)。

結局、この事件は、イギリス領事アストンの陳樹棠に対する抗議もあってか(16)、李範晋に暴行を加えた張本人である清商等熊廷漢が商董の職を罷免されるに至り(17)、後任には盧恩紹が就任した(18)。

三　商業活動をめぐる問題

一八八二年八月に水陸章程によって海上自由貿易が認められると、清商人が漢城、開港場に進出をはじめた[19]。これに伴い、商業活動をめぐる清人と朝鮮人のトラブルも生じるようになった。清の漢城駐在官員の役職名が「商務委員」であったように、清側において商人を管轄するのは商務委員の陳樹棠であった。ゆえに、トラブルをめぐっては、陳樹棠と統理交渉通商事務衙門の間の交渉に及ぶこともあった。この過程では一連の章程がどのように運用されていたのだろうか。

（1）欠銭問題

まず、欠銭について説明しよう。当時、朝鮮において、商取引には銅銭が用いられていたが、買い手が売り手に「銭票」「期票」「票拠」等と呼ばれる手形を発行して、一ヶ月程度の延取引を認めてもらう形式が多く行われていた[20]。この形式の商取引において、買い手が銅銭の支払いを行わなかった場合、売り手が受け取らなければならなかった金額が欠銭となるのである。当時、朝清間で懸案となった欠銭問題は、【表1】の通りである。

原告は全て清人、被告は全て朝鮮人である。すなわち、欠銭に関しては、被害を受けているのは全的に清商人なのである。ゆえに、統理交渉通商事務衙門と清商署との間の交渉において、清側の目的は、欠銭の清算にある。しかし、具体的な問題の交渉過程をたどってみると、清側の方法は、清算を要求する以外に特別なものはなく、ほとんどのケースで実際に清算はなされないまま、交渉が途絶えている。これは一体、何を意味するのだろうか。中でも多くの文書が往来した、林学淵と劉漢世のケースについて、具体的な展開過程を見てみよう。

【表1】統理交渉通商事務衙門が扱った清商人の欠銭問題（〜1884年10月）

問題化時期	原告（商号）	被告	関係者	品物
1883.2.10-	馬宗耀（滙記行）	崔致基		元銀八錠 400,000文
1883.4.13-	宮謙和（福有号） 永順号	金聖文 金允平	卞鍾玉（中人） 劉智赫	洋火四箱 142,000文 洋火二箱 71,000文
1883.4.21-	袁憲章（新泰号）	李海龍		洋紅・洋緑 200缶ずつ 76,400文
1884.4.28-	張詩緒（永順号）	金應五	金夔鉉（兄） 張賢根（保証人）	倭元 69包 576,075文
1884.9.22-	張詩緒（永順号）	康栽欽	金楽元（経紀）	銅 255,606文
1884.6.22-	包星伍（和興順号） 王景林（生盛号）	林学淵	朴見庸（母舅） 崔致善・金奎煥・金伯賢（経紀）	鉄 2436両2銭2分 鉄 2621両6銭2分
1884.7.19-	黄廷瑚（公興順号） 于化亭（利順号）	劉漢世	金元廣（経紀） 金元燮（買房人）	貨物 175,600文
	姜鳳彩（中華興号）	劉漢世		
1884.9.13-	朱寅恭（公成福号）	洪俊国		

『清案』より作成

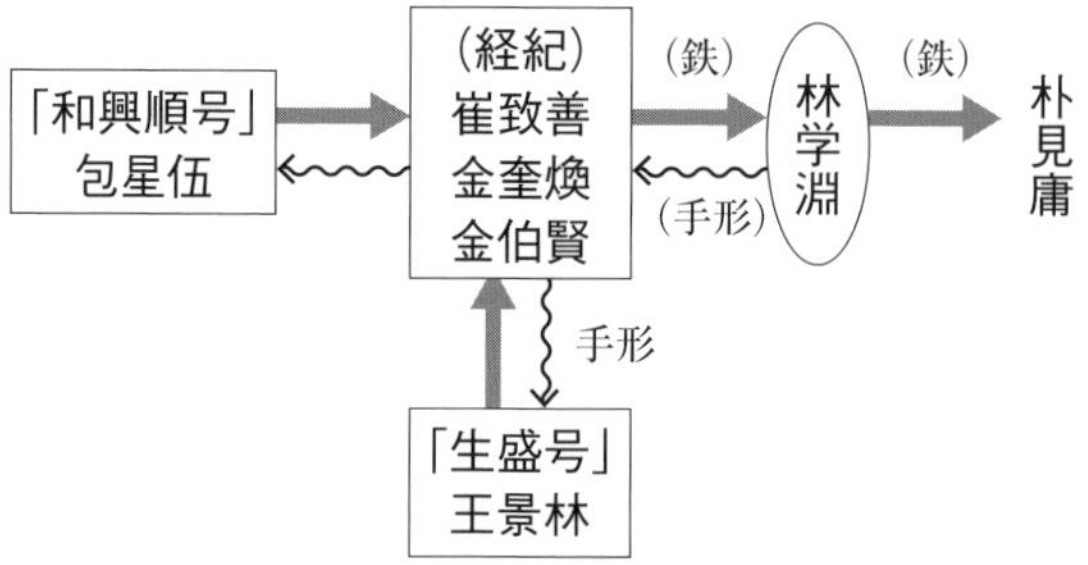

図2　林学淵のケース

まず、林学淵のケースである（図2）。和興順号の包星伍の訴えによれば、一八八四年五月、朝鮮人林学淵は、経紀（仲買人）の崔致善・金奎煥・金伯賢を通し、二回に分けて清商の和興順号から鉄を延取引で購入した。ところが、林学淵は期限になっても支払いを行わないので、和興順号が催促しようとすると、すでに逃亡してしまっていた。母舅の朴見庸にかくまわれていると聞き、朴家を捜索したが、典洞の閔大人の邸に連れて行かれたというので行ってみたところ、朴に引き渡したと言われた。戻ってくると、朴見庸も逃亡してしまっており、その時はすでに経紀の金奎煥も逃亡済みであったということである。また生盛号の王景林によれば、閏五月に経紀金奎煥・金伯賢を通して、林学淵に鉄を延取引で売ったが、期限を過ぎても清算されないので調べてみると、林学淵の購入した鉄は全て朴見庸に流れており、その時既に林学淵、朴見庸、金奎煥らは皆逃亡してしまっていたという。包星伍と王景林の二人は、経紀の崔致善を取り調べた上で、朝鮮の官庁に通知して調べさせ、貸財を取り戻してくれるよう、陳樹棠に求めた(21)。

六月二二日、清商等の訴えを受けた陳樹棠は、統理交渉通商事務衙門に対し、地方官に指令して、林学淵ら三人の逃亡者の捕獲と調査、審判、代金の徴収を行わせるよう照会した〔222〕。これを受けて六月二四日、統理交渉通商事務衙門は漢城府に崔致善を引き渡したこと、漢城府が逃亡者の逮捕を期すと回答していることを陳樹棠に伝えたが(22)、朝鮮側がこの捜査に積極的だったとは言い難い。七月七日の時点で、包星伍・王景林が漢城で逃亡中の経紀金奎煥・金伯賢を目撃したとの報告を受け、陳樹棠が捜査の徹底を統理交渉通商事務衙門に照会したにもかかわらず〔237〕、衙門は捜査中であることをくり返すのみで〔248〕、七月一九日に陳樹棠が再び捜査を催促しても〔250〕、衙門は無反応であった。結局八月二〇日になって、包星伍が漢城で金伯賢を見つけて、自ら清商署に連行するに至った。これを受けた陳樹棠は、統理交渉通商事務衙門に金伯賢の供述書を送付するとともに、地方官に指令して、金伯賢の身柄を引き取り、残る逃亡者の逮捕及び代金追徴をさせるように照会した〔276〕。

このすぐ翌日、漢城府において林学淵が捕らえられた。ところがこれを受けて統理交渉通商事務衙門が陳樹棠に送った照会には次のようにあった。

但だ該犯是れ一個赤身（からだひとつ）の光棍（ならずもの）にして、騙す所の財、已に花費（むだづかい）

を経る。惟だ房子（住まい）一区、尚ほ未だ売買せざるも、価銭想ふに亦た多からず。華商の欺かれて折本（資本を損する）は、実に悶ゆべし。犯の供する所に拠るに、惟だ寛限（期限を延期する）し備償するを望む。是れ緩督（督促をゆるめる）の計に過ぎず、恐らく聴信（言葉を信用する）し難し〔277〕。

清商の被害は実に同情するが、実際問題として林学淵による清算は不可能であることを、衙門が認めて、清側に通告しているのである。

陳樹棠は、それ以上林学淵を追究せず、朴見庸を捕らえて、追徴をさせるよう、八月二四日、朝鮮側に要求した〔281〕。八月二七日になって、漢城府において朴見庸が捕らえられたが、漢城府は、朴見庸を林学淵、金伯賢と対質（対面訊問）した結果、朴見庸は欠銭と無関係であると判断した。統理交渉通商事務衙門は九月一九日の照会において、その代わりとして、林学淵が借金を返済した先である徐敬淑から返済した金を取り戻し、林学淵が清商から得た鉄を売った先である四人からその代金を取り立てることを、漢城府にすでに命じたと述べているが、いつ金を取り戻せるのかは明確でなかった〔292〕。その後も継続して、清側から代金追徴要求が出されていることを見ると(23)、この方法による代金追徴が実際に行われたかは疑問である。清側の代金追徴要求に対して統理交渉通商事務衙門は、朴見庸の無関係は明白であると断言し、林学淵の返済能力欠如をくり返すのみであった〔312、330〕。

次に、劉漢世の欠銭についてである（図3）。一八八四年七月一九日の公興順号・黄廷瑚と利順号・于化亭の訴

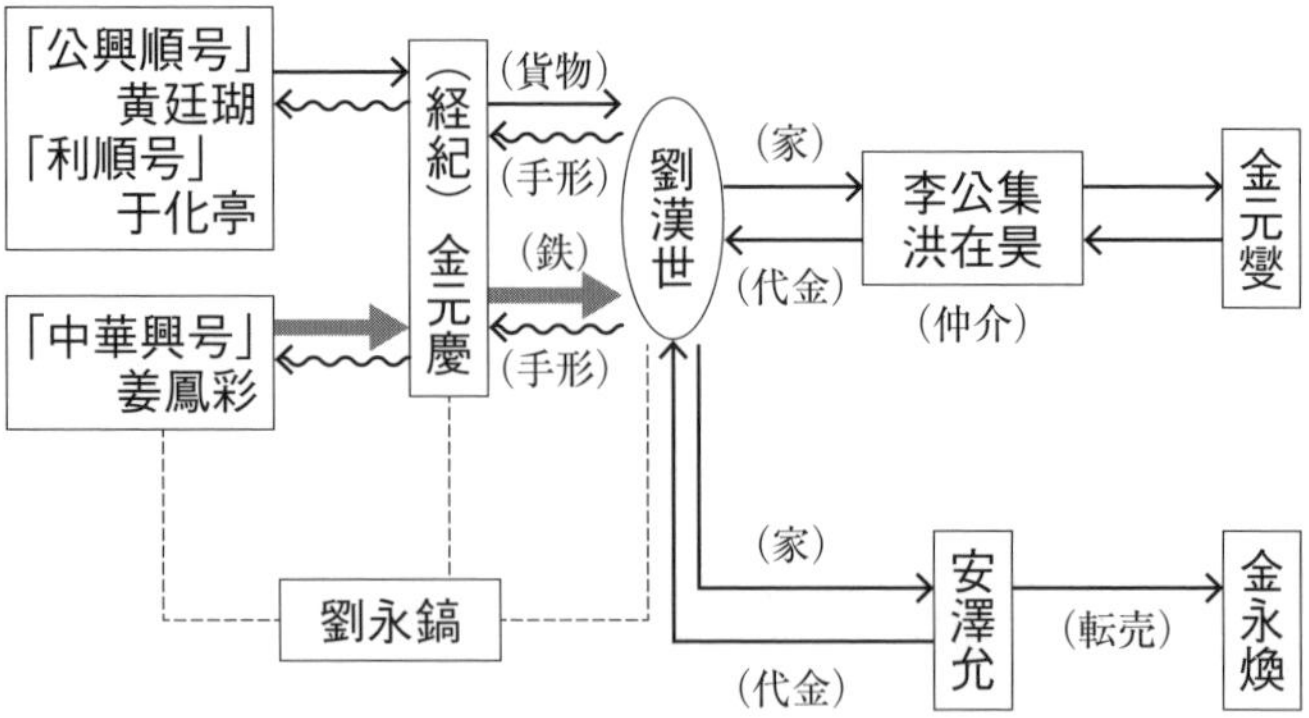

図3　劉漢世のケース

えによれば、事件の経過は以下のようである。五月に両清商は、経紀の金元慶を間に立てて、延取引によって劉漢世に貨物を販売した。劉漢世ははじめは期限通り支払いをしていたが、六月一九日以後、支払いが滞り、未払い分が両商店あわせて一七五、六〇〇文になった。催促をしても無駄だったので、住居と繭一〇〇余斤を担保として、七月三日までに七〇、〇〇〇銭を支払い、五日までに残りを清算することにしたが、結局清算は行われなかった。そこで六日に両商が劉漢世を追究したところ、住居を売ることになった。李公集という人物が保証人として間に立ち、洪在昊が執筆人となり、金元燮という朝鮮人に、一三〇、〇〇〇銭の価格で売買契約が成立した。この契約も延取引であり、金元燮は一二日までに支払いを行うことになっていたが、期限を過ぎても支払われないので追究すると、この三人は皆いなくなっていた。劉漢世を追究してもらちがあかず、金元慶も行方不明で、どうにもならないとして、両商は陳樹棠に対して、統理交渉通商事務衙門に通知し、調査・代金追徴を求めることを要請したのである〔250〕。

　陳樹棠からの照会（七月一九日）を受けた統理交渉通商事務衙門は、漢城府に、劉漢世を呼んで詳しく追究訊問することを指令したが、漢城府における調査では、劉漢世の供述した債務の額と清商の申し立てが一致しなかったので、清商署に通知して、清商二人を漢城府に招致し、七月二七日に三人の対面訊問が実施された。その結果、八月末までに清算することで両者の意見が一致したが〔253、257〕、またも劉漢世は清算を行わなかった。これをうけて、朝鮮政府が忠清道懐仁県にある劉漢世の旧債を督刷（強制回収）することを指示し、公興順号、利順号の欠銭は、先に担保とされていた桑繭の代金と合わせて、いったん清算の見込みがたった〔296〕。

　ところが、劉漢世の欠銭はこれだけではなかったのである。同年九月八日、朝鮮人の劉永鎬が、通事金元慶（これは経紀として先出した者と同一人物）と中華興号の姜鳳彩に、他の清商人から一九九、三五〇文で購入した鉄を奪われたとして、陳樹棠に対して返還を訴えた。この姜鳳彩は、これより前の六月八日に、金元慶の仲介で劉漢世に二二二、七五六文の鉄を延取引で売った人物であった。姜鳳彩の主張によれば、劉漢世が期限になっても代金を清算しないので追究したところ、劉永鎬の鉄を回収するよう言われたので、実行し、劉漢世はこの鉄をまた第三者に売って、姜鳳彩に対する欠銭は清算したということであった。これを受けて、陳樹棠は、清商署において劉永鎬、劉漢世、姜鳳彩の三人対面訊問を行うことにし、統理交渉通商事務衙門に対し、拘留中の劉漢世を商署に送るよう要請した〔298〕。統理交渉通商事務衙門は翌九月九日、漢城府から劉漢世を商署に送らせたが、商署でどのような調査が行われたのかははっきりしない。しかし、実際に劉漢世が返済できたのは、住居を売って作った金の一部を含む三〇〇両（三〇、〇〇〇文）にすぎず〔301〕、これについても延取引をする間に、買い手の安澤允がまた金永煥に転売しており、後日、清商が住居を差し押さえようとした際には、正当な支払いをした金永煥が被害を受けるという事態に至った。統理交渉通商事務衙門は劉漢世関連の清商の損害に対し、特別に対処することを約束したが[24]、返済は部分的に過ぎず〔342〕、甲申政変の混乱に乗じて劉漢世が逃亡してしまったこともあり〔344〕、結局はうやむやになったようである。

このように、欠銭問題の推移を見てみると、清側は繰り返し清算を要求したが、それを朝鮮側に強制できる根拠を持たなかった。水陸章程やその他の章程に、関連の規定はないのである[25]。一方朝鮮側は、清側の要求に対して、現実として清算が不可能であることを堂堂と主張し、実際に清算を行わなかった。このような朝鮮側の対応もまた、具体的な取り決めがないことによると思われる。

一方で、このように、延取引に関わるトラブルが相次いで発生する状況に対し、朝鮮が何の対策も取らなかったわけではない。一八八四年六月、平安道義州在住の高承翌が、日本商人との間に、金銭トラブルを起こした。欠銭の処理過程においても、張本人からの回収が難しい場合、関係者から回収しようとする様子がみられたが、ここでも回収の標的は、高一族にあてられた。これに関連して、六月二日、署理督辦統理交渉通商事務の金允植は、各国に対して次のような通知を行っている。

本国奸民、往々公銭（公金、公貨）を犯用し、本族に嫁禍す。一人の浮浪あらば、挙族蕩残するは、実に悪(にく)むべきに属す。現に今、各港開桟の時、必ず浮浪奸民の暗(ひそ)かに相和同し、各国商人の債を得て、本族に移徴するの計を為さんと図る有り。此路一たび開かば、後弊無窮なり。請ふらくは各港領事に飭し、嗣後諸商民、如し貨物定価、本国民人等の処、先給する有らば、須らく本地有名商民の立証画押を領(う)け、方さに給付を許すべし。若し限に趂(およ)びて清還せずんば、寧(むし)ろ立証の民より替徴すべくも、断じて諸族に害を貽(のこ)すべからず。(26)

開港が行われた今日、浮浪奸民が外国商人とたくらんで、借金をしたあげく、その返済を本族（奸民の属する一族）に転嫁しようとすることがある。これでは一人の浮浪で一族が破産するに至り、極めて弊害が多い。そこで、今後、各国商民が、貨物を朝鮮人に延取引で販売しようとする場合、現地の有名商民の保証とサインを得た上で取引するようにし、もし清算が行われなかった場合は、保証人がそれを返済することにする旨を、各国公使が各港の領事に指令してほしいとしているのである。

統理交渉通商事務衙門は、自由貿易が開始された以上、商取引の結果については商人自身が責任を持つべきであって、官が責任を負う必要はないことをはっきりさせた上で、それでも紛争が多発して、外国商人の訴えにより事件になるのは問題なので、取引方法については確実なものにしたほうがよいと判断し、このような基準を文章化した。これは条約上の義務ではなく、照会であるから、各国公使によってこの措置が実際に行われたかはよくわからないが、重要なのは、欠銭問題については、その処理の基準として章程を利用しない一方で、統理交渉通商事務衙門が実情に即した対策を打ち出していたということであろう。

（2）盗難事件

次に盗難事件について検討してみよう。当該時期に朝清間で懸案になった清商の盗難事件は【表2】のとおりで

【表２】統理交渉通商事務衙門に訴えられた清商盗難事件（～1884年10月）

日時	被害商店	品物
1883.11.9	中和号（仁川）	錫６條
1883.11.8，9	怡安号（仁川）	火油
1884.4.26	生盛号（漢城）	洋布・酒
1884.5.3	永来盛号（漢城）	布疋・洋針など
1884.5.17	公盛和号（漢城）	銀56両９銭６分、銅銭10,175文、各種布など
	天豊号（漢城）	
1884.6.4	和興順号（漢城）	銅銭106,500文
1884.7.12	和興順号（漢城）	表心紙３塊、一尺鏡65個など
1884.8.29	怡和洋行（仁川）	貨物

『清案』より作成

ある。

中でも問題になったのは、漢城における盗難事件であり、特に公盛和号の盗難事件をめぐっては、それより前に発生した生盛号、永来盛号の盗難事件と犯人が同一と見られ、犯人と賠償をめぐって、朝清間の意見が対立した。そこで本項では、公盛和号盗難事件の処理過程について検討してみたい。

一八八四年五月一七日、盗難にあった公盛和号の犖連徳は、盗賊は三人であったと申告し、そのうちの一人である金聖云が、更夫（夜回り）の部屋に隠れたため、そこに居合わせた二人の更夫である李云、禁衛営の兵丁である鄭龍徳ともども捉えて、陳樹棠の処置を求めた。これを受けて陳樹棠は、五月一八日、統理交渉通商事務衙門協辦の尹泰駿と合同審判を行い、李云を除く金聖云、鄭龍徳、また賊をかくまった金敬老の三人を捕盗庁に送付し、厳しく取り調べて、盗品を回収するよう、統理交渉通商事務衙門に照会した〔159〕。尹泰駿と陳樹棠の合同審判は、たまたま居合わせた統理交渉通商事務衙門協辦の金允植をはじめ、吏曹参判閔泳翊、忠州牧使閔応植、総理親慶軍等営務処袁世凱などの人士が同席して行われたという〔179、207〕。これは水陸章程第二条により、朝鮮人が被告の場合は、朝鮮官員と中国商務委員が合同で審判することになっていたことによる。

ところが、この後、金聖云が自供を翻したので、再び朝清の合同審判を行うことになった[27]。五月二六日には、清側から派遣された元山理事官劉家驄によって、犟連徳をはじめとする清側関係者の訊問が行われ、これをうけて、二八日に、統理交渉通商事務衙門から派遣された刑曹正郎申学休、左捕従事官韓用喆、右捕従事官張禹植とともに、再び李云を合わせた容疑者四人の合同審判が行われた。劉家驄は、夜間に城門を閉ざす漢城においては、更夫と兵丁の協力がなければ犯行は不可能であるとして、供述を翻したとは言っても、状況証拠から、更夫である金聖云と、兵丁である鄭龍徳の罪は疑うべきもないことを主張した〔179、207〕。

ところが、ここで事件は急展開を見せる。捕盗庁が、真犯人として金元式ら八人を捕らえたのである。連絡を受けた統理交渉通商事務衙門は、これを陳樹棠に照会し、回収した盗品を送付して、清商への返還を要請した〔197〕。これを受けて清側では、被害にあった清商らによって回収盗品の確認が行われたが、永来盛号の盗品の一部が一致したほかは、確認できないものも多く、残りの損害について、朝鮮側が盗品を取り戻すことを要求した〔198〕。

これに対し、統理交渉通商事務衙門は、清商が金聖云をはじめとする無実の良民らを誣告したことに対して、強い遺憾を表明しながら、朝鮮側が盗品の取り戻しをする必要がないことについて、以下のように論じた。

真盗を捨てて良民を誣り（そし）、無辜の狂夫より冤贓を追ん（とりたて）と欲す。華商の主意、実に未だ暁る（さと）べからず。本国の法、捕庁の職は、詷盗追贓して、被盗の人に還給するに在り。未だ贓を獲ざると雖も、追賠するの規は無し。華商の為めに新規を剏行するは未便たり〔199〕。

統理交渉通商事務衙門は、自国民を冤罪に陥れようとした清側に憤然として抗議しており、盗品の取り戻しについても、未だ品物が見つかっていない状況で行うのは朝鮮の法に規定がないことだとして、清商のために新規を設けることはできないことを主張している。また、朝鮮側が盗品の取り戻しを行う必要がない根拠については、華商前後の被盗貨物、亦た応さに追賠すべきの一事に至りては、諸れを通商章程を考ぶるに、未だ此の款を載明する有らず。本国の律例、亦た此の法無し。華商被盗の一案の為に、新規を剏行するべからず〔200〕。

として、「通商章程」に規定がないことをもあげている。この「通商章程」が具体的に何を指すかは明らかではないが、たしかに水陸章程にも、関連章程にも規定はない。

陳樹棠は、朝鮮側の見解に対して、まず金聖云らの容疑を認めないことについて反論した。統理交渉通商事務衙門協辦金允植をはじめ、閔泳翊、尹泰駿といった高官が会座する中で行われた合同審判を反古にして、捕盗庁の主張のみを尊重するのはおかしいというのであるが〔207〕、清側が金聖云犯人説にこだわる理由は、金聖云が更夫、鄭龍徳が兵丁であることによるようである。陳樹棠は、朝鮮側の賠償責任について、次のように主張している。

査するに北京、向きに貴處通商を准し、毎年、貢使の前往する者に随ひて、帯貨行商するあり。中国境に入りて自り北京に至り、随帯の貨物銀両、竊に遇はば、地方官並びに統轄専管の上司由り、按股賠還す。例載随帯の貨物、自ら是れ商貨にして、盡く貢使応用の者に非ず。今漢城内華商被盗の貨物、自ら応さに照賠し、方さに平允（公平で穏当なこと）を昭かにすべし。且つ貴處の刑典、明律を用ふ。中国現行の律例、乃ち明律の減軽に因るも、竊去盗案、追賠賍物の明條有り。賍銷（盗品の売りさばき）は、例として変産（不動産を売る）して主に賠はしむ。況んや兵丁・更夫の盗を為すをや。監主自盗の例有らば、応さに賠すべし。何ぞ新規を創行すると謂ふを得んや〔207〕。

朝鮮から北京に往来する年貢使に付随する商人が、清に入境した後、盗難にあった場合、地方官から調査して賠償する。貨物が商貨であり、貢物でなくてもである。それを考えれば、今回の漢城における清商の盗難品は、当然賠償されなければならない。さらに朝鮮の刑典は明律を用いているが、清の現行の律例は明律を軽減したものであるにもかかわらず、盗難については贓物を弁償させる規定がある。盗品を売ってしまった場合は、例として不動産を売って被害者に弁償させることになっている、というのである。このように、ここで清側が主張の根拠としているのは、年貢使に関する慣例と、清の律令である。また、兵丁・吏夫といった治安を守らなければならない立場の人が自ら盗みを働いたなら、当然贓品を弁償させるべきであるという主張で、まだ金聖云犯人説にこだわっていることも確認される。

これに対して統理交渉通商事務衙門は、金聖云犯人説には全く反応せず、年貢使の随行商人の貨物盗難を賠償するのは「柔遠字小」によるものであると退けた上で、次のように主張した。

> 現に、各国開桟し、盗案畳出し、日を式(も)って断れ生ずるに、該地方官、何項の巨欵を籌得して、許多の贓物を賠(つぐな)ふべけんや。況んや本国の律例、原より賠贓無し。通商章程も亦た、代償の文無し。揆(はか)るに情理を以てせば、実に另様の辦法無し〔210〕。

各国の商店が開かれ、盗難事件が続出しているのに、地方官がこれを全て弁償するのは無理であると、極めて現実的な判断を下し、朝鮮の律例、通商章程ともに弁償規定がないことを繰り返している。

さらに陳樹棠は、これまでの盗難事件について、地方官が、事情を知っている親族、事情を知りながら盗人を匿い、盗品を消費した人を追究し、不動産を売って元の数どおり盗まれた者に弁償させることを要求したが〔215〕、これに対しても統理交渉通商事務衙門は、

> 果たして知情親属及び窩盗銷贓の人有らば、則ち変産賠還せしむるは、本国法に於いても亦た然り。但し近日

盗案甚だ繁く、類ね皆な無根浮浪の輩にして、萍のごとく聚まり、飈のごとく散じ、踪跡恍惚たり。竊む所の物、未だ京市に銷買されず、必ず四遠郷外に帯走すべく、捉賍に縁無し。勒限厳しと雖も、其の実効あり難し〔217〕。

と、事情を知りながら盗人を匿い、盗品を消費した人を追究し、不動産を売って元の数どおり盗まれた者に弁償させることは朝鮮法においても定められているが、今日、盗難事件が多発し、盗品の流通も広域にわたって調査が難しい現実を挙げて、清側の主張を退けたまま、この件についてこれ以上朝清間で論議が行われることはなかった。

このように、商業活動に関わるトラブルについて、具体的な取り決めがないということが、結果的に朝鮮側の主張の根拠となっている状況は、欠銭問題同様、清商店の盗難事件においても確認できる。商業取引の現場における章程の意味を考える上で、示唆的である。

四　小括

以上のように、統理交渉通商事務衙門が実際に処理した対清懸案事項である、楊花津入港問題、李範晋事件、清商人に対する欠銭、清商店盗難事件について検討してみた。

楊花津入港問題の交渉において、統理交渉通商事務衙門は、水陸章程第四条の規定を根拠に「朝鮮通商章程」を遵守することを清側に要求した。朝鮮が独自に制定した細則である「朝鮮通商章程」が、実際の懸案事項を処理する過程で活用されていることが確認される。これに対して清は「朝鮮通商章程」が水陸章程に基づいて定められたという点は無視しながら、清が守るべきは水陸章程であると主張した。これを受けて朝鮮側は、水陸章程自体を主張の根拠として示した。そのポイントとなったのは、朝清二国間の問題に、諸外国を巻き込んでいくことであった。これは水陸章程制定交渉時から、清が二国間の特殊性を盾に権利を要求してくることへの対処を想定して朝鮮側が章程に戦略的に組み込んでいた点を利用するものであった。

李範晋事件においては、統理交渉通商事務衙門は、清が水陸章程に違反していることを厳しく追及した。水陸章程が奏定であることを前面に押し出して清に遵守を迫る朝鮮に対し、清は反論の根拠を持たなかった。ここでも朝鮮が、水陸章程を効果的に運用していることが確認できる。

一方、商業問題に関して朝鮮は、現実的に無理であることを堂々と主張して、清側の賠償要求を退けた。この対応では、水陸章程や関連章程に規定が無いということが根拠として主張されている。

総じて、実際に生じた朝清間の懸案事項に対する朝鮮の外交交渉は、水陸章程や「朝鮮通商章程」を活用したものだったことがわかる。朝清関係改編構想から水陸章程制定、関連諸章程の制定は、実際の外交上の懸案事項の処理に関わる運用につなげられていた。すなわち、朝鮮の対清外交は、水陸章程を核として、戦略的かつ体系的に展開されていたということができる。

しかし、楊花津入港問題にあらわれているように、その水陸章程を清側が、自国に有利なように独自に解釈して朝鮮に押しつければ、朝鮮側でそれを拒否するのは困難であった。すなわち、朝鮮側が、清に対して水陸章程をもって主張を展開したとき、それを貫徹できるか否かは、清の出方如何にかかっている部分があったのも、また当時の現実であった。朝鮮外交の戦略をシャットアウトするこの壁にいかに対処するか。次なる戦略は諸外国を巻き込んで展開されていくことになる。

第Ⅲ部

条約をめぐる朝鮮外交の展開

第七章　関税「自主」をめぐる朝鮮外交の展開
――「日朝通商章程」を中心に

一八五四年、アメリカの砲艦外交によって開国を余儀なくされた日本は、一八五九年の日米修好通商条約を皮切りに、諸列強と一連の不平等な条約を締結した。これらの条約を改正し、領事裁判権の撤廃、片務的最恵国待遇の撤廃、関税自主権の獲得を実現することは、明治日本が直面した一大課題であった。条約改正はすなわち、日本が欧米列強によって構成される国際社会の一員として認められることと同義となり、外交のみならず、国内政治をも巻き込んで、まさに国を挙げて取り組まれた目標だったのである。しかし、交渉は容易に進展せず、挫折に挫折を重ねた。上述の三要素の中では最も遅れて、日本が関税自主権を回復するのは、一九一一年二月に調印された日米通商航海条約をもってであるとされている(1)。

一方朝鮮は、日本と一八七六年二月（以下、月日付は特記がない限りすべて陰暦とする）日朝修好条規を締結し、同年七月、日朝修好条規付録、および「朝鮮国議定諸港に於て日本国人民貿易規則（修好條規附録に附属する通商章程）」、および「修好条規附録に附属する往復文書」（趙寅煕・宮本小一間議定書）を締結した。これらは、朝鮮にとって、日本が欧米諸国から強要された不平等な内容はもちろん、日本と欧米諸国との条約にもない、より不平等な内容を含むものであったことはすでに指摘されている(2)。その「より不平等な内容」のうちの一つは、貿易における輸出入無関税の取りきめであった。朝鮮は無関税貿易の改善のため、かたや欧米と自国の関税自主権回復に懸命であった日本と交渉を重ねたが、これも容易に妥結しなかった。「朝鮮国ニ於テ日本人民貿易ノ規則」（以下「日朝通商章程」とする）および「朝鮮国海関税目」（以下「附属税目」とする）が制定され、日朝貿易において朝鮮による関税賦課が規定されたのは、一八八三年六月のことであるが、この時の関税率は主要輸入品目八％の協定関税であった。

このような状況を考えると、この時期、朝鮮における関税自主権の問題は、どのように展開していたのだろうかという疑問が生ずる。そこで本稿では、この疑問を出発点に、開港期朝鮮において関税をめぐる「自主」という問題が、どのように認識され、また具体化されていったのかを検討してみたい。

一　朝米修好通商条約第五款の検討──「関税自主権」をめぐって

朝鮮における関税自主権の問題を論じる上でまず注目されるのは、一八八二年四月に調印された朝米修好通商条約（以下、朝米条約と略す）である。韓国の国史編纂委員会が刊行している通史である『韓国史』において、朝米条約は次のように説明されている。

一八八二年に締結された朝美修好条約は貿易における関税自主権と輸入一〇％、輸出五％の関税率を規定し、朝鮮の穀物輸出禁止権を認定することで、日本との条約に比べ朝鮮に多少有利な側面もあったが、江華島条約にはなかった最恵国条款が規定されるなど、依然として不平等な内容を含んでいた。(3)

最恵国条款など、不平等な内容の指摘が中心であるが、ここでは、朝米条約に朝鮮の関税自主権が規定されたことが明言されている。このような評価は、韓国の研究において一般的であるといってよい(4)。

ここで朝米条約の条文に立ち返ってみると、第五款には、朝鮮人がアメリカに赴いて貿易する場合、納税は「美国海関章程」(the customs regulations of the United States)により、その額はアメリカ本国人や「最優国」に課されるものと同様であるとしている部分に続いて、アメリカ人が朝鮮に赴いて貿易する場合について次のようにある。

美国商民並びに其の商船、朝鮮に前往して貿易せば、進出口の貨物、均しく応さに納税すべし。其の収税の権、応さに朝鮮の自主に由るべし。所有の進出口税項及び海関禁防偸漏諸弊、悉く朝鮮政府の規則を設立し、先期美国官に知会し、商民に布示し遵行せしむるを聴す(5)。

とあり、その「収税の権」は朝鮮の「自主」によるとされ、輸出入税額および税関が脱税などの弊害を禁止することに関しては、朝鮮政府によって「規則」を設立することとされているのである。この「規則」は、先の「美国海関章程」の朝鮮版として対応するとみてよいだろう。ところが、条文の続く部分には次のようにある。

現、擬(はか)りて先に税則大略を訂す。各色進口貨、民生日用に関わり有るは、価値百に照估し、抽税は一十を過ぐるを得ず。其の奢靡玩要等の物、洋酒・呂宋煙・鍾表の類の如きは、価値百に照估し、抽税は三十を過ぐるを得ず。出口土貨に至りては、概して百を照値して抽税五を過ぐるを得ず(6)。

現時点では、「税則大略」を先に定めておくとして、輸入は日用品一〇％、奢用品三〇％、輸出は全品五％以下という、基準が定められているのである。

条文を確認した上で、この朝米条約第五款が、朝鮮の関税自主権を認めていると言えるのか、もう一度考えてみよう。というのは、日本の研究において、この条款を関税自主権と評価する見解は、あまりみられないからである。[7]これは、そもそも法律用語ではない「関税自主権」という概念が、日本の歴史研究においては伝統的に、単なる関税賦課権というよりは、関税率自由決定権という意味合いで用いられてきたためであると思われる。[8]朝米条約第五款については、前段は、関税の額を含む規則の設立が認められているから、確かに「関税自主権」を獲得しているといえるけれども、後段では、実際の貿易を規定したと考えられる協定関税率がいったん定められているため、「関税自主権」としての評価を保留しているのであろう。

しかし、実際に朝米条約第五款は前段と後段をあわせて一つの条款なのであるから、日本の研究のように前段を評価しないことには問題があるだろうし、同時に、「関税自主権」という概念についての定義を厳密にしないまま、評価が先行する韓国の研究にも問題があると思う。むしろここで注意するべきなのは、朝米条約第五款は、「関税自主権」という概念ではとらえきれない内容をもっているということ、それが当時の朝鮮における関税をめぐる実態の一側面であったということなのではないだろうか。その意味を理解するためには、当時の実態に即して、関税問題をめぐる朝鮮外交の展開過程を確認する必要がある。以下、順を追って整理してみよう。

二　関税問題に対する認識――日朝修好條規～釜山海関収税事件

朝米条約からさかのぼること六年、一八七六年時点で日朝貿易の無関税が定められたことは先に述べたが、この内容は条約の条文に記載されているのではない。日朝修好條規には、第十一款に「両国既に通好を経たれば、另に通商章程を設立し、両国商民の便利を与ふべし」とあり、これに基づいて貿易規則が定められたが、ここには入港税が定められたのみで、関税に関する言及はない[9]。関税については、「人民に公布して不可なるもの」として、先出の「修好条規付録に付属する往復文書」によって取り決められたのである[10]。宮本小一から趙寅熙にあてられた公文の内容は、以下の通りであった。

海関（税関）を設け、税額を定め、両国人民に約束して徴収する。是を公税と為す。今特り進口船公税の一則あり。此外、若し進口貨物内地に入るの時、出口貨物内地を出るの時、其の要路に取締所等を設立し、以て陰に諸種の税餉（租税）を徴し、或いは其貨物点検の労に托し、賄を納むる等、皆是貿易を公許すと雖ども、其実は貿易を沮抑するなり。今自り断然是等の事を廃し、再び弊竇を開く可からず[11]。

この文章からは、税関を設けて徴収する「公税」のほかに、「要路」に設立した「取締所」における「諸種の税餉」の廃止を言っていることはわかる。しかし、これが税関における輸出入税の徴収を禁止しているのかは、曖昧である。

さらに、この部分の前置きには次のようなくだりもある。

両国人民の貿易は、寛裕弘通を主旨とする勿論なれば、右等の弊竇（ここでは旧弊）、宜く速に革除せざるべからず。蓋し我（日本）人民の貴国に転送する各物件は、我が海関に於て輸出税を課せず。貴国より我内地へ輸入する物産も、数年間我海関に於て輸入税を課せざる事に、我が政府の内議決定せり[12]。

すなわち宮本は、朝鮮との貿易について、日本人に日本の税関で輸出入税を課すか否かは、ここでは課さないことに決まったとしても、そもそもは日本政府の「内議」で決定できる問題であるという見解を示しているのである。

これを受けて朝鮮政府が、逆に日本との貿易について、朝鮮人に朝鮮の税関で輸出入税を課すか否かは、朝鮮政府の「内議」で決定できるものと理解したとしても、何ら不自然ではない。

実際、一八七八年八月十日、朝鮮政府は東萊府に税目を定めた冊子を送付し、釜山の豆毛鎮に税関を設置、日本との貿易に従事する朝鮮人商人からの徴税を開始した(13)。従量税であったが、従価計算では輸出一割五分、輸入二割四分程度の高率に相当したという(14)。

釜山駐在日本管理官代理であった山之城祐長は、東萊府使尹致和に抗議したが、尹致和は、輸出入に課税するのは各国の例によるもので、さらに今回は朝鮮商人からの徴税であるから、隣国より抗議せらるべき理由がないと主張し、これを一蹴した(15)。ところが同年一一月六日、花房義質代理公使(16)が最新鋭軍艦比叡で釜山に乗り込んできて、豆毛鎮への空砲発射を含む武力的威圧とあわせた撤回要求を突きつけるに至り、結局この徴税は、朝鮮政府の判断で中止された。しかし、このとき朝鮮政府は、徴税はいったん断念するとも、「且其税之有無、無関於隣邦」として、朝鮮にとって関税を賦課するか否かは、あくまでも隣国に関係する問題ではなく、日本の干渉は不当であるとの見解を示していた(17)。

釜山海関収税事件にみる朝鮮の関税賦課に関する行動は、日本の干渉にあうまで、何の規制も受けない、朝鮮独自の判断に基づくものであった。この時点では史料に「自主」という言葉は出てこないが、朝鮮にとって自国の関税に関する裁量権は、わざわざ「自主」を宣言する必要も感じられないほど当為なものであり、それは日本においても同様であると認識されていたのではないだろうか。むしろ「権利」という概念すらなじまないほど当為であったために、一八七六年の取りきめにおいても問題視しなかったのではないかと考えるのは、憶測に過ぎるであろうか。

しかし、朝鮮は釜山海関収税事件において徴税の挫折を経験し、日朝貿易に関して関税を賦課するためには、否が応でも日本側と協議をする必要が生じた。このことは、一八七九年五月、釜山海関収税事件の賠償交渉で日本側が出してきた七箇条要求に対し、朝鮮がその一部に同意する代わりに提議した四件の要求の筆頭が「税則税額は目下議定に及び度き事」[18]であったことからも明らかである[19]。これ以後、朝鮮は日本との関税問題に本格的に取り組んでいくこととなる。

三　「日朝通商章程」朝鮮側草案に表れた関税「自主」——壬午軍乱以前の対日交渉

（1）草案①

一八八〇年六月二五日に釜山港を出港した第二次修信使金弘集一行は、下関、神戸を経て、七月六日に東京へ到着した。八月四日に帰国の途につくまで、約一ヶ月間滞在した日本における第二次修信使一行の使命は、日本の国情の探索、日本公使派遣への答礼と共に、日朝間の懸案事項協議があったが、その一つが「定税」の交渉であった[20]。

この「定税」交渉を、朝鮮側は、全権代表の協議が必要であるようなものとしては認識していなかったので、草案も持参しなかった[21]。もともと朝鮮側は、上述したように関税に関する裁量権は朝鮮にあるとの認識を持っており、釜山海関収税事件での日本の干渉は不当であるとしていただけに、両国が対等に意見を主張し合うような協議は想定していなかったのであろう[22]。

しかし七月八日、外務省を訪れた金弘集一行は、同日、宿舎であった本願寺を訪れた上野大輔により、草案の有無をたずねられた。そこで金弘集は急遽草案を作成し、七月一六日、花房弁理公使に伝えた。その後いくつも作られる朝鮮側草案の第一号（以下草案①とする）がここに誕生したのである[23]。

草案①の原文は残されていないので、周辺史料における断片的な言及から、第一に従価税五％の設定、第二に米穀輸出禁止という二点が特徴的であったことがうかがえるのみである。しかし、この草案をめぐっての、金弘集と

【表1】「日朝通商章程」の諸草案

	提示時期	款数	史料
草案①	1880.7.16		不明（「三条実美文書」などに言及）
草案②	1881.1.27	31	不明
草案②の1		—	「通商新約附箋」（奎23124）
草案②の2		—	「通商新約附箋條辦」（奎23125）
草案③		27	「通商新約」（奎7768）
草案④	1881.9.27	35	「新修通商章程草案」（『日外』14巻138内）「朝日税議」（奎23023）
草案⑤	1882.5		不明（『善隣始末』五に言及）
日本側草案①	1882.5	41	「朝鮮国海関税則創定花房公使へ全権御委任ノ件」（A01100220600）「朝鮮国海関税則創定ノ全権御委任ニ款スルノ件」（『日外』15巻、108）
草案⑥	1883.3.29		不明（『善隣始末』七に言及）
草案⑦	1883.4？	43	FO405/33
日本側草案②	1883.6	42？	不明（『善隣始末』八に言及）

駐日清国公使何如璋との対談において、朝鮮の関税問題に関して「自主」という用語が初めて登場することは注目に値する。

何如璋は、西欧の通商においては、「税則」が輸入を問わず本国の「自定」に由っているとしたうえで、輸入を制限したければ、高率の保護関税をかければよく、輸出についても税率を「自己酌定」することで、その量をコントロールできると説明し、関税を統括する権限が「自主」に由ることの重要性を強調する。その上で、草案①に「税則の軽重、本国の主持に由る」という一語を添入することを勧めているのである[24]。

このような、条文における関税の「自主」規定の重要性は、清側から、米穀輸出禁止と関連づけても提案されている。上記の何如璋との対談に続いて設けられた、金弘集と黄遵憲の対談において、黄遵憲は、米穀輸出は「税則」を自国で操縦することによって制限できるので、禁止にこだわるよりも、「税則は我が自定に由る」「税則は我が自主に由る」という一語を条文に声明すべきであることを、再三強調している[25]。

このように、この時点で清側から提案されていた朝鮮の関税問題についての「自主」は、具体的には税率の高低を調節する権限を含むが、より広範な、関税に関する事柄全般についての裁量権として想定されていたと言えよう。これについて、朝鮮側、金弘集の反応はどのようなものであったかといえば、何如璋に対しては「開諭至此纎悉、雖甚魯愚、豈不暁得」として、大いに納得している[26]。一方で、黄遵憲に対しては、その説に感銘の意を示しながらも、他の品目の税額が定まらないうちに米穀の税に朝鮮側から言及することが藪蛇となる可能性を危惧して、米穀については、後日別に重い税率を定める方がよいとの見解を示しており[27]、関税「自主」声明について、無条件に積極的であったわけではない。しかし、このような意見交換を通した、朝鮮側の関税「自主」に対する認識の深化は、次の草案へとつながっていくことになる。

(2) 草案②③④

日朝間の関税問題に関して、第二次修信使金弘集の東京における交渉に続くのは、一八八〇年一一月に、国書を持参してソウルにやってきた花房弁理公使と、講修官・金弘集を中心とする交渉である。高宗に謁見して国書奉呈を行うことで、それまで日朝間の懸案であった日本公使のソウル駐箚を事実上朝鮮側に認めさせた花房は、引き続きソウルにおいて仁川開港問題の交渉に入った。度重なる交渉の末、仁川開港は一八八一年二月一日に二〇ヶ月後の開港が決定するが、この交渉過程において、金弘集は再三花房に関税問題の協議を訴えていた[28]。朝鮮側は、このソウルにおける交渉で関税規則を制定してしまいたいと考えていたようで[29]、仁川開港受け入れの直前である一月二七日に、花房に全三一款からなる「税制草案」を渡した（草案②）。しかし、日本側の遅延策もあって交渉はまとまらず、一八八一年九月に第三次修信使趙秉鎬が日本に派遣され、今度は東京で、仕切り直しの関税問題の交渉が行われることになった。

草案②は原文不明であるが、草案②に花房が附箋でコメントを付した内容が「通商新約附箋」（奎二三一二四／草案②の一）として、またこれを受けてさらに朝鮮側が附箋でコメントを付した内容が「通商新約附箋條辨」（奎二三一二五／草案②の二）として残されている。一方ここに、「通商新約」（奎七七六八）という史料があるが、この内容は、「通商新約附箋條辦」をそのまま反映させたものになっているので、朝鮮側がこれらのやりとりを受けて作成し直した修正草案であると考えられ、こちらは全二七款全文が確認できる（草案③）。そして、この草案③は、第三次修信使趙秉鎬が朝鮮から持参して一八八一年九月二七日に日本側に提出した草案である「新修通商章程草案」（草案④、全三五款）と多くの条文が同一である。草案③と草案④の内容を比較してみると、後述するように、草案④により詳細な規定が追加されており、草案②と草案④の提出時期のタイミングを考えあわせても、草案③を土台として草案④が準備されたと考えるのが自然である。[30] それでは、これらの諸草案において、関税に関する「自主」はどのように言及されているのだろうか。

まず、草案②についてである。草案②は、日本の各国との条約改正交渉の推移を勘案し、また朝鮮政府の旨意を受けて作成されたものとして、草案①とは内容を相当に異にしていたが、[31] その基本方針は、「通商新約附箋條辦」に次のように示されている。

（税則の制定は）通行の法に拠るに、猶ほ議中を参酌して為すがごとき者なり。何ぞ未だ曽て与聞せざるを云ふを得んや。況んや内国政令、悉く自主に由るを聞す（ゆる）。海関章程も亦た、応さに自主なるべきは、此個の通行の例にして、貴公使、豈に之を知らざらんや。

花房の交渉に積極的に応じない態度を批判する文脈の中ではあるが、内国の政令は悉く「自主」に由るとした上で、「海関章程」の制定も「自主」として行うべきであると明言しているのである。ここで、日本との間で定められるべき取り決めが「海関章程」とされていることもまた、注意しておこう。

朝鮮側が直接日本に対して、関税をめぐって「自主」に言及したのはこれが初めてである。「内国政令」の「自主」

は、他国の干渉を一切受けない性質のものであるから、関税規則の「自主」も同様の意味にとらえられていたことがわかる。先述の清側との意見交換を経て、朝鮮側は関税「自主」をいったんこのように消化したのであった。それでは、「自主」によって制定する「海関章程」の内容はどのようになっていたのだろうか。草案③の原文を中心に検討してみよう。

草案③には、従来からの朝鮮側の主張通り、米穀と紅蔘の輸出禁止が盛り込まれていると同時に（第一七款、第一八款）、告知さえ三ヶ月前に行えば、輸出税の税率を朝鮮側が独断で増やして施行することができる、いわば輸出税についての関税率自由決定権が定められている（第一九款）。さらに事前通告と協議は必要であるが、章程を修正する権限は朝鮮政府の側に認められている（第二六款）。また、関税規則にあわせた税目税率表が作成されていることも注目される[32]。その内容は、輸入税一般一〇%、最高三五%、輸出税は木綿布・繭絲・牛皮が一〇%、それ以外が五%というものであった[33]。

一方、第三次修信使趙秉鎬が日本に持参した草案④[34]は、草案③と比較すると、罰則や罰金が強化されていること[35]、庫税・借庫税、入港手数料などが新設されていることに差異が見られる。しかし中でも注目されるのは、新たに添入された第三三款の内容である[36]。

凡そ税関禁防偸漏の諸弊、朝鮮政府由り、自ら規則を設立するを行ひ、商民をして遵行せしむるを聴す。若し時に随ひて改定する所有らば、預め一月前に於て、領事官に通報し、商民に布示す。

税関の脱税等の弊害を禁止するために、朝鮮政府による「規則」の制定が定められており、すなわちここに今度は条文において初めて、「自ら規則を設立するを行ひ」という表現で、「自主」が言及されているのである。

また、草案④においては、草案③では原文が確認できなかった税目税率表が確認でき、ここには敝邦、貴国と通商自り以来、貿易の隆、日に増し月に盛り、開港は茲に已に五載を踰へ、尚ほ未だ関を設け、税を課するに及ばず。此れ実に万国通行事例の無き所の者と為す。夫れ各国収税の権、悉く自主に由る。此れ貴国の熟知する所にして、不佞〔趙秉鎬〕の習聞する者なり。(37)

とあり、「収税の権」の「自主」が宣言された上で、税率が、輸入について一般は従価一〇％、最高三五％、輸出は全品目五％と定められているのである。

このように、草案②③④においては、関税をめぐる「自主」の内容が徐々に具体化していくが、これらの具体的な内容が規定されているのは関税規則においてであり、その関税規則の制定自体に、朝鮮の「自主」によるという被せがかけてあることがポイントである。関税率の具体的な数字についても、草案②からは税目税率表が別立てになるが、草案①までの流れからして、この税目税率表は朝鮮の「自主」によって制定される関税規則に含まれているとするのが自然である。ゆえに、理論的には、条約に示されている関税率を、朝鮮が「自主」的に変更することは、いつでも可能なのであり、「自主」を宣言する限り、関税率の数字は一般的な協定関税とは意味が異なってくるのである。

(3) 草案⑤

関税自主権に関連して本章の冒頭で検討した朝米条約が調印されたのは、この草案④を持参した第三次修信使一行が朝鮮に帰国、復命した後のことである。朝米条約の締結経緯については、第八章で詳説するが、本交渉は一八八二年二月に天津において、李鴻章とシューフェルトとの会談によって行われ、朝鮮側からは当時在津していた領選使金允植が、李鴻章との意見交換を行うにとどまり、シューフェルトに面会すらできなかったことはよく知られている。しかし、これまで述べてきた、朝鮮の対日関税交渉の経過に、先に見た朝米条約第五款を位置づけてみると、「其の収税の権、応さに朝鮮の自主に由るべし」云々というくだりは、草案④の第三款、税目税率表で指摘した部分と、文言が大部分で共通している。すなわち、朝米条約第五款の内容は、朝鮮政府の対日交渉における関税「自主」の模索過程の延長線上にあったと見られ、そのように解釈すると、先述の前段と後段についての「関税自主権」をめぐる評価に関連しては、朝鮮政府の意図としては、前段に重点があったと言ってよいだろう。

実際、一八八二年四月六日、仁川においてなされた朝米条約の調印は、続けて実現した朝英条約、朝独条約の調印とあいまって[38]、朝鮮の対日関税交渉に弾みをつけた。同年五月、花房弁理公使がソウルに着任した後、ソウルで行われた交渉に、朝鮮側からは「税則擬議権」を付された統理交渉通商事務衙門通商司経理事金輔鉉と金弘集が臨んだが、ここでは新たな草案が提出された（草案⑤。原文不明）。これに対して花房は、初めて日本側作成の草案（日本側草案①）を示したので、相互に検討することとなった[39]。

この日本側草案①[40]は「朝鮮国に於て日本人民の貿易規則」と題されている[41]。「貿易規則」には関税率や制定権についてはは言及されておらず、「朝鮮国海関税目草案」という税目税率表において、一般五％、綿織物等は七・五％の輸入税率が示されている。注目すべきは、「貿易規則」の「旨意」にある以下の記述である。

第一　體裁の事

一　此貿易規則は其実、海関規則を主として取調べたる者にして、其體要を我税関規則草案に取り、而して専ら朝鮮国の現情に適せしめんことを要せり。

一　海関規則を以て貿易規則と混同したる所以の者は、別に海関規則を設くるときは、或は彼国の施政規則と為すを当然とするに因り、将来彼政府にて如何なる改正を加ふるも我に於ては嘴を容るるの権理なく、為めに両国貿易上の不利を生ぜんことを恐るればなり。

内実は「海関規則」であるが、「貿易規則」との名称を用いている理由について説明している。「海関規則」というのは一般的に自国の施政規則である以上、今後朝鮮がどのように改正しても日本は口出しできない。それは困る、というのである。すなわちこの時点で、日本側も「海関規則」は朝鮮が自由に制定するものであるという認識を持っていたことがわかる。

二十日あまりの検討を経て、朝鮮側は日本側草案①に附籤をして返却したが、その際、「新訂通商章程」を同送したという[42]。この「新訂通商章程」が朝米条約を指すのか、はたまた新たな草案を指すのかは不明であるが、このとき朝鮮側は「海関規則を立つるは朝鮮の自主に由る。既に自操の権に属するときは、自国草案に就きて協議すべし」[43]として、税関規則の制定は朝鮮の「自主」によるべきことをくり返し、それゆえ今回の交渉も、朝鮮側草案に基づいて行うべきであると主張している。また、日本側が主張する輸入税一般五％についても、附籤で「公平ならず萬議すべからず」と指摘した[44]。

六月三日、ふたたび行われた交渉においても、朝鮮側は、自国の草案に基づいて協議を進めることを主張した。花房が日本側草案に固執すると、金輔鉉は、朝米条約では、輸入は一般一〇％から最高三〇％、輸出は五％の税率が定められていることを確認しながら、イギリスとドイツも同様であることを述べ、日本もそれにならうべきであるとして、ここでは明確に「米約第五款」の謄本を示したという[45]。

このように、対日交渉の延長線上に実現した朝米条約第五款は、ふたたび対日交渉の場に戻ってきた。アメリカが、朝鮮の「自主」によって設定された関税率を条約で認めたことは、日本にとって無視できないものがあった。六月六日、京畿観察使営において行われた交渉において、花房は、日本側も朝米条約の輸入一〇～三〇％という税率については「同旨」であるとの意見を朝鮮側に示すに至った[46]。ところが、このような一連の交渉の流れは、三日後に起こった壬午軍乱により、急転することとなったのである。

四　朝鮮政府による関税「自主」の実行

(1) 草案⑥⑦と「日朝通商章程」の制定

一八八二年六月九日に起こった壬午軍乱は、武衛・壮禦営の兵士等の現政権に対する不満の爆発であったが、その際に日本公使館が京畿観察使営とともに襲撃され、堀本礼造陸軍少尉が殺害されたことは、済物浦条約、日朝修好条規続約の調印という結果を招来した。これにより、日本は賠償金とともに、公使館警備のために日本軍をソウルに駐兵する権利を得、[47]内地旅行・通商権の及ぶ範囲を大幅に拡大したのであった。[48]

このような流れの中、一八八二年九月には、東京へ第四次修信使朴泳孝一行が派遣されたが、日朝間の関税問題について協議が行われた形跡はみられない。[49]中断していた関税交渉が再開するのは、一八八三年三月のことである。当時、統理交渉通商事務衙門督辦であった閔泳穆は、ソウルに駐在していた竹添進一郎公使に、新たな朝鮮側草案（草案⑥。原文不明）を伝達したが、竹添は外務卿の指示のもと、朝米条約批准を準備中であったフートへの工作に忙しく、朝鮮側への対応は積極性を欠いていた。[50]この間、朝鮮側からは、天津駐在時からの旧知であったメレンドルフが竹添に接触し、[51]メレンドルフから竹添に朝鮮側草案（草案⑦。原文不明）が提示されていたこともわかるが、[52]協議はすすまなかった。

ところがその後、一八八三年六月一一日に、竹添公使から日本側の草案が提示され（日本側草案②）、これを基にした協議が開始されるや、わずか十日余の協議の末、六月二二日には「日朝通商章程」および「附属税目」調印に至ったのである。協議は統理交渉通商事務衙門において行われ、閔泳穆、金弘集、李祖淵およびメレンドルフが参席していたが、朝鮮側を代表して主に発言したのはメレンドルフであったという[53]。朝鮮側からは、海関文書に英漢文の副本を付すことが提議されたが却下され、入港税の額と、領事裁判権関連の記述の若干変更が要請されて受け容れられ、収税開始日が早められた他には、紅蔘の自由貿易化が朝鮮国庫に与える損害の大きさが主張されたのみであった[54]。

こうして調印に至った「日朝通商章程」は、全四二款から成る。ここには、壬午軍乱以前の朝鮮側草案に明示されていた、朝鮮の関税「自主」に関わる内容は全く見られない。朝鮮側の意志で行動を起こせる規定は、第三七款に、災害等にあたり米穀が不足する場合、一ヶ月前通告による輸出禁止措置がとれる防穀令規定のみで、むしろ第四二款には、これまでの交渉で全く議論されてこなかった、日本の片務的最恵国待遇が添入された。関税率についても、輸入については、全一一部分類に、免税、五、八、一〇、一五、二〇、二五、三〇％の八段階が設けられ、綿製品を含む一般品目は八％となり、輸出については、先述の紅蔘一五％の他、貨幣（金銀地金及び砂金を含む）は免税となり、その他一般品目は五％と決定された[55]。しかし、輸入税については、将来、朝清商民水陸貿易章程に定められた陸路貿易の税率五％に合わせる可能性があるという内容の続約が作成され、さらなる輸入税率低下に含みを残した[56]。

日本側は、未だ輸入税率について不満が残っていたようであるが[57]、片務的最恵国待遇、禁輸品、関税率の数字という具体的な事項を含む「日朝通商章程」および「附属税目」の内容は、朝鮮側が作成してきた諸草案と比較して、朝鮮側の利益を大幅に後退させるものであった。しかし、それ以上に、関税規則を朝鮮の「自主」によって制定するという大前提が失われたということは、日本側草案による協議というプロセスも含め、朝鮮側がこれまで積み重ねてきた交渉の意味を大いに損なう結果であったといえるのである。

（２）「朝鮮通商章程」の施行

それでは朝鮮は、関税をめぐる「自主」の実現を放棄してしまったのだろうか。ここで注目されるのは、「日朝通商章程」調印以後の、朝鮮政府のアメリカに対する動きである。調印から約三ヶ月後の一八八三年九月一七日、アメリカ公使フートが統理交渉通商事務衙門にあてた照会には、次のようにある。

昨日、恵書之れ来り、通商章程及び税則を奉得し、繹稿、計りて将さに指出せんとす。本大臣の所見、以為らく、此の章程、日前貴衙門の完する所の日本章程と、矛楯不合の條有り。且つ明示を奉らんことを願ふは、日本定條の以てする所の中、格外恩允の税則有るが似きの事に因る。而れども仰ぎ想ふに、日間、貴衙門必ず公務多かるべし。本大臣、姑く此等の論問を延擱するを為し、以て方便時機を待たんとす。且つ敢へて請ふらくは、本大臣の仰議する所有るの前、幸望（こひねが）はくは此の章程税則を以て、認めて未定件と作さんことを。(58)

すなわち、朝鮮側から送付された「通商章程及税則」を受け取ったが、これは「日朝通商章程」と矛盾し、合わない部分があるので、しばらく「未定件」としたいという内容である。朝鮮側が送付した「通商章程及税則」とは何か。このフート照会に対する、統理交渉通商事務衙門の照覆を見ると、その意味が明らかになる。

査するに本国と貴国の條約第五款、「収税の権の応さに朝鮮の自主に由るべし。悉く朝鮮政府の規則を設立し、期に先んじて美国官に知会し、商民に布示して遵行せしむるを聴す」等の語有り。此次所呈の章程及び税則、則ち條約を照らして自から定め、期に先んじて知会する者なり。則ち已に完本に属す。且つ、抽税の限、漸く届（いた）る。貴大臣の真を認めて照辦し、以て時に及びて征収するに便ならんことを請煩す。(59)

つまり、今回送付した「通商章程及税則」は、朝米条約第五款の、「収税の権」は朝鮮の「自主」により、朝鮮政府が「規則」を設立できるという規定に則るものであり、規定に従って事前に通告したのみで、既に完成しているものである。収税開始日も迫っていることであるから、これを正式に認めて処理してほしい、というのである。まさに冒頭で論じた、朝米条約における朝鮮の関税自主権を堂々と行使しようとしている姿勢が見られる。

この「通商章程及税則」は、第四章で論証した「朝鮮通商章程」と「朝鮮国海関税則」であると思われる。すなわち朝鮮政府は、「日朝通商章程」および「附属税目」を調印した後、その一部を自国の利益に沿って修正した「朝鮮通商章程」と「朝鮮国海関税則」を作成し、これを朝米条約第五款の発動としてアメリカに通告し、また清に対しても通告したのであった。

結果的には、アメリカはこの「朝鮮通商章程」についての議論を避けたまま、一八八四年五月に朝英条約を均霑し[60]、清もこの「朝鮮通商章程」を完全に無視したまま、やはり一八八四年三月に朝英条約を均霑するので[61]、この章程の実効性はほとんど発揮されなかったといってよいだろう。しかし、「朝鮮通商章程」の施行は、「日朝通商章程」において朝鮮の関税「自主」が大いに損なわれた直後、朝鮮政府が、アメリカと清に対して関税「自主」を実行することによって、既成事実としてその権限を確保しようとする、ひとつの試図であった。朝鮮が各国と条約を締結し始めたまさに草創期において、自国が締結した条約を活用する形で実践された、外交政策の一方策であったと理解することができる。

五　小括

以上、「関税自主権」をめぐる疑問を出発点として、日本との貿易における関税規則制定過程についての分析を軸に、開港期朝鮮における関税「自主」について検討してみた。その上で、本章の成果としてあげられるのは次の二点である。

第一に、海上貿易草創期の朝鮮において、試行錯誤を重ねながら実行されていく、関税政策の展開過程を、実態に即して明らかにしたことである。朝鮮は当初、関税「自主」は当為のものと認識していたために、豆毛鎮にて収税を実施したが、これが問題化したために関税規則の制定を目指した。これにおいて関税率を明言するのではなく、関税規則自体を「自主」によって制定するという朝鮮の戦略が、壬午軍乱前までは成功しかけていた。ところが実際の展開は、軍乱後の急展開する情勢のなかで、朝鮮側のそれまでの交渉努力がうっちゃられる形で成案が成立するに至った。しかしこれは、先だって締結されていた朝米条約の「自主」の実行として、別に「朝鮮通商章程」を作成し、清とアメリカに送付することで既成事実化しようとした朝鮮外交の戦略と、合わせて理解する必要がある。

第二に、朝鮮における「自主」の内実について、一側面を明らかにしたことである。開港期の朝鮮をめぐっては、清との宗属関係をどうとらえるかが大問題となるため、「自主」という概念が非常に重要な意味を持ってくる。しかし、「自主」は多分に抽象的な概念でもあり(62)、一体どのような行動が「自主」なのかという、その具体的なあらわれ方、実現の形態をつきつめる問題は、これまであまり検討されていない。もちろん、清に対する「自主」と、日本や西欧に対する「自主」を同質に扱うことはできないが、当時の朝鮮による「自主」の実行を、実態に基づく一つのケースとして示すことはできたのではないだろうか。

第八章　最恵国待遇条項をめぐる朝鮮外交の展開
――朝米修好通商条約を中心に

韓美修交100周年記念塔
仁川外国人共同租界趾である自由公園内にある。

第七章で見たように、朝鮮外交の関税「自主」権行使としての「朝鮮通商章程」を実質的に無効化したのは、アメリカ、清による朝英通商修好条約の均霑であった。本章ではその均霑を法的に保証した、条約の最恵国待遇規定についてまとめてみたい。

大院君政権における排外政策を経て、閔氏政権において開化政策に舵を切った朝鮮は、一八七六年に日本と日朝修好條規を締結した。この日朝修好條規とそれに付随して締結された諸規定によって日本は、治外法権と、低率どころではない輸出入無関税の特恵に浴することになったことについては第七章でもふれた。しかし、この条約に、最恵国待遇に関する規定は盛り込まれていない。交渉過程において、日本側はこれを盛り込んだ草案を作成したが[1]、朝鮮側が拒否し[2]、朝鮮側の意向が通った形で条文が成立したからである。

朝鮮が締結した条約に、初めて最恵国待遇に関する規定が登場するのは、一八八二年四月に調印された朝米修好通商条約（以下、「朝米条約」と略す）である。本章では、朝米条約に最恵国待遇が挿入された経緯を確認することで、最恵国待遇をめぐる朝鮮外交の戦略について明らかにしていく。

一　最恵国待遇の性質

(1) 最恵国待遇の四要素

朝鮮外交の展開過程を跡づけるに先立ち、最恵国待遇とは何か、確認しておきたい。まず、最恵国待遇の定義を調べると、条約を締結するにあたって「締約国の一方が第三国の国民に対し現に与えまたは将来与うべき利益と同一の利益を、他方の締約国の国民にも同様に与える（均霑する）こと[3]」と説明されている。しかし、この最恵国待遇は、具体的に条文化される際、実に様々な類型を取り得た。これは、最恵国待遇の持つ性質ゆえである。この性質は、坂野正高の整理を参考にすれば[4]、次の四点から説明することができる。

第一に、片務的か双務的かによって、性格が大きく異なる点が挙げられる。東アジアにおいて、「最恵国待遇＝不平等」という認識が一般的であるのは、その規定が片務的、すなわち東アジア側のみが欧米諸国に最恵国待遇を与える義務を負う形で成されていたためである。しかし最恵国待遇は必ず片務的に規定されていたわけではなく、双務的、すなわち相互に最恵国待遇を与え合うという形態もありえた。そもそも最恵国待遇は、重商主義時代のヨーロッパにおいて、諸国間の通商上の均等待遇を保障する手段として、通商条約に挿入されるようになったという歴史を持つ[5]。すなわち最恵国待遇が双務的に規定された場合、それは不平等とは正反対に、双方に平等の権利を保障するものとなり得るのである。

第二に、無条件か条件付かによっても、その性格が大きく異なる点である。例えば、A国がB国に対し、片務的に最恵国待遇をとらなければならないという前提において、A国がB国には認めていない特典を異なるC国に与えた場合、もしその特典が、C国がA国に対して何らかの譲歩を行った結果として得たものであったとしても、B国はその譲歩と無関係に特典のみを均霑できるというのが、無条件最恵国待遇である。この場合、A国の権利は保障されず、B国に対して不平等であると言える。一方、C国がA国に対して行った譲歩を実行した場合に限ってB国も特典を均霑できるというのが、条件付最恵国待遇である。すなわち条件付最恵国待遇の場合、A国にもB国に対して交渉材料が生じることになるため、A国のB国に対する不平等性は、調整の可能性を持つものとなる。

第三に、適用範囲が概括的である場合と、限定的である場合があるという点である。最恵国待遇の適用範囲が条約に特に規定されていない場合、その均霑対象は無制限であると同時に、曖昧でもある。しかし一方で、例えば関税率についてなど、具体的な項目について最恵国待遇が規定されている場合もある。さらに後に見るように、両者が同じ条約の中に並存しつつ、それぞれが片務的、双務的に異なっている場合もあり、このような場合、実際の懸案事項をどう処理するかについては、条約運用上の問題にかかってこざるを得ないと思われる。

第四に、その適用が自動的であるという点である。最恵国待遇に基づく均霑を行うことになったとしても、もともとの条約は改訂を必要としない。すなわち、何について、いつから、どうするのかという具体的な事項について、外交上の明確な相互確認作業は必要とされないのである。しかしこれは、条約締結国双方がそれぞれ、主観的に均霑を理解することを可能にし、実際にはさらなる交渉を必要とする余地も生じさせていた。

このように、最恵国待遇には大きく四点に分けられる要素があり、さらにそれらが組み合わされて、様々な類型をとり得た。次項ではそれらの具体的な様相について、朝米条約の締結過程において十分踏まえられていたと考えられる、それまでに清が締結した諸条約から確認しておきたい。

（２）清が締結した諸条約における最恵国待遇

〈概括的片務的無条件規定〉

清が一八八二年四月以前に締結した条約のうち、最恵国待遇に関連する条文を含むものは、【表１】に示した二十二条約である。[6]

初めて最恵国待遇が規定されたのは、一八四三年イギリスとの虎門寨追加条約①第八条であるとされているので、まずこの条文を見てみよう。

皇帝が爾今事由の如何を問わず、右諸外国（広東、福州、厦門、寧波、上海での貿易を許された国）の臣民又は人民の何れかに対し特権又は免除を更に増加して恵与するときは、英国臣民も同一の特権及び免除を均沾享有すべし。

虎門寨追加条約における最恵国待遇関連の言及はこの条款が全てである。[7]先に整理した最恵国待遇の性質によって整理すれば、概括的であり、片務的であり、無条件であるといえる。

〈概括的規定と限定的規定の重複（ともに片務的）〉

ところが、この次に締結されたアメリカとの望厦条約②においては、若干の変化が見られる。第二条に

もし中国より如何なる種類の利益及び特権が今後更に他国に許與させらるるも、合衆国及びその人民は直ちに完全、平等且つ衡平に之に均沾しうる権利を有す。

【表１】清が締結した諸条約における最恵国待遇

	締結日時	条約名	相手国	概括	関税	官員	その他
①	1843.10.8	虎門寨追加条約	イギリス	○(8)			
②	1844.7.3	望厦条約	アメリカ	○(2)	○(2)		
③	1844.10.24	黄埔条約	フランス	○(35)	○(6)		
④	1847.3	広東条約	スウェーデン ノルウェー		○(2)		
⑤	1858.6.26	天津条約	イギリス〔2〕	○(54)		○(7)	
⑥	1858.6.18	天津条約	アメリカ〔2〕	○(30)			
⑦	1858.6.27	天津条約	フランス〔2〕	○(40)	○(27)		
⑧	1858.6.13	天津条約	ロシア	○(12)			
⑨	1861.9.2	天津条約	プロイセン	○(40)	○(40)	○(4)	
⑩	1862.8.13	天津条約	ポルトガル	●(52)	○(24)	●(3)	
⑪	1863.7.13	天津条約	デンマーク	○(54)	○(23)	○(7)	
⑫	1863.10.6	天津条約	オランダ	○(13)			
⑬	1864.10.10	天津条約	スペイン	○(50)注1	○(21)	○(3)	
⑭	1865.11.2	北京条約	ベルギー	○(45)	○(30)	○(7)	
⑮	1866.10.26	北京条約	イタリア	●(54)	○(24)	●(5)	
⑯	1868.7.28	天津条約追加協定	アメリカ〔3〕				●注2
⑰	1869.9.2	北京条約	オーストリア ハンガリー	●(43)	○(20)	○(6)	
⑱	1874.6.26	天津条約	ペルー	●(16)	●(8,9)	●(4)	
⑲	1877.11.17	北京協定	スペイン キューバ	●(3)	○(6)		
⑳	1880.3.31	続修条約	プロイセン〔2〕	◎(1)		●(2)	
㉑	1880.11.17	通商及訴訟手続に関する合衆国及支那国間の補足条約	アメリカ〔4〕				△注3
㉒	1881.10.3	天津条約	ブラジル	◎(5)	●(6)	●(2)	●注4

（凡例）○片務的／●双務的／◎条件付／△未分類
相手国欄のカギ括弧〔　〕数字は同一国についての順序、他欄のカッコ（　）内は条款番号
（注１）フィリピンにおける貿易についてはスペインが中国に対する最恵国待遇を認めている(47)
（注２），（注３）：本文脚注 16 参照。
（注４）居留民の権利（1)、軍艦接岸時の便宜協定（7）の双務的最恵国待遇、ブラジルにおける中国人の裁判についての最恵国待遇（中国に片務的。13)、アヘンについて最恵国待遇の適用から除外（14)

とあるのは、概括的、片務的、無条件的という意味で虎門寨追加条約と同様である。しかし、望厦条約には同じ第二条に、次のような規定も示されている。

該（アメリカ）人民は如何なる場合に於ても、他国民の納付し若くは納付することあるべき所と異なるか或は之より多額なる税を課せらるることなかるべし。

この規定に従えば、たとえば清が第三国とより低率の関税を定めた場合、アメリカもそれより多い額を課せられることはないということになる。すなわちこれは、実質的に関税率に限定した最恵国待遇規定であり、望厦条約には、概括的最恵国待遇と関税率の限定的最恵国待遇が重複言及されているといえる。(8) しかし、ここで注目するべきは、この限定的規定も概括的規定同様、アメリカが受ける最恵国待遇のみ、すなわち片務的に規定されているということである。

このような概括的規定と限定的規定の重複言及は、関税率の他に官員の待遇についてもみられる。イギリスとの天津条約⑤では、第五十四条に概括的片務的無条件的規定があるのに加え、第七条に以下のようにある。

右の者（イギリス領事）は清国官憲より相当の敬意を以て待遇せらるべく、且最恵国領事官と同一の特権及び免除を享有すべし。

ここに、領事の待遇についての限定的最恵国待遇規定が登場する。しかし、やはりここでも特権はイギリスにのみ認められており、片務的である。プロイセンとの天津条約⑨以後は、概括的片務的無条件規定に加えて、関税に関する限定的規定と官員に関する限定的規定、二点の重複言及が見られる類型もあらわれる。全て片務的であるという点は、これまでと同様である。

〔双務的規定の登場〕

それでは、清が結んだ条約では、双務的な内容はいつ登場するのか。一つの画期となるのは、一八六二年八月締結のポルトガルとの天津条約⑩である。ここで、概括的最恵国待遇を規定した第五十二条の条文は以下のようである。

> 大清国、所有の各国に准与する利益有るの事、大西洋国も亦た一律照辦すべし。各国の如し大清国に有与する利益有るの事に至りては、大西洋国も亦た出力行辦し、以て睦誼を昭らかにするを要むべし。

清に猶予の余地はなく、ポルトガルは努力すればよいのであるから、同等の双務とは言えないが、清の利益についての言及が表れるので、ここではいったん「双務的」として分類する。そしてこの条約には、第三條で官員の待遇について次のようにある。

> 両国公使、所有の費用、各々本国由り自備す。大清国大皇帝簡派の欽差、大西洋国里斯玻亜京師に進みて僑居するに、各々品級を按じ、礼を以て相待せざる無し。西洋各国所派の欽差を照らし異なる無かるべし。

清国派遣の欽差大臣が、リスボンで、西洋各国の欽差大臣と同等に扱われることを規定しているのであるから、実質的に、清が恩恵を受ける官員の待遇についての、すなわち双務的な限定的最恵国待遇規定であると見てよいだろう。概括的規定と限定的規定の重複言及があり、ともに双務的な類型の登場である。(9)

このあと一八六九年九月に締結されたオーストリア＝ハンガリー帝国との北京条約⑰には、第四十三条に概括的最恵国待遇が次のように盛り込まれる。

今後中国、如し別国に利益を恩施するの處有らば、奥斯馬加国も亦た実恵を一体均霑せざること無し。如し中国、税則の関口税、噸税、過関税、出入貨税を将て、各口に随時設法して杜弊するに及べば、各章程、何国と議定したるやを論ずる無く、一経通行せば、奥斯馬加国商民船主人等も亦た一体遵照し、庸て條款を再議することなし。中国商民、如し奥斯馬加国に赴きて貿易せば、應さに奥斯馬加国の最為優待の国の商民と一律すべし。

最後の一文で、明確に中国人への最恵国待遇が規定されているので、双務的であるといえるが、中間部分に言及されているように、オーストリア＝ハンガリー帝国に有利な場合、税則の変更は無条件かつ自動的である。しばらく時間が空くが、このあと一八七四年六月締結のペルーとの天津条約⑱においては、概括的規定（第十六条）、関税（第八条、第九条）、官員の待遇（第四条）すべてが双務的規定となる。しかしここでも、条件についての言及はない。

〔条件付の登場〕

条件付の初出は双務的な類型よりもさらに時期が下って、一八八〇年三月の、プロイセンとの続修条約⑳である。第一条第二項には次のようにある。

徳国、中国の如し他国との益有るに、彼此立てて何らかの専章を施行する如き有らば、徳国既でに他国の益を援し、其人民をして同霑せしめんと欲さば、亦た所議の専章に允して一体遵守するを允す。

「専章」という用語で条件が設定されていることが確認できる。この後、一八八一年一〇月締結のブラジルとの天津条約㉒にも、概括的最恵国待遇の条件が確認されるが、検討した条約の中で、条件付はこの二条約のみである。

以上、朝米条約締結以前に清が締結した条約における最恵国待遇関連規定について見てみた。次章ではこれを前提に、朝米条約の最恵国待遇規定について検討し、その特徴を整理していく。(10)

二　朝米修好通商条約における最恵国待遇関連条項の検討

(1) 概括的片務的条件付最恵国待遇

朝米条約の最恵国条項としてまずあげられるのは、第十四款である。

現に両国議定を経て、嗣後、大朝鮮国君主、何かの恵政恩典利益の、他国或いは其の商民に施及するに、海面・行船・通商・貿易・交往等の事に関渉するを論ずる無く、該国並びに其の商民の為に、従来未だ霑さず、抑も此條約の無き所為る者有らば、亦た美国官民の一体均霑を准す(11)

ここでは、対象が限定されておらず、かつアメリカのみが均霑の権利を保障されているので、概括的片務的最恵国待遇規定と見ることができる。しかし、朝米条約第十四款には、続けて以下のようにある。

惟だ此種の他国の利益を優待するに、若し立てて専條の互相酬報する者有らば、美国官民、必ず酬報の専條を互訂するを将て、一体遵守し、方に優待の利益を同霑するを准すべし

朝鮮が他国に利益を与える際に、「専條」を立てる、すなわち特定の条件を定めた場合、アメリカがその利益を均霑するためには、同じ条件を遵守しなければならないという規定であり、条件付最恵国待遇であると見ることができる。先に見たように、清が締結した条約にもプロイセンとブラジルの二つしか見られなかった概括的片務的最恵国待遇の条件付を、朝鮮はアメリカとの条約において実現しているのである。これは朝米条約における最恵国待遇の特徴の一つといっていいだろう。

(2) 双務的限定的最恵国待遇

しかし、朝米条約における最恵国待遇の言及は、第十四款にとどまらない。第二款には、次のようにある。

此次立約通商和好の後、両国、秉権大臣を交派し、彼此都城に駐紮せしむべし。並びて彼此通商口岸に領事等の官を設立し、均しく其の便を聴す。此等の官員と本地官の交渉往来、均しく應さに品級相当の礼を用ふべし。両国秉権大臣と領事等の官の享獲する種種恩施は、彼此の最優之国の官員を待する所と異なる無し。

両国の首都に駐在公使を派遣し、開港場に領事官を派遣することを定めた内容であるが、その待遇は相互に「最優之国」扱いであることが述べられている。(12) すなわち朝米条約においては、第十四款の概括的規定と合わせて、第二款に限定的最恵国待遇に関する規定が重複言及されていると言える。その上で、ここで注目すべきは、第二款における最恵国待遇の内容が、双務的であるという点である。

このような対象を限定した最恵国待遇の規定は、さらに第五款にも見られる。第五款は輸出入関税についての内容であり、その前半に規定する、アメリカにおける朝鮮商人に対する課税については、以下のようにある。

朝鮮国商民、並びに其の商船、美国に前往して貿易せば、凡そ船鈔並びに一切各費を納税するは、應さに美国海関章程を遵照して辦理し、本国人民より征収すると、最優之国に相待する税鈔と及にして、額外加増を得ざるべし。

アメリカにおける朝鮮商人に対する課税は、「最優之国」と同率であるとして、関税における朝鮮商人の最恵国待遇を明言しているのである。この後の部分で規定される、朝鮮におけるアメリカ商人に対する課税については、最恵国待遇に関する文言が見あたらないため厳密には異なるが、朝鮮側の権利を保障しているという意味において、この内容はこれまで分類してきた双務的規定の範疇に加えて差し支えないだろう。(13) すなわち朝米条約においては、概括的最恵国待遇と、官員・関税についての限定的最恵国待遇の重複言及があり、概括的規定は片務的である一方、限定的規定のほうはともに双務的であると言えるのである。

前項で検討したように、清が締結した条約にも、概括的規定と限定的規定の重複自体は、朝米条約同様、官員の待遇と関税について確認されている。しかしこれらの条約においては、概括的規定が片務的である場合、限定的規定も全て片務的であった。これに対して朝米条約は、限定的規定だけが双務的になっているのである。

先に見たように、条件付とはいえ、概括的片務的最恵国待遇は、朝鮮の利益を守る権利を行使できないという意味で不平等な内容である。一方、双務的最恵国待遇は、平等な権利の保障と見ることができる。この両者が同じ条約内に並存しているのが、朝米条約なのである。局面によっては矛盾が生じることもあり得る内容であり、これも朝米条約における最恵国待遇規定の特徴の一つであるといえる。

(3)「酌照万国公法通例」

このような不平等性／平等性をめぐる問題と関連して、直接的には最恵国待遇の規定ではないが、ここで検討しておきたいのが、同条約第十二款の内容である。

> 茲に朝鮮国、初次立約するにおいて、所訂の条款、姑く簡略に従ふ。應さに条約の已に載する者に遵ひて先行辦理すべし。其の未載なるは、五年後、両国官民彼此言語稍や通ずるを俟ちて、再行議定す。通商詳細章程に至りては、須く万国公法通例を酌照し、公平商訂して、軽重大小の別有ること無からしむべし。

ここでは、今回の朝米条約は「簡略」であるから、五年後に補足が必要であり、補足の一つにあたる「通商詳細章程」については、「万国公法通例」をよく参照し、公平に、軽重大小の別が無いように定めることを約している。明確に不平等が否定されており、この内容も先の限定的双務的最恵国待遇同様、概括的片務的最恵国待遇の不平等性とは矛盾する可能性を持つ。

先に検討した清が締結した諸条約において、条文に「万国公法通例」が言及されるものは、管見の限り一件も無い[14]。「万国公法通例」の言及は、朝米条約において初めて条文に表れると見てよいだろう。概括的片務的最恵国待遇の不平等性と矛盾しうる平等な通商章程の制定が、「万国公法通例」に則るという形で規定されていること。この点も、朝米条約の特徴の一つであると指摘したい。

整理すると、朝米条約の最恵国待遇規定は、①不平等である概括的片務的規定に条件がつけられている点、②しかしそれに重複して、官員の待遇と関税については、限定的双務的最恵国待遇が規定され、朝鮮側にも平等な権利が定められている点、③さらに「酌照万国公法通例」の言及によって不平等を容認しないと明言されていることが、概括的片務的最恵国待遇と矛盾しうる点、以上の三点が特徴的であると言える。
それではこれらの特徴は、どのような経緯を経て、条約に盛り込まれることになったのだろうか。次項でその経緯を、草案から検討していく。

三　草案から検討する最恵国待遇関連条項

(1) 朝米条約の諸草案

朝米条約締結過程についてはすでに研究の蓄積があるので、[15] ここでは作成された草案を中心に、流れを確認しておこう。

アメリカの朝鮮に対する通商要求は、一八六六年ゼネラル・シャーマン号事件から始まっていたわけであるが、李鴻章から当時の領中枢府事である李裕元に条約締結を勧める書簡が送られたのは一八七九年七月である。一方、アメリカ側代表シューフェルトは、当初、日本に朝鮮との仲介を要請したが実現せず、一八八〇年七月、李鴻章と会談し仲介を依頼する。アメリカ側と直接接触した李鴻章は、朝鮮への勧誘に本腰を入れることになるが、ちょうど同時期に、修信使として日本に赴いていた金弘集一行が、駐日清国公使何如璋の書記である黄遵憲作の『朝鮮策略』を朝鮮に持ち帰っていた。この『朝鮮策略』の要点は、ロシアを警戒するために、清との関係を強化することを前提として、アメリカと結ぶことを勧誘するところにあった。この『朝鮮策略』将来を一つのきっかけとして、朝鮮側もアメリカとの条約締結をめぐる行動を開始していくことになる。

まず、一八八〇年一〇月、日本への往来経験をもつ僧侶である李東仁が、高宗の密命を受けて東京の何如璋のもとに派遣された。このとき李東仁は何如璋に、『朝鮮策略』をめぐる朝鮮政府内での議論を伝えた。その内容は、消極的ではあれアメリカと結ぶ方針に傾いているものであった[16]。続く同年一一月二一日、同じく僧侶である卓挺埴が何如璋に面会し、対米条約締結斡旋依頼の書簡を伝えた[17]。これらの朝鮮側の動きは、何如璋から李鴻章に伝えられ、李鴻章から総理衙門に報告された[18]。総理衙門が何如璋に、駐日アメリカ公使ビンガム（J. A. Bingham）との面会を指令したのは同年一一月二五日のことである。重要なのは、このときに何如璋からビンガムへ、条約草案（草案①）が提示されていることが確認できる点である[19]。朝米条約交渉過程において初めて登場した条約草案である草案①は、このあと一二月二日に再び何如璋に面会した卓挺埴によって日本から朝鮮に持ち帰られた、黄遵憲作成の草案と同一であると考えられる[20]。

一方、一八八一年一月二〇日、朝貢使節に付して清に派遣された李容粛が天津の李鴻章を訪問し、「請示節略」を伝えた[21]。これを受けて李鴻章は、李容粛に清と各国の通商条約文書を与えて馬建忠、鄭藻如と面談させ、李容粛の帰国便に馬建忠作成の条約草案である「朝鮮與各国通商章程草底」（草案②）を付した[22]。

この間、交渉過程において唯一朝鮮において作成された草案が登場する。「機務府参謀官李東仁擬呈本」と伝えられる草案③である[23]。李東仁が、一八八〇年一二月に新たに設置された統理機務衙門の参謀官に就任したのが一八八一年二月五日であり、二月一六日ごろにはすでに行方不明になっているので[24]、草案作成時期はこの間であると考えられる。この時期は、草案②はまだであるが、草案①は朝鮮に伝えられているので、李東仁もこれを参照したと考えるのが妥当であろう。

このように、朝米条約締結交渉への準備が少しずつ進められる中、李容粛が草案②をもって帰国した一八八一年三月、朝鮮は嶺南万人疏に揺れていた。その影響を受けてか、同年四月、再び日本に派遣されて何如璋と面会した卓挺埴は、朝米条約締結の意を翻す内容の金弘集作成密書を伝えている[25]。この内容も何如璋から李鴻章に報告されたが、このときすでにシューフェルトが正式に朝鮮開国交渉の任務を受けて、北京に派遣されていた。そこで李鴻章は、朝鮮から領選使派遣準備のために清に派遣されてきた李應浚と面会し、シューフェルトが清にやってきていることを知らせて、アメリカとの条約締結を勧誘する国王への密書とともに、李鴻章作成の条約草案（草案④）を持ち帰らせた[26]。李應浚の帰国は七月末である。

それからまもなく同年九月一日、高宗が派遣した密使、趙秉鎬と李祖淵は、朝士視察団の一員として日本に派遣されていた魚允中と神戸で接触した。恐らくこの草案④を魚允中に伝達したと考えられる。魚允中はそのまま日本から天津に赴き、一〇月一〇日、李鴻章と面会しているが、このとき草案④についての意見交換を行い、属邦条款の添入に賛成していることが確認できるからである[27]。このとき魚允中は李鴻章に、ふたたび朝鮮の条約締結意思を示したものと考えられる。

これより先、九月二九日にソウルを出発した領選使金允植一行は、一一月一七日に北京入りし、金允植は二十八日に保定で李鴻章に面会した。このとき金允植が伝達した密書には、アメリカとの条約交渉を朝鮮で進めるために、清から人員を派遣してほしいとの要請が含まれていた[28]。李鴻章はこれを容れなかったが、この時まで朝鮮の方針としては、条約交渉は朝鮮で行うつもりであったため、金允植に条約交渉を進める直接的な役割は附与されていなかった。

しかし、この金允植のもとに一二月一一日、高宗からの一〇月二四日付け密書が届けられた。この密書を史料的に確認することはできないが、高宗は密書とともに草案①、草案③、草案④を送付し、李鴻章と検討することを命じた[29]。原文が残っていない草案①、③、④の内容を一部でも知ることができるのは、このときの筆談記録が残されているからである。

一方これより先、天津で待機していたシューフェルトは、本国から全権委任状を受領し、来るべき李鴻章との会談に備えて、駐清公使ホルコンブ（Chester Holcombe）と条約草案の作成を進めていた。一八八二年二月七日、李鴻章とシューフェルトの第一回条約交渉会談においては、このアメリカ側の草案（草案⑤）と、李鴻章が金允植との会談を経て新たに準備した草案（草案⑥）がそれぞれ示された[30]。これを受けてアメリカ側は、両案を総合したという新草案（草案⑦）を作成し、二月一五日、北洋衙門に送付した。二月一八日に、馬建忠、周馥も列席する中、李鴻章とシューフェルトの第二回条約交渉会談が開かれたが、ここで検討されたのはこの草案⑦であった[31]。草案⑦には属邦条款がなく、これをめぐって会談は紛糾、二月二二日に開かれた第三回会談ののち、アメリカ側は草案⑦の字句を修正した草案⑧を作成した[32]。二月二七日に開かれた第四回会談を経て、李鴻章は属邦条款である第一款をブランクにした草案⑨を作成することで妥協し、これを仮調印本とすることにした。

しかし、シューフェルトと馬建忠らの訪朝による朝鮮における本調印に先がけて、李鴻章が天津に来ていた李應浚に持ち帰らせた最終草案（草案⑩）には、第一款に属邦条款が記入されており、最終的な交渉でアメリカが譲らなければこれを削除し、別に属邦であることを明言する照会を送る指示が行われていた[33]。

馬建忠につづき、三月二四日にシューフェルトが朝鮮に到着、朝鮮側全権申櫶、副使金弘集らとの交渉が開始された。李鴻章の予想通り、属邦条款と米穀問題で交渉は難航するも、最終的に属邦については照会の形をとることとなり、属邦条款が無い成案が調印されるに至った。

以上、朝米条約の締結過程においては、【表2】に整理した十本の草案が作成されたことが確認できる。それぞれの相関関係については、【図1】に整理しておく。

（2）限定的双務的最恵国待遇の登場と「欧美各国通例」：草案⑥

草案の条文が史料的に確認でき、成案に連続性を持つ中で、朝鮮側の草案として最も初期に作成されたのは、草案⑥である[34]。この草案は、李鴻章が金允植と草案①③④を検討した結果を反映して作成したとされているが、この第二款には、

此次立約通好後、両国、通例を按照し、彼此各々秉権大員を派して往来駐紮せしめ、並びに彼此通商口岸に総

【表2】朝米条約の諸草案

	作成時期	作成者	史料
草案①	1880.11.25 以前	黄遵憲	不明（『陰晴史』に言及）
草案②	1881.1.28 以前	馬建忠	『清季中日韓』353 付件 5
草案③	1881.2.5–2.16	李東仁	不明（『陰晴史』に言及）
草案④	1881 年 6 月以前	李鴻章（黄遵憲）	不明（『陰晴史』に言及）
草案⑤	1881.11.30	シューフェルト	奥平武彦書 98–103 頁（英文）
草案⑥	1882.2.7 以前	李鴻章	『清季中日韓』389 付件 2 ／『李文忠公全集』訳署函稿 13「代擬朝美訂約十款」 奥平武彦書 103–108 頁（英文）
草案⑦	1882.2.15	シューフェルト	不明
草案⑧	1882.2.22	シューフェルト	不明
草案⑨	1882.2.27	李鴻章	『清季中日韓』393 付件 2
草案⑩	1882.3.1	李鴻章	奎章閣所蔵 MF（古 5720–4）

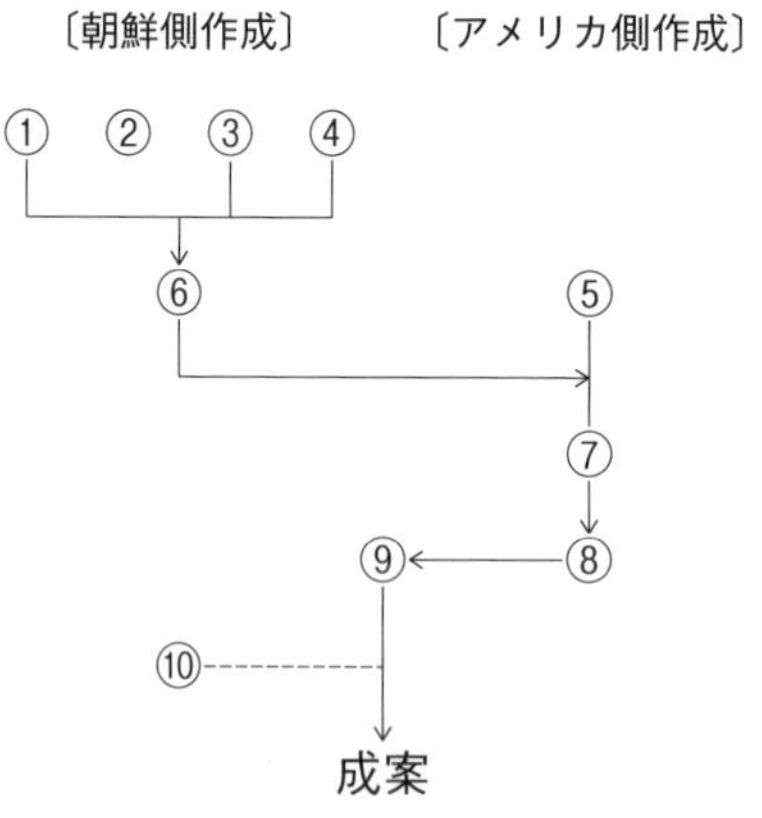

図1　朝米条約諸草案の相関関係

　領事、領事、副領事、署領事等の官を設立し、均しく其の便を聴すべし。此等の官員と本地官の交渉往来、均しく應さに品級相当の礼を用ふべし。両国秉権大員と領事等の官の享獲する種種恩施、彼此最優の国の官員を待する所と異なる無し。(35)

とある。官員待遇について限定的な、かつ双務的な最恵国待遇規定である。朝米条約における最恵国待遇規定の特徴のひとつである、官員についての限定的双務的規定は、この時点から草案に盛り込まれていたということがわかる。

しかし、成案では関税についても限定的双務的規定があったが、草案⑥第五款にある関税に関する規定には、最恵国関連の言及はない。また、この草案⑥には概括的最恵国待遇規定がどこにも言及されていないので、概括的規定と限定的規定における片務、双務の齟齬も生じていないことは注目しておくべきだろう。

一方、草案⑥の第四款には次のような規定がある。

朝鮮国商民、美国各口各邑に往きて貿易せんと欲すれば、応さに美国律例章程を遵守すべし。美国も亦た最優国の商人に待するを准照し、一體看待すべし。…美国商民の朝鮮国の准開口岸に前往して貿易するに至りては、若し欧美各国通例を照らせば、原より應さに地方官の管轄に帰すべくも、惟だ朝鮮国、美国の政制と殊なる攸ありて、尚ほ未だ東西交渉の公律を訂改せず。是こを以て朝鮮国政府、暫く美国商民の領事官管轄に帰するを許す。…

前段では、アメリカにおける朝鮮人居留民について限定的な最恵国待遇が言及されている。後段は、朝鮮におけるアメリカ人居留民についてであるが、最恵国待遇については言及が無く、「欧美各国通例」に従えば、その管轄は朝鮮の地方官によるべきであるところ、暫定的にアメリカの領事裁判権を認めるという内容になっている。この前提に従えば、前段で朝鮮人居留民が遵守すべきである「美国律例章程」は「欧美各国通例」に該当するであろうから、朝鮮人居留民はアメリカの地方官の管轄に入ると解釈される。すなわち、この款の規定は、朝鮮人居留民について、限定的な最恵国待遇を規定するも領事裁判権は否定し、アメリカ人居留民については、最恵国待遇に言及しないながら領事裁判権を認める内容になっているのである。

領事裁判権は、成案では、後に朝鮮の法制度がアメリカと同様になってきたら撤廃するという条件を含みつつ、アメリカにのみ片務的に認められるに至る（第四款）。しかし、この問題に関連して「欧美各国通例」が言及されているのは、確認できる草案の中でこの草案⑥のみである。実際、内容のみを規定するのであれば、「欧美各国通例」を引きつつ「本来はこうであるが云々」というくだりを挿入する必要性はないと思われる。ここではなぜわざわざこのような言及がなされているのだろうか。

この疑問と関連して草案⑥を見てみると、「欧美各国通例」の言及は第九款にも表れる。

> 茲に朝鮮国、初次立約す。所訂の條款、姑く簡略に従ふ。應さに條約の已載する者に遵ひて、先行辦理すべし。其の未載の者は、五年後、両国官民の彼此言語稍や通ずるを俟ちて、再行議定す。通商詳細章程に至りては、須く欧美各国通例を酌照し、公平商訂し、軽重大小の別有ること無からしむべし。

これはまさに先に朝米条約における最恵国待遇規定の特徴として指摘した、成案第十二款と同内容である。この時点から草案に盛り込まれていたことがわかるが、成案では「万国公法通例」である部分が、草案⑥では「欧美各国通例」になっている[36]。これはなぜなのか。

この「欧美各国通例」問題を考える上で興味深いのが、草案⑥に影響を与えたと考えられる、黄遵憲作の草案①と李東仁作の草案③である。前述したように、両草案とも条文を確認することはできないのであるが、金允植と李鴻章の筆談記録から、草案①には第十款に「査照欧美公例、定立関章」という部分が、草案③には第十一款に「悉照万国通例」という部分が含まれていたことがわかる[37]。

李鴻章は、草案①の「査照欧美公例、定立関章」について、「較着実」であるとし、ぜひ条約に盛り込むべきであると意見している一方、草案③の「悉照万国通例」については、「有難行」としている。これについて金允植も、この李鴻章との筆談を高宗に報告する上書において、欧美公例を査照して関章を定立する（「査照欧美公例、定立関章」）を云ふは、即ち万国通例を實(ママ)照する（「悉照万国通例」）とは何ぞ以て異なるか。中堂の彼を斥け此を扶くる所以は、万国通例を汎称するは、驟看は甚大なれども、汗漫無実にして、黄議の較緊に如かざるを以てなり。(38)

と述べている。ここで確認しておきたいのは、李鴻章も金允植も、「査照欧米公例、定立関章」と「悉照万国通例」を明確に区別しているということである。前者の内容が「定立関章」すなわち、草案⑥にも成案に規定されている通商章程の制定に関わるものであると推測されるとすれば、これと区別されて、「甚大」と評されている「悉照万国通例」の意味するところは何なのか。(39)

李鴻章が「悉照万国通例」を否定する理由は、「中東の訂約、皆な未だ万国通例を照らす能はざるに、豈に独り朝鮮に譲らんや」ということである。ここから、清も日本も実現できていないのが「悉照万国通例」の内容であるということがわかるが、これに対して、金允植は以下のように反論している。

「悉照万国通例」は、公平の分を得んと欲するのみ。若し未だ公平の分を得ずんば、則ち又た安くに衣裳議和の本意有らんや。(40)

「悉照万国通例」の目的は「公平」にある。これは「平等」と言い換えても差し支えないだろう。その実現がなければ、条約締結の意義すら疑問であるとまでして重要視している平等性について、金允植は先の高宗への報告において、さらに以下のように述べている。

中国・日本、用兵後の議約なり。故に事、未だ洽(あ)はず。今番、好意を以て修約するに、何ぞ独り万国之例を得ざらんや。弱小たりて、地分を優占すること能はざるに過ぎざるのみ。然れども我に在りて言ふべきの端無からず。縦ひ件件意に満つること能はざるも、恐らくは用兵後の議約と同例なるべからざるなり。(41)

朝鮮のケースは、軍事的に圧された清、日本とは異なるため、不平等な条約を結ばなければならない理由はない。弱小国として優位に立つことはできないながらも、「万国の例」を得る、すなわち平等を獲得することはできるとの見通しである。

金允植は続けて、清と日本が「万国通例」を照らし得なかった一例として、低率な輸入関税率を挙げている。(42) 一例であると断っている以上、「悉照万国通例」の内容はこれだけではないはずである。平等を規定するものであり、なおかつ通商章程の制定や、関税率問題にはとどまらない「甚大」な内容こそが、「悉照万国通例」の意味するところだったとすれば、それはすなわち、概括的に双方の平等を規定するものだったのではないか。一般的な不平等条約の最終款に、概括的片務的最恵国待遇が規定されることで不平等が念押しされるのとは反対に、草案③において李東仁は「悉照万国通例」をうたうことによって、概括的に平等を規定しようとしたと考えることができるのではないだろうか。前述したように、李東仁は草案①を参照して草案③を作成したと考えられるが、黄遵憲のいう「査照欧美公例」にとどまらず、さらに条約内容全般にわたる平等の追究という、積極的な意味を持たせた「悉照万国通例」条款を構想したのである。

しかし李鴻章は結果的に、草案⑥に李東仁の構想を採用しなかった。草案⑥には「万国公例」という用語は一切登場せず、先に見たように「欧美公例」が言及されている。しかし、第四款でわざわざ「欧美公例」が言及されていること、第九款で通商章程設定に際し、その平等性を念押しするくだりが挿入されていることは、やはり注目すべきであり、その背景としては、草案③の「悉照万国通例」条款が及ぼした影響を勘案するのが妥当であろう。くり返しになるが、それまで清が締結していた条約には、このような言及が一切見あたらなかったのである。李鴻章が草案⑥の作成経緯を説明しながら、金允植との会談のなかで、「該国（朝鮮）機務大臣擬具約稿」に言及していることを考えても[43]、これらを李東仁の構想と関連づけてとらえることは可能であろう。

（3）概括的片務的条件付最恵国待遇の登場と「万国公法通例」：草案⑨

草案⑥の次に条文が確認できるのは、四度の李鴻章・シューフェルト会談を経て仮調印に至った草案⑨である。最恵国待遇に関する草案⑨の大きな特徴は、第十五款にアメリカに片務的な概括的最恵国待遇規定が添入されていることである。先に検討した成文とほぼ同一であるので引用は省略するが[44]、条件付ではある。しかし、それまでに作成された朝鮮側の草案には、概括的最恵国待遇自体、一切言及がなかった。一方で、アメリカ側の初めての草案⑤にはすでに第十款に無条件でこの内容が入っている[45]。ゆえにこの条款は、双方の主張が対立していたが、アメリカ側が条件を付す譲歩を見せ、朝鮮側が折れて挿入を承諾したものと考えられる。

先に見たように、当時として条件付最恵国待遇はかなり稀なケースであったわけで、それだけ朝鮮側の概括的片務的最恵国待遇規定拒否は強硬であったことが推測される。しかしそれでも李鴻章がこれを結果的に受け入れたのは、属邦条款との兼ね合いだったと思われる。草案⑨に至るまでの李鴻章とシューフェルトの会談において、最も大きな争点となったのは属邦問題であった[46]。李鴻章は属邦条款を条約文に入れることを主張し、アメリカ側はこの削除を主張した。なんとか仮調印に至った草案⑨では、属邦条款が入るべき第一款が空白で残され、挿入の交渉余地が残された。その一方で、概括的片務的最恵国待遇条項が添入されたわけで、李鴻章にとって相対的に譲歩できなかったのは、属邦条款だったのであろう。

ともあれ、条件付とはいえ、ついに概括的片務的最恵国待遇が条約に盛り込まれることとなった。盛り込まれた以上、ここに生じる不平等性の影響力を、できる限り抑える必要がある。先に整理した、朝米条約における最恵国待遇の特徴である、概括的規定の片務、限定的規定の双務という組み合わせの齟齬は、この脈絡で理解できるので

【表3】朝米条約草案における最恵国待遇関連内容

	概括	関税	官員	「通例」言及
草案①	?	?	?	査照欧美公例
草案③	?	?	?	悉照万国通例
草案⑥	無	無	●	酌照欧美各国通例 照欧美各国通例（領事裁判権関連）
草案⑨	○◎	●	●	酌照万国公法通例
成本	○◎	●	●	酌照万国公法通例

○片務的／●双務的／◎条件付

はないか。すなわち、概括的片務的最恵国待遇の不平等性への対策として、この草案⑨で構想されたのが、限定的最恵国待遇規定を双務的にするということだったと考えられるのである。

草案⑥で確認された官員の待遇に限定的な最恵国待遇は、草案⑨においては、冒頭の「通例を按照し」という部分が無くなっていること、「秉権大員」をそれぞれ首都に常駐させる内容が追加されている以外は、草案⑥と同じ条文で規定されている。これはこのまま、草案⑩を経て成案まで変更を加えられていない。

一方で、関税についての限定的双務的最恵国待遇は、朝鮮側の草案ではこの草案⑨第六款において初めて明確に言及される[47]。条文は先に成案で検討したものと同一なので、ここでは引用を省略するが、朝鮮人に対する課税について、草案⑥の規定に加え、「最優之国」という用語によって最恵国待遇を適用することがはっきりと明記されている。

ここに、概括的の片務、限定的の双務という、朝米条約における最恵国待遇の特徴があらわれるわけであるが、実際に懸案事項をめぐって交渉が行われる状況に至ったとき、どちらがより効力を発揮するか考えると、それはやはりより具体的な規定ではないかと思われる。ここで、第Ⅱ部で対清外交について分析した際、条約の内容そのものよりはむしろ運用局面においてこそ、自国の利益を積極的に確保しようとする戦略が見られたことを想起したい。本章冒頭で整理したように、最恵国待遇に関しては、その性質上ただでさえ外交交渉が生じる可能性が高かった。限定的双務的最恵国待遇規定の挿入も、実際の交渉を見込んでの方策として理解することができるのではないだろうか。

ところでこの草案⑨においてもう一点注目すべきなのは、李鴻章が草案⑥で採択した「欧美公例」という用語が消えていることである。居留民の管轄に関しては、先に必要性が疑問であると指摘したくだり自体が削除され（第四款）、通商章程制定に関しては、「万国公法通例」に変更されているからである（第十三款）。これらはこのまま成案まで引き継がれることになるのであるが、なぜ草案⑨では、草案⑥で却下された草案③の「万国公法通例」が復活しているのだろうか。

この点についても、概括的片務的最恵国待遇規定の挿入と合わせて考えてみたい。草案③において「万国公例」は、概括的片務的最恵国待遇規定の不平等性と対極に位置する、概括的平等性の規定として構想された条款の中で用いられた概念であった。概括的片務的最恵国待遇規定がやむを得ず挿入されたタイミングで、この用語が改めて選択されていることには、やはり意味があるだろう。概括的片務的最恵国待遇規定が無い草案⑥においても、第十三款の内容は平等な通商章程を追求するものであった。草案⑨に至り、概括的片務的最恵国待遇規定の不平等性によって、これが損なわれてはならない。ゆえに、平等の追求にあってより積極的な概念―朝鮮と相対する「欧美」公例ではなく、朝鮮も無条件に含まれる「万国」公法通例―が使用されるに至ったと考えられるのである[48]。

四　小括

以上、朝米条約における最恵国待遇について、その特徴と、条約草案から見る成立過程について検討した。「最恵国待遇」と一口に言っても、その類型は様々である。朝米条約締結当時、東アジアで締結されていた諸条約における最恵国待遇規定の類型を、概括的か限定的か、片務的か双務的か、条件付か無条件かという要素を手がかりに整理し、その上で朝米条約の特徴を位置づけられたことは、本章の成果である。朝米条約第十四款の片務的最恵国待遇が条件付であることの特殊性は、これまでの研究でも指摘されてきたが、概括的規定と限定的規定の重複言及、さらにその片務と双務の矛盾可能性、また「万国公法通例」の言及による平等性追求との関連性については、ここで初めて論じるものである。

また、これらの特徴を朝米条約の諸草案から検討した結果において注目されるのは、李東仁作成である草案③の重要性である。朝米条約の締結過程において、李鴻章の役割は絶大であり、清の保定で実施された仮調印に至るまでのアメリカ側との直接交渉に、朝鮮からの参加は一切無かったことはよく知られていることである。それだけに、条約締結過程における朝鮮外交の戦略については、その存在自体が危ぶまれ、これまでほとんど注意が払われてこなかった。交渉過程の論述において、本書では一貫して「朝鮮側」という表現を用いたが、「李鴻章を朝鮮側と規定できるのか」といった批判もあり得ると認識している。しかし、李東仁の「悉照万国通例」による平等追求構想にかいま見られたように、欧米列強と初めての条約締結に際して、朝鮮外交には清とも日本とも異なる独自の構想があった。そしてその構想は李鴻章に影響を与え、結果的に朝米条約における朝鮮側の戦略として展開されたと言えるのである。

第九章　最恵国待遇の運用をめぐる朝鮮外交の展開
——朝英修好通商条約均霑問題

これまで、第四章で一八八二年八月二三日に合意した朝清商民水陸貿易章程（以下水陸章程とする）、第七章で一八八三年六月二二日に調印された「日朝通商章程」、第八章で一八八二年四月六日に調印された朝米修好通商条約（以下朝米条約とする）をめぐる朝鮮外交について、個別に論じてきた。それぞれの交渉過程や運用実態について、未だ明らかでない部分があるため、意識的に個別の叙述を行ったのであるが、それぞれの条約は当然交渉時期が重なっており、相互に影響関係にあった。朝鮮外交の戦略をより構造的に把握するためには、これらの問題に目配りする必要がある。

そこで本章では、それぞれの条約が直接的に関連する、最恵国待遇条項に基づく均霑問題に注目してみたい。具体的には、一八八三年一〇月二七日に調印された朝英修好通商条約において定められた輸入関税率をめぐって生じた、各国の均霑要求に対する朝鮮外交の展開過程を跡づけていく。第八章で見たように、最恵国待遇規定というのは、実際の運用に大きな幅が生じ得る性質を持っていた。それだけに均霑問題は、外交戦略の真価が問われる課題であった。

一　朝米条約以後の最恵国条項

（1）朝清商民水陸貿易章程における規定

水陸章程は、清の皇帝から朝鮮へ下賜された「章程」であるため、厳密に言えば条約ではない。この点はまさに、第四章で論じたように、水陸章程の特殊性と一般性に関わる問題であり、朝鮮の外交戦略のポイントでもあったわけである。この特殊性と一般性の問題は、均霑問題と深い関わりがある。第四章と重複する部分もあるが、水陸章程における均霑をめぐる議論について、ここでもう一度まとめておこう。

水陸章程には、両国間の特殊性を理由に、清にのみ初めて認めた特権―被告が朝鮮人である場合にも適用される領事裁判権（第二条）や、漢城開桟権と内地採辦権（第四条）、陸路貿易についての五％という低関税率（第五条）―が含まれていた。水陸章程成立のタイミングは、アメリカ、イギリス、ドイツに対しては条約調印が終わり批准を待つ時期（ともに条文に最恵国条項あり）、日本に対しては通商条約締結交渉の渦中である。清に認められた特権は、いずれも各国との条約交渉において争点になっていた問題であり、各国がこの特権の均霑に関心を持つことは容易に予想できた。

実際、壬午軍乱後の水陸章程締結交渉において、馬建忠・周馥作成の草案に対して示された魚允中の意見書は、「各国援して以て例と為す」恐れがあることを、朝鮮商務委員の裁判管轄権、朝鮮近海の清漁船操業、清商人の漢城開桟・内地採辦、紅蔘の税率の四項目について訴えるものであった(1)。魚允中は、水陸章程に対する各国の均霑要求を想定し、その対応策を模索していたのである。ところがこれに対して清側は、周馥と馬建忠の連名で、それならら朝清関係の特殊性をはっきりさせることで各国援用の憂慮を払拭すればよいとの回答を示した(2)。

その結果、前文として添入されたのが、以下のような規定である。

朝鮮久しく藩封に列し、典礼の関する所、一切均しく定制有るは、庸て更議するなし。惟だ現在各国既に水路に由りて通商す。自から宜しく亟（すみや）かに海禁を開き、両国商民をして一体として互相貿易し、共に利益を霑（うるは）しむべし。其の辺界互市の例も亦た、時に因りて量りて変通を為すべし。惟だ此次所定の水陸貿易章程、中国、属邦を優待するの意に係はり、各與国、一体均霑の例に在らず(3)（下線は筆者―以下同じ）。

ここでは確かに各国が清の特権を均霑できないことが明言されているが、その理由は朝鮮が清の「属邦」であるためとされる。すなわち水陸章程においては、各国の均霑禁止と属邦規定が抱き合わせになっているのである。これは朝鮮にとって、水陸章程を根拠に均霑を拒否しようとすれば、それがそのまま清の属邦であることを主張することになってしまうというジレンマを生じさせることになった(4)。このジレンマが、後の最恵国待遇をめぐる朝鮮外交の展開過程に大きな意味を持つことになる。

このように、水陸章程においては、いわば各国に対する最恵国待遇禁止規定が添入されながら、一方で、朝鮮が第三国と条約を締結した場合に生じうる利益に対する清の均霑―すなわち清の片務的最恵国待遇―については、一切言及されていないことに注意しておく必要がある。

(2)「日朝通商章程」締結過程

一八八三年六月、朝鮮は日本と「日朝通商章程」および「朝鮮国海関税目」（以下「附属税目」とする）を締結し、日朝修好条規締結から七年越しで、日朝貿易における関税賦課権を成文化した。しかし一方で、この「日朝通商章程」には、先に触れたように日朝修好条規では朝鮮側の拒否により日本側草案から削除されていた、片務的最恵国条項が挿入されている（第四二款）。その内容は以下の通りである。

尤も現時若くは後来朝鮮政府何等の権利特典及び恵政恩遇に論なく他国官民に施及するものあらば日本国官民も亦猶予なく一体均霑するを得[5]

この内容は、朝米条約の条件付とは異なる無条件的最恵国条項であり、「猶予なく」といった語句が挿入されていることからして（漢文版では「即」であるが）、朝米条約よりも一層、朝鮮にとって不利な度合いが強まったものとなっている。

それではいったいどのような経緯で、この条項が挿入されるに至ったのであろうか。もともと日朝貿易における無関税状態改善のため、日本との関税規則制定に積極的であったのは朝鮮側であった。朝鮮側は、一八八〇年七月に第二次修信使金弘集が日本で提示した条約草案を皮切りに、数次改訂し、少なくとも七本の草案を作成した。これらの草案については第七章で検討したのでここではくり返さないが、史料的に確認できる草案中、最恵国条項が含まれているものは一本もない。

一方、日本側からも、一八八二年五月、ソウルに着任した花房弁理公使が、「税則擬議権」を付された統理交渉通商事務衙門通商司経理事金輔鉉・金弘集との交渉に臨んだ際、条約草案が提出されているが、この草案にも最恵国条項はない[6]。すなわち、壬午軍乱以前の交渉においては、日本側も「日朝通商章程」に最恵国条項を添入することを考えてはいなかったのである。

転機となったのは、先にみた水陸章程であった。水陸章程は、一八八二年一〇月九日、総理衙門から駐日清国公使黎庶昌に発送されており[7]、一二月一八日には日本の外務卿井上馨が、駐日イギリス公使パークスの求めに対し水陸章程の写しを渡しているので、それまでには日本政府に知らされていたとみられる。井上馨はパークスとの会談において水陸章程に不快感を示しているが、朝鮮との条約締結国（米・英・独）がどのように反応するかを気にしており、日本が各国と足並みをそろえることを望んでいた(8)。

この後一八八三年三月になって、「日朝通商章程」の締結交渉が再開されるが、これに際して井上馨がソウルの竹添進一郎公使に宛てた訓令には、最恵国条項添入の方針がはっきりと示されている。「均霑の事」として、以下のような内容がある。

恩典均霑の條款は、元来本條約に掲載すべき者たれども、当時修交條規議定の際、朝鮮痛く他国と通交するを忌憚せしより、唯我が国と旧交を重複するに止り、議、他国の事に及ばず。遂に此一典を欠くに至れり。然れども今日既に清米英独の諸国と通交相開くるに於て、此の一款到底相設けざるべからず。況や他国條約既に其の款を載在するに於てをや。尤も貿易章程内此款を掲載する者、外国其例多ければ、今之を挿入するも、体裁に於て毫も不可あるを見ざるなり(9)。

日朝修好条規に挿入するべきであった最恵国条項は、朝鮮が清、アメリカ、イギリス、ドイツと通好し、最恵国条項を含む条約を結んだ国がある以上、貿易章程内にでも是非とも挿入しなければならないというのである。

さらに三月二五日（陽暦五月一日）付けの外務卿密信には以下のようにある。

均霑の條款は是非此の規則中に挿載するを肝要と致候間、彼より如何の甘言を以て相断り候共、必挿載を期する義と御心得可有之候。尤米国政府も条約批准相済候上は、従来清国の朝鮮に於て占有する特例に均霑するを請求すべき内意にも相見へ、我に於ても同様の義に有之候間、此箇條挿載之義は十分御費神有之度候(10)。

アメリカが「清国の朝鮮に於て占有する特例」を均霑することを見込んで、日本も同様の措置をとるために、最恵国条項の挿入が必須であるとしているのである。ここで言及されている朝米条約のアメリカにおける批准が済んだ直後である四月二三日（陽暦五月二九日）の内訓においても、「清と同様の特典」を望むために、朝鮮との条約に「恩典均霑の條款」を挿入する必要性は強調されていた。[11] すなわち日本にとって、水陸章程に定められた清の特権を日本も同様に獲得することは是非とも必要であり、その方法として水陸章程の均霑が想定され、その根拠として「日朝通商章程」への最恵国条項添入が目指されたのである。先に見たように、水陸章程には各国の均霑を禁止することが明言されていた。しかし実際、「各国」である日本はこの規定に全くとらわれておらず、むしろ均霑を既定路線として、朝鮮への要求を強めていたのである。[12]

このような日本の外交政策に、朝鮮はどのように対応しようとしたのだろうか。「日朝通商章程」締結交渉は、その後一八八三年六月一一日、竹添公使から新たに提示された日本側草案をもとに、僅か一〇日余りの協議が行われ、六月二二日調印に至った。第七章で見たように、この協議において、朝鮮側からはいくつかの修正要求が出されるが、この日本側草案に添入されていたであろう最恵国条項に関する問題提起がなされた形跡はない。この沈黙は何を意味しているのだろうか。

ここで想起されるのが、水陸章程によって生じた均霑禁止をめぐるジレンマである。「日朝通商章程」交渉において、日本が水陸章程の均霑それ自体を要求したわけではない。しかし朝鮮にとって、日本が設定しようとする最恵国条項に異議を唱えることは、すなわち日本の均霑禁止を主張することである。日本が主張する可能性がある均霑が、清との水陸章程のみではないとしても、均霑対象に水陸章程が含まれる以上、その根拠とされる属邦であることの主張と切り離すことができないと考えられたのではないだろうか。すなわち朝鮮は、日本との交渉において、水陸章程によって属邦であることの主張と表裏一体となってしまった最恵国条項の拒否には、敢えて言及しないという外交判断を行った。ゆえに、最恵国条項の不平等性を認識しつつも沈黙を守ったのである。とはいえ朝鮮は、不平等による不利益をただ甘受しようとしたわけではない。そのことは、次節において最恵国条項の運用過程を見ることで明らかになる。

(3) 朝英修好通商条約締結過程

運用過程にうつる前に、朝英修好通商条約の締結過程について確認しておこう。一八八二年五月に朝米修好通商条約が調印された後、これに準じて六月には朝英修好通商条約(以下、ウィルズ条約とする)、朝独修好通商条約(以下、ブラント条約とする)が調印されていた。この条約は、イギリス、ドイツの駐清公使の李鴻章に対する斡旋申し入れを受けて、実際の交渉は済物浦において、李鴻章幕下の馬建忠を相手に行われたものである。その内容は、朝鮮の沿海測量権が認められたことを除いては[13]、朝米条約と同一のものであった[14]。

しかし、このウィルズ条約には、最高三〇%という高関税率をはじめ、清や日本との条約に較べて「進歩的」な内容が盛り込まれており、イギリスの伝統的な極東政策に矛盾するとして、清で活動するイギリス商人らの反対が強かったうえに[15]、駐日イギリス公使パークスの反対も強硬で[16]、イギリス政府において批准が見送られ、ドイツもこれに同調していた。壬午軍乱後に派遣された、清への謝恩兼陳奏使趙寧夏一行と、日本への謝罪兼修信使朴泳孝一行は、朝米条約、ウィルズ条約、ブラント条約の批准を、駐在各国公使に要請する活動を行ったが、東京でパークスと接触した朴泳孝一行は、あくまでも朝英間の直接交渉によるなら、清の影響下に調印されたウィルズ条約を改正するも可という方針を示すに至った[17]。

その後パークスは本国からの訓令を受け、一八八三年九月末、ドイツ全権大使ツァッペとともにソウル入りし、直接交渉による条約の再協議が、朝鮮において本格的に開始された。朝鮮側は統理交渉通商事務衙門の官員らが中心となってこれに対し、一〇月二七日に朝英修好通商条約(以下、パークス条約とする)、朝独修好通商条約(以下、ツァッペ条約とする)、ならびにそれぞれの付属通商章程、税則、税則章程、善後続條の調印が行われた。

このパークス条約、ツァッペ条約にも、最恵国条項は含まれている。両条約はほとんど同内容であるので、便宜的にパークス条約を見ると第一〇款に

現、両国議定を経て、以上條約施行日期の後自り、大朝鮮国大君主、各項進出口貨税則及び一切事宜に於て、今後何らかの恵政利権の、他国并びに他国臣民人等に施及するの處有らば、英国及び英国臣民人等も亦た一体均霑すべし。[18]

とある。典型的な片務的、無条件的最恵国条項である。先に見たように、ウィルズ条約にも片務的最恵国条項は添入されていたが、朝米条約に同じく条件付であったことを想起すると、より朝鮮に不利益な内容になったといえる。さらに、ウィルズ条約において双務的最恵国待遇を規定していた部分も、駐在外交官の待遇については「最優之礼」という文言は残されたが、英文における「the most favoured nation」という表現は消え（第二款）、貿易上の納税についての双務的最恵国待遇も一切言及がなくなっている。[19] これにはどのような経緯があったのだろうか。

パークス条約の交渉過程の詳細については先行研究に譲るが、[20] 注目されるのはこの過程においても水陸章程が相当に意識されていたということである。先にパークスが井上馨から水陸章程の写しを受け取ったことは言及したが、パークスは水陸章程の英訳と分析内容をすぐにイギリス外務部に報告している。[21] これをうけたイギリス外務部は、ウィルズ条約と水陸章程の比較分析を行い、水陸章程を最恵国条項を通じて均霑する対象に決定したという。[22] 実際、一八八三年四月にパークスの命でソウルにおける予備交渉にあたったアストンは、特に輸入関税率と内地通行権について、最恵国待遇によって水陸章程と同様の権利を得ることをもくろんでいた。[23] イギリスも、水陸章程の均霑禁止規定は全く無視していたわけである。

交渉を引き継いだパークスは、イギリス人の内地通行をイギリス人官員の許可制にし、採辦と開市を認めること、

朝鮮人が被告の場合でも領事裁判権を適用することを主張した。これはまさに水陸章程における清の特権をそのままイギリスに置き換えたものである。これに対して朝鮮側は強硬に反対し、交渉は一時決裂の危機に瀕した[24]。しかしそれでも、朝鮮が水陸章程の前文をもって、均霑禁止を主張している形跡は見あたらない。イギリスは水陸章程の均霑として、権利の拡張を主張する。それに対して朝鮮は、個々の権利については強硬に反対するが、水陸章程の均霑禁止には言及しないのである。また一方で、最恵国条項自体に関しても、朝鮮側から問題提起がなされた形跡はない。この最恵国待遇をめぐる朝鮮の沈黙には、「日朝通商章程」同様、水陸章程によって生じたジレンマが、背景として作用していたのではないだろうか。

二　最恵国条項の運用

かくして水陸章程成立後、片務的無条件的最恵国条項が含まれた「日朝通商章程」、パークス条約、ツァッペ条約が締結された。パークス条約において、それまで朝鮮が各国と結んだ条約に比して朝鮮がより不利となった内容のうち、特に重要なのは、関税率と内地通行権についての規定である[25]。具体的に確認しておくと、まず関税率について、パークス条約の付属税則において定められた税率は、輸入が基本七・五%、輸出が一律五%であった。また、内地における商業活動については、パークス条約において、執照（通行許可証）なしで開港地から四〇㎞、執照があればソウルを含む朝鮮国内全域について、遊歴・通商・貨物の運搬・土貨採辦が認められた（第四款）[26]。これらの内容を、朝鮮との条約締結国が、最恵国条項に基づいて、自国との関係にも適用させようとすることが均霑である。

（1）アメリカの均霑問題

まず、アメリカの場合を見ると、[27]一八八四年二月一七日に、パークス条約がイギリス本国で批准された報が朝鮮に伝えられた後、四月三〇日、アメリカ公使フートは、統理交渉通商事務衙門に対し、パークス条約内の「若干款の格外権利を恩許し、美国と貴国條約中、未だ允さざる者」について、朝米条約第一四款に基づく「同霑」を実施するよう要求した。[28]これに対して、統理交渉通商事務衙門は五月四日、「本大臣査するに、各国、通商の為に本国に来る者は、均しく一様の辦法に照らすが甚だ方便に属す。現在貴国政府、英国條約を照らして辦理するを願うは、実に公允為り」[29]と照覆し、あっさりと均霑を認めた。

アメリカの場合、以上でパークス条約均霑に関するやりとりは一切終了であった。

（2）清の均霑問題

パークス条約がもともと水陸章程を意識したものであったことは先に述べたが、清の場合はどうか。一八八三年一一月、統理交渉通商事務衙門督辦閔泳穆は、海関道周馥に宛てて、パークス条約の調印を報告した。閔泳穆は、朝鮮が清の属邦としての立場で交渉にのぞんだことを強調しながら、次のように言及した。

條約（水陸章程）第四款の内、漢城行桟の一事あり。査するに上年問議官（李祖淵、魚允中）津に在りて談晤せし時、執事（周馥）、「此の事、貧民に累有らば、将来或いは変通辦理すべし」等の語有り。此の次の英徳人、正さに此の利益を要め、続條を另立し、以て後拠と為すの所以なり。因りて思うに、華商元もと漢城に到るに、只だ開店を許すのみとせば、則ち外人の口を杜ぐ（ふさぐ）べきに庶し。可否するに、上年所定の貿易章程第四款を将て、「准入漢城開設行桟」の一句を改むるに「開店」を以てせば、則ち敝邦幸甚なり。[30]

水陸章程第四款は、朝鮮商民の北京における交易を認めると同時に、清商民の楊花津・漢城における店舗を構えた交易（漢城開桟）、また朝鮮地方官と清の商務委員の許可を得た上で、清商人らが朝鮮内地に赴いて貨物を仕入れること（内地採辦）が認められていた。一方でパークス条約の善後続條には、これらについて、「中国政府、日後、倘し去年所議の中国商民准入漢城開設行桟の益を将て、允して撤銷を為さば、英国商民も則ち此の款の例を援くを得ず。惟だ朝鮮政府、若し此の益利を将て他国商民を濟くれば、則ち英国商民も亦た應さに一體均沾すべし」とある。

閔泳穆は、今回のパークス・ツァッペ条約で恒常的な商業活動も含んだ形での内地通行権を認めることになってしまった原因を、この第四款に帰しているのである。その上で閔泳穆は、以前周馥が第四款改訂に言及していたことを挙げ、具体的に「漢城開桟」を、ただ「開店」を許すという文言に改めることを提案した。

残念ながら、この後の展開は史料からはわからず、結果的には改訂も実現しなかったのであるが、この照会はまだパークス条約が批准される前のものである。朝鮮は、イギリス・ドイツが実質的には水陸章程を均霑したという現実を把握し、それを根拠に、清に対して水陸章程の改訂を提案していたのである。

ところが、李鴻章のもとでパークス条約を検討した周馥は、まさに朝鮮側が修正を提案した水陸章程第四条について、開港場以外の内地において居を定めて商売する「内地售売」が禁じられているにもかかわらず、朝英・朝独条約においてこれが認められていることを挙げ、水陸章程を改訂することを李鴻章に進言した[31]。これを受けて李鴻章は、一八八三年一二月一六日、周馥の進言と同じ内容の咨文を高宗に送った。高宗の水陸章程改訂に同意する照覆は一八八四年一月二六日付で、二月九日に北洋衙門に至った。二月一九日には改訂が皇帝に裁可されている[32]。このことは、二月二三日付の李鴻章の札によってソウルの陳樹棠に伝えられ、これをうけた陳樹棠は、三月一八日、統理交渉通商事務衙門に照会したが[33]、朝鮮側は、英徳新約在るを視るに、既でに英徳商民、其の貨を将て内地に運進して出售するを准すを載明せば、則ち中国商民、自から應さに其れ貨を将て朝鮮内地に運進し出售するを准し、以て体制に符し、商情に協ふべし。此の如き変通酌改、允(まこ)とに事宜に合ふ。(34)

として受け入れている。章程第四款の改訂にはすでに一月の段階で同意していたので、陳樹棠の照会を受けた四日後の三月二二日には、統理交渉通商事務衙門から、改訂の内容が、全国の地方官と海関に知らされるに至った。(35)

先に、水陸章程には清の均霑の権利についての規定は一切なかったことを指摘したが、ここで一方的に行われたのは、まさしくパークス条約についての清の均霑であったといえよう。

(3) 日本の均霑問題

日本との間で、パークス条約均霑に関して最も問題となったのは税率である。先に触れた「日朝通商章程」に定められた基本の輸入税率は八%であったが、四ヶ月後に調印されたパークス条約において、輸入税基本七・五%が明記され、ここに均霑問題が生じた。

一八八四年二月一七日、統理交渉通商事務衙門は、パークス条約がイギリス本国で批准された報を受けて、日本公使館に条約の抄録を送り、日本政府に伝達することを要請しながら、

按査するに、此の條約（パークス条約）所載の税則、之れを貴国所訂の税則に較ぶるに、間に便利の處有り。按ずるに貴国は、最優の国の例に照らせば、亦た其の益に均沾するを照行すべし。本大臣、応に請ふべし。貴公使、貴国政府に転報し、核定（調べ定める）を為し、以って画一に帰すを煩はしめんことを。(36)

として、自ら日本の均霑について言及した。ところが、五月二一日になって、島村久代理公使から、日本政府の「(パークス条約には) 我が国と朝鮮国所訂の各約及び通商章程並びに税則中、未だ曾て我が国に許さざるの権利恩典有ること、実に尠なからずと為す。凡そ此等の権利恩典を以って、理應に最優の国の例に照らして、一体均沾すべし」という方針が伝えられると(37)、これを受けて衙門は閏五月二日、嶋村に宛てて次のような照会を送った。

本大臣、未だ敢へて貴国政府の旨意、英国條約・同通商章程・税則を將って一体照辦するを願ふや否やを知らず。窃(ひそ)かに謂(おも)へらく、但だ此の約内の利益の均霑する所在るのみならず、誠に以て貴国に諸利益を准すの故は、亦た吾の利益を失はざるが為めなり。此れ乃ち互相酬報の道理なり。想ふに、貴署理公使も亦た以って然りと為すなり(38)。

朝鮮側としては、日本政府がパークス条約、同通商章程、税則を全部一緒に処理したいと思っているのかわからない。条約には、利益を均霑する所ばかりあるわけではない。日本に利益を許す理由は、朝鮮の利益を失わないためなのである。これが互相酬報の道理であり、嶋村代理公使も了解しているはずである、というのである。

この照会は、文字通りに読むと、何を言わんとしているのか今ひとつよくわからないが、ここで「均霑」という言葉の意味をとらえ直してみると、朝鮮側の意図が見えてくる。「均霑」は「均しく霑(うるお)す」意味であり、この場合に即していうなら、パークス条約におけるイギリスの利益と、「日朝通商章程」における日本の利益を「均霑」するととらえるのが一般的である。しかし、ここで朝鮮側が「均霑」しようとしているのは、パークス条約をうけて「日朝通商章程」が改訂されるにあたっての、日本の利益と朝鮮の利益なのではないだろうか。

この照会を受けて日本側は、閏五月四日、「未だ曾て我が国に許さずして英国に許すの権利・特典・恵政・恩遇に一体均沾する」方針を重ねて強調した(39)。日本にとって「均霑」するべきは、イギリスの利益と日本の利益であることは明確である。しかし、統理交渉通商事務衙門はこれに何の反応も見せなかった。実際、一月以上たった六月下旬に至っても、「均霑」は行われていなかったことがわかる。仁川海関において、日本商民がパークス条約の税率によって関税を納めようとしたところ、税関長ストリプリングが、まだ政府の命令を受けていないので執行できないとして、これを拒否したことに対して、六月二五日、嶋村署理公使が衙門に抗議しているからである。(40) これについて、七月二日に衙門は次のような説明を行った。

査するに、上年所訂の通商章程、載せるに「権利・特典及び恵政・恩遇、一体均霑」の文有り。今此の英約の利益、自ずから応に照章均霑すべし。但だ更張の際、須らく審議を加ふべし。本署大臣と貴署公使、屢次辦論するも、未だ妥協を見ず。審議の帰一を俟つは、以て多く時月を費やすに至らず。(41)

確かに「日朝通商章程」には、他国に対して新たに権利特典や恵政恩遇を許す場合、一体均霑するという條款（第四二款）があるので、日本はパークス条約の利益を「均霑」すべきであるが、「更張（変更）」にあたっては、審議（審しく議論すること）が必要である。本署督辦と、嶋村署理公使の間で弁論をしてきたが、まだ妥協に至っていない。審議を帰一するためには、それほど多くの時間はかからないというのである。すなわち、統理交渉通商事務衙門は、本稿でも先にみた「日朝通商章程」の最恵国条項を確認し、「均霑」の必要性を認めながら、それはすなわち条約の「更張」であり、そのためには審議が必要であるととらえているのである。

これに対して日本側は、同日、パークス条約均霑はあくまでも「日朝通商章程」の履行に関わる問題であり、「更張」には当たらないとし、審議の不必要を主張すると同時に、仁川税関長にパークス条約の税率に則った収税を指示しない統理交渉通商事務衙門の不当性を強調した。(42) これに対して衙門は、再び即日、「均霑」の必要性は否定しないのであるが、査するに、権利・恩典、他国に施与する有るは、理應に章程を照らして均霑すべし。況んや貴国の我が国に於ける、隣誼素より有り、各国の比に非ざるをや。如し貴国に利益有らば、豈に聞くを楽しみて之れを成るを願ふを欲せざらんや。但だ更張の初め、事未だ前定せずんば、則ち将来必ず窘（くるしむ）跲（つまづく）の患有るべし。試みに論ずるに、貴国税則中、稍や重きは英約と均霑し、其の稍や軽きは、独り旧章に依らば、則ち各国も亦た、将さに援きて例と為さんとす。是れ、本国の税、左右減軽し、損を受くること実に深し。…貴国従来拳拳（いつくしむ）の友誼、敝国を保護するの義あるを想ふに、應に数三（いくつかの）物品瑣細の端を以て、此の碍難（さまたげがある、できがたい）を留めざるべけんや。[43]

として、他国に与えた権利・恩典を、章程に照らして隣国としての友誼がある日本に「均霑」するのは、のぞむところであるとしながら、「更張」にあたっては事前の協議が必要であるとの主張をくり返している。協議の内容に関わって、続く部分には、「日朝通商章程」において、高い関税率は英約を「均霑」して下げ、もともと低い関税についてはそのままにするのであれば、各国もこれにならうことになり、朝鮮の税収入は一挙に減少して、その損害は実に大きい。朝鮮を保護する義がある友誼の国日本としては、いくつかの物品、些細な事はゆずって、朝鮮の損害を食い止めなくてはならない、とある。

ここまで読むと、先に挙げた、統理交渉通商事務衙門がとらえる、朝鮮の利益と日本の利益の「均霑」という構想が具体的になってくる。そもそも、日朝通商章程の基本税率は八%、朝英条約の基本税率は七・五%ではあるが、その細目は、日朝が、免税、五%、八%、一〇%、一五%、二〇%、二五%、三〇%の八段階、朝英が、免税、五%、七・五%、一〇%、二〇%の五段階に分かれていたのであって、もちろん、日本に対して八%の課税率が、イギリスに対しては七・五%になる品目が多いとしても、例えば歯磨き粉（対日八%、対英一〇%）、琥珀（対日一〇%、対英二〇%）、馬車（対日一〇%、対英二〇%）などのように、逆に日本に対する課税率のほうが、イギリスに対する課税率より低いという品目も存在していたのである。(44) 衙門のいう「均霑」は、前者のケースをパークス条約の税率にあわせる（すなわち関税率の引き下げ）ことで生じる日本の利益と、後者のケースをパークス条約の税率にあわせる（すなわち関税率の引き上げ）ことで生じる朝鮮の利益を「均しく霑す」構想だったのである。引用文の「数三物品瑣細之端」とは、関税率引き下げに該当する品目を指すのであろう。これらを調整するには、日朝間の審議は是非とも必要な手続きであった。

しかし日本側は、統理交渉通商事務衙門の考える「均霑」を理解しなかったようである。先の照会をうけた嶋村署理公使は、また同日、朝鮮の損害が生じるなら、事情は惜しむべきであるが「貴政府、自ら然らしめ、自ら此れに至らしむるを奈何せん」とあしらい、パークス条約の均霑を実行しないことは、「日朝通商章程」の改正に関わることであり、それは今論ずるべき問題ではないとして、朝鮮側のパークス条約均霑拒否を本国に伝達することはできない旨を照覆した。(45)

これを受けて衙門は、七月六日に、「均霑」といっても規定を変えるからには「更張」になるとして、

章程の均霑の款及び貴国商務上有益の事を履行するは、我が政府、実に甘心（心から願う）施行する所なり。貴政府も亦た、必ず公を乗りて妥議すべし。凡そ我が国に利恵有るを見るは、異同を斟酌（くみはかる）し、均しく公使に帰し、我が国をして虧を見る有るに至らしむこと無かるべし。此れ、本署大臣の貴署公使に区々深望する所にして、屢々貴政府に稟商するを懇ふものなり。應さに行ふべきことに係ると雖も、事は、商酌を貴ぶ。今何ぞ審議を庸ふること、太(はなは)だ迫ること無きを得ると云はんや。議、未だ帰一せず、此れに至りて延緩す。(46)

と、日本の利益のために「均霑」を行うのは、朝鮮側も了解しているが、それには朝鮮の利益もともなわなければ

ならないとして、審議の必要を繰り返し主張した。また、新たに、「更張」にあたって審議が必要な根拠として、「日朝通商章程」第四二款に「若し本章程内、應さに増加を要むべきの件に有りて、彼此以て均しく便と為すに遇はば、即ち随時妥議増訂するを得」とあり、第三二款には「別国商船多く到らば、則ち公同籌商し、噸税を再行改定す」とあることを引いている[47]。

これに対する日本側は、八月一日に照覆して、パークス条約均霑はあくまでの正当な権利であるとし、審議の不必要を繰り返した[48]。しかし、この反駁を受けても、統理交渉通商事務衙門の審議を要求する姿勢は変わらず、「均霑」は行うべきであることをくり返しながら、次のように主張している。

> 惟だ、貴国税則軽重不便の處に於いてのみ、須らく妥議増訂を加ふべくは、是れ違約と曰ふべけんや。貴国税則中、土産（日本産）物品の税重きは、固より均霑して、軽きに従ふべくも、其の税軽きは、亦た旧に仍りて之を存すべけんや。外国物品の貴国に間（あずか）る無き者の如きに至りては、其の税、反りて英約より軽き有り。此れ獨り議訂すべからざる者なるや。凡そ事を作すは、始めの謀に在り。若し均霑の初に議を妥さずんば、則ち以て善後し難し。此れ本署大臣の苦心にして、終ひに未だ諒せられず。之を遅らせば又た遅る。屢々貴政府に代商するを懇ふに至るも、亦た一向拒却す。貴大臣の意、抑も亦た不可解なり[49]。

「日朝通商章程」において税率が日本に不利な部分についてのみ、増訂を加えるのは違約なのではないか。日本産の物品のように課税率が高い物は「均霑」して税率を下げておきながら、もともと税率が低い物をそのままにしていてよいのか。外国産の物品で日本が何の手も加えていないもののように、「日朝通商章程」の税率が、パークス条約より軽いものもあるのに、これらについてのみ議訂をしなくてもよいのか。「均霑」の初めに当たって、これらの議論をしておくべきであると、統理交渉通商事務衙門大臣として苦心して主張してきたが、代理公使はこれを了解せず、日本政府への取り次ぎも拒否し、不可解である、とし、審議の必要性をくり返し主張しながら、日本側の態度を非難している。

この件は、結局九月二三日に至って、統理交渉通商事務衙門から、パークス条約均霑を認める照会が竹添辦理公使に宛てて出されることで決着した。これに先立ち、竹添公使と、督辦交渉通商事務金弘集の面談が実現した模様で[50]、統理交渉通商事務衙門が主張し続けた審議の必要は、形式上守られた結果となったが、衙門の構想した「均霑」が実現されるには至らなかった。しかし、朝鮮は、日本と締結した条約には則って、最恵国条項に基づく「均霑」には同意しながら、その解釈によって朝鮮側の利益を確保しようとする交渉を展開していたのであった。

三　小括

以上、最恵国待遇をめぐる朝鮮外交の展開過程について述べてきた。本章で明らかにできたことを、大きく二点に分けて整理すると、次のようになる。

第一に、最恵国待遇に注目することで、朝貢国朝鮮における条約をめぐって顕在化する問題が、立体的に見えてきた。そのポイントとなったのは、やはり水陸章程である。水陸章程は、それまで積極的に展開されていた最恵国待遇をめぐる朝鮮の外交政策に、二つの側面から重大な影響を及ぼした。①清のみに認められる特権が規定されたことにより、朝鮮と外交関係を結ぶ各国がその均霑を強く意識するに至った。特に日本にとっては、交渉中の「日朝通商章程」に最恵国条項を挿入することを必須課題と認識させる要因になった。②各国の均霑禁止が、朝鮮が清の属邦であることを理由に明記されたために、朝鮮にとっては、均霑拒否が属邦主張につながりうるというジレンマが生じることとなり、実質的に、朝鮮が各国との条約交渉において片務的最恵国条項の添入拒否を主張することを困難にしたのである。このように、朝清関係が朝鮮の条約関係に影響を及ぼす構造は複雑であり、かつ多面的であった。

しかし第二に、そのような状況の中で朝鮮は、独自の外交政策を展開し、自国の利益を追求しようとしていた。パークス条約の均霑をめぐる最恵国条項の運用過程から分析するに、朝鮮の外交政策は、アメリカに対するものと日本に対するものとで、異なる方向に沿って展開されている。アメリカに対しては、そのまま均霑を実施した一方、日本との間では、条約文中の「均霑」についての柔軟な発想に基づく解釈によって根拠を確保しながら、朝鮮に一方的に不利にならないような形での「均霑」を模索しているのである。

この二方向を朝鮮外交の戦略として総合的にとらえようとすると、どのような像を結ぶことができるだろうか。まず対アメリカと対日本では、当時の貿易額として歴然とした差があったことが前提となる。日本に対しては、日本の要求通りの均霑による朝鮮の不利益が切実な問題であったため、あらゆる手段を動員して、なんとか不利益を最小限に抑えようとした。朝鮮流「均霑」解釈はその手段の核心であったといえるし、ここぞとばかりに日朝間の「隣誼」や「友誼」を強調していることも、そのような文脈で理解できる。これに対してアメリカの場合は、要求通りに均霑しても不利益は実質的に問題にならないとの予測のもと、あっさり均霑することで、朝鮮が国際社会の慣例に従って条約を運用しているという姿勢をアピールする意味があったのではないか。日本に対しても、均霑自体を否定はしていなかったことは、この姿勢に共通するものがあろう。当時の朝鮮外交は、このようなぎりぎりの判断の連続であった。場面場面で臨機応変に、現実的な方法を選択する。このような方式も、朝鮮外交の一戦略であったと言えよう。

結論

本書では、開港期の朝鮮外交について、主体としての朝鮮にこだわってその戦略を解明することをテーマに、全三部九章にわたって、個々の課題を設定し、論証を試みた。

第Ⅰ部では、統理交渉通商事務衙門を中心に、開港期朝鮮の外交をめぐる制度的実態について分析した。各章で明らかにできた点は、以下の通りである。

第一章では、統理交渉通商事務衙門の設立に至るまでの、朝鮮における外交担当官庁の変遷について論じた。朝鮮の外交が、清に対する「事大」と、日本に対する「交隣」から成っていた時代、その具体的な業務は、規定に従って、前例通りに遂行することが重要であった。これらの業務は、議政府、礼曹、承文院、司訳院、戸曹などの諸機関が、また特に「交隣」については現地の地方官が、慣例的に定められているそれぞれの役割を果たすことにより、全体として有機的に進行していくという形で展開されていた。

ところが、明治維新以後の日本が、従来の「交隣」関係から逸脱して起こした行動は、前例通りに対応しえない側面を多分に含むものであった。朝鮮政府は、前例を踏襲できる部分は従来の官庁によって極力踏襲しながら、これに柔軟に対応した。しかし、事実上の日本公使ソウル駐在、アメリカとの条約締結への動き、清への領選使一行派遣など、朝鮮をめぐる外交関係には、明らかな変化があらわれはじめていた。

これらを背景に、朝鮮政府においては、一八八〇年一二月、「中外軍国機務を総領する」統理機務衙門が新設された。統理機務衙門は、上記の新たな外交業務を中心的に担当した一方で、従来からの業務遂行形態に、議政府に代わる形で組み込まれながら、「事大」に関わる慣例的な業務についても重要な役割を果たしていた。しかし、一八八二年六月の壬午軍乱によって成立した大院君政権下で、この統理機務衙門は廃止された。

壬午軍乱が清軍の出兵によって鎮圧され、閔氏政権が復活した新政府のもとでは、機務処を経て、「外務」を担当する官庁として統理交渉通商事務衙門が新設された。統理交渉通商事務衙門章程を分析すると、この衙門は、国の方針として明確に打ち出された改革方針に基づいた、従来の機関とは異なる新しいスタイルの機関として設置されたことがわかる。担当する外交業務についても、その内容を「条約内」の業務として規定することにより、従来の「事大」業務を切り離しており、統理機務衙門との差異を見せていた。

第二章では、統理交渉通商事務衙門の基礎的研究の一環として、構成員について分析を加えた。衙門の構成員に、メレンドルフと馬建常という外国人が入っていることは、大きな特徴であるので、二人の具体的な活動について調べてみたが、メレンドルフが、朝英・朝独条約締結や各開港場の租界地設定を中心に、統理交渉通商事務衙門にも頻繁に出勤しながら、協辦統理交渉通商事務として実際に精力的な活動をみせていたのに対し、馬建常には衙門の会辦としての目立った活動が見られなかった。

一方、朝鮮人官員については、まず、主な前歴や基本的な人的事項から、任用条件について検討してみた。その結果、考えられる統理交渉通商事務衙門構成員の任用条件は以下の三点であった。第一に、外交使節や外国視察の経験があること、第二に、高宗に直接入侍する機会のある官職に就任した経験があること、第三に、一部の例外を除いては名門家系の出身であること、である。

次に、衙門構成員の兼職状況を調査したところ、その特徴は以下の三点であった。第一に、議政府をはじめとして、朝鮮政府の従来からの機関の官職にも多数任命されていること、第二に、統理軍国事務衙門やその傘下の機関の官職にも多数任命されていること、第三に、高宗の側近官に多数任命されていること、である。

これらの結果を、構成員の勤務実態についての検討とあわせて考察したとき、統理交渉通商事務衙門の制度的特徴として指摘できるのは、次の二点である。まず第一に、衙門は、朝鮮をとりまく新しい状況に対応できる人的構成を備えており、実際に効率的な運営がなされていたということである。しかし第二に、その一方で、衙門はあくまでも従来の政治体制の基盤の上に立った朝鮮政府の一機関でもあったことも、重要な特徴である。高宗との関係も、統理軍国事務衙門との関係も、この政治体制に組み込まれている上で成立するものであり、その意味では、統理交渉通商事務衙門の性格は、「親清」といった単純な枠組みで説明できるものではなかったといえよう。

第三章においては、統理交渉通商事務衙門が朝鮮の地方官庁と往来した文書の検討を通して、外交政策の国内展開と、財政政策について論じた。

外交政策の国内展開としては、未通商港、間行里程、填補銀支払をめぐる問題について分析した。これらの問題について、統理交渉通商事務衙門は関連して必要な指令を地方に下し、地方は衙門の指示を忠実に実行していた。衙門は、国内のこのような状況を前提にして、対外交渉に臨むことができたのである。該衙門の地方に対する指令は、未通商港問題においても、間行里程問題においても、朝鮮の利益を確保することを意図した、実際的なものであった。

財政政策についてみると、統理交渉通商事務衙門の財源には、屯田経営や捐補銭など、従来からの方式が含まれていたことがわかった。『旬報』の代金徴収や、特定商業団体の保障の見返りとしての収入などは、社会状況の変化にともなって新たに生じたものではあるが、雑多な財源を寄せ集めるという運営方式自体が、従来からのものであった。衙門が、新設衙門でありながら、従来の制度の上に立つ政治機関であったことは、ここでも確認することができるのである。

以上を総合して、統理交渉通商事務衙門について、実態からその特徴を整理すると、次の二点を指摘できる。

第一に、統理交渉通商事務衙門の性格は、朝鮮従来の伝統的な側面と、それとは一線を画す新しい側面が絡み合ったものであったということである。外交業務においてこれを見れば、統理交渉通商事務衙門は、実際には、義州と清の鳳凰城の間における咨文往来状況の報告を詳細に受け、「事大」業務の進行過程についてよく把握していたが、規定の上では「事大」「交隣」業務を遂行してきた伝統的な業務体系―各機関がそれぞれの役割を果たす方式―から切り離されていたということがある。また、構成員について言えば、主に名門家系出身である、朝鮮従来の機関の官職を多く兼職するという特徴がみられる一方で、外交使節や外国視察の経験がある者が多く、品階に関係なく実力本位で抜擢されるケースがあるといった特徴も、同時にみられていた。さらに衙門の運営方式についても、その財政政策は、雑多な財源―その中には社会状況の変化にともなって新たに生じたものが含まれているとしても―を寄せ集める、従来の官庁と同様の方式で進められていながら、朝参を免除されたり、日曜日が休務だったりという、従来の官庁とは異なる側面も合わせ持っていたのであった。このような複雑で多面的な特徴は、統理交渉通商事務衙門の外交戦略を理解する上で、前提となる重要な要素である。

第二に、統理交渉通商事務衙門は実務機関としてよく機能していたということも、特徴として挙げておかねばならないだろう。『統署日記』のような日誌が残されていること自体からも、そのことはうかがえるが、構成員の勤務実態からは、督辦クラスの官員とともに、主事たちのコンスタントな衙門への出勤が確認され、衙門の運営が効率的に行われていたことがわかる。実際に、統理交渉通商事務衙門の外交政策は、衙門が各国の朝鮮駐在機関とよく連絡したうえで行われていた。また、衙門は国内に対しても、各地方官庁と十分な連絡環境を維持していた。各国との懸案事項を処理するにあたって、衙門は必要な指令を地方に下し、地方はこれを忠実に実行していた。衙門の活動が、このような体制を背景にして展開されていたということは、朝鮮の外交主体の中心的な位置において、統理交渉通商事務衙門が十分に機能していたことを示すものであろう。

このような統理交渉通商事務衙門の特徴をふまえて、第Ⅱ部、第Ⅲ部においては、衙門が展開した外交政策を具体的に跡づけた。

まず第Ⅱ部では、対清外交展開過程を、実態に即して分析することを試みた。各章で明らかにできたことを整理すると、以下のようである。

第四章においては、朝清商民水陸貿易章程（水陸章程）と、それに関連して制定された派員辦理朝鮮商務章程（派員章程）、「朝鮮通商章程」、仁川清商租界章程、朝清輪船往来合約章程（輪船章程）、の成立過程と内容について検討した。

まず、水陸章程に関しては、朝清関係改編の必要性を認識しつつ、宗属関係のもとでいかにその交渉を自国に有利に展開していくか、慎重に機会をうかがっていた朝鮮が、清側から提示された『朝鮮策略』を利用して、実現可能でありながら、最大限に朝鮮の利益を確保する形で、改編を規定しようとしていた過程を明らかにした。その戦略の核は、朝清二国間の陸路貿易と、一般外国との海上自由貿易との関係を章程に規定すること、さらに各規定を大枠にして、実際の運用に幅を持たせておくことの二点であった。

水陸章程をうけて実際に細則として成立した諸章程は、運用の幅を清が利用して朝鮮側が権利を認めざるを得ない、派員章程のような場合もあり、一方で朝鮮通商章程のように、朝鮮の戦略が形となった場合もあった。どちらにせよ、これら章程の運用実態が、次なる検討課題として浮上することとなった。

第五章においては、水陸章程後の諸章程のなかでも特に重要な、朝清間の陸路貿易に関わる中江貿易章程の制定交渉について検討した。交渉過程で具体的に論点になったのは、官員、海上貿易、典礼をめぐる問題であり、まさに水陸章程の交渉過程で問題になった点と重なっていた。朝清双方の主張の対立の根本には、宗属関係に基づく朝清間の上下関係をもって自国の利益を確保・拡大しようとする清側の意図と、それを抑えることによって実際の利益を少しずつ確保していこうとする朝鮮側の意図との対立があった。

自己主張の根拠として、清側は、朝清関係の特殊性を前面に押し出した。これに対して朝鮮側は、宗属関係の枠内において、清に対して自己主張を展開するのは容易なことではないなか、水陸章程の規定や、旧例を根拠に、巧みな交渉を展開した。また特に注目されるのは、水陸章程交渉における戦略と一貫して、中江貿易を海上貿易と連結させようとした朝鮮側の主張である。正面突破では改編が難しい朝清間の問題を、現実状況を二国間外に開いていくことによって希薄化し、解決していこうとする方法は、朝鮮にとって一つの可能性であった。

第六章においては、朝清間で問題になった具体的な懸案事項について、諸章程の運用実態という側面から、その実際の交渉過程について分析した。

まず、楊花津への清船入港拒否をめぐって懸案化した楊花津入港問題についてみた。朝鮮側は「朝鮮通商章程」を根拠に、清商船入港の不当性を主張したが、清側はこれにとりあわなかった。そこで朝鮮側は、水陸章程第三条の解釈の問題に論点を切り替えながら、一貫して入港禁止を主張した。しかしこれに対して清側は、朝清関係の特殊性を強調して譲らず、結局朝鮮側が清商船の楊花津入港を認めることで決着した。一方、朝官である李範晋を、清の商董である熊廷漢等が暴力的に清商署に連行し、審判を断行した李範晋事件においては、朝鮮側が水陸章程第二条の規定を根拠に、清側の過失を一貫して主張した。清側も同様に、水陸章程を根拠にあげながらこれに反駁したが、結果的に商董熊廷漢が更迭され、清側が折れる形で決着した。この二つの事件は、交渉過程において、章程が積極的に言及されている事例である。

反面、商業活動をめぐる清商人とのトラブルについては、交渉過程において章程の言及がほとんど見られなかった。清側がいくら朝鮮側の責任を追及しても、朝鮮側は、取り決めがないことや、現実的に不可能であることを主張しながら、最後まで清算や補償を行おうとはしなかった。これらは積極的に対応しないという戦略によって、現実として朝鮮側の利益を守っていた事例である。水陸章程や中江章程の交渉において、朝清間の特殊性をもって朝鮮側の主張を挫き、楊花津入港問題で朝鮮側が「朝鮮通商章程」を根拠に主張しても、これを無視した清側であったが、ここでは朝鮮側に強制力を発揮する手段を持ち得なかったのであった。これは、朝鮮における、現実としての清の影響力の程度も関わる問題ではあるが、当該時期の状況は、朝鮮側のこのような対応を可能にするものだったということである。その一方で朝鮮は、欠銭問題に関連して延取引の制限基準を文章化し、各国公使に照会として送付するという、独自の対策を打ち出してもいた。

次に第Ⅲ部では、条約をめぐる朝鮮外交の展開過程を跡づけた。

第七章では、「関税自主権」をめぐる疑問を出発点として、日本との貿易における関税規則制定過程についての分析を軸に、開港期朝鮮における関税「自主」について検討してみた。その結果、まずは海上貿易草創期の朝鮮において、試行錯誤を重ねながら実行されていく、関税政策の展開過程を、実態に即して明らかにできた。朝鮮側の戦略は、関税規則自体を「自主」によって制定することを、朝鮮の権利として条約に規定することであった。壬午軍乱という突発事態もあって、日朝間では実現できなかったが、朝米条約にはこの権利が第五款に規定されており、「朝鮮通商章程」の制定も、この権利の発動と位置づけることができる。またこのような実態は、当時の朝鮮にとって非常に重要でありながら多分に抽象的な概念である「自主」を、朝鮮がどのように使用していたのかを示す、一つの事例である。

次に第八章では、朝米条約における最恵国待遇について、その特徴と、条約草案から見る成立過程について検討した。朝米条約締結当時、東アジアで締結されていた諸条約における最恵国待遇規定の類型を、概括的か限定的か、片務的か双務的か、条件付か無条件かという要素を手がかりに整理し、その上で朝米条約の特徴を位置づけた。朝米条約第十四款の片務的最恵国待遇が条件付であることの特殊性は、これまでの研究でも指摘されてきたが、概括的規定と限定的規定の重複言及、さらにその片務と双務の矛盾可能性、また「万国公法通例」の言及による平等性追求との関連性については、新しい論点である。

また、これらの特徴を朝米条約の諸草案から検討した結果において注目されるのは、李東仁作成草案の重要性であった。朝米条約の締結過程において、李鴻章の役割は絶大であり、清の保定で実施された仮調印に至るまでのアメリカ側との直接交渉に、朝鮮からの参加は一切無かったことはよく知られている。それだけに、条約締結過程における朝鮮外交の構想については、その存在自体が危ぶまれ、これまでほとんど注意が払われてこなかった。しかし、李東仁の「悉照万国通例」による平等追求構想にかいま見られたように、欧米列強と初めての条約締結に際して、朝鮮外交には清とも日本とも異なる独自の構想があった。そしてその構想は李鴻章に影響を与え、結果的に朝米条約における朝鮮側の戦略として展開されたと言えるのである。

続く第九章では、朝米条約以後の最恵国待遇をめぐる朝鮮外交、すなわち朝英条約締結による均霑問題の推移について検討した。その特徴として指摘したのは、次の二点である。

第一に、水陸章程との関わりである。水陸章程は、それまで積極的に展開されていた最恵国待遇をめぐる朝鮮の外交政策に、二つの側面から重大な影響を及ぼした。①清のみに認められる特権が規定されたことにより、朝鮮と外交関係を結ぶ各国がその均霑を強く意識するに至った。特に日本にとっては、交渉中の「日朝通商章程」に最恵国条項を挿入することを必須課題と認識させる要因になった。②各国の均霑禁止が、朝鮮が清の属邦であることを理由に明記されたために、朝鮮にとっては、均霑拒否が属邦主張につながりうるというジレンマが生じることとなり、実質的に、朝鮮が各国との条約交渉において片務的最恵国条項の添入拒否を主張することを困難にした。このように、朝清関係が朝鮮の条約関係に影響を及ぼす構造は複雑であり、かつ多面的であった。これは言い換えれば、「属国自主」という朝鮮のあり方が、朝鮮外交の展開を規定する構造の複雑さであり、多面性であったと言えよう。

しかし第二に、そのような状況の中でも朝鮮は、戦略的な外交を展開していた。パークス条約の均霑をめぐる最恵国条項の運用過程から分析するに、朝鮮の外交政策は、アメリカに対するものと日本に対するものとで、異なる方向に沿って展開されている。アメリカに対しては、そのまま均霑を実施した一方、日本との間では、条約文中の「均霑」についての柔軟な発想に基づく解釈によって根拠を確保しながら、朝鮮に一方的に不利にならないような形での「均霑」を模索しているのである。このような使い分けも、朝鮮外交の戦略の一つであった。

以上、対清外交と、条約をめぐる個別の外交課題における朝鮮の戦略について述べた。これらを総合して、開港期朝鮮の戦略的外交の特徴として指摘できる点は、以下の三点である。

第一に、本書が検討の中心とした一八八〇年代初頭における朝鮮外交は、朝清関係の改編という大課題を慎重に実践しつつ、それと同時に、日本との通商章程締結交渉、アメリカ、イギリス、ドイツとの修好通商条約締結交渉を展開するという状況であった。これらは相互に影響を与え合う関係であり、朝鮮外交の戦略は、このような状況を利用するものであったといえる。

繰り返しになるが、朝清宗属関係の廃棄が現実的でない以上、現実の朝清関係には絶対的な上下関係が存在する。それを前提に清側が朝清関係の特殊性をもって強攻策に出れば、朝鮮側はそれを拒否する論理的根拠を持ちえなかった。そのような状況の突破口として朝鮮が準備した戦略が、この二国間関係を、日本や西欧諸国との関係に開いていくというものであった。具体的には、朝清二国間関係に限定される陸路貿易を、その他の外国との一般的な関係における海上自由貿易と関連づけることにより、朝清関係の特殊性を希釈するという方法が確認できた。この戦略は、『朝鮮策略』将来時から構想されたと考えられ、清との事前交渉の中である程度の実現可能性を確保した上で、水陸章程交渉過程で実行に移された。続く中江貿易章程においても重要な論点となっていることから、朝鮮外交のこの戦略が、場当たり的なものではなく、体系をもって展開されていたことがわかる。

一方で、日本と西欧諸国に対する交渉において懸案となった、関税自主権や最恵国待遇をめぐる問題に、清との水陸章程が及ぼした影響は、複雑かつ多面的であった。朝鮮の外交戦略は、時に朝清関係の特殊性を利用しつつも、その「逆ベクトル」を想定したものであった。その意味では、日本と西欧諸国に対する外交政策が、常に対清関係に由縁するリスクを抱えながら展開されざるを得なかったという点を、看過してはならないだろう。

第二に、章程、条約という形式をめぐる戦略についてである。対清関係改編にあたって朝鮮は、朝清関係の諸側面を、「章程」という形式で規定していく作業を進めていった。もちろん、水陸章程からして、清皇帝が朝鮮に特別に許したものとされており、厳密には相互規定と言えない側面もあるが、朝清関係における具体的な手続きを文章によって確認した意味は大きいだろう。水陸章程、中江章程の成立過程において、朝鮮側は自己主張を巧みに展開しながら積極的に交渉し、また独自に「朝鮮通商章程」を作成して、清側に提示しもしたのである。

その上で、朝鮮が水陸章程に込めた戦略には、規定を大枠にしておいて、実際の運用に幅を持たせるというものがあった。朝清関係で国家のメンツがかかわる問題のような、勝ち目のない点について無駄な対立は避ける。その代わり、例えば条文を骨抜きにする運用規則を作ってしまう、条文を独自に解釈して相手の要求が通らない状況を準備してしまう、第三国に対して朝鮮の利益を貫徹させた外交政策を実践することで、二国間で被りそうな不利益を希釈させてしまう、もしくは条文に規定がないことを根拠に相手の主張を無視するなど、多様な実践が行われていたことが確認できた。

このように、条文とその運用を別次元として扱う戦略は、日本や西欧諸国との条約においても見られると言ってよい。「日朝通商章程」、朝米条約、朝英・朝独条約の締結交渉において、いわゆる不平等な内容について積極的に反論していないからといって、朝鮮外交を無視することはできないのである。むしろ朝鮮は、条約締結後の実際の利益に目を向けていた。その現実的な戦略に注目するべきであろう。

第三にこのような実態と関連して、朝鮮外交の戦略は、条約をめぐっても西欧国際法の枠にとらわれていなかったということを指摘したい。すなわち朝鮮にとって、日本や西欧諸国と条約形式で相互規定を締結するということと、条約を西欧国際法的に遵守しなければならないということは、別問題であり得たということである。日本に対する朝英条約の均霑問題によくあらわれていると思うのであるが、当時の朝鮮は、西欧国際法に則らねばならないということを絶対条件にしていない。日本との条約文言について、西欧国際法的解釈を主張する日本に対して、朝鮮は堂々と独自の解釈を主張していた。朝鮮にとって、二国間の相互規定を西欧国際法的に理解しなければならないというのは、一つの主張ではあり得るが、強制力を持つものではなかったのである。これは言うまでもなく、朝鮮が西欧国際法を理解していなかったことを意味しない。例えば、アメリカに対する均霑問題のように、西欧国際法に則ることが得策であると判断した場合はそれに則るからである。これは、西欧国際法に則ることを金科玉条として、それ以外の選択肢を自ら無視していた明治日本の外交姿勢と全く異なる点である。

結果的に、日清戦争、清朝の崩壊を経て、従来の東アジアの国際秩序は、西欧国際法的な秩序に取って代わられ、その流れと合わせて、文明観、世界観においても、西欧的近代が価値基準となっていったことは否定できない。しかし、本書が対象とした一八八〇年代はじめ、そのような方向は自明ではなかった。その意味で当時の朝鮮の外交戦略は、はなから西欧的近代を相対化していたとも言えるのである。朝米条約の李東仁案にみる、各国平等追求の試みなどは、そのような発想からこそ生まれ得たのではないだろうか。

以上のような本書の結論は、甲申政変以前という時期的要素に由来する部分が大きい。朝鮮の外交体制草創期であり、朝鮮に関わる各国も手探りの部分が少なからずあったからである。統理交渉通商事務衙門が、そして朝鮮外交の戦略が、甲申政変後どうなっていくのかは、やはり個別実証の積み重ねによって明らかにするほかあるまいが、最後に若干の展望を述べておきたい。

外交制度について、甲申政変以前は統理交渉通商事務衙門が朝鮮政府の中心的な外交機関として機能していたのであるが、政変以後の時期については、該衙門とほぼ同時期に設置された統理軍国事務衙門の後を受けて新たに設置された内務府の権限が強まるなか、一部の外交政策も内務府が担当したという先行研究がある(1)。確かに該当時期は、軍制の改編をはじめとして内務府が中心となって行われた一連の開化政策が注目される時期であり、朝鮮外交の実態を明らかにするためには、内務府との関係を中心に、該衙門の朝鮮政府における位置づけを把握しておく必要があるだろう。

また本書では、統理交渉通商事務衙門が、一面では伝統的内政・財政体制の上に立脚していたことを指摘したが、この衙門の性格にも関わってくる財政体制の問題が、甲申政変以後の時期においてどのように展開していくのかを明らかにする必要がある。なぜなら、伝統的財政体制は、外交・開化政策推進の桎梏となっていき、朝鮮が国際的に自立していける力を備えることを妨げたとも理解される問題だからである。衙門の財政政策については、一八八五年以後の各種商業税新設と、海関税運用についての先行研究があるが(2)、より詳細にその実態を明らかにする必要があろう。

外交政策については、清との間では大院君の帰国、袁世凱の朝鮮駐在、駐米公使派遣と「三端」問題、神貞大王大妃弔勅使問題など、日本との間では金玉均引き渡し問題、防穀令事件など、西欧諸国との間では朝露密約事件、巨文島事件、フランス・オーストリアとの条約締結など、一八九四年日清戦争に至る時期もまた、激動の時期であった。しかし、本書で明らかにしたように、朝鮮の戦略は、国家の体面が前面に押し出されない、例えば盗難事件のような日常的な懸案事項にこそ集中的にあらわれてくる傾向もあるように思う。その意味で筆者が目下注目しているのは、清、日本との漁業問題である。本書では、対日外交について断片的に論ずる形になってしまったことは反省点の一つであるので、その点も含めて今後の課題としたい。

あとがき

ちょうど二十年前のこと。高校世界史の、全地球を何千年のスパンで扱うというスケールの大きさが楽しくて、上智大学文学部史学科に入学した私を待ち受けていたのは、「歴史学の論文を書くということは、嵐に吹き飛んでしまうような家を建てるのではなく、嵐に持ちこたえられる家の材料になるかもしれない煉瓦を一つ焼くことです」という、山内弘一先生の教えであった。なんと地味な！歴史学の方法論に面食らった私は、すっかり勉強からは距離を置いた大学生活を送り、「東洋史概説」でもしっかり「C」をいただく有様。それでもそんな私が進学を考えるに至ったのは、山内先生はじめ史学科の先生方がコツコツと煉瓦を焼き続ける姿が、やはり格好良く見えたからなのだろう。

ほとんど元気だけで進学した一橋大学大学院社会学研究科であったが、糟谷憲一先生のゼミは、朝鮮近現代史専攻の蒼々たる先輩方が集まっていて、一言で言えば熱かった。ゼミから終電ぎりぎりの飲み会まで続く、先輩方のハイレベルな議論はちんぷんかんぷん。院生自治会からもらった「入院生活の手引き」も役に立たず、明らかに浮いていた私に、糟谷先生は、焦らず史料にじっくり向き合うことの大切さを教えて下さった。糟谷先生は当時、学部の講義に加えて多くの院生を抱え、学会に組合に行政に、本当にご多忙であったにもかかわらず、細かい読み間違いも見逃さず、厳しくチェックしてくださった。

修士論文は「金允植の政治活動」として書いた。糟谷先生にご迷惑をおかけしながら、がんばって調べたつもりであったが、いかんせん、金允植という人物は一筋縄でいかなかった。調べれば調べるほど整理不能で、結論らしき結論をまとめることができず、副査の坂元ひろ子先生から「調べただけ」と指摘され、ぐうの音も出なかった。

しかしこの整理不能というのが、開港期の実態なのではないかというある種の開き直りは、このころから芽生えていたように思う。

博士課程二年次に、遅まきながら初めてソウル大学校大学院国史学科に留学した。受け入れ教員になっていただいた權泰億先生には、大変お世話になった。国史学科の大学院ゼミの緊張感は半端でなく、院生の自主勉強会で『独立新聞』をバリバリ読んでいる環境は衝撃的であったが、留学生活は本当に楽しかった。十四棟四一〇号研究室の様子は、今もありありと思い描ける。私が研究室でしか勉強できなくなったのは、この時以来である。しかし楽しい時間はあっという間に過ぎるもの。気づいたら留学期間は終わりに近づいているのに、研究成果はほとんどない。慌てて奎章閣で、少しでも関連がありそうな史料を片っ端からコピーした。本書で使用している奎章閣史料は、ほとんどこの時集めておいたものである。

帰国後、こちらも遅まきながら初めて投稿論文というものを書いた。本書第六章のもととなった「甲申政変以前における朝清商民水陸貿易章程の運用実態―関連諸章程と楊花津入港問題を中心に―」である。史料から何が言えそうか、まさに手探りで進みつつ、なんとかまとめたもので、後から気づいた不備も多い。しかしこの作業の中で、外交の実態を、条約を手がかりに明らかにするという方法に若干の手応えを感じたことが、その後、第五章のもととなった「朝清陸路貿易の改編と中江貿易章程―甲申政変以前朝清関係の一側面」をまとめることにつながり、第Ⅲ部の問題意識となった。

本書第Ⅰ部、統理交渉通商事務衙門の基礎研究にあたる部分は、麗水大学校（現全南大学校麗水キャンパス）国際学部日本学科で日本語を教えながら書いた。応募を勧めて下さった徐民教先輩は、麗水でお世話になった元智妍先生とともに、私の恩人である。朝鮮旧来の外交運営方式についての調査がなかなか進まず、予想外の時間がかかってしまったが、自然も人心も美しい麗水での二年間は、人生の宝物である。

麗水から釜山の東義大学校日語日文学科に移って、博士論文をまとめた。これが可能だったのは、研究環境を配慮して下さった鄭孝雲先生、呉英恩先生のおかげである。またこの間、糟谷先生は大病を患われたにもかかわらず、各章ごとに、真っ赤に添削した原稿を国際郵便で送ってくださった。釜山では、授業以外はほとんど研究室に引きこもり状態で一人格闘していたので、先生の赤字がどんなに有難かったか知れない。この学恩を思い返す度、先生の弟子として恥ずかしくないきちんとした実証研究をしなければ、と襟が正される思いである。

本書第Ⅲ部のもとになった最初の論文「開港期朝鮮の関税「自主」をめぐる一考察」は、帰国して一年間お世話になった一橋大学で書いた。この時、全くの見切り発車で帰国した私を助けてくれたみなさん、ありがとうございました。特に北原スマ子先生には大変お世話になった。北原先生もまた、私の恩人である。

全く幸運にも大阪大学に来ることができて、次の論文「最恵国待遇をめぐる朝鮮外交の展開過程」を、言語文化研究科に改編されて今はなくなってしまった、世界言語研究センターの紀要に発表できたことは、私にとって嬉しいことである。豊かな自然と、朝鮮半島に深い関心を寄せる学生たちに囲まれ、研究が進まないはずはないのであるが、本書の出版は博士論文から大分時間を経過してしまった。次の成果をまとめるのにまたウン十年、などということにはならないようにしたいものである。一方で、朝鮮語専攻の岸田文隆先生、小西敏夫先生にはいつもご迷惑をおかけして申し訳ない思いである。

振り返ってみると、本当にたくさんの方々のお世話になってきた。ここにはとても全て記しきれないが、金秀鎭、裵姈美の名前はやはり挙げておきたい。この二人の学友がいなかったら、どんなに味気ない研究人生だろうと思う。いつもありがとう！

そして、家族のみなさん。なんと本ができましたよ。いつもご協力ありがとうございます。これからもよろしく。

最後に、本書は「平成二六年度大阪大学教員出版支援制度」の恩恵にあずかった。編集を担当して下さった大阪大学出版会落合祥堯さんをはじめ、関係各所に感謝申し上げる。

酒井裕美

関係年表（一八六三―一八九四）

西暦	政治	対外関係	条約
一八六三・一二・八	高宗即位、大院君政権成立		
一八六六		丙寅洋擾	
一八六八・一二		日本との書契問題おこる	
一八七一		辛未洋擾	
一八七三・一一・五	高宗親政開始、閔氏政権成立		
一八七五・八		江華島事件	
一八七六・二・三			日朝修好條規調印
四・四		第一次修信使（金綺秀）辞陛	
七・六			日朝修好條規附録および貿易規則調印
一二・一七			釜山港居留地借入約書調印
一八七七・五・二三			朝鮮漂流船取扱約定調印
一八七八・八		釜山豆毛鎮徴税問題おこる	
一八七九・七・一三			元山津開港予約決定
一八八〇・三・二三	元山開港		
五・二八		第二次修信使（金弘集）辞陛	
一一・二六		花房義質辦理公使、高宗に国書奉呈	
一二・二一	統理機務衙門設置		
一八八一・三		朝士視察団、日本へ出発	
八・七		第三次修信使（趙秉鎬）辞陛	
九・二六		領選使（金允植）辞陛	
一八八二・四・六			朝米修好通商条約調印
四・二一			朝英（ウィルス）修好通商条約調印
五・一五			朝独（ブラント）修好通商条約調印
六・九	壬午軍乱		
七・一四	大院君、保定へ拉致される		
七・一七			日朝修好條規続約、済物浦条約調印
七・二五	機務処設置		
八・二三			朝清商民水陸貿易章程調印

一一・一七	統理内務衙門（統理軍国事務衙門に改称）、統理衙門（統理交渉通商事務衙門に改称）成立		
一一・二三	仁川開港		
一八八三・一・二四			海底電線設置に関する日朝条約調印
三・一五			中江貿易章程交渉終了
四・一三			朝米修好通商条約批准
六・一		報聘使（閔泳翊）辞陛	
六・二三			日朝通商章程、間行里程取極約書調印
七・五	典圜局設置		
一〇・二七			朝英（パークス） 朝独（ツァッペ）修好通商条約調印
一八八四・三			吉林貿易章程成立
閏五・四			朝伊修好通商条約調印
閏五・一四			朝露修好通商条約調印
一〇・三			仁川済物浦各国租界章程調印
一〇・一七	甲申政変		
一一・二四			漢城条約調印
一八八五・三・二六		巨文島事件おこる	
五・二五	内務府設置		
五		第一次朝露秘密協定問題	
八・二五	大院君帰国		
一〇・一一	清駐箚朝鮮総理交渉通商事宜・袁世凱着任		
一一・一六			海底電線設置条約続約
一八八六・五・三			朝仏修好通商条約調印
七		第二次朝露秘密協定問題	
一八八七・九		駐米公使（朴定陽）の三端問題	
一八八九・一〇・一五		咸鏡道防穀令事件	
一〇・二			日朝通漁章程調印
一八九〇・九		神貞大王大妃弔勅使問題	
一八九二・五・二九			朝墺修好通商条約調印
一八九四・一	甲午農民戦争第一次蜂起		
四	全州和約		
六・二一	日本軍の景福宮占領で閔氏政権崩壊		

(34)『清季中日韓』831 付件 1
(35)『清案』101
(36)『日案』220
(37)『日案』252
(38)『日案』260
(39)『日案』262
(40)『日案』288
(41)『日案』289
(42)『日案』290
(43)『日案』291。引用部分の省略箇所には「税項の或いは銀、或いは銭なるも亦た、簡便允行の道に非ず」との文章があるのだが、意味がよくわからない。ちなみに金銀地金、貨幣は、日朝通商章程においても、朝英修好通商条約の税則においても免税品目である。
(44) それぞれの税目表は、『旧条約彙纂第三巻』52-66、493-502 頁。
(45)『日案』292
(46)『日案』294
(47)『日案』294
(48)『日案』300
(49)『日案』301
(50)『日案』327

結論

(1) 韓哲昊「閔氏戚族政権期（1885-1894）内務府의 組織과 機能」『韓国史研究』第 90 号、1995 年
(2) 須川英徳『李朝商業政策史研究―18・19 世紀における公権力と商業―』東京大学出版会、1994 年

が締結され、仁川・元山・釜山の開港場周辺の日本人自由通行地域はすでに大幅に拡大していたことには留意する必要があるだろう。

(13) これ以前からイギリスは朝鮮沿海において、実際には随時測量を行っていた。例えば、壬午軍乱の際に、花房公使がイギリスの測量船であるフライングフィッシュ号に収容されたことはよく知られている。

(14) ゆえにウィルズ条約も条件付片務的最恵国条項、一部双務的最恵国待遇を規定する内容を含んでいた。原文は、『旧条約彙纂第三巻』463-472頁。

(15) 坂野正高『近代中国政治外交史—ヴァスコ・ダ・ガマから五四運動まで—』(東京大学出版会、1973年) 383頁

(16) 韓承勳「朝鮮의 不平等条約体制編入에 関与한 英国外交官의 活動과 그 意義」(『韓国近現代史研究』2010年) 53-62頁

(17) 韓承勳 (2006) 227-232頁、岡本隆司『属国と自主のあいだ』(名古屋大学出版会、2004年) 139-143頁

(18)『旧条約彙纂第三巻』484頁

(19)『旧条約彙纂第三巻』484頁

(20)『旧条約彙纂第三巻』474頁

(21) 前掲の韓承勳の研究 (2006, 2010) の他には、奥平武彦『朝鮮開国交渉始末』刀江書院、1935年、第Ⅳ章、廣瀬靖子「日清戦争前のイギリス極東政策の一考察—朝鮮問題を中心に」『国際政治』31、1974年、岡本隆司前掲書第5章などを参照。

(22) FO405/33, NO. 16。水陸章程の英訳は駐清イギリス領事グローブナーからも送付された (FO405/33, NO. 7)

(23) 韓承勳 (2010) 55頁

(24)『尹致昊日記』高宗20年10月17日

(25) この関税権、内地通行権と、本文で先に触れた無条件的最恵国待遇の他にも、パークス条約には不平等な内容として、関税以外一切の内地課税否定、通商港の拡大と土地・家屋の賃借・購買および住宅・倉庫・工場設立の自由、沿岸貿易権と沿岸海運権、広範かつ強力な領事裁判権などが含まれていた。李炳天「開港과 不平等条約体制의 確立」(『経済史学』8、1984年) 96-101頁。

(26)『旧条約彙纂第三巻』473-492頁

(27) アメリカについては水陸章程との関係を特に整理しなかったが、アメリカも朝米条約批准を待つタイミングで水陸章程の内容を知るや、均霑を試みようとしている (韓承勳 (2006) 237-238頁)。しかし直後にパークス条約が成立し、結果的に水陸章程の均霑問題はパークス条約の均霑問題に吸収された。

(28)『美案』69

(29)『美案』70

(30)『清案』17

(31)『清季中日韓』805。この経緯については、秋月望「朝中間の三貿易章程の締結経緯」(『朝鮮学報』第115輯、1991年) 116-117頁。

(32)『清季中日韓』831 付件1

(33)『清案』96

（46）岡本隆司前掲書、50、51 頁

（47）ただし、アメリカ側草案⑤の第七条には、アメリカが朝鮮に対し、第三国に課す関税より高い関税を賦課しないことを約束する内容があり、実質的には関税に限定的な双務的最恵国待遇が規定されている。

（48）この問題をより深く考察するためには、朝鮮における「万国公法」認識をふまえる必要があるだろう。しかし、「万国公法」受容に関する研究が少なくない中（金世民『韓国近代史와 万国公法』景仁文化社、2002 年、金鳳珍「朝鮮の万国公法の受容―開国前夜から甲申政変に至るまで―（上）」『北九州大学外国語学部紀要』第 78 号、1993 年、同「朝鮮の万国公法の受容―開国前夜から甲申政変に至るまで―（下）」『北九州大学外国語学部紀要』第 80 号、1994 年、同「朝鮮の近代初期における万国公法の受容―対日開国前夜から紳士遊覧団まで」『高等研報告書 0903　19 世紀東アジアにおける国際秩序観の比較研究』2010 年、金容九「朝鮮における万国公法の受容と適用」『東アジア近代史』第 2 号、1999 年）朝米条約草案に言及しているものは管見の限り見あたらなかった。今後の課題としたい。

第九章　最恵国待遇の運用をめぐる朝鮮外交の展開―朝英修好通商条約均霑問題

（1）『清季中日韓』594 付件 2

（2）『清季中日韓』594 付件 3

（3）『清季中日韓』596 付件 1

（4）この内容は、水陸章程をうけて朝清間の陸路貿易を規定するために 1883 年 8 月に成立した中江貿易章程にも、第一条「其他各国、此の例に在らざるを言ふ」（『清季中日韓』755 付件 1）として挿入され、1884 年 2 月吉林朝鮮商民随時貿易章程にも、前文「各国通商章程と両に相渉せず」（『清季中日韓』790 付件 2）として挿入された。

（5）『旧条約彙纂第三巻』50 頁。漢文版は以下の通り。「現時若将来朝鮮政府有何権利特典及恵政恩遇施與他国官民日本国官民亦即一体均沾」

（6）「朝鮮国海関税則創定花房公使へ全権御委任」（『公文録』明治十五年、第十五巻。アジア歴史資料センター H.P.で閲覧。資料番号 A01100220600）。

（7）『清季中日韓』620

（8）韓承勲「朝英条約（1883.11）과 不平等條約体制의 再定立」（『韓国史研究』135 集、2006 年）236 頁、FO405/33、No.16。イギリス外務省資料 Great Britain, Foreign Office, Confidential Papers, printed for the use of the Foreign Office, China, 1848-1914, FO405 のうち、33 は朝鮮関係の書信を集めたものである（Correspondence, respecting the affairs of Corea）。これを「FO405/33」と表す。筆者は、『韓英外交史関係資料集』（東廣出版社、1997 年）収録のものを利用した。

（9）『善隣始末』巻七

（10）『善隣始末』巻七

（11）『善隣始末』巻七

（12）但し日本は、水陸章程成立以前の 1882 年 7 月 17 日、済物浦条約とともに日朝修好条規続約を締結し、間行里程の拡大権と、日本官員の朝鮮内地通行権を確保していた。これにもとづき、「日朝通商章程」調印時に朝鮮国間行里程取極約書（議訂朝鮮国閑行里程約條）

（30）奥平武彦前掲書、96 頁
（31）奥平武彦前掲書、108 頁
（32）奥平武彦前掲書、114 頁
（33）「美総兵薛擬與朝鮮約稿」（奎、古 5720-4）。経緯について李鴻章が領議政李最應に説明した書簡は、『清季中日韓』394 付件 2 に収録されている。
（34）草案②も条文が確認できるが、他の草案との相関関係が不明なので、考察から除外した。最恵国待遇に関連しては、第一款に居留民待遇についての限定的双務的規定が、第二款に官員の待遇についての限定的片務的（相手国が受益）規定が言及されている。
（35）草案⑥の条文引用は、『清季中日韓』389 付件 2 による。ちなみにこの草案⑥は、奥平武彦前掲書 103-108 頁によって英文も確認できるが、「最優の国」は「most favored nation」となっている。
（36）草案⑥「欧美各国通例」の英文は「the international laws recognized by the European and American Gavernment」であり、成案「万国公法通例」の英文は「international law」である。
（37）『陰晴史』高宗 18 年 12 月 26 日
（38）『陰晴史』高宗 18 年 12 月 27 日
（39）宋炳基（1985）では、草案③第十一款の内容を「外国人の管轄権は万国通例に準ずる」としている（219 頁）。これは、この議論がされている金允植と李鴻章の筆談記録に、李鴻章の言として「万国通例、通商口岸及び内地、何国人民なるやを論ずる無く、寄居せば皆な本国地方官の管理に帰す」という発言があること、本文で言及したように草案⑥の第四款に「欧美各国通例」が領事裁判権に関連して言及されているためと考えられるが、金允植との会談において李鴻章は、草案①の第四款における領事裁判権問題とは別に、草案①の第十款を草案③の第十一款と合わせて論じていることから、この内容を「外国人の管轄権」に限定するのは妥当でないと考える（『陰晴史』高宗 18 年 12 月 26 日）。
（40）『陰晴史』高宗 18 年 12 月 26 日
（41）『陰晴史』高宗 18 年 12 月 27 日
（42）「但だ我国の見るを得る所は、惟だ中国の各国と相通之条規のみにして、万国通例の如何を知らず。只だ税則一事を以て之を言ふに、泰西諸国は則ち値百抽十、或いは二三十の法を用ふるが似し。而れども中国・日本、則ち今に至るも値百抽五の制を用ふ。此れ其れ用兵後議約の害なり。今次、必ずしも其例を照らさざるべきなり」（『陰晴史』高宗 18 年辛巳 12 月 27 日条）。
（43）『清季中日韓』389
（44）草案⑨の条文は『清季中日韓』393 付件 2 による。第十五款の成案との相違は、成案の主語が「大朝鮮国君主」になっているのに対し、草案⑨では「朝鮮」となっている点のみである。
（45）「Art.X The two contracting parties hereby agree that should at any time the King of Chosen grant to any nation, or to the merchants or citizens of any nations, any right, privilege or fovour connected either with navigation, commerce, political or other intercourse, which is not confined by this Treaty, such right, privilege and favour shall at once freely inure to the benefit of the U.S., its public officers, merchants, and citizens.」ただしこれはアメリカが清と締結した望厦条約第二款とも異なる形式である。

（13）第七章で見たように、朝鮮におけるアメリカ商人に対する課税について、朝米条約第五款では、「其の収税の権、応さに朝鮮の自主に由るべし」としながら、暫定的に税率が定められているため、朝鮮の関税自主権とも関わって、その評価は複雑である。ゆえにその不平等性／平等性をめぐっては、類型化が難しい側面もあるのだが、本稿ではあくまでも、朝鮮側に対して関税に関する最恵国待遇が認められていることを重視した。

（14）官員についての条文で、「泰西各国」の例を参照することが言及される例はいくつか見られる。⑤天津条約第四条、⑪天津条約第四条、⑬天津条約第三条、⑭天津条約第四条、⑮天津条約第四条、⑰天津条約第四条。

（15）奥平武彦『朝鮮開国交渉始末』（刀江書店、1935 年）、李普珩「Shufeldt 提督 1880 年朝・美交渉」（『歴史学報』15、1961 年）、宋炳基『近代韓中関係史研究―19 世紀末의 聯美論과 朝清関係―』（檀大出版部、1985 年）、同「朝米条約의 締結」（前掲『韓国史』37）、同『韓国、美国와의 첫 만남―対美開国史論』（고즈윈、2005 年）、金源模「李鴻章의 列国立約通商勧告策과 朝鮮의対応（1879-1881）―朝美修交交渉을 중심으로」（『東洋学』第 24 輯、1994 年）、岡本隆司『属国と自主のあいだ―近代清韓関係と東アジアの命運』（名古屋大学出版会、2004 年）などを挙げておく。また、朝米条約締結交渉は、李鴻章の斡旋によって行われていたこともあり、第四章で論じた朝清関係改編交渉と同時進行である。相互の関係性についても分析する必要があるが、未だそれぞれの展開過程が十分に明らかになっていないと考えるので、本書では意識的に両者を分けて叙述した。

（16）『清季中日韓』342 付件 2

（17）『清季中日韓』345 付件 2

（18）『清季中日韓』344

（19）李普珩前掲論文、85 頁。草案①の本文は不明であるが、李普珩は「この草案は、1857 年および 1858 年の美・日条約と大同小異」としている。しかし後に検討するように、最恵国待遇についてはこの評価が当てはまらないと思われる。

（20）宋炳基（1985）84 頁

（21）『清季中日韓』353

（22）『清季中日韓』354

（23）『陰晴史』（韓国史料叢書六『陰晴史・従政年表』国史編纂委員会、1971 年）高宗 18 年 12 月 26 日

（24）李光麟「開化僧李東仁」（同『開化党研究』一潮閣、1973 年）103 頁

（25）『清季中日韓』361 付件 1

（26）『李文忠公全集』奏稿 42「密議朝鮮外交摺」

（27）『従政年表』高宗 18 年 10 月 10 日、『陰晴史』高宗 18 年 12 月 26 日

（28）『李文忠公全集』奏稿 42「譴将朝鮮陪臣金允植投遞密書照鈔恭呈」

（29）『陰晴史』高宗 18 年 12 月 26 日。また岡本隆司前掲書では、このとき検討された草案は①②③であるとされている（46 頁）。②④については、金允植の記録によれば「一、李中堂所送」となっており、李鴻章の指示で馬建忠が作成した②、李鴻章が李應俊に持たせた④双方に可能性があると考えられるが、この密書が送られた 10 月 24 日以前に、高宗はすでに魚允中に草案④を李鴻章と検討させていることから、金允植に送付した草案も、この草案④であると考えるのが妥当であろう。

便宜のためここでは全てひらがなに直した。)、その他は、Treaties, Conventions, etc., between China and the Foreign States,（Shanghai: the Statistical Department of the Inspector General of Customs, 1917）を参照した。以下の条文引用も同じ。表のみ日付は陽暦に従う。

(7) 条文の最後には「尤も、右に基く要求又は請求は其の必要なき場合には之を提起すべからざるものとす」との一文があり、イギリス側に留保の余地があることが定められているが、この内容は管見の限り、後続の条約に引き継がれていない。

(8) このような重複言及は、黄埔条約③にも引き続き確認される。特に関税率に限定した部分は、「税率表、並びに、現行諸条約中に挿入せられ、又は挿入せらるべき一切の約定、若は今後締結せらるべき一切の約定に関し、商人及一般に清国に在る凡ての仏国人は時と所とを問わず、最恵国国民の待遇を受くる権利を常に正当に有すべきものとす」となっており、「最恵国」という用語が実際に使用されている。漢文では「厚愛之国」、フランス語では「la nation la plus favorisee」。ただしこれについては、坂野氏の整理のように、原文に諸説ある（坂野正高前掲書、22 頁）。

(9) このように、概括的最恵国待遇に相手国の努力が言及され、官員の待遇において清が恩恵を受ける最恵国規定が入るタイプとしては、イタリアとの北京条約⑮も同様である。第四條、第五条、第六条に中国におけるイタリア官員の、第七条にイタリアにおける中国官員の最恵国待遇が規定されている。

(10) 【表 1】に見るようにアメリカは、概括的片務的最恵国待遇、関税に限定的な片務的最恵国待遇を規定した天津条約⑥を締結した後、追加的に締結した清との条約において、特殊な最恵国待遇規定をその内容に含ませている。天津条約追加協定⑯における、旅行の自由についての最恵国待遇（第六条）と居留民の公教育に対する権利についての最恵国待遇（第七条）、通商及び訴訟手続きに関する合衆国及び支那国間の補足条約㉑における、アヘン貿易についての最恵国待遇適用除外規定（第二条）がそれである。最恵国待遇に関連して、アメリカが他の西欧列強と異なる姿勢を打ち出していることは、朝米条約を考察する上でも重要な要素となりうると考えるが、その経緯や位置づけについて、ほとんど追究することができなかったので、今回はこの問題についての考察を保留した。また、日本が締結した条約についても朝鮮への影響の可能性があるので、日米和親条約（1854 年）、日英約定（1854 年）、日露通好条約（1855 年）、日英修好通商条約（1858 年）、日蘭修好通商条約（1857 年）、日仏修好通商条約（1858 年）、日葡修好通商条約（1860 年）、日普修好通商条約（1861 年）、日瑞修好通商条約（スイス、1864 年）、日伊修好通商条約（1866 年）、日白修好通商及航海条約（1866 年）、日丁修好通商及航海条約（1867 年）、日西修好通商及航海条約（1868 年）、日瑞修好通商及び航海条約（スウェーデン、1868 年）、日墺修好通商航海条約（1869 年）、日布哇国条約書（1871 年）、を検討した。しかしこれらは全て概括的片務的無条件最恵国待遇規定のみであったので、朝米条約の特徴と関連しては特に分析する必要がないと判断した。条約文は、外務省條約局編纂『旧条約彙纂』第一巻、第二巻（1934 年）を参照した。

(11) 朝米条約条文の史料状況については、金源模「朝美條約締結研究」（『東洋学』第 22 輯、1992 年）を参照。本稿での引用は、同論文付録の National Archives 所蔵原本に従う。

(12) 「最優之国」にあたる英文部分は「the most favoured nation」であり、これは「最恵国」の最も一般的な訳語でもある。

年）参照。

（52）崔徳寿編『条約으로 보는 韓国近代史』（열린책들、2010 年）136 頁。同書に「Parkes to Granville, Tokio, may31, 1883.Inclosure2 in No.121, Rough Translation of Draft General Trade Regulations of Corea, FO405/33」も収録されている。しかしこれは題目が「General Trade Regulations of Corea」となっていて、後述する朝鮮通商章程との関連も否定できないのではないかと思われる。

（53）『善隣始末』巻八。『尹致昊日記』癸未九月（ママ）廿一日条。

（54）『善隣始末』巻八。結局、紅蔘問題については、朝清商民水陸貿易章程の規定にしたがって、朝鮮商人による輸出には従価 15% の関税を賦課し、日本商人による輸出は朝鮮政府の許可制とすることで決着した。

（55）『日本外交文書』第 16 巻、283-289 頁（一一〇朝鮮国ニ於テ日本人民貿易規則並海関税目決定ノ件及布告案並ニ決済）

（56）「又清韓條約に朝鮮義州会寧両界の貿易に五分税を科せしに、我が海路貿易に妨礙を与ふるを恐るるを以て、続約一條を訂結し、以て他日海陸税を同一に改正せしむるの権を握れり」（『善隣始末』巻八）。ただし、これは実際には朝鮮側の反対により適用されなかった。広瀬靖子前掲論文、247 頁。

（57）『善隣始末』巻八（参事院の審査報告）

（58）『美案』36

（59）『美案』38。引用部分には続けて「至與日本章程不同之處、容俟日後、徐行論問、務帰公允可也」とある。日朝通商章程、さらにはこの後締結される朝英修好通商条約、朝独修好通商条約の均霑をめぐる問題については、第 9 章参照。

（60）『美案』70

（61）『清季中日韓』第三巻、831 付件 1

（62）たとえば、日朝修好条規第一款には「朝鮮国は自主の邦にして日本国と平等の権を保有せり」という規定が入っていたことはよく知られている。このような「名分」としての「自主」の問題について、本書ではあえて立ち入らなかったが、本章で明らかにしたような「自主」の実態と総合的に考察することは今後の課題である。

第八章　最恵国待遇条項をめぐる朝鮮外交の展開—朝米修好通商条約を中心に

（1）日本側条約草案全十三款中の第十二款（黒田清隆全権大臣の提出）である。「倭使日記」（韓国学資料叢書第八輯『倭使日記・東京日記』亜細亜文化社、1975 年）巻一丙子正月二一日、田保橋潔『近代日鮮関係の研究』（朝鮮総督府中枢院、1940 年）上巻 477 頁。

（2）「倭使日記」巻二丙子正月二十六日、田保橋潔前掲書 477 頁

（3）村瀬信也「最恵国条項論（一）」（『国際法外交雑誌』1974 年）40 頁

（4）坂野正高「アヘン戦争後における最恵国待遇の問題」（『近代中国外交史研究』第一章、岩波書店、1970 年）3、4 頁

（5）村瀬信也前掲論文、74 頁

（6）条約文は、虎門寨、望厦、黄埔については、外務省條約局『英、米、仏、露ノ各国及支那国間ノ條約』（1924 年。書き下し文がついている。原文は送りがながカタカナであるが、

（37）前掲「朝日税議」収録の「辛巳新擬海関税則」。

（38）ただしこのあと、これらの条約は、朝米条約は翌 1883 年 4 月 16 日に批准書が交換される一方、朝英条約は 1883 年 3 月にイギリス議会で批准の 6 ヶ月延期が決定し、ドイツもこれに倣うまま、パークスによる新条約の調印が成されることになる。

（39）『善隣始末』巻五。なお、この『善隣始末』という史料は、発行元や発行年が定かではないが、田保橋清前掲書にも多く引用されており、この「引用史料書目」においては「日本国政府記録」に分類され、「外務省編」とのみ記載されている（下巻、936 頁）。日本国内の図書館には所蔵が確認できなかったが、ソウル大学校中央図書館の古文献資料室に所蔵されており、筆者はこれを利用した。

（40）この日本側草案①については二つの史料が残されている。一つは、『日本外交文書』15 巻 108「朝鮮国海関税則創定ノ全権御委任ニ款スルノ件」であり、もう一つは『公文録』収録の「朝鮮国海関税則創定花房公使へ全権御委任ノ件」（アジア歴史資料センター、レファレンスコード A01100220600）である。それぞれ貿易規則と関税率表の草案から成るが、これに「旨意」が付されている。ところが、『日本外交文書』所収の方には、貿易規則についての「旨意」が収録されていないという、重要な差異がある。

（41）この題目は調印時まで変わらない。一般的にこの規則は「日朝通商章程」と呼ばれているが、実際の内容には日本における朝鮮人の通商については全く含まれないので、厳密には題目と内容に齟齬があるとも言える。朝鮮側の題目も本来は「在朝鮮国日本人民通商章程」である（「朝日通商章程」奎 23024）。

（42）『善隣始末』巻五

（43）『善隣始末』巻五

（44）『善隣始末』巻五

（45）『善隣始末』巻五

（46）『善隣始末』巻五

（47）「済物浦条約」第三、第四、第五（『旧条約彙纂第三巻』170 頁）

（48）「日朝修好條規続約」第一、第二（『旧条約彙纂第三巻』25 頁）

（49）第四次修信使一行の記録には『使和記略』（前掲『修信使記録』に収録）があるが、日朝関税交渉の記述は無い。これは第四次修信使についての研究においても同様である（例えば、河宇鳳「開港期修信使行에 関한 一考察」『韓日関係史研究』10、1999 年。崔徳寿「『使和記略』（1882）研究」『史叢』第 50 輯、1999 年など）。一方、朴泳孝一行が、東京でイギリスを始めとする駐在外交官等と積極的に面会し、遅れていた朝英条約の批准を求める活動を行っていたことは、先行研究が指摘している。韓承勲「朝英条約（1883.11）과 不平等條約体制의 再定立」（『韓国史研究』135 集、2006 年）219-222 頁。

（50）関税問題に関する壬午軍乱後の日本政府と竹添の動きについては、『日本外交文書』には関連史料の収録が少ないが、『善隣始末』巻七には外務卿の内訓をはじめ、注目すべき内容が含まれており、別稿を期したい。

（51）メレンドルフ（P.G.von Moellendorff、穆麟徳）は清の斡旋によって朝鮮が迎えたドイツ人外交官であり、1882 年 11 月 17 日に発足した統理衙門の参議に就任し、同衙門の統理交渉通商事務衙門への改称後、12 月 5 日より協辦統理交渉通商事務に昇格し、1884 年閏 5 月 16 日まで同職にあった。高柄翊「穆麟徳의 雇聘과 그 背景」（『震檀学報』25-27、1976

(20) 金弘集の辞陛に際して高宗は「開港定税等事、自政府必有授辞。而此外或有難處之事、須勿疑慮、只図所以利国也」と言っている（「以政学齋日録」庚辰5月28日、高麗大学校出版部『金弘集遺稿』1976年、261頁）。また、第二次修信使の課税交渉の詳細については、北原スマ子「第三次修信使の派遣と「日朝通商章程」の改定・課税交渉」（『朝鮮学報』第192輯、2004年）90頁参照。

(21)「朝鮮国修信使談判始末」の上野景範外務大輔と金弘集の対話における金弘集の発言（市川正明編『日韓外交史料』原書房、1966年、第2巻、420頁）。

(22) その一方、日本側は先の七箇条要求を出した時点で、すでに朝鮮側に対して、朝鮮側草案をもとに「会商」「協立」するプロセスを示していた『日案』46。

(23) この経緯については、前掲『日韓外交史料』第2巻、420-421頁（付録「三条実美文書、明治十三年八月朝鮮国修信使談判始末」）、北原スマ子前掲論文90頁参照。

(24)「修信使日記巻二」大清欽使筆談、7月21日条（前掲『修信使記録』178頁）

(25)「修信使日記巻二」大清欽使筆談、8月2日条（前掲『修信使記録』183頁）

(26) 注24に同じ。

(27)「宏曰、指教明晰、甚感。輸米之事…第俟定税時、另立重税却好。税尚未定而米税之自我先言、恐無済於事」（注25に同じ）

(28) 北原スマ子前掲論文、95頁

(29)『日韓外交史料』第2巻「税則草案ニ關シ報告ノ件第一」71頁

(30) 北原スマ子は、草案②が「日清通商章程」を底本としたとして、その上で草案④の土台になったことを指摘しているが、草案③については言及していない（北原スマ子前掲論文、107頁）。一方、金敬泰は草案②③④の関係を指摘しているが、草案③の内容には言及していない（金敬泰（1975）186-188頁）。また、草案③の表紙には「辛巳信行時、辛巳十二月二十四日内下」とあるので、これを取れば時間的には草案④が先になるが（第三次修信使の復命は辛巳1881年11月29日）、本文で述べたように内容的にこのようには考えにくい。日付が書いてあるのはマイクロフィルムで見る限り、後付の附籤のようなものなので、こちらに混乱があったのではないかと思われる。

(31)「通款一読、雖未遑細閲、覚有與昨年所示之草本（草案①）大異」（本文前掲「通商新約附箋」）。「昨年信行時、雖有擬稿録呈、旋即与貴公使晤談、且於外務省公幹以此論弁、有日倉卒擬草。初非政府所知、且聞貴国新議改約、抽五与抽三十。軽重懸殊。我朝廷、豈有舍重取軽之理。前稿、不必更論。惟有帰稟、以聽載受云矣。今此草定税則、乃受我政府旨意為之」（本文前掲「通商新約附箋條辦」）。

(32) 草案①において、税目税率表が別立てされていたかは不明である。

(33) 原文は確認できないが、「税則草案に関し報告の件第一」（朝鮮国駐劄花房弁理公使より井上外務卿宛、明治十四年三月二日）（『日韓外交史料』2、71頁）によって、その内容を知ることができる。

(34) 第三次修信使の条約改正交渉の詳細については、北原スマ子前掲論文参照。草案④の原文は、『日本外交文書』第14巻、317-319頁による。「朝日税議」（奎23023）収録の「新修通商章程草案」も同内容である。

(35) 第六款、第十五款、第二十六款、第二十九款。

(36) 第十二款、第十三款、第十九款、第二十款。

価三割と大まかに示すに過ぎなく、詰り日本案が拒否し去ろうとしていた朝鮮側基本要求が同条約に於て貫徹し、続いての英朝条約でも独朝条約でもそっくり受け容れられていた」としている。（広瀬靖子「日清戦争前朝鮮条約関係考」東アジア近代史学会編『日清戦争と東アジア世界の変容』ゆまに書房、1997 年、242 頁）。

（8）たとえば、国史大辞典編纂委員会編『国史大辞典』（吉川弘文館、1982 年）の「関税自主権」項参照。ゆえに、先に本文において日本の関税自主権回復が 1911 年とされていることを述べたが、同年四月に調印された日英間通商航海条約においては、日本の主要な輸入品目であった綿製品や毛織物について協定関税が残されていたので、厳密に言えばこの時点ではイギリスに対する関税自主権は回復されていないことになる。よって、この条約が期間満了により失効した 1925 年を、日本が関税自主権を回復した年と見なす見解もある。阿曽沼春菜「日本の関税自主権回復問題にみる「もうひとつの日英関係」―小村条約改正交渉とイギリス 1910-11 年」（『法学論叢』、2008 年）91 頁。

（9）条文は、外務省條約局編纂『旧条約彙纂第三巻』（1934 年）所載のものを参照。

（10）石井孝『明治初期の日本と東アジア』（有隣堂、1982 年）392 頁。

（11）『日本外交文書』第 9 巻、284 頁（九二修好條規附録并ニ貿易章程調印交換ノ件、附記三）。

（12）同上。

（13）この問題の経緯については、田保橋潔『近代日鮮関係の研究』655-657 頁、金敬泰「開国直後의 関税権回復問題―「釜山海関収税事件」을 中心으로―」（『韓国史研究』8、1972 年）103-108 頁、朴漢珉「1878 年 豆毛鎮 収税를 둘러싼 朝日両国의 認識과 対応」（『韓日関係史研究』第 39 集、2011 年）に詳しい。

（14）金敬泰（1972）100 頁。また、同論文 96-97 頁によれば、1878 年釜山港における対日貿易の内容は、輸出においては米・麦が総額の 60% を占め、次いで金銀が多く、輸入は洋布が総額の 76% を占めていたという。

（15）田保橋潔前掲書 655 頁。「倭使日記」戊寅 9 月 24 日、10 月条にこの記述があるということで、韓国学資料叢書第八輯『倭使日記・東京日記』（漢陽大学校国学研究院、1975 年）を確認したが、判読不可能であった。

（16）日朝修好條規第二款の条文には、日本が「使臣」をソウルに派遣することが記されていたが、これを駐箚公使と解釈する日本と、臨時使節として駐箚を認めない朝鮮の間に深刻な解釈の差があったことはよく知られている。1877 年 9 月（陽暦）に花房が初めて公使に任命されたとき、その職官は、三等公使で国書を携帯しない「代理公使」であったが、日朝双方の対立が深まるや、本文でも後に触れるように、日本側は花房に高宗への国書奉呈を行わせることでの強行突破を図るため、1880 年 4 月（陽暦）、花房を、国書を携帯できる「辧理公使」に格上げした。花房は、1882 年 9 月（陽暦）までこの地位にあり、後任の弁理公使には竹添進一郎が就任した（安岡昭男「花房義質の朝鮮奉使」『花房義質関係文書〈東京都立大学付属図書館所蔵Ⅰ〉』創泉堂、1996 年）。

（17）議政府から慶尚道および東萊府への回訓。田保橋潔前掲書 658 頁より再引用。原典は「倭使日記」戊寅 11 月 26 日条で、前掲『倭使日記・東京日記』285 頁を確認したが、判読不可能であった。

（18）『日本外交文書』第 12 巻、218 頁（「一二四花房公使京城談判ノ次第上申ノ件、付属書一」）

（19）この交渉の詳細については、田保橋潔前掲書 658-662 頁、金敬泰（1975）169-172 頁

(27) この合同審判の前にも、元山理事官劉家驄と統理交渉通商事務衙門の派員による合同審判が行われたと見られる記述がある。その経過を述べると次のようになる。24日に犯人が供述を翻したので、再度合同審判を行いたいと、清側から照会があった。25日、朝鮮側は殿坐取士（殿試）の日を理由に延期を求めたところ、清側は26日に延期したいと回答した。これに対する朝鮮側の照会は『清案』にないが、28日に合同審判を行うことに決まったものと思われる。『清案』168，169

（第Ⅲ部）

第七章　関税「自主」をめぐる朝鮮外交の展開―「日朝通商章程」を中心に

(1) 外務省監修、日本学術振興会編纂『条約改正関係日本外交文書別冊条約改正経過概要』（日本国際連合協会、1950年）

(2) 糟谷憲一「朝鮮近代社会の形成と展開」（武田幸男編『朝鮮史』山川出版社、2000年）227頁

(3) 崔徳寿「開港의 歴史的意義」（国史編纂委員会『新編韓国史37　西勢東漸과 門戸開放』探求堂、2002年）325頁

(4) この時期の通商条約を分析した専論は意外に少なく、現在でも主要な先行研究として挙げるべきは、1970年代に発表された金敬泰による一連の実証研究であろう。金敬泰は、片務的最恵国待遇条款により、イギリスとの修正条約締結後、その実効性が霧散に帰してしまうことを指摘しながらも、朝米条約を「当時東アジアで日本および清国がともに関税自主権を喪失したまま、従価「百抽五」を欧美列強によって強要されていた条件下で、我国が朝美条約において関税自主権の原則と輸入税の最低「百抽十」・最高「百抽三十」を規定したということは、評価されねばならないと思う」としている（金敬泰「不平等条約改正交渉의 展開―1880年前後의 対日「民族問題」―」『韓国史研究』11、1975年、200頁）。その後のものには李炳天「開港과 不平等條約体制의 確立」（『経済史学』8、1984年）があるが、ここでは、「朝米条約は列強が朝鮮政府の関税自主権を承認した最初の、そして唯一の条約であった」（72頁）としている。また、朝米条約締結交渉に関する研究の第一人者と言えるであろう宋炳基も、仮条約についての言及であるが、朝米条約の内容に朝鮮の「関税自主権」を指摘している（宋炳基『近代韓中関係史研究――九世紀末의 聯美論과 朝清関係―』檀大出版部、1985年、232頁。同「朝米条約의 締結」、前掲『韓国史37』292頁。同『韓国、美国와의 첫 만남―対美開国史論」고즈윈、2005年、235頁）。

(5) 条約原文は金源模「朝美條約締結研究」『東洋学』第22輯、1992年、附録（National Archives所蔵原本）を参照。

(6) 同上。

(7) 古くは奥平武彦『朝鮮開国交渉始末』（刀江書院、1935年）117頁。近年では、糟谷憲一（2000）230頁、また岡本隆司『属国と自主のあいだ―近代清韓関係と東アジアの命運』（名古屋大学出版会、2004年）60頁においても、朝米条約の税率は言及されているが、関税自主権の言及はない。ただし、広瀬靖子は「（朝米条約には）朝鮮政府の関税自主権も税関規則等制定権も明記してあり、輸入税率の一応の限度として日用品従価一割、奢侈品従

日、陳樹棠が熊廷漢と諸観光の二名を任命した。熊廷漢の肩書きは「公成福記藍翎五品頂戴侯選県丞」となっている。権仁溶「1884 年 ‘李範晋事件’ 의 再照明」(『明清史研究』第 42 輯) 189-192 頁、『清案』113。

(14)『承政院日記』高宗 21 年閏 5 月 1 日

(15)「與津海関道周玉山書」『金允植全集』下巻 308 頁(韓国学文献研究所編、韓国近代思想叢書、亜細亜文化社、1980 年)

(16) 陳樹棠は、統理交渉通商事務衙門がアストンに抗議を依頼したと見て、「中国朝鮮交渉の口角争扭(口論)の小事を以て、竟に外国総領事の言を藉援せば、兄弟、墻を鬩げども、外其の侮りを禦ぐの義と、相左(たがふ)を恐る。事実疑うべくも、貴督辦、其の英国総領事に託求せしを明知するや否やを知らず。此の端、開くべからざるが似し」(『清案』174) と、統理交渉通商事務衙門を非難したが、これに対して衙門は、「英国領事の函、李範晋の托求を称すに至りては、本督辦、実に茫然知らざるに属す。若し扭控の事を早く知らば、理、応さに貴署に知照し、葛藤を生ずるを免かれんとすべし。何ぞ苦しみて外人の言を借り、苟且(かりそめ)に解紛せんや。事理無き所は、必ずしも多弁すべからず」(『清案』176) と照覆した。アストンの抗議は李範晋と旧知の間柄であったためらしい。『金允植全集下巻』(亜細亜文化社、1980 年) 309 頁。

(17)『清案』183。ただし、これより後の 6 月 23 日、朝鮮人李順喜が熊廷漢に暴行される事件が再び発生しており、熊廷漢は商董の職を失った後も、漢城において活動していたことがうかがえる。『清案』223。

(18) この盧恩紹は袁世凱麾下の人物であった。権仁溶は、商董交代過程を分析して、李範晋事件が清側にとっては、袁世凱の存在感を増させる意味があったとしている。権仁溶 (2014) 202-210 頁。

(19) 1883 年、漢城の清国商店数は 22 戸、商人は 82 名だったという。譚永盛「朝鮮末期의 清国商人에 關한 研究―1882 年부터 1885 年까지―」(檀国大学校大学院史学科韓国史専攻碩士論文、1976 年)

(20) 石川亮太前掲論文 15-17 頁

(21)『清案』222　朴見庸は、史料に「朴姓」「朴丞」「朴承」として登場するが、最後の部分から、朴見庸であることがわかる。

(22)『清案』224　漢城府は、地方官庁として首都ソウルを管轄すると同時に、中央官庁として六曹の事務を分担する機関であった。具体的には、戸籍、市廛、家舎、土地、山林、道路、橋梁、溝渠、脱税、負債、乱闘、巡察、検屍などを掌り、訴訟や軽犯罪の裁判も担当した。『大典会通』吏典、漢城府。朴慶龍『漢城府研究』(国学資料院、2000 年) 34-35 頁

(23)『清案』305, 315, 323, 351, 373

(24)『清案』319, 322, 325

(25) ただし、水陸章程第二条に規定された、裁判管轄権の問題が関わる余地はあった。1883 年 2 月の崔致基のケースにおいて、陳樹棠と統理交渉通商事務衙門官員による合同審判が行われており、この時、漢城府が清商に対し、賠償幹旋の手数料を要求したことは、水陸章程第二条に違反するという言及がなされた経過がある。『清案』63, 80, 83, 84, 138, 147

(26)『清案』205、『日案』275、『美案』92、『英案』76

が注目されている（この史料については、石川亮太「開港期漢城における朝鮮人・中国人の商取引と紛争―「駐韓使館档案」を通じて―」『年報朝鮮学』第 10 号、2007 年、김희신「近代韓中関係의変化와 外交档案의 生成「清季駐韓使館保存档」을 中心으로」『中国近現代史研究』50、2011 年に詳しい）。特に韓国では、朝清間の懸案事項をこの史料の分析によって再検討する研究が続々と発表されている。清商人の商業活動について、石川論文のほかに、朴正鉉「1882-1894 年　朝鮮人과 中国人의 葛藤解決方式을 通해 본 韓中関係」（『中国近現代史研究』第 45 輯、2010 年）、楊花津入港問題について、박은숙「清船의　漢江出入과　貿易章程의 法理論争」（『亜細亜研究』第 57 巻 1 号、2014 年）、李範晋事件について、権仁溶「1884 年 '李範晋事件' 의 再照明」（『明清史研究』第 42 輯、2014 年）、漢城旬報事件について、権仁溶「1884 年 '崔薬局命案' 의　再構成」（『亜細亜研究』第 57 巻 1 号、2014 年）、などがそれである。これらの研究によって、特に清側の動向に関連しては新たに明らかになった部分が少なくないことは確かである。しかし、朝清間の外交文書については、「駐韓使館档案」に収録されているものは多くが『清案』と重複しており、朝鮮外交の展開を跡づける上で、『旧韓国外交文書』の分析には依然として意味があると考える。

(7)「朝鮮通商章程」第二款には「各国商船、朝鮮国通商口に進するに、該船長或いは其の代弁人、即ちに其の船牌・貨単を将て、該国領事官に呈交し、其の存照を領す」とある。『清季中日韓』795 付件 1

(8) 清側は、16 日の照会においても、開桟を言った以上楊花津への清商船入港を許可するは当然であるという論理を根拠づけるため、「遍く中外各国及び泰西の通例を査するに、凡そ通商貿易の地方、既に別国人の開設行桟を准し、其の船隻の往来販貨を准さざるは無し」として、「泰西の通例」を引いていた。『清案』68

(9) 박은숙は、この陳樹棠の照会に統理交渉通商事務衙門が答えていないことを、「属邦を規定する章程体制を、同等な条約体制に転換しようとしていた外衙門」としては当然であったと評価している（박은숙前掲論文、56, 57 頁）。しかし、衙門をこのようにとらえて警戒していたのは陳樹棠である。水陸章程締結交渉をふまえて理解すれば、衙門の 2 月 21 日付けの照会の意図は、そのように単純なものではないだろう。

(10) 박은숙前掲論文、66 頁。박은숙は、朝鮮側が折れた背景には、「大院君カードで王権を脅し、自国の利益を貫徹させた李鴻章の老獪な外交的策略」があったとする。高宗と王后閔氏が大院君の帰国を恐れていたことを清が利用したとの評価であり、第 2 章で触れた 1884 年 3 月にあった統理交渉事務衙門の人事異動もこの一環ととらえ、事件の責任者更迭と「親清人物」の配置であるとしている。筆者は、朝鮮の対清政策は相当な慎重さをもって戦略的に展開されていると考えるので、「大院君カード」の効果をそう単純にとらえてよいのか疑問を感じる。また筆者は第 2 章で論じたように、박은숙がこの部分で多用している『尹致昊日記』を含めて、当時の朝鮮政界に「親清」派をカテゴライズすることに懐疑的である。

(11)『清案』120。この制限は、朝鮮国王から李鴻章にも咨文で伝達された。『清季中日韓』854

(12) 正言は、諫諍を掌る中央官庁である司諫院の正六品官である。

(13) 商董とは、「仁川口華商地界章程」に、租界の地盤整備事業準備と監督のために「駐理商務官」とともに置かれることが定められた役職で、清商人らの推挙を経て、1884 年 4 月 6

て 1883 年 10 月 3 日に開店したにもかかわらず、日本商人の告訴を受けた理事官は商店の閉鎖を命令し、これに徳興号が抗議するや、日本商人らが乱暴を働いて徳興号を強制的に閉店させた。徳興号商人である鄭翼之・鄭渭生から訴えを受けた清の朝鮮總辦商務・陳樹棠は、統理交渉通商事務衙門へ照会し、日本の横暴と、それを黙認した朝鮮側の海関職員、地方官の姿勢を批難した。この事件をきっかけに、統理交渉通商事務衙門は、釜山に清人租界を設定する提案をし、陳樹棠と、統理交渉通商事務衙門協辦メルレンドルフの間で交渉が進められたので、本来はこの問題も、第四章水陸章程関連の諸章程制定の中で扱うべきかもしれないが、結論を言えば釜山清商地界章程は成立に至らず、釜山に清商租界が正式に設定されたのは、日清戦争以後のことであったため、今回の分析対象からは外した（『清案』15, 16, 21, 23, 35, 38, 59, 60, 106）。

(3) 1884 年 6 月ごろ、本文で後述する李範晋事件の主犯格である清人の熊廷漢が、商取引のトラブルから朝鮮人李順喜に暴行を加えた事件であるが、全貌がよくわからなかったので、今回は検討対象から外した（『清案』223, 226, 227, 228, 243, 249, 258, 259）。

(4)「漢城旬報事件」とは、田保橋潔の命名である（田保橋潔『近代日鮮関係の研究』上、892 頁）。1884 年 1 月 3 日、漢城旬報第 10 号に、「華兵犯罪」として、前日の 1 月 2 日、清兵がソウル鍾路広通橋そばの薬局で、薬局主人の子供とそれまでの未払い代金について口論するうち、怒ってその子供を射殺し、主人も銃撃したという内容の記事が掲載された。この記事には、すでにこのとき、清軍と政府により大規模な捜索が行われ、懸賞もかけられたことが掲載されている。そして、1 月 11 日発行の漢城旬報第 11 号には、「華兵懲辦」として、殺人犯人の清人 3 人が処刑されたという記事が掲載された。この事件に関しては、3 月 13 日に、犯人が清人であるか否かを調査して報告せよと李鴻章の命が陳樹棠に下り、陳樹棠は 3 月 18 日に統理交渉通商事務衙門と博文局に『漢城旬報』両号の報道は真実であるかどうか、調査を求めた。結局、博文局は 3 月 24 日に、確実でない情報を発表した非を認めるに至った。さらに清側は、真犯人は清兵の衣服を仮装した朝鮮人であると想定し、懸賞告示を行うことになった。清側の強圧的態度がうかがえる事件であるが、管見の限り交渉過程で章程は言及されていないこともあり、今回の検討対象から外した（『清案』94, 95, 104, 107, 114）。

(5) 1884 年閏 5 月、清商の于連会・馬宗耀が、執照を持って、土貨採辦のため忠清道清州に赴き、牛皮数百斤を購入したが、地方官に奪われたと、陳樹棠に訴え出た事件があった。閏 5 月 29 日、陳樹棠は元山理事官劉家驄を清州に派遣して調査させると照会したが、統理交渉通商事務衙門は、当方より地方官に命令して調査させるので派員の必要はないと、これを退けた。統理交渉通商事務衙門が清州牧使に調査させたところ、結局そのような事実はなかったという結論であった。この交渉過程においては、内地採辦が水陸章程に規定されていることが清側から言及されているが、朝鮮側もその点は認めており、争点になっていないので、今回の検討対象から外した（『清案』202, 204, 219）。

(6) 近年、清商署に関連しては、台湾の中央研究院近代史研究所に所蔵されている「駐韓使館档案」が本格的に活用されるようになっている。これは、水陸章程締結後から中華民国期まで、「駐韓使館」に蓄積された史料群である。『清案』がほとんど朝清間に往来した公的な外交文書のみを収録しているのに対し、「駐韓使館档案」は、清商署が清側の各機関とやり取りした公文書や、居留中国人の申立書など、多様な原文書・記録が含まれている点

(35)「中国委員議稿」奎 23403

(36)「奉天与朝鮮辺民交易章程締結準備去来案」奎 26288、高宗 20 年 3 月 15 日

(37)「平安監営啓録」辛未 4 月 20 日。㉔の奎 26110

(38) ㉓は 3 月 15 日に決定した章程の最終原案と見られ、本文で先にふれたように魚允中が会寧に立つ前に中央に送ったものと思われるが、ここに「以中江開市事、追到北京禮部、在京曾未得閲、與中国委員、初不無齟齬之端、後乃従湾府、得其呇草、乃於章程抄、斟酌増損耳」との扉書きがあり、加えられた改定が、付箋で記されている。また㉔は改定後の内容で記されたものである。

(39) 例えば先に挙げた正税・子税を論じた部分の引用史料において、魚允中は「属邦」と「属国」を区別無く使用しているように見える。しかし大略、朝鮮側が自らを指して使用する場合には「属邦」を使う傾向があり（例えば「陰晴史」辛巳 12 月 27 日、高宗の上書）、「自主」に相対する概念としては「属国」を使用する傾向があった（同、辛巳 12 月 26 日、李鴻章との談草、28 日、永定道との談草）ということは言えるのではないか。

(40) 関連して、例えば水陸章程についての清側の意図を「伝統的朝貢関係における属邦概念を、近代万国公法における属国概念に等置させる方法で、朝清関係を変質させようとした」ものだと分析する具仙姫の研究が想起されるが（具仙姫「19 世紀後半 朝鮮社会와 伝統的朝貢関係의 性格」『史学研究』第 80 号、2005 年、158 頁）、この研究の中にも「属邦」「属国」に対する明確な使い分けの定義はない。1864 年に出刊された『万国公法』においても、「colony」の訳語として「属邦」「属国」は共に使用されており（李根寛「東아시아의 유럽 国際法의 受容에 関한 考察―『万国公法』의 翻訳을 中心으로―」『서울国際法研究』第 9 巻 2 号、2002 年、付録 1）、この点を追究するためには、史料的に「属邦」「属国」の使用例を幅広く分析する必要があるため、今後の課題としたい。

(41)「奉天与朝鮮辺民交易章程締結準備去来案」奎 26288、癸未 5 月 12 日

(42)『清季中日韓』755

第六章　対清懸案事項の処理過程にみる諸章程の運用実態

(1) 白翎島は、黄海道の甕津半島付近、西海に浮かぶ島である。現在、韓国で最も朝鮮民主主義人民共和国に近い場所として有名なこの島は、中国の山東半島からも至近な距離に位置しているため、当時、清船の往来が頻繁であった。この白翎島で、1884 年 5 月、島民が清人を殺傷する事件が起こった。この事件は地方官を巻き込んでかなり複雑な展開を見せたが、朝清間の争点となったのは、朝鮮側から統理交渉通商事務衙門の派員と海州府の派員、清側から元山理事官劉家驄が行った現地における合同審判を、漢城で、陳樹棠と統理交渉通商事務衙門署理督辦金允植によってやり直すか否か、であった。陳樹棠がやり直しを主張し、金允植は現地での処刑を主張するのであるが、その過程で水陸章程やその他の章程が言及されていないこと、またこの問題は漁業政策との関連から分析する必要があり、それについては別稿を準備中であることから、今回の分析対象からは外した（『清案』177, 178, 180, 181, 193, 194, 195, 196, 203, 206, 233, 236, 239, 268, 269）。

(2) 徳興号とは、神戸に進出していた清人商行である公興号が、釜山支店として日本租界内に出した商店である。日本人から土地を租借し、日本理事官（近藤眞鋤領事）の許可を受け

で、事実上、清側にとっては無償交易となっていた。これにとどまらず、19 世紀に入って以後は、逆に朝鮮から「規費」と呼ばれる手数料を添給する慣習も生じていた。「奉天與朝鮮辺民交易章程締結準備去来案」奎 26288、1883 年 2 月 25 日

(26)「平安監営啓録」癸未 2 月 29 日（国史編纂委員会編纂『各司謄録』33、平安道篇 5、1985 年）

(27)「平安監営啓録」癸未 2 月 29 日

(28)『清季中日韓』596 付件 1

(29)『清季中日韓』754

(30) 中江—営口間の距離は実際には直線でも 200km 以上離れており、これはあくまでも朝鮮側の主張である。

(31) 本文で先述したように、結局は営口—中江間の陸路通行が禁止されることになったため、この設定は海路に限られてしまうのであるが、交渉は同時進行であったため、ここではその展開過程を見ようとするものである。

(32)【表 1】の史料⑧。子口半税は 1860 年に批准された英清天津条約第二十八条に規定されている。ちなみに、清と西欧の間では、この子口半税が十分に機能せず、内地通過税が依然としてほとんど無秩序に課せられている状況が問題化していたが（岡本隆司『近代中国と海関』名古屋大学出版会、1999 年、296–305 頁）、朝清間の交渉で子口半税制度のこのような側面が懸念されている経緯はみられない。また、正税・子税の問題は、第三国から清を経由して朝鮮に貨物を輸入する場合には、朝鮮を清の各省と同様に見なして子税を課すのか、完全に他国と見なして再び正税を課すのかという問題にも発展しうる。実際、1883 年 7 月に、イギリス汽船によって香港から上海を経由して朝鮮へ、大砲四門と砲弾五千発が輸入された際、手続きをどうするのかという疑問が、清總税務司ハートから総理衙門に提出された（『清季中日韓』766）。このときも、李鴻章が朝鮮を清の各省と同様に扱うのは適当でないという判断を明示したのであるが（『清季中日韓』775）、この問題は自明すぎてのことなのか、中江章程の交渉時、朝清双方にとっても憂慮されていないようである。

(33)「敵国」に関連しては、第一次交渉時、魚允中が張錫鑾と行った会談の中で、金銀貨の免税は万国公例であり、当然朝鮮にも認められるべきであるという主張をしながら、中国がすでにロシアとイギリスに免税を認めていることを指摘した際、「曰俄曰英」という表現をしたことをもって、後に陳本植が「「曰俄曰英」等の語の如きも亦た、稍や斟酌を欠くに属す。俄と英、皆な敵国なり。自ら応さに沿襲すべからず」と質した経緯があった（⑦）。

(34) ここで挙げる具体的な問題以外にも、典礼に関して、交渉過程で論点となったものに、朝貢使節に対する免税問題がある。清側草案第八条には、朝鮮の入京朝貢は「典礼」の関わる所であり、一切定例に恪遵するとして、使行の貢物、旅程における日用の所需、従人が携帯して換金し若干の利益を得るための紅蔘（「零星携帯稍図沾潤」）などに対する免税が、「体恤を量加する」ものとして条文化されていた（⑤）。これに対して朝鮮側が、とくに従人の携帯物に対する規定が曖昧であるとして、制限を具体的に定めることを提案したのである（⑥）。朝鮮側がこのような提案をした意図は定かでないが、使行貿易としての柵門交易を形式化しようという意図があったのかもしれない。交渉は 14 回の文書交換を通して行われ（これは他の論点と比べてもかなり多いものである。162 頁【表 2】参照）、免税範囲が詳細に定められた。

平行礼を取ることが定められていた。李鴻章やその属僚等は、清の「商務委員」を皇帝派遣の欽差大臣とせず、条約関係を結んだ諸国とのバランスをとることで、朝清宗属関係に生じる矛盾を回避しようとしたわけであるが、崇綺はこれを評価しなかった。

(11)『清季中日韓』640

(12) 李鴻章は、周馥と馬建忠の議論を引用しながら、『大清会典』には外省の地方官と、属国の陪臣の間の行礼についての規定が無いために、今回定める必要があるが、平行礼が妥当であるとして、その理由を四点挙げている。第一に、規定はなくとも習慣的に属国の貢使は地方官と平行礼を用いてきたこと。第二に、旧例において属国の陪臣は勅使に対して属官の礼をとるが、勅使の従官には属官の礼をとらないから、朝鮮官員が南北洋大臣に属官の礼をとり、その従官である地方官に平行の礼をとるのは妥当であること。第三に、春秋時代から、周王の官である大夫が、諸侯と平行であったことにならえば、督撫両司は内諸侯、朝鮮国王は外諸侯にあたるわけで、ここが平行の礼であるから、それぞれの官員もまた平行であること。第四に、清の開港場で、各国領事は海関道と平行であるが、すでに開港した朝鮮において朝鮮官員は各国領事と平行であることがそれである。『清季中日韓』649

(13)『清季中日韓』678

(14)『清季中日韓』642

(15) 両国間の封禁地域について、不法流入民を排除するために、1847 年から年 2 回(のちには 4 回)、辺牆の東側を巡視し(統巡)、そのうち鴨緑江沿岸地域の巡視には朝鮮側地方官(江界府使)を立ちあわせる(会哨)「統巡会哨制」が行われていた。糟谷憲一「朝鮮の対清関係の諸相」(『人民の歴史学』第 169 号、2006 年)5 頁。秋月望「鴨緑江北岸の統巡会哨について」(『東洋史論集』〈九州大〉第 11 集、1983 年)

(16)『清季中日韓』642

(17)『清季中日韓』643

(18)『清季中日韓』677

(19) 秋月望(1991)125-129 頁

(20) 朝鮮側草案の第一条は官員主持に関わるものであった。属国条項を入れるとすれば、冒頭に持ってくるのが妥当であるから、朝鮮側草案には属国条項がなかったと判断される。

(21) 当時、中江開市の場合は、清側からは地方官である鳳凰城城守尉が責任者として派遣されることになっていたが、収税のために中江税務監督が盛京戸部から派遣されており、貿易にたずさわっていた。

(22) ①の史料には、「収税官、原稿、並(み)な商務委員を称す。後に乃ち之を改む」とあり、「商務委員」はすべて「収税官」に訂正されている。しかし、①を受けて論議された②の史料においては「商務委員」の語が使用されているため、ここでは「商務委員」をとった。訂正の経緯は本文で後述する。

(23) 詳細は不明であるが、朝鮮側草案の「地方官」を「商務委員」に訂正するべきであるという清側の主張は、第三条についても行われている(①)。

(24) 寺内威太郎(1986)第 6 章

(25) 当初、清側は貨物の価格を銀で計算することになっていたが、実際の支払いには小青布が用いられていた。ところがこの小青布は材質が悪く、朝鮮側はこれを受け取らなかったの

（84）『清案』77
（85）『清案』88　このときの約稿は『旧韓末條約彙纂』下巻 422 頁に収録されているが、『清案』76 の反論が反映された形そのままであることが確認できる。また、北洋大臣李鴻章の批准（4 月 3 日）は 1884 年 4 月 14 日に朝鮮側に伝達された。『清案』119
（86）『清案』9
（87）『清案』9
（88）『清案』10，31
（89）『清案』31
（90）たしかに輪船章程においても、朝鮮と清との間の輪船往来が言及されているのであって、清側では招商局のある上海が妥当だとしても、朝鮮側のどこに往来するのかという規定はなかった。
（91）『清案』32
（92）『清案』33
（93）『清案』32
（94）『清案』81。台湾への兵員輸送は、ベトナムをめぐって、清とフランスとの間に緊張が高まり、台湾防備強化のために取られた行動であった。
（95）『清案』81
（96）『清案』105
（97）『清案』143
（98）『清案』182。招商局は、第四次に就航した利運号は、烟台・天津航路にも従事しており、富有号とちがって、仁川に専ら碇泊するわけではないので、帳簿を査閲することはできないと言っている。
（99）『清案』189
（100）『清案』235

第五章　朝清陸路貿易の改編と中江貿易章程

（1）寺内威太郎「義州中江開市について」（『駿台史学』第 66 号、1986 年）124-125 頁、寺内威太郎「柵門後市と湾商」（『神田信夫先生古稀記念論集・清朝と東アジア』山川出版社、1992 年）385 頁
（2）『清季中日韓』626 付件 1
（3）『清季中日韓』626 付件 1
（4）『清季中日韓』626 付件 1
（5）寺内威太郎（1992）388-392 頁
（6）『清季中日韓』629
（7）『清季中日韓』626
（8）『清季中日韓』635
（9）秋月望「朝中間の三貿易章程の締結経緯」（『朝鮮学報』115 輯、1991 年）118-121 頁
（10）第四章でみたように、水陸章程第一款には、北洋大臣派遣の朝鮮駐在「商務委員」が朝鮮官員と、朝鮮国王派遣の各港駐在「商務委員」が清の道府県レベルの地方官と、それぞれ

になっている（第三十九款）が、日朝通商章程では「朝鮮銅銭ヲ以テ之ヲ納ム可シ」として、朝鮮銅銭が主として指定されている（第四十款）点、海関の管理から逸脱して荷下ろしを行った商船の船長に対する罰金が、「朝鮮通商章程」の方が相対的に高くなっている（朝－第四款、第六款、日－第四款、第六款）点にも差異がある。また、「朝鮮国海関税則」を日朝海関税則と比較すると、紅蔘に関する規定のみ異なっている。日朝海関税則においては、輸出税 15% が定められているのであるが、「朝鮮国海関税則」においては、紅蔘が「禁制物項」に指定されているのである。水陸章程第六条で紅蔘の輸出税が 15% と定められていたことは先に触れたが、それは陸上貿易に限ってのこととして、朝鮮側は、海上貿易において紅蔘の輸出を禁止しようとしたとみられる。

（71）北原スマ子「第三次修信使の派遣と「日朝通商章程」の改定・課税交渉」（『朝鮮学報』第 192 輯、2004 年）108 頁

（72）今村鞆『人蔘史　第二巻　人蔘政治編』（思文閣、1935 年）407-420 頁

（73）「日朝通商章程」制定交渉については、第七章で詳述するが、朝鮮側は紅蔘の輸出禁止を規定することを主張し、日本側も当初はこれに反対していなかったが、壬午軍乱後の交渉の最終段階で、日本側の主張により、朝鮮人商人に対しては輸出税 15%、日本人商人に対しては許可制にすることで決着した経緯がある。朝米修好通商条約締結交渉については、第 8 章で触れるが、ここでも朝鮮側は紅蔘の輸出禁止を主張し、これが成案にも反映されることとなった。（第八款）

（74）1884 年 3 月、清商人との間に上年多収税問題が発生した。これは、統理交渉通商事務衙門協辦のメレンドルフの、とりあえず 10% を収め、後日、過剰納税分については返金するとの言をうけて、清商人らがあらゆる貨物に一律 10% の関税を支払っていたが、実際には返金が全く行われていないとして、過剰に支払った関税の払い戻しを要求したものである。この交渉過程において、朝鮮側が収税の基準について、仁川税関は 1883 年 5 月 12 日から収税業務を開始したが、10 月 4 日までは「美国税則」を適用し、10 月 4 日以降は「日本税則」を照らしたと説明している（『清案』108, 146）。また、陳樹棠も 1884 年閏 5 月 23 日の時点で、「中国と朝鮮、原より未だ税則を訂立せず。而るに我が華商の進出口貨税、應さに朝鮮と各国の訂する所の税則の最も軽き者を按照して交納すべきが似し」（『清案』190）と述べている。

（75）当初はわずか 5 名の清商が貿易や、出入船舶を相手にする食料品・給水などの活動を行っていたという。『仁川府史』（仁川府庁編、1933 年）128 頁、李鉉淙『韓国開港場研究』（一潮閣、1975 年）232 頁

（76）『日案』179

（77）李乃栄は、1884 年 1 月 12 日より、駐理仁川華商事務官とされた。『清案』47

（78）『清案』36

（79）『清案』39

（80）『清案』61

（81）『清案』73

（82）『清案』75, 76

（83）『清案』76。これ以外の清側の再修正箇所は、競売の管理主体として「彼此商務官由り会同酌定」を明記したこと（第四条）、地契の記載事項の変更（第七条）である。

（46）崔蘭英（2013年）29-31頁
（47）例えば権赫錫（2010）によれば、水陸章程関連の交渉は、事実上9月22日の1日で行われた実務会談のみであり、朝清両国の公式代表による公式的な調印の手続きさえ、当初は行われなかったとしている。266頁
（48）『清季中日韓』554付件1
（49）『従政年表』壬午8月17日～23日
（50）『清季中日韓』594
（51）『陰晴史』壬午5月14日、天津海関道周馥の言
（52）『従政年表』1882年9月26日
（53）つづく水陸章程第四条には、「進出の貨物の應さに納むるべき貨税・船鈔（税関で課する船の税、港湾税）をば、悉く彼此海関道通行章程を照らし完納するを除くの外…」という表現もあり、「彼此海関道通行章程」という用語も「両国已定の章程」と同義に用いられていると判断できる。
（54）『清季中日韓』741付件1。ただしこれは後述の総理衙門による審議を経る前の原案であるが、最終案は史料で確認できず、審議においても委員等の月給関連以外には意見が付されなかったので、これを参照することとした。
（55）『清季中日韓』741
（56）陸路貿易における「商務委員」は、中江貿易章程の交渉過程において、一つの論点となった。第五章参照。
（57）孫湞淑『韓国近代（1883-1905）駐韓美国公使研究』（韓国史学、2005年）44頁
（58）田保橋潔前掲書637頁、『日案』200，201，228，229
（59）実際に、清側はソウル南部の会賢坊駱洞にあった朴氏の邸宅を購入したが（『清案』11，12）、この敷地に建物を新築したと思われる。公館建築のための磚瓦が納入されていないとして、陳樹棠が統理交渉通商事務衙門に抗議を行っていることが確認できるからである。『清案』230，231，255
（60）『清季中日韓』748，750
（61）『清案』8
（62）『清季中日韓』795
（63）『清季中日韓』795付件1
（64）『清季中日韓』795付件2
（65）『清季中日韓』803
（66）『清季中日韓』821
（67）「日朝通商章程」および海関税則の条文については、『日本外交文書』第16巻110付属書を参照した。
（68）「日朝通商章程」への水陸章程の影響は、つとに指摘されているが（例えば、廣瀬靖子「日清戦争前朝鮮条約関係考」『日清戦争と東アジア世界の変容』1997年、245頁）、本書では第七章で具体的に論ずる。
（69）1883年10月に締結された朝英修好通商条約でイギリス人の朝鮮内地售売が認められたことを受けて、清は水陸章程第四款を一方的に改訂した。第九章参照。
（70）本文で触れられなかったが、「朝鮮通商章程」ではメインの使用通貨が墨洋及び日本銀洋

(29) 岡本隆司は、『大清会典』に鳳凰城の官兵が義州での貿易に従事するとの規定があることから、『策略』の「鳳凰庁貿易」を「義州（中江）で行われた貿易を指す」としている（岡本隆司（2010）191頁)。一方、権赫錫は「「鳳凰庁貿易」とは、まさに当時韓中両国間に長い間行われてきた朝貢貿易を指す」としている（権赫錫（2010)、256頁)。

(30)『清季中日韓』353付件6

(31) これに続く部分では、「国書、答えざるべからず。而れども、他を称して帝を曰ふは、實に願わざる所なり。自称に至りても、又た援照無し。往復の際、如何に措を選べば、國體を失はずして笑を各国に免かるに庶からんや。(略)」として、日本の称帝国書に対する返書について質問しているのであるが、これに対して李鴻章は、「…答書、措詞を如何とするや、想うに貴国、自ら討論して潤色するの者有り。国書内の名号を称する所に至りては、西洋各国書籍内の所載を歴査し、國書の訳、其の称謂を聘問すべし。…」としながらも、西洋の例では国家元首を王とも帝とも表現しており、王を称する国が、帝を称する国に対してそのまま国書を致しても、尊卑の問題は生じないとし、「貴国も又た中朝の冊封を受く。如し日本の書に報答する有らば、理、應さに仍ち封号を用ふべし」と答えた。

(32) この「問議」の内容には、シューフェルトと李鴻章の間で進められていた朝米条約締結交渉に関わることが想定されていたが、約稿はすでに3月4日に合意に至った後であったことは周知の通りである。

(33)『啓下咨文冊』2。『清季中日韓』471付件4、5。かつて朝鮮は「節略」において、礼部宛と北洋大臣宛の咨文の文句についても、李鴻章にアドバイスを求めていた。『清季中日韓』353付件1

(34)「従政年表」壬午2月17日（韓国学文献研究所編、韓国近代思想叢書『魚允中全集』亜細亜文化社、1979年）818頁

(35)『承政院日記』高宗19年3月8日

(36) 同前、壬午4月1日823頁

(37)『李鴻章全集』(国家清史編纂委員会編、安徽教育出版社、2008年版）33巻、106頁。光緒8年1月6日「致呉大澂」。これは、崔蘭英（2013）9頁において初めて取りあげられた史料である。

(38) この李鴻章との会談を経て帰国した魚允中の復命時、高宗は「中原の事と各国の虚実、詳探詳知せしや」として、清の権力構造の状況について気にしていることがわかる。『従政年表』辛巳12月14日

(39) 崔蘭英（2013)、13-14頁

(40) 辺境開市の開催頻度は、会寧は年1回、慶源は隔年1回であったが、中江は年2回であった。また、会寧・慶源開市では、私貿易で咸鏡道住民に利益をもたらした部分があったが、中江開市においてはそれすらなかったという。寺内威太郎「義州中江開市について」『駿台学報』第66号、1986年、138頁

(41) 秋月望（1984）第三章

(42)『清季中日韓』417付件1

(43)「西征記」432頁

(44)『清季中日韓』457

(45)『李鴻章全集』33、156頁

(14) 田保橋潔「清同治朝外国公使の観見」『青丘学叢』第6号、1931年、13-26頁
(15)『日省録』1873年8月13日、田保橋潔『近代日鮮関係の研究』(朝鮮総督府中枢院、1940年) 上巻547-559頁
(16) 1878年6月、朝鮮政府が捕らえたフランス人宣教師の解放を申し入れた日本外務卿寺島宗則の礼曹判書趙寧夏宛て書に対し、朝鮮側が出した回答に、清が「上国」と表現され、解放は「上国指揮」無く朝鮮政府の独断で為しえないという内容があったことに、辦理公使花房義質が抗議文を送ったことはよく知られている。岡本隆司『属国と自主のあいだ—近代清韓関係と東アジアの命運—』(名古屋大学出版会、2004年) 36-37頁
(17) 岡本隆司「朝鮮策略　解題」(村田雄二郎責任編集『新編原典中国近代思想史2 万国公法の時代』岩波書店、2010年、176頁)
(18) 代表的な研究として、権錫奉「『朝鮮策略』과 清側意図」(同『清末対朝鮮政策史研究』一潮閣、1986年、第4章)、原田環「清における朝鮮の開国近代化論—『朝鮮策略』と「主持朝鮮外交議」—」(原田環 1997、第9章) を挙げておく。
(19) 姜東局「中国的世界秩序の変容と言説—『朝鮮策略』の「親中国」をめぐる議論を中心に—」(『思想』944号、2002年)
(20) 姜東局前掲論文では、このような高宗の姿勢について、その後の清との関係に対して皮肉にも李鴻章の対朝鮮干渉強化を招いたとし、結果として朝鮮は、清が「目立たぬ形」で進めた「文明史的変化」(すなわち、内治外交が自主である従来の朝貢国に対して、実質的な支配を強めていくこと) に対応できなかったと評価しており、対清政策という視角からの分析はしていない。
(21) 姜東局前掲論文93頁
(22)『朝鮮策略』のテキストは様々なものがあるが、ここでは、高麗大学校影印叢書第三輯『金弘集遺稿』(高麗大学校出版部、1976年) 所収のものを利用した。また、宋炳基の朝鮮語訳 (宋炳基編訳『開放과 隷属—対美修好関連修信使記録 (1880) 抄』檀国大学校出版部、2000年 147-166頁)、岡本隆司の日本語訳 (前掲書176-191頁) も参考にした。
(23) その意味で厳密には、魚允中の「另議」によって水陸章程が朝鮮側から提議されたと見ることはできないと思われる。秋月望 (1984) 83頁、崔蘭英 (2013) 10-13頁。
(24)『承政院日記』高宗17年8月28日。一方で高宗は、「清の公使を訪見するに、果たして欣接を為さんや」「清の公使の人と為りは如何」「清使も亦た俄羅斯を以て憂と為す。我が国の事に於て、多く相助の意有りや」と、『策略』の出所である何如璋について、関心を抱いている様子がうかがえる。
(25)『承政院日記』高宗17年9月8日。しかし李最應は「防備の策は、我より豈に講磨する所無からんや。而れども清人冊中の論説、是の若き備盡にして、既に他国に給す。則はち甚だしく所見の然る有るなり。其の中、信ずべきは之を信じ、以て採用すべし」と述べている。またこの次対の記録は、10月17日に何如璋を訪問した李東仁から伝えられたものとして、総理衙門に報告されている (『清季中日韓』342付件2)。
(26)「又李東仁密交朝鮮政府会議節略」(『清季中日韓』342付件3)、「諸大臣献議」(国史編纂委員会編、韓国史料叢書第九『修信使記録』190頁)
(27) 具仙姫前掲書、32-37頁
(28)『清季中日韓』353付件1

人、始設商会、名大同商会、外衙門官保護之」(『陰晴史』下 28 頁)と述べている。
(105)『統署日記』癸未 8 月 15 日「大同商会憑票買売貨物、就其所到地方、各項雑税勿侵」
(106)『統署日記』甲申 9 月 10 日

(第Ⅱ部)

第四章　朝清商民水陸貿易章程と関連諸章程の成立

(1)『清季中日韓』596 付件 1
(2)概説等で水陸章程に言及する場合はほとんどがこのようなとらえ方であり、初期の専論である金鍾圓「朝中商民水陸貿易章程에 대해서」(『歴史学報』32、1966)においても、水陸章程は「宗属関係の文證」と評価されている。一方、近年の研究成果である権赫秀「朝貢関係体制속의 近代的 通商関係―『中国朝鮮商民水陸貿易章程』研究―」(『東北亜歴史論叢』25 号、2010 年)では、「韓中関係の近代的転換過程における歴史的産物」かつ「時代的制限」を含んだものであり「19 世紀末、韓中関係の過渡期的歴史の特性、さらには東アジア伝統的国際秩序の近代的転換過程の過渡期的特性をよく示している重要な事例」であると結論づけられている。
(3)代表的な研究には、権錫奉『清末対朝鮮政策史研究』(一潮閣、1986)、具仙姫『韓国近代対清政策史研究』(図書出版혜안、1999)がある。
(4)例えば、金正起の「朝鮮政府의清借款導入(1882-1894)」(『韓国史論』3、1976)、李陽子『朝鮮에서의 袁世凱』(신지書院、2002)などがある。
(5)秋月望「朝中間の三貿易章程の締結経緯」(『朝鮮学報』115、1991)、秋月望「朝中貿易交渉の経緯―1882 年、派使駐京問題を中心に―」(『九州大学東洋史論集』第 13 号、1984 年)、崔蘭英「近代朝鮮の外交政策の一側面―「朝貢関係」と「条約関係」―」(『朝鮮学報』184、2002 年)、崔蘭英「1880 年代初頭における朝鮮の対清交渉―「中国朝鮮商民水陸貿易章程」の締結を中心に―」(『朝鮮学報』226、2013 年)
(6)崔蘭英(2013)は、従来の研究で多く使用されてきた魚允中の日記である「従政年表」の、当該時期における底本にあたる「西征記」の記述を根拠として、この「意見書」「反論書」が交わされた時期を、壬午軍乱以前としている(30-31 頁)。これについては本文で後述する。
(7)秋月望(1991)87 頁
(8)崔蘭英(2013)20-24 頁
(9)例えば、金鍾圓「朝清商民水陸貿易章程의 締結가 그 影響」(国史編纂委員会編『韓国史』16、1983 年)169-170 頁
(10)崔蘭英(2013)26-28 頁
(11)原田環「朝・中「両截体制」成立前史―李裕元と李鴻章の書簡を通して―」(同『朝鮮の開国と近代化』溪水社、1997 年)
(12)糟谷憲一「朝鮮の対清関係の諸相」(『人民の歴史学』169 号、2006 年)
(13)三好千春「両次アヘン戦争と事大関係の動揺―特に第二次アヘン戦争時期を中心に―」(『朝鮮史研究会論文集』第 27 集、1990 年)

（87）『統署日記』甲申9月22日
（88）李光麟前掲書においては、「長房」は「郷吏がいる処」、「亜房」は「使令がいる処」と解しているが（96頁）、その典拠は不明である。
（89）『八道日記』甲申9月28日
（90）須川英徳前掲書98-99頁。徐栄姫「開港期封建的国家財政의 危機와 民衆収奪의 強化」（韓国歴史研究会『1894年農民戦争研究1』（歴史批評社、1992年）159-161頁
（91）須川英徳前掲書128-144頁
（92）『承政院日記』高宗20年6月23日
（93）『統署日記』癸未8月2日、8月8日、8月22日、8月27日、10月4日、10月24日。ただし、黄海道観察使については「各邑場浦収税成冊上送」とあるだけなので、無名雑税の調査とは関係がない可能性もある。
（94）『各司謄録51（慶尚道補遺編）』「慶尚道居昌府行商収税銭査櫛成冊」697頁
（95）褓負商については、韓㳓劤『韓国開港期의 商業研究』（一潮閣、1970年）142-172頁、趙宰坤『近代激変期의 商人—褓負商』（서울大学校出版部、2003年）を参照。
（96）趙宰坤「韓末近代化過程에서의 褓負商의 組織과 活動」（『白山学報』第41号、1993年）162，178-179頁
（97）史料上では小帖、験帖などとなっている。
（98）『統署日記』癸未8月26日、29日、10月20日、22日、28日。居昌については注87、海州については『各司謄録55（黄海道補遺編）』黄海道各邑小帖分給収税成冊中、海州牧使の統理交渉通商事務衙門への報告（429頁）参照。
（99）『統署日記』癸未9月21日に「掌教（金晩植）、以褓商等税銭事、発関於平山・金川・安東・務安・玄風・鳳山・順天等各官」とあるが、その内容は不明である。
（100）『統署日記』癸未10月22日「政府帖文未頒給之六百十八張、堅封留置、以待処分事」
（101）ところで、かつて褓負商の統括は三軍府が行うことになっていた。しかし、1880年12月、三軍府が廃止されたことで褓負商の帰属先が消滅してしまったわけである。壬午軍乱時の大院君政権下に三軍府が復活した際、褓負商の帰属先としての機能も復活したのかもしれないが、このあたりは定かではない（韓㳓劤前掲書141頁、趙宰坤前掲論文180頁）。どちらにせよ、この三軍府は1882年12月22日に内衙門に属することとされている。その後、1883年8月1日に褓負商を軍国衙門（統理軍国事務衙門）に帰属させることになり、8月19日には恵商公局を別立することが建議され、11月に節目（要綱）が発布された（韓㳓劤前掲書152-153頁）。統理交渉通商事務衙門が褓負商に積極的に関与したのはこの過渡期といえる時期を中心としており、恵商公局の活動が本格化する1883年11月以降については、『統署日記』からも褓負商関係の記述が見あたらなくなる。
（102）韓㳓劤前掲書214，222頁、安秉珆『朝鮮社会の構造と日本帝国主義』（龍渓書舎、1977年）164頁、須川前掲書171頁
（103）韓㳓劤前掲書219-220頁
（104）これについては、1883年3月の時点で、西北経略使魚允中が統理交渉通商事務衙門に対し、「平壌義州商人等」の設立した「合資建会」の保護を地方官に指令するよう要請していることが確認できるほか（「奉天與朝鮮辺民交易章程締結準備去来案」奎26288、癸未3月14日）、当時統理交渉通商事務衙門の協辦であり、のち督辦となった金允植も「平安道

算すると、水田三石九斗落は2町2反～4町4反に相当する広さであり、田賭二十二石十斗は、日本の容量に換算すると13,500合分の収穫（1人1日3合食べる計算で、12人を一年間食べさせることができる量）がある土地である。秋租（小作料）を納入させている記録は『統署日記』甲申5月18日、閏5月8日、7月8日条に見られる。

(69)「楊根郡所在壮勇営柴場四標成冊」（奎18672）

(70) 李景植「朝鮮後期王室・営衙門의 柴場私占과 火田経営」（『東方学志』第77-79合輯、1993年）449-459頁

(71)『統署日記』癸未9月15日、17日。基本的に衙門屯田は大同米は免除されるが田税は出さなければならない「免賦出税地」であった。（金玉根前掲書『朝鮮王朝財政史研究』269頁）

(72)『統署日記』癸未9月4日、19日、29日

(73)『統署日記』癸未10月22日

(74) 龍津の他に、統理交渉通商事務衙門は、司饔院が広州府退村面牛山・陶長両洞から徴収していた米や大豆なども、移属されていることが確認できるが（『統署日記』癸未10月2日）、これについては詳細が不明である。

(75) 捐補銭は、もともとは飢饉などに際して臨時的に設けられることがあったとみられる（「全羅道公賑與救急各営邑鎮駅捐補銭成冊」奎16996）。金玉根前掲書『朝鮮王朝財政史研究』389頁においては「新（ママ）軍営」に上納されたとしているが、残っている史料だけみても、その上納先は親軍営（「慶尚道丙戌（1886年）丁亥春捐補銭分排及丁亥戊子己丑冬日債分排実数成冊」奎16720）、粮餉庁、徳源府（「咸鏡道各営邑鎮駅牧再次捐補銭粮餉庁上納與徳源府劃送数交区別成冊（1883年）」奎16717）、宮役（「宮役所用京畿分定捐補銭分排邑名銭数成冊（1887年）」奎16718）などと多様であり、その額もさまざまである。朝廷において捐補銭から貢市人へ補助金を出すことが検討されている記録もあることから（『高宗実録』高宗19年11月18日）、その用途もかなり便宜的な性質のものであったのではないかと思われる。

(76)『統署日記』癸未10月8日

(77)『統署日記』癸未10月20日

(78)『統署日記』癸未11月23日

(79)『統署日記』癸未12月27日

(80)『大典会通』吏典、外官職、平安道。兵典、外官職、平安道

(81)『統署日記』甲申9月22日

(82)『統署日記』甲申7月24日

(83) 後出のように平安兵営が一月分の代金として少なくとも16銭（すなわち月17件相当以上）は支払っている。監営は官庁としての規模が兵営よりも大きく、内部構成も複雑であったので、兵営よりは多く配布されていたと考えるのが合理的である。したがって、監営には恐らく少なくとも20件以上は配布されており、減免を求めている4件分はその一部であるとみるのが妥当であろう。

(84)『統署日記』甲申8月13日

(85)『統署日記』甲申9月22日

(86) 李光麟『改正版韓国開化史研究』（一潮閣、1982年）95頁

填銀」「補填金」となっているが、「填補銀」と同義であると見て差し支えないと思われるので、本稿では基本的に「填補銀」の用語を用い、史料の引用においては原文のままとした。

(50)『日案』98、「使和記略」(国史編纂委員会韓国史料叢書第九『修信使記録』所収）壬午 9 月 16 日

(51) 支払に慶尚道の地税をあてることは、条約締結時からすでに決められていた（前掲「朝鮮国駐箚花房公使ヨリ井上外務卿宛附属書六」)。これは釜山倭館の公作米・倭料米を慶尚道東部の 17 邑から「下納」させていたことと関連しているのかもしれないが、詳細は不明である。公作米・倭料米については、『萬機要覧』財用編五、倭粮料条、糟谷憲一「なぜ朝鮮通信使は廃止されたか」(『歴史評論』355 号、1976 年）16 頁参照。

(52)『日案』173、『統署日記』癸未 8 月初 1 日

(53)『日案』274, 276、『統署日記』甲申 6 月初 1 日、4 日

(54)『日案』159, 160, 173

(55)『統署日記』癸未 8 月 3 日

(56) 当時の正確な換算比率はわからないが、1887 年時で 1 圓 = 6 両 8 銭 8 分であったことがわかるので（前掲「慶尚道丙戌丁亥春捐補銭分排及丁亥戊子己丑冬日債分排実数成冊」)、葉銭の下落傾向を勘案すれば、1 圓 = 6 両 4 銭、すなわち 25,000 圓 = 16 万両という計算もそう外れるものではないだろう。

(57)『統署日記』癸未 8 月 20 日、9 月 13 日、10 月 23 日、11 月 25 日

(58)『統署日記』甲申 3 月 14 日、3 月 15 日、5 月 10 日

(59)『統署日記』癸未 11 月 19 日、12 月 3 日、甲申 3 月 14 日、3 月 25 日、7 月 2 日

(60)『統署日記』甲申 7 月 2 日、3 日、12 日

(61) 金玉根『朝鮮王朝財政史研究』(一潮閣、1984 年）381-392 頁、同『朝鮮王朝財政史研究Ⅳ—近代篇—』(一潮閣、1992 年）17 頁

(62) 須川英徳『李朝商業政策史研究—18・19 世紀における公権力と商業—』(東京大学出版会、1994 年）204 頁

(63) 須川英徳前掲書。商業課税については 98-112、143-144、163-169 頁、海関税については 170-205 頁参照。

(64) 須川は、1887 年以後の状況においては、各港の海関収入の一部が合計で一万元、統理交渉通商事務衙門の経費として使われたことを確認しているが（須川前掲書、179, 180 頁)、当該時期については、各港の海関税収入報告が衙門にあげられ、開港場の監理署の経費を一部捻出していることが史料的に確認できるだけであり（例えば元山港については、『統署日記』甲申 5 月 6 日、閏 5 月 27 日條など)、中央に送られた海関税がどの程度衙門の経費として利用されたのかは不明なのである。

(65) 宋亮燮「朝鮮後期軍衙門屯田의 經營形態研究」(高麗大学校史学科博士学位論文、2001 年）2 頁

(66) 朴廣成「営・衙門屯田의 研究」(『仁川教大論文集』10、1975 年）14-20 頁

(67)『統署日記』癸未 8 月 20 日。龍津はソウルに入るための関阨の地であった（「光武三年五月楊根郡邑誌與地図成冊」『奎章閣地理叢書地理誌篇京畿道邑誌二』1998 年、528 頁)。

(68) 一斗落は日本の土地面積に換算すると 0.5〜1 反にあたるとされる。これにしたがって計

(28)『統署日記』甲申8月18日、23日、26日、9月1日、6日、27日、10月8日、11日。全羅道、慶尚道、咸鏡道からの報告は見あたらないが、10月17日甲申政変以後、『統署日記』の記録が政変関連記述中心になるため、距離的に遠く、報告に時間がかかる三道の分が、期せずして落ちてしまっている可能性も十分考えられる。

(29)『統署日記』甲申8月初9日

(30)『統署日記』甲申8月17日、21日。また、恩津縣監からの牒報は8月28日になって統理交渉通商事務衙門に届いている。

(31)『統署日記』甲申8月22日、23日

(32) このとき統理交渉通商事務衙門は、朝鮮商務委員である陳樹棠に、登州船の水陸章程違反→入官→収貨放船という一連の事の経緯を説明しながら、忠清観察使からの搭載物貨入官報告と同時に、寛恕するとの該衙門関文を添付して送付している。『統署日記』甲申8月23日、『清案』279

(33)『統署日記』甲申8月25日、『清案』280

(34)『統署日記』甲申8月25日、『清案』282

(35)『統署日記』甲申8月25日。この指令の受領確認は8月29日に統理交渉通商事務衙門に届いている。

(36)『統署日記』甲申9月8日、9日、10日、11日、18日、26日

(37)「日朝修好条規附録」第四款(『旧韓末条約彙纂』上巻21頁)、金正起「朝鮮・清・日本의関係研究(1876-1894)—清日이 強要한 朝鮮의 商品流通構造再編」(『湖西文化論叢』9・10、1996年)75頁

(38)「日朝修好条規続約」第一(『旧韓末条約彙纂』上巻36頁)

(39)「朝鮮間行里程約條」(『旧韓末条約彙纂』中巻49, 50頁)

(40)『統署日記』甲申4月9日の仁川監理牒報、甲申4月18日の徳源府使兼元山監理牒報

(41)『統署日記』甲申4月11日、『日案』237

(42)『八道日記』甲申4月27日　同内容の指令が仁川府使にも送られている。

(43)『統署日記』甲申4月18日(元山)、7月12日(釜山)

(44)『統署日記』甲申5月12日

(45)『統署日記』甲申7月初6日。《　》は割注。

(46) ここに挙げた以外にも、間行里程調査に訪れた日本人官吏の状況についての報告はいくつか見られる。仁川について、通津府の牒報(『統署日記』甲申5月7日)、元山について元山監理の牒報(同書、閏5月11日、22日、6月7日)、平安観察使(同書、6月13日、10月2日)、釜山について、慶尚左水使(同書、8月29日、9月13日)、東萊府使(同書、8月30日)。

(47)「朝鮮国間行里程約書附録」(『旧韓末条約彙纂』中巻53頁)

(48)『統署日記』甲申10月1日、9日

(49) 済物浦条約の締結交渉と馬建忠の関わりについては、岡本隆司『属国と自主のあいだ—近代清韓関係と東アジアの命運—』(名古屋大学出版会、2004年)109-112頁参照。また「填補銀」という用語については、日本側が「賠償」を要求したのに対し朝鮮側がこれを拒否し、「填補」と改められた経緯がある(「朝鮮国駐劄花房公使ヨリ井上外務卿宛附属書六」市川正明編『日韓外交史料第二巻』、原書房、1966年230頁)。なお、史料によっては「補

各司諸営、外而八道四都、毋論鉅細、一一牒呈、而凡有啓聞處、依謄報廟堂例挙行」することが定められていた（『承政院日記』高宗18年辛巳正月18日条）。また、実際の啓録をみても、「謄送于議政府、統理交渉通商事務衙門」（例えば「平安監営啓録」癸未2月29日『各司謄録33―平安道編5』国史編纂委員会）といった記録は散見される。

（15）性格が異なる以上、「牒報」と「謄報」を区分して分析するべきであるが、『統署日記』においては、同主体・同内容の報告でも、「牒報」である場合と、「謄報」である場合が見られる。この部分を追究するには、『統署日記』の活字化の際、この区別が厳密にされているのかを原典にあたって確認する必要があるが、いったん衙門に報告されているという意味では二種の報告とも同一なので、ここでは一括分析してもその意味は損なわれないと考える。

（16）一方、元山（徳源府使）からの外国船に関する報告は15件であった。

（17）外国船動向に関する報告は、数的に最も多いこともあり、統理交渉通商事務衙門の性格を分析する上で、より詳細に検討することが望ましいだろう。しかし、報告の項目にかなりばらつきがあること、各地域ごとに同じ船隻の移動を報告している場合の区別がつかないなどの問題があり、今回は考察を見送った。

（18）その他には、一般人民に対する布告である「告示」「榜諭」、提出・送付された文書に回答を付記する形式の文書である「札飭」「題飭」「題判」などがあったが、各1，2件に過ぎない。

（19）『統署日記』甲申6月4日、5日、12日、15日、17日、24日、27日、7月2日。慶尚道と全羅道については朝英条約受領の記述が見あたらないのであるが、6月22日條に二度目の「錦伯」（忠清道観察使）からの受領報告が確認されるので、これが「嶺伯」（慶尚道観察使）の誤謬ではないかとも思われる。とすると、慶尚道への連絡所要日数はだいたい9日程度ということになる。また、全羅道については、大同商会に関する指令の受領報告から計算したところ（『統署日記』癸未8月15、9月5日條）、所要日数は10日前後とみられる。

（20）日本との間では修好條規附録に附属する通商章程第九則、「日朝通商章程」第三十三款、清との間では「朝清商民水陸貿易章程」第三条、アメリカとの間には「朝米修好通商条約」第三款、イギリスとの間には「朝英修好通商条約」第六款、ドイツとの間には「朝独修好通商条約」第六款に、それぞれ関連の規定がある。

（21）『統署日記』癸未9月11日

（22）楊花津入港問題の経緯については、第六章参照。

（23）『八道日記』甲申7月18日関八道監営

（24）同上。「一、合作港口処、潮退之時、水深幾何。一、道内江浦中、何処是可航、而駛入処自海洋幾里。一、潮退時水深十二尺之処、可容海船六尺之処、可航江船、其間巌礁草岐処、亦宜詳審馳報。一、此等江浦頭村村名、亦宜詳報。」

（25）同上。

（26）『八道日記』と『統署日記』では日付が異なっている場合が往々にしてあり、未通商港調査の関発送日も『八道日記』では18日になっている。しかし本稿では便宜的にすべて『統署日記』の日付に従うこととする。

（27）『統署日記』甲申7月23日、8月3日、4日、9日、12日、17日

第三章　統理交渉通商事務衙門の活動実態―地方官庁との関係から

(1) この史料は、開港以後、朝鮮、その後の大韓帝国が、各国と交換した外交文書を、大韓帝国外部で所蔵していたものが元になっている。これが日本の植民地支配下、奎章閣図書とともに総督府文書課分室に保管された後、当時の京城帝国大学図書館に移管されたものが、現在、ソウル大学中央図書館に保管されている経緯を持つ。それぞれ日本との往復文書については「日案」、清との往復文書については「清案」といった名称で整理されているが、ソウル駐在の各国公使から朝鮮側に送られてきた外交文書原本である原案、原案と朝鮮側から各国に送った文書をあわせて謄録したものである謄本、これらを精書したものである写本から構成されている。原案、謄本、写本はそれぞれ重複もあるが、これらを整理しながら、年代順にナンバリングして刊行したものが、高麗大学校亜細亜問題研究所において、1965年から刊行された『旧韓国外交文書』である。

(2) 田保橋潔『近代日鮮関係の研究』（朝鮮総督府中枢院、1940年）637頁。また、日本公使館は1884年3月に、貞賢坊慶雲洞の旧朴泳孝邸に移された。『日案』200，201，228，229

(3) 陳樹棠の業務開始は1883年9月20日である。『清案』6

(4) 『清案』11，12

(5) 孫湞淑『韓国近代（1883-1905）駐韓美国公使研究』（『韓国史学』2005年）44頁

(6) この他にも、1884年閏5月4日にイタリアとの朝伊修好通商条約が、同年閏5月15日にロシアとの朝露修好通商条約が調印されていたが、両条約の批准交換はともに甲申政変後であり、この時期にはまだ本格的な外交関係が成立していないため、考察の対象から除外した。

(7) 当該時期、清人について17件、日本人について16件、イギリス人について11件の申請があり、統理交渉通商事務衙門から護照が発給されている。清人はすべて内地際辦を目的とする商人であった一方、日本人はほとんどが公使館または領事館付の陸海軍軍人であり、イギリス人は鉱山調査のための技師が多かったという特徴がみられる。詳細は、酒井裕美「開港期朝鮮における外交体制の形成―統理交渉通商事務衙門とその対清外交を中心に―」（一橋大学大学院社会学研究科博士学位請求論文、2009年）92-100頁

(8) 地方側の記録としては、国王への状啓を記録した各道の監営啓録において、付随的に統理交渉通商事務衙門との連絡が報告されている場合が何件か確認されるがまとまったものはない。その他には、奎章閣史料の中に断片的な記録がある場合もある。これらについては引用時に提示する。

(9) 『八道四都三港口日記』奎18083（以下『八道日記』と称す）

(10) 他には「牒呈」（本文後出）、急報である「馳報」、民衆の直訴である「等状」、調査報告と見られる「盤報」、「呈報」（定義不明）などがある。

(11) 『大典会通』礼典、用文字式

(12) 『六典条例』吏典、議政府

(13) 特に規定は見あたらないが、統理交渉通商事務衙門の長官である督辦が正二品官であるため、正二品衙門に相当すると理解した。

(14) 先に触れたように、統理交渉通商事務衙門については規定が見あたらないが、その前身機関と位置づけられている統理機務衙門（1880年12月～1882年6月）については、「内而

(47) 統理軍国事務衙門の業務については、韓哲昊「統理軍国事務衙門（1882〜1884）의 組織과 運営」（『李基白古稀記念韓国史学論集』一潮閣、1994 年）1533-1540 頁参照。
(48)『統署日記』高宗 20 年 10 月 9 日
(49)『統署日記』高宗 21 年 9 月 1 日
(50)『統署日記』高宗 21 年 3 月 14 日、9 月 6 日、10 月 8 日、10 月 11 日
(51)『統署日記』高宗 21 年 10 月 9 日、10 月 12 日
(52) 統理交渉通商事務衙門の長官である督辦の官位が正二品であるため、正二品衙門に相当すると考えられる。
(53)『備辺司謄録』高宗 19 年 12 月 12 日「統理軍国事務衙門新設節目」
(54) 統理軍国事務衙門の新設にあたり、領議政洪淳穆、左議政金炳国と議論の席をもった高宗は、李鴻章・呉長慶の「外務雖為緊要、内務尤不可不先為致力遁来」という言をひいており、これをうけて金炳国は、内務の中でも「安民」を主張している経緯があった。『承政院日記』高宗 19 年 11 月 18 日。
(55) 김필동「甲午更張以前朝鮮의 近代的官制改革의 推移와 새로운 官僚機構의 性格」韓国社会史研究会『韓国의 社会制度와 農村社会의 変動』文学과 知性社、1992 年
(56) 糟谷憲一（2000）91-92，94 頁
(57) 金成憓「朝鮮高宗の在位前期における統治に関する研究（1864〜1876）」（一橋大学大学院社会学研究科博士論文、2008 年 3 月学位取得）第 2 章第 1 節。
(58) 義禁府については、李相寔「義禁府考」（『法史学研究』411、1977 年）を参照。
(59) ただし、みだりに自分の考えを主張することは禁じられていた。「統理交渉通商事務衙門章程」
(60) 森万佑子前掲論文「朝鮮近代の外交実務担当者」によれば、鄭憲時は甲申政変後に統理交渉通商事務衙門から離れるが、丁大英は 1892 年秋頃から実務の中心的役割を担う「総務」に任命されていることがわかる。李建鎬も、1888 年まで主事に在任し続けている。
(61)『尹致昊日記』甲申 3 月 17 日
(62) 殷丁泰前掲論文 50 頁
(63) なお延甲洙は「親清勢力」分類の難しさを認めた上で、便宜的に外交経歴と、以後の彼らの政治動向を通して推定したものであることを断っている。
(64) 表 7 のほか、金允植が『追補陰晴史』（565，577 頁）にて、尹泰駿とともに自らが「清党」と目されていたと記録しているものもある。
(65) 例えば金寿岩「世界観衝突과 1880 年代朝鮮의 近代外交制度受容—外務部署를 中心으로」（『韓国政治学彙報』34-2、2000 年）333-334 頁
(66) メレンドルフが、統理交渉通商事務衙門において、重要な位置を占めていたのは確かで、例えば 1883 年 1 月に統理交渉通商事務衙門の主事に任命され、アメリカ公使フートに侍していた尹致昊が、衙門はほとんどメレンドルフの専横に帰しているとして、「木家（メレンドルフ邸）是れ外衙門なり」と日記に記してもいる（『尹致昊日記』甲申 5 月 2 日）。しかし、第三章で論じるように、衙門の活動は、条約締結と租界地設定に関する交渉のみではなかったわけで、メレンドルフの強い影響力を、衙門の性格全体に敷衍して評価するのは妥当とは言えないだろう。

(31)『清季中日韓』696 付件 1

(32) 岡本隆司前掲書 126-128 頁

(33)『統署日記』甲申 3 月 21 日、『清季中日韓』829

(34)『陰晴史』癸未 4 月条には「中国人馬建常西還」という記事があり、『統署日記』癸未 10 月 22 日條に、「天津海関道周玉山馥、有書於督辦大人、馬会辦昨巳東渡云、又聞、今二十日、果巳泊南陽馬山浦云」という記事がある。「東渡」すなわち朝鮮に渡るということは、この時馬建常は清に帰国していたということになる。時期がちょうど、通商条約の再協議のためにイギリス公使パークス、ドイツ公使ザッペが来朝していた時と重なっていることが注目されるが、関連性は不明である。

(35)『追補陰晴史』(『陰晴史』に収録) 563-563 頁。権赫秀「馬相伯在朝鮮的顧問活動 (1882 年 11 月—1884 年 4 月)」(『近代史研究』2003 年第 3 期) 191-192 頁

(36)『承政院日記』高宗 20 年 4 月 17 日。改革案の内容は、「一、勿為早婚事、一、奴婢勿為世役事、一、勿為刑問事、一、罪犯之人、限十年赴役、異其服色事、一、罪人子孫、許赴科試事、一京中仮屋、限以春罷撤事、一、切禁男色、犯則一律事、一、寡婦与●(一字不明—筆者)婦作配事、一、勿禁改嫁事、一、収用工技事、一、田制以井田変通事、一、若有勒奪寡婦、則用律事、伝曰、自廟堂稟処」(『羅巌随録』第三冊 182 馬建常十四条) となっており、社会制度に関わるものが多い。なおこの改革案は、『青又日録』にも「馬建常所奏十四件」として記録があるが (高宗 20 年 4 月 27 日条)、項目・字句が若干異なっている。

(37) 田美蘭前掲論文においても外交使節および外国視察の経験は整理されているが、時期が考慮されていない、漏れがあるなどの問題点がある。26-40 頁参照。

(38) 洪文基「甲午改革以後秘書機関編成과 君主権」(서울大学校国史学科碩士論文、2004 年) 2 頁。なお洪文基は、「近侍機構」としての統理機務衙門、統理軍国事務衙門出現とともに承政院の比重は減少したとして、高宗と承政院の関係を分析している (23 頁)。また、承旨には都承旨、左承旨、右承旨、左副承旨、右副承旨、同副承旨の序列があったが、ここでは煩雑を避けるため、承旨と一括した。

(39) 糟谷憲一「閔氏政権前半期の権力構造—政権上層部の構成に関する分析」(『西嶋定生博士追悼論文集 東アジア史の展開と日本』山川出版社、2000 年) 489-491 頁、田美蘭前掲論文 30 頁。なお、糟谷論文においては、党派別・姓氏別構成分析をもとに、政権全体の傾向と同様に統理交渉通商事務衙門においても、老論の優勢、老論の驪興閔氏の就任者が最多であることが明らかにされている。

(40)『承政院日記』高宗 21 年 5 月 7 日

(41)『高宗実録』高宗 21 年 5 月 9 日

(42)『承政院日記』高宗 21 年 5 月 13 日

(43)『承政院日記』高宗 21 年 5 月 14 日

(44) 殷丁泰「高宗親政以後政治体制改革과 政治勢力의 動向」(서울大学校国史学科碩士学位論文、1998 年) 45-47 頁

(45) 李美愛「1880〜1884 年富強政策推進機構와 議政府」(서울大学校国史学科碩士学位論文、1999 年) 77 頁

(46) 殷丁泰前掲論文 49 頁、延甲洙「甲申政変以前의 国内政治勢力의 動向」(『国史館論叢』93、2000 年) 359-363 頁

記』（奎 19487）高宗 20 年 4 月 25 日條によれば司官の数は 3 人である。

（5）外衙門章程に、「本署所行の各事、未だ発出を経ざるは、各官、局外の人に私語するを得ず。査出せば、定めて重譴を請ふ」とある。

（6）高柄翊「穆麟徳의 雇聘과 그 背景」（『震檀学報』25-27 集、1964 年）231 頁

（7）李鉉淙「旧韓末外国人雇聘考」（『韓国史研究』第 8 集、1972 年）726-731 頁

（8）糟谷憲一「壬午軍乱直後の閔氏政権と『善後六条』」（『東アジア―歴史と文化―』〈新潟大〉創刊号、1992 年）34，37 頁

（9）『清季中日韓』554 付件 2

（10）『清季中日韓』624 付件 3

（11）『清季中日韓』624 付件 4。なお岡本隆司は、特に馬建忠の及ぼした影響を重く見、「善後六条」にも馬建忠の意向が強く働いていたこと、メレンドルフと馬建常の人選も馬建忠の推薦であったことを論証している。岡本隆司『属国と自主のあいだ―近代清韓関係と東アジアの命運―』（名古屋大学出版会、2004 年）119-132 頁

（12）『清季中日韓』627

（13）『承政院日記』高宗 19 年 11 月初 5 日

（14）『承政院日記』高宗 19 年 11 月 17 日、12 月 25 日

（15）高柄翊前掲論文 235-240 頁

（16）『清季中日韓』627 付件 1

（17）『承政院日記』高宗 19 年 11 月 17 日、12 月 5 日、高宗 20 年閏 5 月 16 日。また、メレンドルフは統理交渉通商事務衙門の官職のほかにも、1884 年 2 月 17 日に典圜局總辦に、同年 3 月 29 日に工曹参判に、同年 3 月に總税務司に任命されている。

（18）「統理交渉通商事務衙門協辦先生案」（奎 18157）

（19）묄렌도르프夫人編、高柄翊訳「穆麟徳의 手記」（『震檀学報』24 集、1968 年）158-162 頁。またこの手記は、묄렌도르프原著、申福龍・金雲卿訳『韓末外国人記録 9 묄렌도르프自伝』（집문당、1999 年）にも収録されている。

（20）前掲「穆麟徳의 手記」164 頁

（21）前掲「穆麟徳의 手記」168 頁

（22）田保橋潔『近代日鮮関係の研究』（朝鮮総督府中枢院、1940 年）669 頁、『旧韓国条約彙集』上巻 138 頁。『尹致昊日記』によれば、「日朝通商章程」の内容は、統理交渉通商事務衙門における協議によってではなく、メレンドルフと竹添公使の私的会談によってつめられたという。癸未 9 月 21 日条。

（23）前掲「穆麟徳의 手記」165 頁

（24）『統署日記』高宗 20 年 9 月 2 日、9 月 12 日、9 月 16 日、9 月 17 日、9 月 18 日

（25）『統署日記』高宗 20 年 11 月 19 日、12 月 11 日

（26）『統署日記』高宗 21 年 4 月 3 日、4 月 23 日

（27）『統署日記』によれば、メレンドルフが統理交渉通商事務衙門に出勤しなかったのは、6 日、10 日、11 日、21 日、26 日。

（28）『承政院日記』高宗 19 年 12 月 25 日

（29）『清季中日韓』689，692，696

（30）『承政院日記』高宗 20 年 4 月 4 日

(131)『承政院日記』高宗 19 年 11 月 17 日
(132)『承政院日記』高宗 19 年 11 月 17 日、12 月 4 日。ちなみに機務処は 12 月 12 日に統理軍国事務衙門に統合された。
(133)『陰晴史』224 頁
(134) 現在見ることのできる統理交渉通商事務衙門章程は、竹添進一郎が書写して外務省に送付したものである。「朝鮮国統理交渉通商事務衙門章程ノ件」(明治 16 年 5 月 11 日、公文録、明治 16 年、第 14 巻、アジア歴史資料センター、A01100246500)と、1887 年に衙門の組織再編成が行われた時に作成された「統理交渉通商事務衙門続章程」(奎 15323、15324)に収録されているものがあるが、両者に語句の異同は見あたらない。
(135) 実際には統理交渉通商事務衙門の啓により、礼曹において鋳成された。『承政院日記』高宗 20 年 1 月 24 日
(136) 掌交司主事の業務に関する規定においても、「応接外交」と「使往他国之案」が二大業務として並列されており、他国への使往が、統理交渉通商事務衙門の業務として重要視されていたことがわかる
(137) このとき調印されていたのはいわゆるウィルス・ブラント条約であり、この内容は本国政府の批准を得ることができず、再交渉が行われることになった。この問題に関連しては、第 9 章で詳説する。
(138)『承政院日記』高宗 19 年 9 月 19 日、10 月 19 日、10 月 20 日
(139)『承政院日記』高宗 20 年 8 月 29 日、10 月 20 日、10 月 22 日
(140)『承政院日記』漂流:高宗 20 年 2 月 19 日、9 月 1 日、10 月 23 日、高宗 21 年 4 月 17 日。犯越:高宗 18 年 11 月 25 日、高宗 19 年 12 月 28 日。統巡:高宗 20 年 1 月 3 日、1 月 10 日、2 月 10 日、5 月 3 日、10 月 29 日、11 月 4 日、高宗 21 年 2 月 29 日、4 月 12 日、6 月 30 日
(141)『承政院日記』高宗 19 年 10 月 17 日、10 月 29 日
(142) 統理交渉通商事務衙門構成員の出勤状況については、第二章参照。また、衙門の日曜日休務については、日本公使館へも通知が行われていたようである。日本側はこれに抗議しているが、衙門は日曜日休務の正当性を主張した。『日案』121, 122

第二章　統理交渉通商事務衙門の構成員

(1) 序論の注 2, 3 参照。
(2) 統理交渉通商事務衙門についての専論である、田美蘭「統理交渉通商事務衙門(外衙門)에 関한研究」(梨花女子大学碩士論文、1988 年)には、構成員の分析が含まれているが、人的事項と基本経歴を整理するにとどまっており、兼職状況や勤務実態を知り得るものではない。一方で近年、1887 年に制定される「統理交渉通商事務衙門続章程」に注目した森万佑子「朝鮮近代の外交実務担当者に関する基礎的研究—「統理交渉通商事務衙門続章程」制定に注目して—」(『アジア地域文化研究』第 9 号、2013 年)が出され、特に主事の実態が明らかになっているので、本文で適宜言及する。
(3)「統理交渉通商事務衙門続章程」(奎 15323、15324)
(4) 統理交渉通商事務衙門にはこの他にも、司官、使令、軍士がいたようであるが『外衙門草

日、趙秉鎬が任命された。趙秉鎬一行は8月7日に辞陛し、8月27日に釜山出航、9月6日に東京入りした。10月26日まで東京に滞在し、神戸から出航、11月10日釜山に帰国し、11月29日に復命している（北原スマ子「第三次修信使の派遣と「日朝通商章程」の改定・課税交渉」『朝鮮学報』第192輯、2004年、115頁）。

（107）鄭玉子前掲論文106頁

（108）『承政院日記』高宗18年2月10日

（109）『承政院日記』高宗18年2月27日

（110）『承政院日記』高宗18年2月27日

（111）『承政院日記』高宗18年1月10日、2月5日

（112）『承政院日記』高宗18年閏7月24日

（113）『承政院日記』高宗18年5月11日、閏7月20日

（114）『承政院日記』高宗18年3月11日、8月2日

（115）『日案』83，86，87，88

（116）韓日関係史学会編『朝鮮時代韓日漂流民研究』（国学資料院、2001年）237，242，248，249頁

（117）全海宗（1962）702頁

（118）李光麟（1988）507頁

（119）金雲泰『朝鮮王朝行政史―近代編』（一潮閣、1967年）101頁

（120）統理機務衙門の廃止は、礼曹判書李会正から外務省に伝えられ、それまで日本と書契を往復していた同文司に代わり、以後の通交は旧例を照らして、礼曹の担当とすることが通告された（「礼奏（ママ）判書李会正ノ書柬返却ノ電報」（『公文別録　朝鮮事変始末』明治十五年、第三巻）アジア歴史資料センター、A03023643500）。大院君失脚後、新政府は大院君政権の下に出された傳教を全て回収したが、その際、先の照会についても取り消すことを日本側に通告し、日本側は照会を返却した（「礼奏（ママ）判書李会正ノ書柬返却ノ電報」（『公文別録』、朝鮮事変始末、明治十五年、第三巻）アジア歴史資料センター、A03023643500）。

（121）『承政院日記』高宗19年6月29日、6月30日、7月6日、7月9日、7月14日

（122）『承政院日記』高宗19年7月25

（123）『承政院日記』高宗19年7月9日、7月11日、7月18日、7月23日

（124）糟谷憲一「壬午軍乱直後の閔氏政権と『善後六条』」（『東アジア―歴史と文化―』〈新潟大〉創刊号、1992年）35-36頁

（125）『承政院日記』高宗19年8月5日

（126）『承政院日記』高宗19年7月25日

（127）殷丁泰「高宗親政以後政治体制改革과 政治勢力의 動向」（서울大学校国史学科碩士学位論文、1998年）36頁

（128）朝鮮総督府『朝鮮史』第六編第四巻、1938年、該当日付参照

（129）『承政院日記』1882年8月5日（日本辦理公使花房義質）、8月9日（清總兵黄仕林、中書舎人袁世凱）、9月9日（清欽差呉長慶）、10月3日（日本代理公使近藤眞鋤）、11月17日（馬建常、メルレンドルフ）、12月1日（日本辦理公使竹添進一郎）、12月6日（呉長慶）、12月13日（清道員唐廷枢・陳樹棠）。括弧内は召見の対象者である。

（130）第二章表4参照

(80)『承政院日記』高宗 18 年 4 月 7 日、4 月 10 日、5 月 26 日、6 月 29 日
(81)『承政院日記』高宗 18 年 5 月 7 日、5 月 20 日
(82)『六典条例』議政府、事大。『承政院日記』高宗 18 年 5 月 29 日
(83)『承政院日記』高宗 18 年 9 月 22 日、高宗 19 年 1 月 29 日
(84) たとえば『承政院日記』高宗 17 年 8 月 7 日
(85)『承政院日記』高宗 18 年 3 月 25 日、4 月 10 日、閏 7 月 1 日、8 月 21 日、11 月 21 日、12 月 28 日、高宗 19 年 5 月 8 日
(86)『承政院日記』高宗 18 年 10 月 19 日、高宗 19 年 4 月 6 日、5 月 8 日
(87)『承政院日記』高宗 18 年 1 月 20 日、4 月 10 日、7 月 22 日、9 月 2 日、11 月 21 日、12 月 17 日、高宗 19 年 1 月 12 日、3 月 5 日、5 月 8 日
(88)『承政院日記』高宗 18 年 3 月 11 日
(89)『承政院日記』高宗 18 年 3 月 21 日、19 年 3 月 5 日。しかし、1882 年会寧慶源開市完了の咨文については議政府から啓聞があげられている（『承政院日記』高宗 19 年 4 月 20 日）。
(90) 注 54 参照。
(91)『清季中日韓』360
(92)『清季中日韓』360 付件 1
(93)『日本外交文書』第 14 巻 290 頁。ここでは統理機務衙門が外交専担機関として紹介されている。
(94)『日韓外交史料』第 2 巻、12「朝鮮国駐箚花房辦理公使ヨリ井上外務卿宛」
(95)『日本外交文書』第 14 巻 316 頁、附属書一
(96) 1880 年 2 月、釜山開港場の管理官は領事に改称され、初代領事には近藤眞鋤が任命された。4 月には、前釜山駐在管理官前田献吉が元山駐在総領事に任命された。
(97) 先にもふれたように、日本の駐箚公使については、朝鮮は国書奉呈をもって実質的に認めただけで、これに関する規定を設けたわけではないので、原則としては日朝修好条規の規定に従い、日本の「使臣」には、礼曹判書が対応することになる。
(98) 田保橋潔前掲書、728 頁
(99)『承政院日記』高宗 17 年 11 月 20 日
(100) 田保橋潔前掲書、728 頁
(101) しかし、花房が帰国する際の告別儀礼において、議政府、礼曹の後に、統理機務衙門を訪問していることは確認される。『承政院日記』高宗 18 年 5 月 13 日
(102)『日案』79
(103)『日案』82
(104)『承政院日記』高宗 19 年 4 月 9 日
(105)『承政院日記』高宗 19 年 4 月 14 日
(106) 時系列を確認しておくと、朝士視察団は、1881 年 1 月から 2 月にかけて、派遣人士が任命され、それぞれ暗行御史を装って 3 月までに東莱府に集結、4 月 10 日に釜山を出航し、11 日長崎に到着した。その後大阪を経て 4 月 28 日に東京入りした。各所の視察を終えた一行は 7 月 14 日に東京を出発、閏 7 月 3 日に釜山に到着し、8 月 30 日から 9 月 2 日にかけて大部分が復命を行った（鄭玉子「紳士遊覧団考」『歴史学報』第 27 輯、1965 年）。第三次修信使は、1881 年 2 月 27 日に金弘集が任命されたが、閏 7 月 6 日に解任され、翌 7

麟「統理機務衙門의 組織과 機能」(『梨大史学研究』第17/18合輯、1988年)

(54) 先行研究では、両者が礼曹から切りはなされたことを重く見、統理機務衙門を、対外関係を独立した領域として取扱う「萌芽的な外務部署」であると評価している(金寿岩「世界観衝突과 1880年代朝鮮의 近代外交制度受容―外務部署를 中心으로」『韓国政治学彙報』34-2、2000年330-332頁)。なお、1881年11月の組織改編で、事大司と交隣司は同文司に統合されるのであるが(『承政院日記』高宗18年11月9日、11月21日)、これについても、西欧諸国を対象とすることを意識したと分析したり(金寿岩前掲論文331頁)、伝統的な事大・交隣体制から脱し、近代的な外交関係を志向していると評価する研究も見られる(田美蘭前掲論文17頁)。しかし、設立当初から事大司と交隣司は兼官とされており(節目参照)、この統合の意味を、そこまで評価できるのかは断定しがたい。

(55)『承政院日記』高宗18年2月4日

(56)『承政院日記』高宗18年2月26日

(57)『承政院日記』高宗18年3月21日、3月25日、5月5日

(58)『承政院日記』高宗18年2月4日、2月7日

(59)『承政院日記』高宗18年3月26日

(60)『承政院日記』高宗18年3月27日

(61)『承政院日記』高宗18年3月5日、閏7月15日、8月27日。出発日時変更の経緯については、権錫奉『清末対朝鮮政策史研究』(一潮閣、1986年)167-168頁

(62)『承政院日記』高宗18年11月21日

(63)『承政院日記』高宗19年3月15日

(64)『承政院日記』高宗19年3月19日

(65)『承政院日記』高宗19年3月20日

(66)『承政院日記』高宗19年3月24日

(67)『承政院日記』高宗19年3月27日、4月4日

(68)『承政院日記』高宗19年4月7日

(69) 李應浚が賫咨官として派遣された。『承政院日記』4月10日、4月22日、4月24日

(70) 本文で言及した以外に、従来承文院からあげられていた日月食を報告する咨文についての啓も、統理機務衙門からあげられていることが確認できる。『承政院日記』高宗18年11月14日

(71)『承政院日記』高宗17年10月29日

(72)『承政院日記』高宗18年7月12日、11月9日

(73)『承政院日記』高宗18年8月10日、10月17日、11月9日

(74)『承政院日記』高宗18年10月14日

(75)『承政院日記』高宗18年5月、6月には迎接都監のあげた啓が多数収録されている。

(76)『承政院日記』高宗18年4月7日

(77)『承政院日記』高宗18年4月7日

(78)『承政院日記』高宗18年5月17日

(79)『承政院日記』高宗18年6月9日、11月19日。勅使迎接のための儀礼準備は、従来通り礼曹が担当していた。『承政院日記』高宗18年4月8日、4月15日、5月20日、6月16日、12月15日

(38)『六典条例』承文院、交隣

(39)『六典条例』礼曹、典客司、接倭。議政府、交隣。接慰官の詳細については次の研究がある。양홍숙「朝鮮後期 対日 接慰官의 派遣과 役割」(『釜大史学』第24輯、2000年)

(40)『六典条例』承文院、交隣

(41) 朝鮮通信使の先行研究については、仲尾宏「朝鮮通信使研究の現段階」(『朝鮮史研究会論文集』第44集、2006年)の整理を参照。

(42)『典客司日記10』(『各司謄録』101)第49壬戌12月27日、第52乙丑6月初3日、『六典条例』議政府、交隣

(43)『通文館志』交隣下、通信使行。このほか、必要物資のうち、特に礼物として(通信使の携帯品のみならず、先述の対馬からの使節への賜給品としても)重要であったのは人蔘であったが、これは平安道、咸鏡道から、政府の強制買い上げや、現物税の取り立てを通して確保されていた。糟谷憲一(2006)11-15頁

(44)『六典条例』礼曹、典客司、接倭

(45)『通文館志』交隣下、通信使行

(46) 田代和生(1981)63-71頁

(47)『六典条例』礼曹、典客司、接倭

(48)『六典条例』礼曹、典客司、接倭

(49)『通文館志』交隣上、開市

(50)『六典条例』礼曹、典客司、接倭

(51) 書契問題から日本公使ソウル常駐に至るまでの対日交渉については、展開過程が複雑であるだけに、朝鮮側の外交業務担当も詳細を述べればかなり複雑で、あまりに冗長になってしまうため、本稿では省略する。詳細は、酒井裕美「開港期朝鮮における外交体制の形成—統理交渉通商事務衙門とその対清外交を中心に—」(一橋大学大学院社会学研究科博士学位論文、2009年)第一章(2)明治日本への対応、を参照。一例を挙げれば、江華島事件後、特命全権辨理大臣黒田清隆が朝鮮にやってきた際、従来通り釜山にとどまらず、江華島へ向かった。当初朝鮮側は東莱府使と訳官、訓導が対応して、江華島行きを中止するよう交渉したが、日本側が強行したため、議政府の啓によって接見大官が任命されるに至った。江華島において、接見大官は旧例に従って下船宴を設行しようとしたが、日本全権はこれを無視している(田保橋潔前掲書、456頁)。なお、儀礼問題の詳細については、石田徹前掲書第五章「明治初期日朝交渉における儀礼の問題—服制観と日本観」がある。

(52) 日朝修好条規締結から公使常駐開始の間に送られた日本使臣と、これに対して任命された講修官の一覧は以下の通りである。田保橋潔前掲書より作成。

入国日	日本使臣	朝鮮側の対応官	交渉内容
1876. 5.24	理事官宮本小一	講修官趙寅熙	日朝修好条規付録
1877.10.21	代理公使花房義質	講修兼伴接官洪祐昌	公使駐箚、開港場選定
1878.11. 6	代理公使花房義質		釜山豆毛鎮課税問題
1879. 3.22	代理公使花房義質	講修兼伴接官洪祐昌	豆毛鎮賠償、開港場選定
1880.11.16	辨理公使花房義質	講修官金弘集	国書奉呈、仁川開港

(53) 全海宗「統理機務衙門設置의 経緯에 対해서」(『歴史学報』17・18合輯、1962年)、李光

は承文院の担当となっている。
(28) 公認の使行貿易は、北京の会同館において行われたが、あわせて密貿易も行われており、これには鳳凰城辺門で行われた柵門後市、瀋陽で行われた団練使後市があった。これらについては第四章で詳説する。
(29)『六典条例』司訳院、管税庁
(30) 田代和生『近世日朝通交貿易史の研究』(創文社、1981年)第五章参照。また、石田徹は朝鮮の「交隣」が、対馬宗氏との「羈縻交隣」と、徳川将軍との「敵礼交隣」の二つから成っていたとする(『近代移行期の日朝関係—国交刷新をめぐる日朝双方の論理—』溪水社、2013年、第1章)。なお、近世の日朝関係に於いては、壬辰・丁酉倭乱による断絶と、その後の再開交渉の展開も重要な要素であるが、本稿では便宜的に、再開以後の日朝関係を検討対象とする。
(31) なお、この倭館に滞在する対馬藩人、商人らの生活に必要な食糧、燃料費などは朝鮮側から支給されていた。糟谷憲一「なぜ朝鮮通信使は廃止されたか—朝鮮史料を中心に—」(『歴史評論』355号、1979年)11頁。その他、倭館の変遷や構造については、李完永「東萊府 및 倭館의 行政小考」(『港都釜山』第2号、1963年)、田代和生『倭館—鎖国時代の日本人町—』(文藝春秋、2003年)に詳しい。
(32) この分類は、『同文彙考』における交隣文書の分類が、陳賀・陳慰・告慶・告訃・告還・替代(ここまで対馬からの使節に関連)・通信(通信使に関連)・進献・請求・約条・争難(ここまで貿易に関連)・辺禁・漂風(漂流民に関連)・雑令となっていることを参考にした。
(33) 通信使の他にも、朝鮮から対馬へ、訳官が派遣されることがあった。この使節を、朝鮮側では渡海訳官・問慰訳官と称した(糟谷憲一(1992)230頁)。いつ、どのような使節が派遣されたかについては、『辺例集要』信使附渡海条(韓国史料叢書第十六、国史編纂委員会、1970年刊)、『増正交隣志』巻六(亜細亜文化社、1974年刊)に記録が残っているが、朝鮮側における手続きと担当機関が、対馬から要請のために派遣される裁判差倭への対応や、それを受けての議政府からの渡海官選定を除いては、よくわからないので、本稿においては検討対象から除外した。
(34) 1609年に朝鮮政府と宗義智との間に結ばれた己酉約條は、近世の日朝間における通交貿易の基本的枠組みを定めた協定であったが、これによって、対馬島主から朝鮮に派遣できる歳遣船は年間20隻(第一から第十七の歳遣船と、本来は情報の提供や外交・貿易上の特別な交渉があったとき送られた船であった第一から第三の特送船—実際には歳遣船を3隻増やしたことになる)と受図書船、受職人船に決められていた。しかし、使者を応接する負担の軽減を図った朝鮮側が、1635年、「兼帯の制」を提案し、一船の使者がいくつかの船の使者を兼ねることになった。すなわち、実際に使者が乗船していて、朝鮮側が接待を実施しなければならない船は年間8回となり、それ以外の船は純粋な貿易船となったわけである。田代和生(1981)44-51, 48, 85, 145-146頁
(35) 将軍家の吉凶、宗家の家督関係についての報告、通信使要請や出迎え、護送などのために派遣される大差倭と、朝鮮国王即位の慶賀、朝鮮国王死亡の陳慰、対馬藩内の変動の通報、漂流民護還などのために派遣される小差倭があった。田代和生(1981)160-163頁
(36)『六典条例』礼曹、典客司、接倭
(37)『通文館志』交隣、上、年例送使

(9) 桑野栄治「李朝初期における承文院の設立と機能」(『史淵』第131輯、九州大学、1994年) 24頁、朴洪甲「朝鮮初期承文院의 成立과 그機能」(『史学研究』62、2001年) 174-176頁

(10) この分類は、糟谷憲一「朝鮮の対清関係の諸相」(『人民の歴史学』169号、2006年) 1頁を参照した。

(11) もともと明に対する定期使節には、冬至・正朝(元旦)・聖節(皇帝の誕生日)・千秋(皇太子の誕生日)の四行があり、それを踏襲した清への定期使節にも、当初は冬至・正朝・聖節・歳幣(年貢)の四行があったが、兼行も多く、1645年に順治帝の勅諭によって年一回に統合された。全海宗「清代韓中朝貢関係考」『韓中関係史研究』(一潮閣、1970年) 第二章

(12) 臨時使節としては、謝恩使(詔勅や物の下賜、国王の要請の許可に対し、皇帝に感謝の意を表す)、奏請使(要請事項を上奏する)、陳奏使(大事を上奏する)、告訃使(国王、王妃などの死去を報告する)、進賀使(清皇室の慶事を祝賀する)、陳慰使(皇帝、皇后などの喪を弔慰する)、進香使(死去した皇帝などに祭文を奉る)、問安使(皇帝が瀋陽や熱河に行幸してきたときに安否を問う)、参覈使(朝鮮人犯越者を清で査問するときに査問に加わる)、賫咨官(国王の礼部宛咨文をもたらす。訳官を充てる)などがあった。糟谷憲一(2006) 2頁

(13) この整理については、中央政府における官庁の行政法規と事例をまとめて1867年に刊行された『六典条例』における規定を参考にした。以下、典拠に特に言及がない場合は、同書の該当部署に関する部分を参照。

(14)『承政院日記』高宗17年7月28日

(15) 使行ごとの派遣官の官位の詳細については、糟谷憲一「近代的外交体制の創出—朝鮮の場合を中心に—」(荒野泰典、石井正敏、村井章介編『アジアのなかの日本史Ⅱ』東京大学出版会、1992年) 226頁参照。

(16) 全海宗前掲書、65頁

(17) 김경록「朝鮮時代 事大文書의 生産伝達体系」(『韓国史研究』134, 2006年) 45-54頁

(18)『万機要覧』財用編五、歳幣、歳幣各種

(19)『六典条例』巻之五、礼典、礼曹、稽制司、事大

(20) ただし、冬至使の拝表日は10月のうちから観象監が選定した。

(21) 例えば『承政院日記』高宗16年10月12日

(22) 全海宗前掲書第二章、糟谷憲一(2006) 3頁。

(23) 迎接都監については、17世紀前半に作成されたものであるが、各分司の儀軌がのこされており、その詳細を知ることができる。김경록「朝鮮時代 使臣接待와 迎接都監」(『韓国学報』117号、2004年) 93-101頁

(24)『六典条例』巻之一、吏典、議政府、辺政

(25) 辺牆とは、清が山海関から開原まで、開原から鳳凰城までにわたって築いた土塁で、上には柳の柵が設けられ、数カ所に辺門が置かれていた。

(26) 糟谷憲一(2006) 5頁、秋月望「鴨緑江北岸の統巡会哨について」(『東洋史論集』第11集、九州大学、1983年)

(27)『六典条例』巻之五、礼典、承文院、事大。また、ここでは「年例咨文」として、本文で後出する開市についての回咨のほか、日月食についての回咨があげられており、その作成

2013年)、日朝海底電線条約続約について李穂枝「一八八五年の日朝海底電線条約続約締結交渉について」(『朝鮮学報』232、2014年) などがある。

(20) 例えば『東アジア近代史』第13号 (2010年) は、特集として「東アジアの国際秩序と条約体制—近世から近代へ」を組み、三谷博「一九世紀における東アジア国際秩序の転換—条約体制を「不平等」と括るのは適切か—」、月脚達彦「近代朝鮮の条約における「平等」と「不平等」—日朝修好条規と朝米修好通商条約を中心に—」を含む、「不平等条約」に関する七本の論文を掲載した。

(21) 崔徳秀『条約으로 보는 韓国近代史』(열린책들、2010年) を挙げておく。また、2009年から刊行が開始された、近代韓国外交文書編纂委員会編『近代韓国外交文書』において、第三巻「朝日修好条規」、第四巻「朝米修好通商条約」、第五巻「朝英修好通商条約」(2012年) がまとめられたことも特筆すべきである。

(22) 高麗大学校亜細亜問題研究所・旧韓国外交文書編纂委員会編『旧韓国外交関係付属文書』(第三巻統署日記一) 高麗大学校出版部、1972年

(23) 高麗大学校亜細亜問題研究所・旧韓国外交文書編纂委員会編『旧韓国外交文書』(第一巻日案一、第八巻清案一、第十巻美案一、第十三巻英案一、第十五巻徳案一) 高麗大学校出版部、1972年

(24) 中央研究院近代史研究所編『清季中日韓関係史料』1972年。なお、「駐韓使館档案」については、第六章注 (6) を参照。

(第Ⅰ部)

第一章　統理交渉通商事務衙門成立前史

(1) 田美蘭「統理交渉通商事務衙門 (外衙門) 에 関한 研究」(梨花女子大学碩士論文、1988年) 概要

(2) 김필동「甲午更張以前朝鮮의 近代的官制改革의 推移와 새로운 官僚機構의 性格」(韓国社会史研究会『韓国의 社会制度와 農村社会의 変動』文学과 知性社、1992年) 81頁

(3) 朝鮮の朝貢は当初明に対してであり、元来夷狄である清の入朝にともなう中国の「華夷変態」が、朝鮮に少なからぬ葛藤をもたらしたことは、朝鮮の対外政策を考える上で重要な検討課題であるが、本稿では便宜的に朝清関係のみを考察の対象とする。

(4) 朝鮮初期には、琉球との「交隣」関係があったが、清への「事大」の時期における「交隣」の対象は日本のみであった。

(5)『大典会通』吏典、京官職、礼曹、典客司。また稽制司、典享司はそれぞれ儀式制度など諸般の業務、饗宴等の業務を扱った。

(6)『大典会通』吏典、京官職、議政府。議政府の権限は、16世紀末以降になると、辺境防備策定機関として設置された備辺司に移っていったが、法制的には議政府の位置づけは変わらなかった。大院君政権期の1865年、備辺司は議政府の傘下に格下げされ、名実共に議政府が最高行政官庁の地位に復した。

(7) 中枢院調査課編『校註大典会通』(朝鮮総督府中枢院、1938年) 解題30頁

(8)『大典会通』吏典、京官職、承文院、司訳院

(9) 代表的な研究には、権錫奉『清末対朝鮮政策史研究』（一潮閣、1986年）、具仙姫『韓国近代対清政策史研究』（図書出版혜안、1999年）がある。
(10) 具仙姫前掲書、86-87頁
(11) 中村政則『『坂の上の雲』と司馬史観』岩波書店、2009年
(12) 姜在彦の研究は膨大であり、ここで個々の研究に言及することはできないが、総じて姜は朝鮮近代史の展開軸を「朝鮮近代化への移行のためには、二つの障壁を乗り超えなければならなかった。その一つは「守旧」の壁であり、他の一つは「外圧」の壁であった。」（『姜在彦著作選第Ⅰ巻　朝鮮の儒教と近代』（明石書店、1996年、3頁）ととらえている。姜の視角は、「単なる外圧とそれへの反発という力学的図式では理解できない、ダイナミックな思想の世界のひろがり」（同4頁）から朝鮮近代史を理解するところにありはするが、その評価の基準は暗黙のうちに西欧的近代に置かれているため、実態とは乖離が生じる部分が生じざるを得ない。姜在彦研究のこのような問題点については、すでに糟谷憲一、趙景達による指摘がある。糟谷憲一「甲申政変・開化派研究の課題」（『朝鮮史研究会論文集』22集、1985年）、趙景達「朝鮮における大国主義と小国主義の相克―初期開化派の思想」（同前）。
(13) 原田環『朝鮮の開国と近代化』溪水社、1997年。引用は「まえがき」ii頁
(14) 1840年から1875年8月までの日朝交渉を分析した、石田徹『近代移行期の日朝関係―国交刷新をめぐる日朝双方の論理』（溪水社、2013年）も、朝鮮の対外政策は「西欧の衝撃への対応策」によって方向付けられているとした上で、その特徴を「内への指向性」・「礼儀護持」・「清の存在」と指摘した（233-234頁）。朝鮮対馬関係を重視して「書契問題」と「儀礼問題」という具体的な外交交渉を跡づけた石田の研究によって明らかにされた部分は多いが、これらの特徴に至る変化が「西欧の衝撃」によるものであるのかについては、別問題のように思われる。
(15) 濱下武志『近代中国の国際的契機―朝貢貿易システムと近代アジア』（東京大学出版会、1990年）。このほか、「中華世界」による「近代世界」の包摂を論ずる茂木敏夫『変容する近代東アジアの国際秩序』（山川出版社、1997年）も議論の方向性は同様である。
(16) 金容九『世界観衝突과 韓末外交史 1866-1882』（文化와 知性社、2001年）、同『壬午軍乱과 甲申政変』（図書出版・源、2004年）
(17) 岡本隆司『属国と自主のあいだ―近代清韓関係と東アジアの命運』名古屋大学出版会、2004年
(18) 糟谷憲一「近代的外交体制の創出―朝鮮の場合を中心に」荒野泰典、石井正敏、村井章介編『アジアのなかの日本史Ⅱ』東京大学出版会、1992年
(19) これらの研究をうけて、近年、従来注目されてこなかったテーマについての朝鮮外交の実態研究が蓄積されはじめていることも、また事実である。本論でも言及していくが、例えば、釜山豆毛鎮収税問題について朴漢珉「1878年 豆毛鎮 収税를 둘러싼 朝日両国의 認識과 対応」（『韓日関係史研究』第39集、2011年）、朝清商民水陸貿易章程について崔蘭英「一八八〇年代初頭における朝鮮の対清交渉―「中国朝鮮商民水陸貿易章程」の締結を中心に」（『朝鮮学報』226、2013年）、「日朝通商章程」について北原スマ子「第三次修信使の派遣と「日朝通商章程」の改定・課税交渉」（『朝鮮学報』192、2004年）、駐津大員について森万佑子「朝鮮政府の駐津大員の派遣（1883-1886）」（『史学雑誌』第122編第2号、

注

序論

(1) 内在的発展論の注目が主に民衆運動にあることもあり、閔氏政権に対する評価自体が否定的である。例えば、梶村秀樹『朝鮮史　その発展』（講談社現代新書、1977 年）には、日朝修好条規について「朝鮮人がこうした（朝鮮に一方的に不利な）条約を結ぶことの危険性に、気づいていなかったわけではけっしてなかった。閔氏政権ですら、日本の全面的軍事行動を警戒するあまり、条約の内容について吟味することより、局面糊塗策としてとりあえず要求をのんで軍艦を退散させたうえで、条約の実施をサボタージュすればよいと考えていたのである。だが、短兵急な明治政府がそれでおとなしくなるわけがなかった。そのことを知ると閔氏政権は、さっそく日本に使節を派遣して条約改正を提議させたが、明治政府はこれを黙殺してしまった。かくして、朝鮮民衆は、もはや王朝権力にだけ民族主権を守ることを期待することができないことを知り、反封建闘争と平行して、自力で反侵略闘争を展開しなければならないことを知った。」（99 頁）とある。

(2) 糟谷憲一「閔氏政権上層部の構成に関する考察」（『朝鮮史研究会論文集』27、1990 年）、「閔氏政権後半期の権力構造―政権上層部の構成に関する分析」（『朝鮮文化研究』第二号、1995 年）、「閔氏政権前半期の権力構造―政権上層部の構成に関する分析」（武田幸男編『朝鮮社会の史的展開と東アジア』1997 年）、「閔氏政権の成立と展開」（『韓国朝鮮文化研究』第 14 号、2015 年）

(3) 김필동「甲午更張以前朝鮮의 近代的官制改革의 推移와 새로운 官僚機構의 性格」（韓国社会史研究会『韓国의 社会制度와 農村社会의 変動』文学과 知性社、1992 年）、韓哲昊「統理軍国事務衙門（1882～1884）의 組織과 運営」（『李基白古稀記念韓国史学論集』一潮閣、1994 年）、殷丁泰「高宗親政以後政治体制改革과 政治勢力의 動向」（서울大学校国史学科碩士学位論文、1998 年）、李美愛「1880～1884 年富強政策推進機構와 議政府」（서울大学校国史学科碩士学位論文、1999 年）、延甲洙「甲申政変以前의 国内政治勢力의 動向」（『国史館論叢』93、2000 年）、金寿岩「世界観衝突과 1880 年代朝鮮의 近代外交制度受容―外務部署를 中心으로」（『韓国政治学彙報』34-2、2000 年）、具仙姫「開港期官制改革을 通해 본 権力構造의 変化」（『韓国史学報』第 12 号、2002 年）などがある。

(4) 新設当初の名称は統理衙門であり、1882 年 12 月 4 日に統理交渉通商事務衙門に改称された。

(5) 田美蘭「統理交渉通商事務衙門（外衙門）에 関한 研究」（梨花女子大学史学科碩士論文、1988 年）

(6) 坂野正高『近代中国政治外交史』（東京大学出版会、1973 年）、川島真『中国近代外交の形成』（名古屋大学出版会、2004 年）

(7) 田保橋潔『近代日鮮関係の研究』朝鮮総督府中枢院、1940 年

(8) 例えば、金正起『1876-1894 年清의 朝鮮政策研究』（서울大学校国史学科博士論文、1994 年）、李陽子『朝鮮에서의 袁世凱』（신지書院、2002 年）などがある。

李陽子『朝鮮에서의 袁世凱』신지書院、2002 年
李哲成『朝鮮後期対清貿易史研究』国学資料院、2000 年
李鉉淙「旧韓末外国人雇聘考」『韓国史研究』第 8 集、1972 年
―――『韓国開港場研究』一潮閣、1975 年
殷丁泰「高宗親政以後政治体制改革과 政治勢力의 動向」서울大学校国史学科碩士学位論文、1998 年
張存武『近代韓中貿易史』김태중・안명자・박병석・손준식・김문訳、교문사、2001 年
田美蘭「統理交渉通商事務衙門（外衙門）에 関한研究」梨花女子大学史学科碩士論文、1988 年
全海宗「統理機務衙門設置의 経緯에 対해서」『歴史学報』17・18 合併号、1962 年
―――『韓中関係史研究』一潮閣、1970 年
鄭玉子「紳士遊覧団考」『歴史学報』第 27 輯、1965 年
趙宰坤『近代激変期의 商人―褓負商』서울大学校出版部、2003 年
―――「韓末近代化過程에서의 褓負商의 組織과 活動」『白山学報』第 41 号、1993 年
趙恒来『開港期対日関係史研究』韓国学術情報、1973 年
崔徳寿「『使和記略』（1882）研究」『史叢』第 50 輯、1999 年
―――編『条約으로 보는 韓国近代史』열린책들、2010 年
崔泰鎬『開港前期韓国関税制度』韓国研究院、1976 年
―――『近代韓国経済史研究序説』国民大学校出版部、1995 年
河宇鳳「開港期修信使行에 関한 一考察」『韓日関係史研究』10、1999 年
韓日関係史学会編『朝鮮時代韓日漂流民研究』国学資料院、2001 年
韓承勲「朝英条約（1883.11）과 不平等條約体制의 再定立」『韓国史研究』135 集、2006 年
―――「朝鮮의 不平等条約体制編入에 関与한 英国外交官의 活動과 그 意義」『韓国近現代史研究』52 号、2010 年
韓沽劤『韓国開港期의 商業研究』一潮閣、1970 年
韓哲昊「統理軍国事務衙門（1882～1884）의 組織과 運営」『李基白古稀記念韓国史学論集』一潮閣、1994 年
―――「閔氏戚族政権期（1885-1894）内務府의 組織과 機能」『韓国史研究』第 90 号、1995 年
洪文基「甲午改革以後秘書機関編成과 君主権」서울大学校国史学科碩士論文、2004 年

〔台湾・中国〕

林明徳『袁世凱與朝鮮』中央研究院近代史研究所、1970 年
權赫秀「馬相伯在朝鮮的顧問活動（1882 年 11 月～1884 年 4 月）」『近代史研究』2003 年第三期

現代史研究』第45輯、2010年
朴漢珉「1878年 豆毛鎮 収税를 둘러싼 朝日両国의 認識과 対応」『韓日関係史研究』第39集、2011年
朴洪甲「朝鮮初期承文院의 成立과 그機能」『史学研究』62、2001年
徐栄姫「開港期封建的国家財政의 危機와 民衆収奪의 強化」韓国歴史研究会『1894年農民戦争研究1』歴史批評社、1992年
孫湞淑『韓国近代（1883～1905）駐韓美国公使研究』韓国史学、2005年
宋炳基『近代韓中関係史研究―19世紀末의 聯美論과 朝清関係―』檀国大学校出版部、1985年
―――編訳『開放과 隷属―対美修好関連修信使記録（1880）抄』檀国大学校出版部、2000年
―――『韓国、美国와의 첫 만남―対美開国史論』고즈윈、2005年
宋亮燮「朝鮮後期軍衙門屯田의 経営形態研究」高麗大学校史学科博士学位論文、2001年
申基碩『韓末外交史研究―清韓宗属関係를 中心으로』一潮閣、1953年
梁興淑「朝鮮後期 対日 接慰官의 派遣과 役割」『釜大史学』第24輯、2000年
延甲洙「甲申政変以前의 国内政治勢力의 動向」『国史館論叢』93、2000年
柳完相「朝鮮時代의 中江開市에 対한 一考―特히 仁祖時代를 中心으로―」『南渓曺佐鎬博士華甲記念論叢　現代史学의 諸問題』1977年
李景植「朝鮮後期王室・営衙門의 柴場私占과 火田経営」『東方学志』第77～79合輯、1993年
李光麟『開化党研究』一潮閣、1973年
―――『改正版韓国開化史研究』一潮閣、1982年
―――『韓国史講座Ⅴ近代編』一潮閣、1982年
―――『韓国開化史의 諸問題』一潮閣、1986年
―――「統理機務衙門의 組織과 任務」『学術院論文集（人文社会科学）』26、1988年
李根寛「東아시아의 유럽 国際法의 受容에 関한 考察―『万国公法』의 翻訳을 中心으로―」『서울国際法研究』第9巻2号、2002年
李美愛「1880～1884年富強政策推進機構와 議政府」서울大学校国史学科碩士学位論文、1999年
李炳天「開港과 不平等条約体制의 確立」『経済史学』8、1984年
―――「開港期外国商人의 侵入과 韓国商人의 対応」서울大学校経済学科博士学位論文、1985年
李普珩「Shufeldt提督1880年朝・美交渉」『歴史学報』15、1961年
李相寔「義禁府考」『法史学研究』411、1977年
李完永「東萊府 및 倭館의 行政小考」『港都釜山』第2号、1963年

究』8、1972年
———「不平等条約改正交渉의展開」『韓国史研究』11、1985年
金世民『韓国近代史와 万国公法』景仁文化社、2002年
金世恩「高宗初期（1864年～1873年）의経筵」『震壇学報』89、2000年
金寿岩「韓国의 近代外交制度研究—外交官署와 常駐使節를 中心으로」서울大学校外交学科博士学位論文、2000年
———「世界観衝突과 1880年代朝鮮의 近代外交制度受容—外務部署를 中心으로」『韓国政治学彙報』34-2、2000年
金玉根『朝鮮王朝財政史研究』一潮閣、1984年
———『朝鮮王朝財政史研究Ⅳ—近代篇—』一潮閣、1992年
金雲泰『朝鮮王朝行政史—近代篇』一潮閣、1967年
金源模「朝美條約締結研究」『東洋学』第22輯、1992年
———「李鴻章의 列国立約通商勧告策과 朝鮮의対応（1879-1881）—朝美修交交渉을 중심으로」『東洋学』第24輯、1994年
———『韓美修好史』哲学과 現実社、1999年
金容九・河英善共編『韓国外交史研究—基本資料・文献解題』나남出版、1996年
金容九『世界観衝突과 韓末外交史1866-1882』文化와 知性社、2001年
———『壬午軍乱과 甲申政変』図書出版・源、2004年
金正起「兵船章程의強行（1888年2月）에 대하여」『韓国史研究』4、1979年
———「朝鮮・清・日本의 関係研究（1876～1894）—清日이 強要한 朝鮮의 商品流通構造再編」『湖西文化論叢』9・10、1996年
———『1876-1894年 清의 朝鮮政策研究』서울大学校国史学科博士学位論文、1994年
金鍾圓「朝中商民水陸貿易章程에 대해서」『歴史学報』32、1966年
김필동「甲午更張以前朝鮮의 近代的官制改革의 推移와 새로운 官僚機構의 性格」韓国社会史研究会『韓国의 社会制度와 農村社会의 変動』文学과 知性社、1992年
김희신「近代韓中関係의変化와 外交档案의 生成「清季駐韓使館保存档」을 中心으로」『中国近現代史研究』50、2011年
譚永盛「朝鮮末期의 清国商人에 關한 研究—1882年부터 1885年까지」檀国大学校大学院史学科韓国史専攻碩士論文、1976年
묄렌도르프原著、申福龍・金雲卿訳『韓末外国人記録9 묄렌도르프自伝』집문당、1999年
묄렌도르프夫人編、高柄翊訳「穆麟徳의 手記」『震檀学報』24集、1968年
朴廣成「営・衙門屯田의 研究」『仁川教大論文集』10、1975年
朴慶龍『漢城府研究』国学資料院、2000年
박은숙「清船의 漢江出入과 貿易章程의 法理論争」『亜細亜研究』第57巻1号、2014年
朴正鉉「1882-1894年　朝鮮人과 中国人의 葛藤解決方式을 通해 본 韓中関係」『中国近

1974 年
――――「日清戦争前朝鮮条約関係考」東アジア近代史学会編『日清戦争と東アジア世界の変容』ゆまに書房、1997 年
藤村道生「朝鮮における日本特別居留地の起源」『名古屋大学文学部研究論集』35 号、1965 年
三好千春「両次アヘン戦争と事大関係の動揺―特に第二次アヘン戦争時期を中心に―」『朝鮮史研究会論文集』第 27 集、1990 年
村瀬信也「最恵国条項論（一）」『国際法外交雑誌』一九七四年
村田雄二郎責任編集『新編原典中国近代思想史 2　万国公法の時代』岩波書店、2010 年
茂木敏夫『変容する近代東アジアの国際秩序』世界史リブレット 41、山川出版社、1997 年
森万佑子「朝鮮近代の外交実務担当者に関する基礎的研究―「統理交渉通商事務衙門続章程」制定に注目して―」『アジア地域文化研究』第 9 号、2013 年
――――「朝鮮政府の駐津大員の派遣（1883-1886）」『史学雑誌』第 122 編第 2 号、2013 年
安岡昭男「花房義質の朝鮮奉使」『花房義質関係文書〈東京都立大学付属図書館所蔵 I〉』創泉堂、1996 年

〔韓国〕

高柄翊「穆麟徳의 雇聘과 그 背景」『震檀学報』25～27、1964 年
具仙姫『韓国近代対清政策史研究』図書出版혜안、1999 年
―――「開港期官制改革을 通해 본 權力構造의 変化」『韓国史学報』第 12 号、2002 年
―――「19 世紀後半 朝鮮社会와 伝統的朝貢関係의 性格」『史学研究』第 80 号、2005 年
国史編纂委員会編『韓国史　16』1983 年
国史編纂委員会編『新編　韓国史　37』2002 年
権錫奉『清末対朝鮮政策史研究』一潮閣、1986 年
権仁溶「1884 年‘李範晋事件’의 再照明」『明清史研究』第 42 輯、2014 年
―――「1884 年‘崔薬局命案’의 再構成」『亜細亜研究』第 57 巻 1 号、2014 年
権赫秀『19 世紀末韓中関係史研究―李鴻章의 朝鮮認識과 政策를 中心으로』白山資料院、2000 年
―――「朝貢関係体制속의 近代的 通商関係―『中国朝鮮商民水陸貿易章程』研究―」（『東北亜歴史論叢』25 号、2010 年）
김경록「朝鮮時代 使臣接待와 迎接都監」『韓国学報』117 号、2004 年
―――「朝鮮時代 事大文書의 生産伝達体系」『韓国史研究』134、2006 年
金敬泰「開国直後의 関税権回復問題―「釜山海関収税事件」을 中心으로―」『韓国史研

――――「最恵国待遇をめぐる朝鮮外交の展開過程―朝清商民水陸貿易章程成立以後を中心に―」『大阪大学世界言語研究センター論集』第6号、2011年
――――「朝米修好通商条約（1882年）における最恵国待遇をめぐる一考察」『朝鮮学報』第229輯、2013年
須川英徳『李朝商業政策史研究―十八・十九世紀における公権力と商業―』東京大学出版会、1994年
武田幸男編『朝鮮史』山川出版社、2000年
田代和生『近世日朝通交貿易史の研究』創文社、1981年
――――『倭館―鎖国時代の日本人町』文藝春秋、2003年
田保橋潔『近代日鮮関係の研究』朝鮮総督府中枢院、1940年
――――『日清戦役外交史の研究』刀江書院、1951年
中枢院調査課編『校註大典会通』朝鮮総督府中枢院、1938年
朝鮮総督府『朝鮮史』第六編第四巻、1938年
趙景達「朝鮮における大国主義と小国主義の相克―初期開化派の思想―」『朝鮮史研究会論文集』第22集、1985年
寺内威太郎「李氏朝鮮と清朝との辺市について（一）―会寧・慶源開市を中心として」『駿台史学』第58号、1983年
―――――「義州中江開市について」『駿台史学』第66号、1986年
―――――「柵門後市管見―初期の実態を中心に」『駿台史学』第85号、1992年
―――――「団練使小考―李氏朝鮮の貢物輸送をめぐって―」『駿台史学』第86号、1992年
―――――「柵門後市と湾商」『神田信夫先生古稀記念論集・清朝と東アジア』山川出版社、1992年
仲尾宏「朝鮮通信史研究の現段階」『朝鮮史研究会論文集』第44集、2006年
中村政則『『坂の上の雲』と司馬史観』岩波書店、2009年
西嶋定生『中国古代国家と東アジア世界』東京大学出版会、1983年
朴宗根『日清戦争と朝鮮』青木書店、1982年
濱下武志『近代中国の国際的契機―朝貢貿易システムと近代アジア―』東京大学出版会、1990年
――――『朝貢システムと近代アジア』岩波書店、1997年
原田環『朝鮮の開国と近代化』渓水社、1997年
坂野正高『近代中国外交史研究』岩波書店、1970年
――――『近代中国政治外交史―ヴァスコ・ダ・ガマから五四運動まで―』東京大学出版会、1973年
――――『中国近代化と馬建忠』東京大学出版会、1985年
廣瀬靖子「日清戦争前のイギリス極東政策の一考察―朝鮮問題を中心に」『国際政治』31、

――――「閔氏政権後半期の権力構造―政権上層部の構成に関する分析」(『朝鮮文化研究』第二号、1995 年)
――――「閔氏政権前半期の権力構造―政権上層部の構成に関する分析―」武田幸男編『朝鮮社会の史的展開と東アジア』1997 年
――――「朝鮮の対清関係の諸相」『人民の歴史学』169 号、2006 年
――――「閔氏政権の成立と展開」『韓国朝鮮文化研究』第 14 号、2015 年
川島真『中国近代外交の形成』名古屋大学出版会、2004 年
姜東局「中国的世界秩序の変容と言説―『朝鮮策略』の「親中国」をめぐる議論を中心に―」『思想』944 号、2002 年
北原スマ子「第三次修信使の派遣と「日朝通商章程」の改定・課税交渉」『朝鮮学報』第 192 輯、2004 年
金成憓「朝鮮高宗の在位前期における統治に関する研究(1864〜1876)」一橋大学大学院社会学研究科博士論文、2008 年
金鳳珍「朝鮮の万国公法の受容―開国前夜から甲申政変に至るまで―(上)」『北九州大学外国語学部紀要』第 78 号、1993 年
―――「朝鮮の万国公法の受容―開国前夜から甲申政変に至るまで―(下)」『北九州大学外国語学部紀要』第 80 号、1994 年
金容九「朝鮮における万国公法の受容と適用」『東アジア近代史研究』第 2 号、1999 年
桑野栄治「李朝初期における承文院の設立と機能」『史淵』〈九州大〉第 131 輯、1994 年
崔蘭英「近代朝鮮の外交政策の一側面―「朝貢関係」と「条約関係」―」『朝鮮学報』第 184 輯、2002 年
―――「1880 年代初頭における朝鮮の対清交渉―「中国朝鮮商民水陸貿易章程」の締結を中心に」『朝鮮学報』第 226 輯、2013 年
酒井裕美「甲申政変以前における朝清商民水陸貿易章程の運用実態―関連諸章程と楊花津入港問題を中心に―」『朝鮮史研究会論文集』第 43 集、2005 年
――――「開港期の朝鮮外交主体・統理交渉通商事務衙門の対内活動―甲申政変前の外交関連政策を中心に―」『一橋社会科学』第 2 号、2007 年
――――「開港期の朝鮮外交主体・統理交渉通商事務衙門に関する一考察―甲中政変前における地方官庁との関係、とくに財政政策を一例として」『朝鮮学報』第 204 輯、2007 年
――――「朝清陸路貿易の改編と中江貿易章程―甲申政変以前朝清関係の一側面」『朝鮮史研究会論文集』第 46 集、2008 年
――――「開港期の朝鮮における外交体制の形成―統理交渉通商事務衙門とその対清外交を中心に―」一橋大学大学院社会学研究科博士学位論文、2009 年
――――「開港期朝鮮の関税「自主」をめぐる一考察」『東洋学報』第 91 巻第 4 号、2010 年

———, Notes to Foreign Legations in the United States to the Department of State, China, 1868-1906

（2）引用文献

〔日本〕

秋月望「鴨緑江北岸の統巡会哨について」『九州大学文学部東洋史論集』11号、1983年
———「朝中貿易交渉の経緯—一八八二年、派使駐京問題を中心に—」『九州大学東洋史論集』第13号、1984年
———「朝中間の三貿易章程の締結経緯」『朝鮮学報』第115輯、1991年
阿曽沼春菜「日本の関税自主権回復問題にみる「もうひとつの日英関係」—小村条約改正交渉とイギリス1910-11年」『法学論叢』、2008年
安秉珆『朝鮮社会の構造と日本帝国主義』龍渓書舎、1977年
石井孝『明治初期の日本と東アジア』有隣堂、1982年
石川寛「近代日朝関係と外交儀礼—天皇と朝鮮国王の交際の検討から—」『史学雑誌』第108編第1号、1999年
石川亮太「開港期漢城における朝鮮人・中国人間の商取引と紛争—「駐韓使館档案」を通じて—」『年報朝鮮学』第10号、2007年
李穂枝「一八八五年の日朝海底電線条約続約締結交渉について」『朝鮮学報』第232輯、2014年
石田徹『近代移行期の日朝関係—国交刷新をめぐる日朝双方の論理』溪水社、2013年
今村鞆『人蔘史　第二巻　人蔘政治編』思文閣、1935年
岡本隆司『近代中国と海関』名古屋大学出版会、1999年
————『属国と自主のあいだ—近代清韓関係と東アジアの命運』名古屋大学出版会、2004年
奥平武彦『朝鮮開国交渉始末』刀江書院、1935年
外務省監修、日本学術振興会編纂『条約改正関係日本外交文書別冊条約改正経過概要』日本国際連合協会、1950年
梶村秀樹『朝鮮史　その発展』講談社現代新書、1977年
糟谷憲一「なぜ朝鮮通信使は廃止されたか」『歴史評論』355号、1976年
————「甲申政変・開化派研究の課題」『朝鮮史研究会論文集』第22集、1985年
————「閔氏政権上層部の構成に関する考察」『朝鮮史研究会論文集』第27集、1990年
————「壬午軍乱直後の閔氏政権と「善後六条」」『東アジア—歴史と文化—』〈新潟大〉創刊号、1992年
————「近代的外交体制の創出—朝鮮の場合を中心に—」荒野泰典、石井正敏、村井章介編『アジアのなかの日本史Ⅱ』東京大学出版会、1992年

〔台湾・中国〕

『清季外交史料』王彦威等揖、文海出版社（台北)、1964 年

『清光緒朝中日交渉史料』故宮博物院編、文海出版社、1963 年

『清季中日韓関係史料』中央研究院近代史研究所編（台北)、1972 年

『適可齋記言記行』馬建忠撰、光緒 22 年序刊本

『民国叢書第二編 97 馬相伯先生文集他』民国叢書編輯委員会編、上海書店、1990 年

『李文忠公全集』李鴻章撰・呉汝綸編、文海出版社、1984 年

「駐韓使館档案」中央研究院近代史研究所編（台北）

『李鴻章全集』国家清史編纂委員会編、安徽教育出版社、2008 年版

〔日本〕

『日韓外交史料』市川正明編、原書房、1966 年

『朝鮮交渉史料』(明治百年史叢書、秘書類纂 21）伊藤博文編、原書房、1970 年

『日本外交文書』外務省編纂

『公文録』国立公文書館

『公文別録　朝鮮事変始末』国立公文書館

『朝鮮交際始末』外務省記録

『善隣始末』外務省編纂

『英、米、仏、露ノ各国及支那国間ノ條約』外務省條約局編、1924 年

『舊条約彙纂』全三巻、外務省條約局編、1930 年、1934 年

〔欧文〕

Great Britain, Foreign Office, Confidential Papers, printed for the use of the Foreign Office, China, 1848-1914, FO405

———, Gemera; Correspondence, China, 1815-1905, FO17

———, Gemera; Correspondence, Japan, 1856-1905, FO46

United States, Department of State. General Records of Department of State, Diplomatic Despatches, China, 1843-1906

———, Diplomatic Despatches, Japan, 1855-1906

———, Diplomatic Despatches, Korea, 1883-1905

———, Diplomatic Instructions, China, 1843-1906

———, Diplomatic Instructions, Korea, 1883-1905

———, Notes from the Chinese Legation in the United States to the Department of State, 1868-1906

———, Notes from the Korean Legation in the United States to the Department of State, 1883-1906

主要史料・引用文献目録

（1）史料

〔韓国〕

『高宗実録』国史編纂委員会編（影印本）、探求堂、1970年
『承政院日記』国史編纂委員会編（影印本）、探求堂、1967〜68年
『日省録』서울大学校奎章閣（影印本）、서울大学校出版部
『同文彙考』国史編纂委員会（影印本）
『大典会通』保景文化社（影印本）1985年
『六典条例』保景文化社（影印本）1979年
『各司謄録』国史編纂委員会（影印本）
『萬機要覧』民族文化推進会（影印本）1971年
『通文館志』正文社（影印本）1982年
『辺例集要』韓国史料叢書第十六、国史編纂委員会（影印本）1970年
『増正交隣志』亜細亜文化社（影印本）1974年
『倭使日記』韓国学資料叢書第八輯、亜細亜文化社（影印本）1975年
『漢城旬報』서울大學校出版部（影印本）1969年
『旧韓国外交文書』（第一巻日案一、第八巻清案一、第十巻美案一、第十三巻英案一、第十五巻徳案一）高麗大学校亜細亜問題研究所・旧韓国外交文書編纂委員会編高麗大学校出版部、1972年
『旧韓国外交関係附属文書』（第三巻統署日記一）高麗大学校亜細亜問題研究所・旧韓国外交文書編纂委員会編高麗大学校出版部、1972年
『韓英外交史関係資料集』東廣出版社、1997年
『修信使記録全（韓国史料叢書第9）』国史編纂委員会編、探求堂、1971年
『金弘集遺稿』高麗大学校出版部、1976年
『従政年表・陰晴史（韓国史料叢書第6）』国史編纂委員会編、探求堂、1971年
『続陰晴史（韓国史料叢書第11）』国史編纂委員会編、探求堂、1971年
『金允植全集』亜細亜文化社、1980年
『尹致昊日記第一巻（韓国史料叢書第19）』国史編纂委員会編、探求堂、1973年
『旧韓末条約彙纂』国会図書館立法調査局、1964年
『魚允中全集』韓国学文献研究所編、亜細亜文化社、1979年
『八道四都三港口日記』奎18083
『外衙門草記』奎19487

ま　行

や　行

ら　行

わ　行

な　行

は　行

た　行

さ　行

索　引

あ　行

か　行

酒井裕美（さかい　ひろみ）
1976年、神奈川県横浜市生まれ。1999年、上智大学文学部史学科卒業。2001年、一橋大学大学院社会学研究科修士課程修了。2003年、ソウル大学校大学院人文大学国史学科留学。2009年、一橋大学大学院社会学研究科博士課程修了。博士（社会学）学位取得。
2005年、全南大学校国際学部日本学科客員教授、2007年、東義大学校人文大学日語日文学科講義専担教授、2009年、一橋大学大学院社会学研究科特任研究員（ジュニアフェロー）を経て、2010年より現在、大阪大学言語文化研究科准教授。
主な論文に、「朝米修好通商条約（1882年）における最恵国待遇をめぐる一考察」『朝鮮学報』第229輯、2013年、「開港期朝鮮の関税「自主」をめぐる一考察」『東洋学報』第91巻第4号、2010年、などがある。

開港期朝鮮の戦略的外交
1882-1884

2016年3月10日　初版第1刷発行　［検印廃止］

著　者　酒井裕美
発行所　大阪大学出版会
代表者　三成賢次

〒565-0871　吹田市山田丘2-7
大阪大学ウエストフロント
TEL　06-6877-1614（直通）
FAX　06-6877-1617
URL：http://www.osaka-up.or.jp

印刷・製本　尼崎印刷株式会社

ISBN 978-4-87259-531-4　C3022